U0033473

圖文精華版

簡明台灣人四百年史

史明 著／繪

出版說明

一、本書爲《台灣不是中國的一部分：台灣社會發展四百年史》（一九九二，前衛）、《漫畫台灣人四百年史》（一九九四，草根文化）兩書合刊本。

二、《漫畫台灣人四百年史》的漫畫，依照《台灣不是中國的一部分》的章節架構，重新排序，放在相關章節的最前面。至於每則漫畫下面的圖說，有些沿用原先的圖說，有些原先沒有圖說或是圖說較少的，則補上取自《台灣人四百年史》的相關文字。

三、本書從《台灣人四百年史》中擷取約兩萬多字，依序補入相關章節。主要包括：

①若干重要的表格數字。

②關於台灣各階級的分析，尤其是各階級對既有體制的接受度及反抗傾向的分

析。

③關於歷代台灣人反抗外來統治者的歷史反省，檢討反抗爲何失敗，反抗者犯了哪些具體錯誤等。尤其是檢討日本時代參與抗日的所謂民族派，爲何在國民黨時期成了「半山」、「靠山」，背後的「空想的漢族主義」的問題；以及二二八事件對台灣人意識的衝擊等重要議題。

四、《台灣不是中國的一部分》，原有三篇關於蘇共與中共的文章，本書不予收錄，改以一篇史明先生未曾發表過的〈謝雪紅的慘境〉代替。

五、史明先生畢生寫史捍衛台灣人的歷史發言權，畢生革命捍衛台灣人的未來生存權，本社在此致上最高敬意。

前衛出版社　謹誌

作者序

史明

直到四百年前浮現在東南亞的一個孤島——台灣，在大陸人的眼中只不過是一個毫無用處的沙土堆成的島。在這四百年裡，物質上有著移民與開拓、資本主義化及現代化；在精神上有反荷蘭、反唐山（中國人）、反日本帝國主義，至今還有反國民黨集團的反殖民地傳統。結果，形成了在亞洲僅次於日本工業化的台灣人、台灣社會。

從這四百年歷史的、社會的發展來看，台灣人已經形成爲一個和中華民族不同的台灣民族的社會，目前正在同樣是漢族的中國人的殖民地統治及剝削下痛苦呻吟。截至目前爲止的殖民地愚民政策，使得台灣人自己完全無法理解台灣社會發展的歷史。更悲慘的是，我們只知道一個接一個換來換去的外來殖民地統治者的台灣歷史。二次大戰後，眼看同樣是同種的漢人殘酷地統治台灣，筆者才開始反省什麼是種族？什麼是血統？什麼是民族？而重新來研究歷史。

儘管在日本統治時代，連雅堂是第一個台灣人寫台灣史，但遺憾的是，他是站在中國人的立場來寫台灣史的。筆者研究台灣歷史，就注意到這件事情，而開始以台灣人立場出發，以一個被殖民、被剝削、被壓迫、被屠殺的台灣人立場來寫台灣史。一九六二年日文版的《台灣人四百年史》出版，一九八〇年更補充資料出版漢文版，一九八六年又以英文版 *Taiwan's 400 Year History* 在美國出版。

台灣在四百年的歲月裡，已經確實凝塑成一個固有的民族社會了，然而卻仍舊承受外來勢力的殖民地統治，尤其在二次大戰後高唱人權的世界潮流中，還被當做國際政治的交易品，而淪入中國法西斯、軍閥的蔣家國民黨政權手裡。

台灣人逐漸覺醒而產生台灣人意識，懷抱著祖先流血流汗所凝聚成的「出頭天」傳統；也就是有了自己當家做主，想要建設獨立國家，發展國民經濟，同時發展台灣固有文化的「台灣民族主義」的願望。然而，台灣人實在是災禍深重，二次大戰後，在國際政治上偏要台灣成爲中國的一部分。而且世界上還有許許多多的人這樣想。連在歷史上、地理上同台灣最接近的日本，也幾乎是同樣的想法，因此，才請譯者協助翻譯此書。但願日本的讀者能夠注意台灣同日本的歷史、地理、社會、經濟等的關係，尤其要注意台灣和中國不同之處，更希望從人權及政治的觀點，來瞭解台灣應該做爲一個獨立國家的理由。

日本離台灣很近，加上統治台灣五十一年，有關台灣方面的書委實不少。其中只有矢內原忠雄的《帝國主義下的台灣》是由殖民地統治觀點來看，算是最好的一本書。然而，二次大戰後，日本的所謂「台灣研究家」或記者所寫的有關台灣的書，只不過是拿統治者過濾的書、拿中國共產黨的論文資料爲基礎來論台灣，結果是相當偏離了台灣的眞實面相。本來殖民地統治就是不許寫違反統治者意志的書，由台灣人祖先口傳下來的東西或者歷史的遺跡，當然也不重視。但這些活生生的歷史，卻不是從外界可以省察得到的。尤其中國共產黨得天下以來，以中共的立場出發，用中共所僞造的資料來論台灣的研究者不少，這點値得在日本從事台灣研究的人注意。

最後，感謝爲本書翻譯的譯者及出版社。

一九九二年三月廿九日

日文版譯者序

志賀　勝

回想起注意到台灣人的存在這件事，是在十多年前了。筆者當時一出台北的機場，四處張望的時候，有一個計程車司機模樣的人走近我的身邊說：「那個人是外省人，別坐外省人的車！」他那激動的日語使我印象深刻。這是我對台灣最初的強烈印象。

我大概可以隱隱約約地知道，「外省人」是指由大陸來的中國人，但要理解這個字眼的意義及背景則需要時間。事實上，台灣人叫中國人的一般用語，就是本書所說的「阿山仔」。被統治民族在稱呼統治民族的時候，毫不例外的會用包含著抵抗與對壓迫民族的怨恨與輕蔑的語言。

「外省人」是官方用語，也是一種區別自己同中國人的便利之法吧。所以，前面所提到的那位仁兄在發洩對「阿山仔」的意識時，當然對不知道底細的觀光客說那是「外省人」了。

從此，對台灣及台灣人的研究成爲不可分割的課題了。然而，筆者研究歷史的重點放在西伯利亞、舊滿洲地域，以及在外朝鮮人的歷史上面，「台灣」一直是我胸口上的痛。

儘管日本有統治台灣殖民地五十一年的歷史，現今的日本社會對台灣卻不太關心。韓國總統來日本，提到日本應該對韓國的殖民地統治謝罪。結果日、韓兩國的統治階層共同演出欺騙世人的政治表演戲，但同樣的謝罪問題，在台灣卻很久才有人提起。

台灣人的憤怒可想而知，對台灣的戰後責任也繼續存在著。日本人對「北方領土」可能形成一致的「國論」，但針對台灣是中國的一部分這種論調，仍舊徘徊不已。筑柴哲也在報導台灣資本大舉進入福建廈門時，說「他們同樣是中國人」；前社會黨委員長石橋政嗣也說以「『一個中國』的看法而去台灣」。他們並沒有爲台灣人及台灣四百年歷史而發言，且以「沒有台灣人的存在」這種先入爲主的固定觀念來看問題。

如此一來，台灣沒有台灣人的存在，「一個中國」的說法被少數幾個人玩弄著。日本的大眾媒體應當報導台灣民眾的眞正想法，幸好，最近有關台灣獨立的報導已經上報了，然而沉迷在「一個中國」的日本人，大概無法理解這種報導吧？

本書的原作者史明先生，今年七十三歲，生於台灣的士林（台北市），戰前唸過日本的早稻田大學。畢業後投入中日戰爭下的大陸，參加中共領導的抗日戰爭，戰後組織台灣隊。然而他深深體會到，標榜共產革命的中共，並不爲解放台灣人而努力，不但不努力，而且中共對台灣人懷有歧視，還「以台制台」地來分化台灣人。由於看清了中共的封建主義、史達林主義，所以一九四九年逃回台灣，以後爲台灣獨立鬥爭而奮鬥。一九五二年被蔣政權通緝才逃亡日本，之後，一直住在日本。他波瀾萬丈的半生，對我而言，無異是台灣人版的「阿里郎之歌」，筆者期待能看到他的回憶紀錄，何況其中必定有許多關於日本統治台灣、抗日戰爭、解放戰爭時中共的實態，以及戰後東亞的種種歷史證言。

史明先生目前一面獻身獨立運動，一面在東京池袋的中華料理店裡生氣勃勃地作菜。筆者和史明先生長久交往，深受教益，一直期待把這本書送給日本社會，以報答知遇之恩。史明先生的日語版《台灣人四百年史》（新泉社，一九六二年）早已絕版，經過三十年而重新寫出來的這本新書（即 *Taiwan's 400 Year History,* Taiwanese Cultural Grassroots Association, Washington, D.C., 1986）由我譯出，自信可以做爲理解變革期台灣的前導物。

如前所述，日本人對台灣的理解實在很膚淺，而另一方面，日本政府、財界和台灣的關係，由本書來看，是密不可分的事實；不論是理解日本的新、舊殖民地統治，或理解台灣人獨自的歷史發展也好，期待這本書能被日本社會廣泛地接受。

一九九二年五月十四日

目次

第四章　日本帝國主義下的殖民地統治

第五章　中國蔣政權的殖民地統治

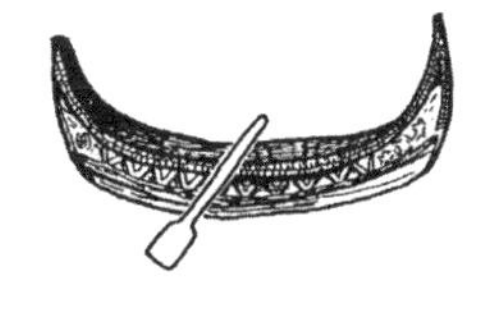

第六章　台灣的革命運動

附 錄

【第一章】
台灣的黎明

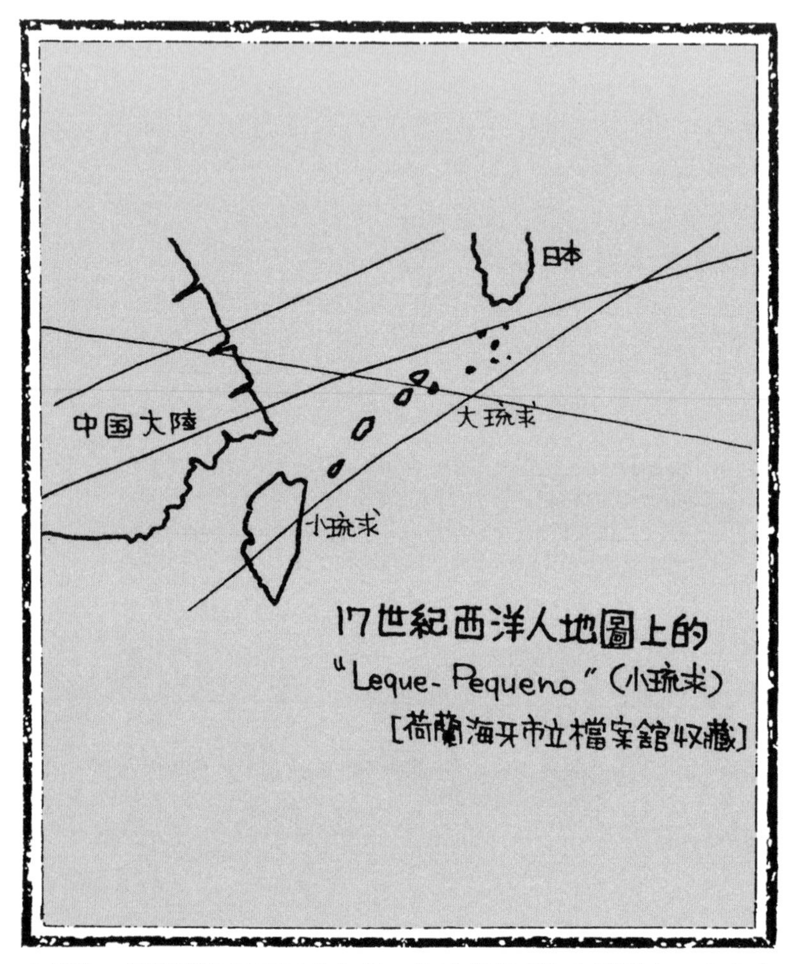

台灣島、澎湖群島及附近的各島，位於東南亞的太平洋上，由大小七十九個島嶼所構成，總面積爲三·五九六一萬平方公里，其中台灣本島佔百分之九十九。初到台灣近海的紅毛人航海者，原先是按漢人的稱法，把台灣島叫著「小琉求」（Lequeo-Pequeno），後來才改稱爲 Formosa。

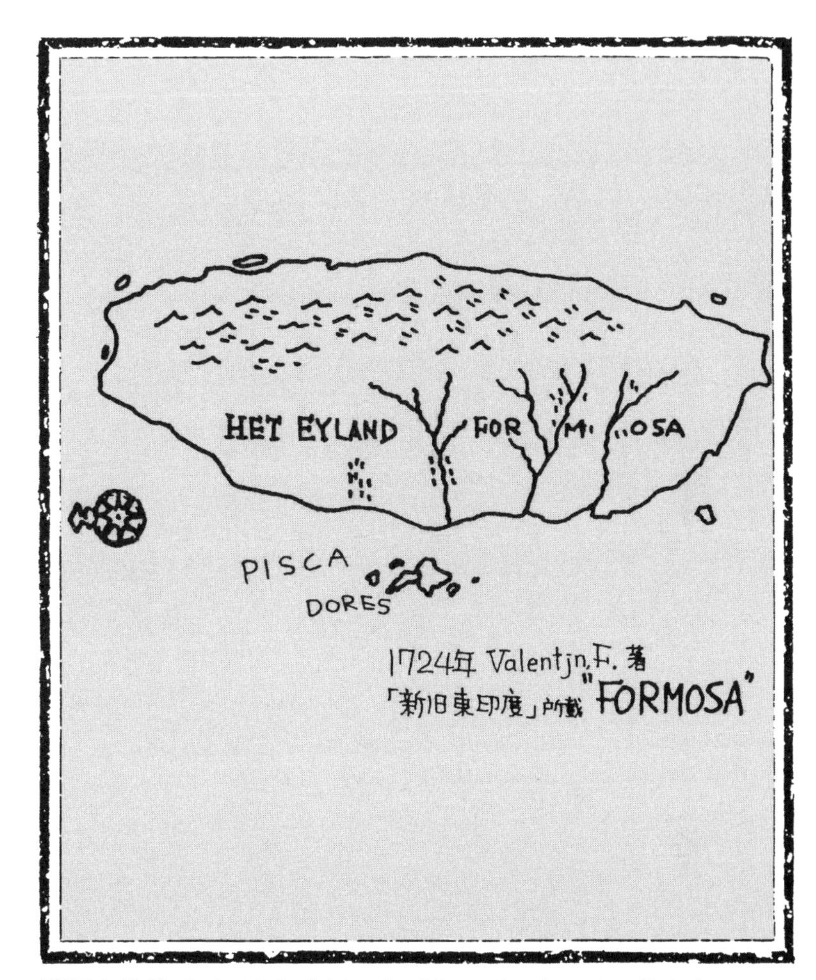

這個南北長三百三十七公里，東西寬一百四十二公里的海島，從地圖上看，恰似一條蕃薯漂浮在太平洋上。這種可愛的形狀，使生長在這塊島上的台灣人產生一體性及親密性，至今大家都互相稱呼爲「蕃薯仔」，成爲台灣同胞特有的民族共同感的象徵。

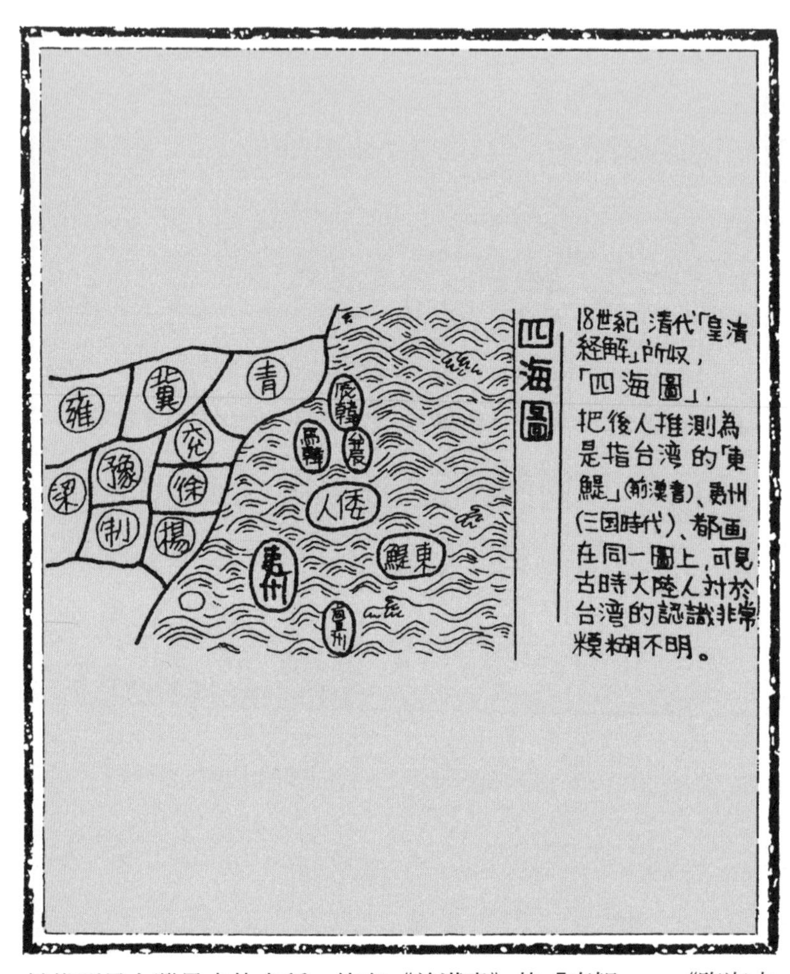

被推測是台灣最古的名稱，約有《前漢書》的「東鯷」、《臨海水土志》的「夷州」、《隋書》的「流求」。但無論是「東鯷」、「夷州」或「流求」，都或多或少在推測之下，才被一部分學者說爲是指台灣。

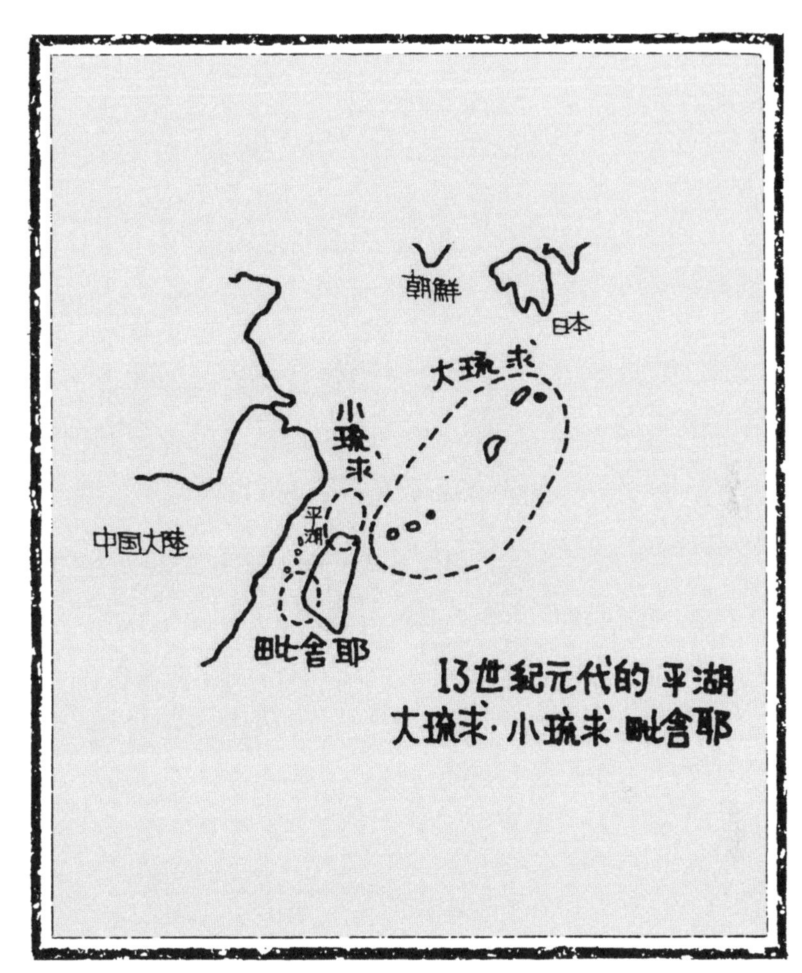

到了十三世紀的元代，關於澎湖島的記載已相當詳細，而沖繩列島與台灣的區別也漸爲明確，所以，中國大陸漢人開始把沖繩叫做「大琉求」，台灣北部被叫「小琉求」，台灣南部則可能被福建沿海地區的漢人稱爲「毗舍耶」。

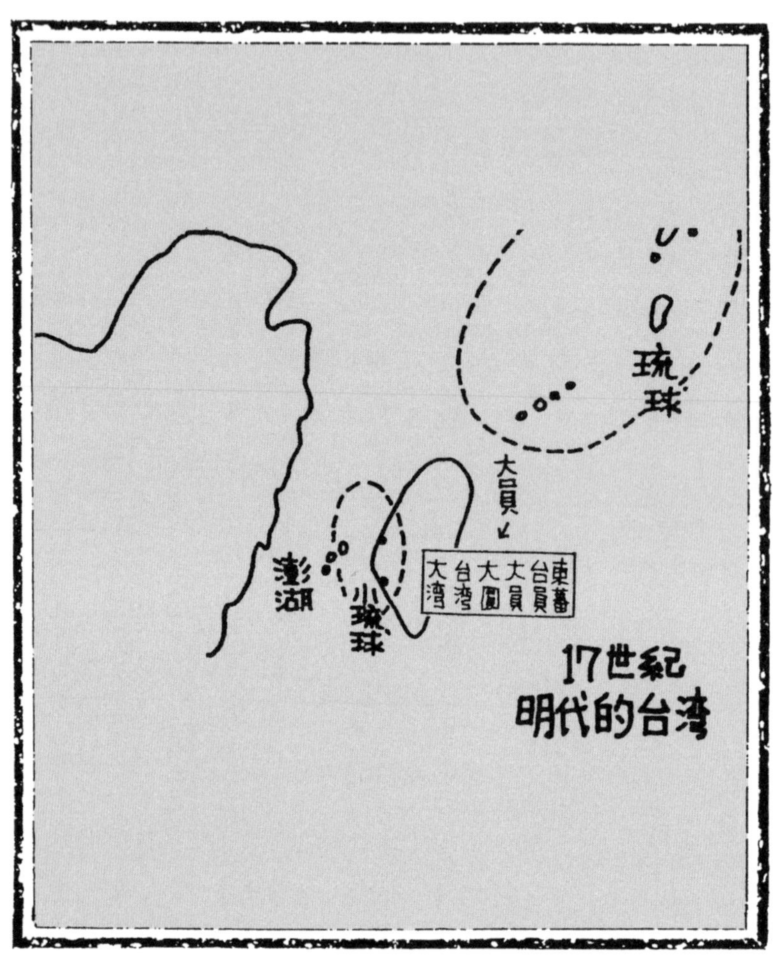

今日台灣的安平、台南附近，周嬰的《東番記》叫做「台員」，陳第的《東番記》及何喬遠的《閩書‧島夷誌》稱爲「大員」，張燮的《東西洋考》稱爲「大圓」，何喬遠的《鏡山全集》改寫爲「台灣」，沈鐵的上奏文則寫爲「大灣」。

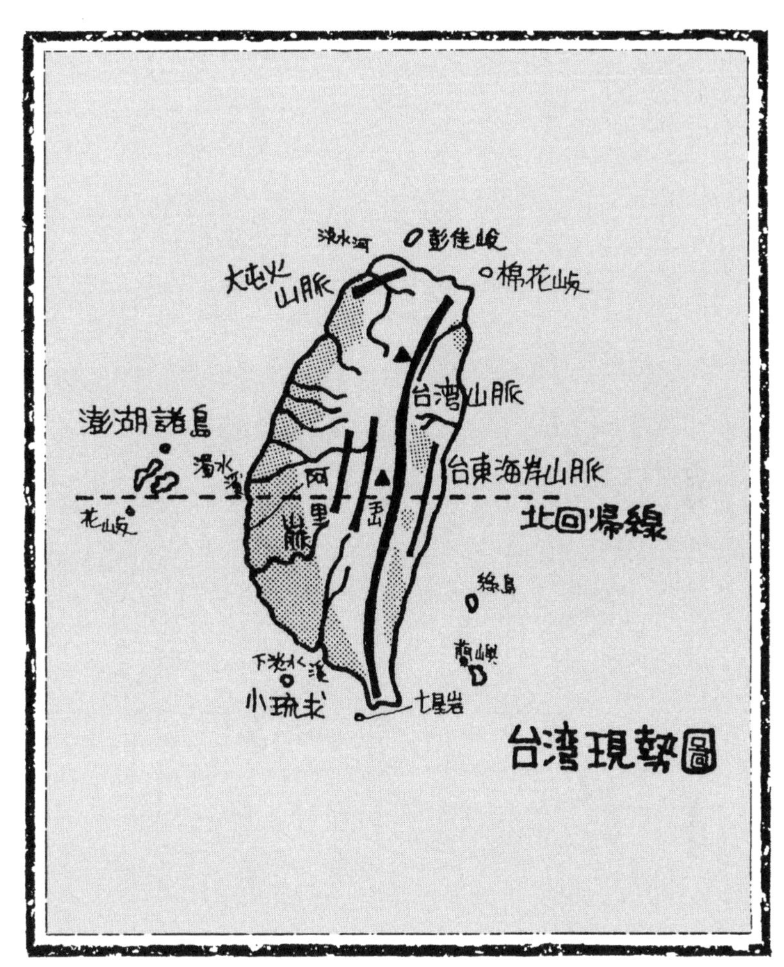

到了清代，隨著國家權力的擴張，清廷乃把台灣島與澎湖諸島一起劃爲台灣行政區域之內，這樣，本是指今日台灣的一部分（台南附近一帶）的「台灣」，終於成爲台灣全體的總稱。

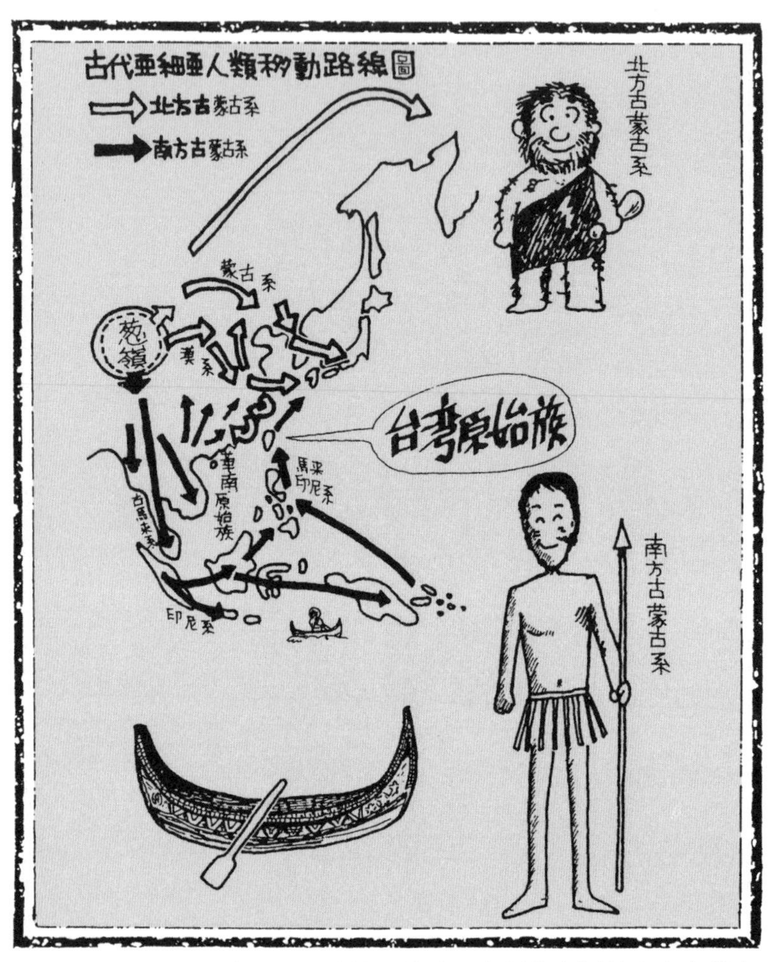

五千年前在原始台灣留下足跡的原始族，在種族上屬於南方古蒙古利亞種的原馬來人系統；而在語言學上是屬於馬來波利尼西亞語族的印度尼西亞語系，在文化上屬於印度尼西亞文化圈。

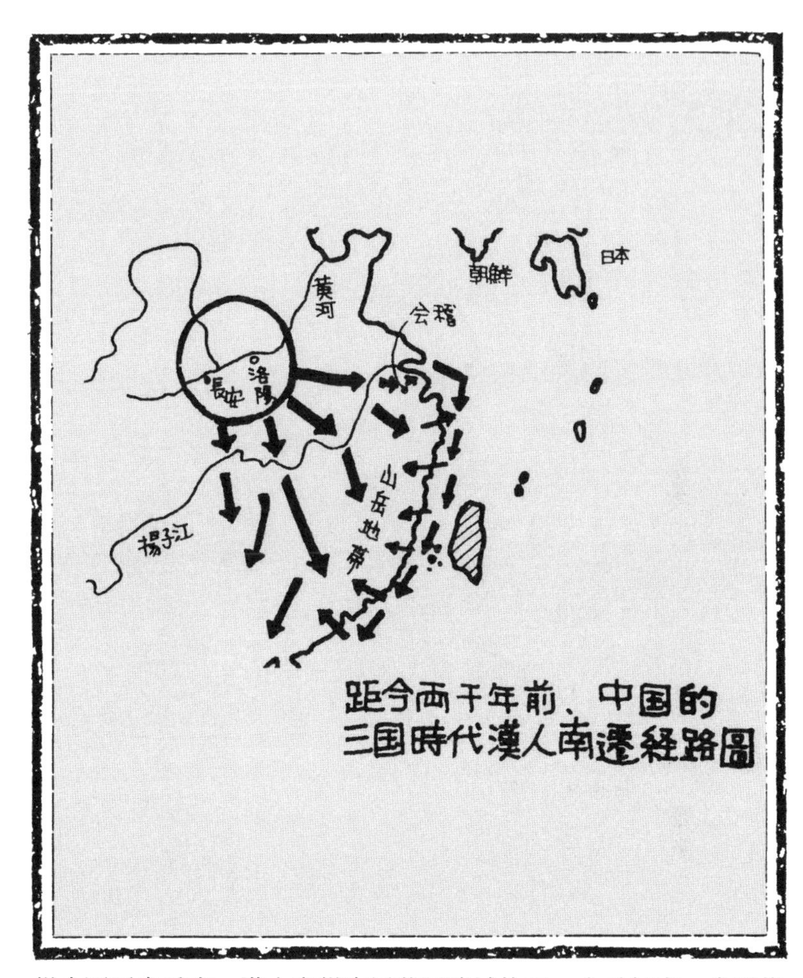

從中國歷史看來，漢人自從定居黃河流域的五、六千年來，當歷代的統治者在西、北方面長期與異族抗爭之際，被統治的漢人農民則是相反的向南方發展，把黃河以南，以及再進一步的長江以南的地域，逐漸開拓起來。而每一個時代的南遷的浪潮，大體上都是由逃難農民所造成的。

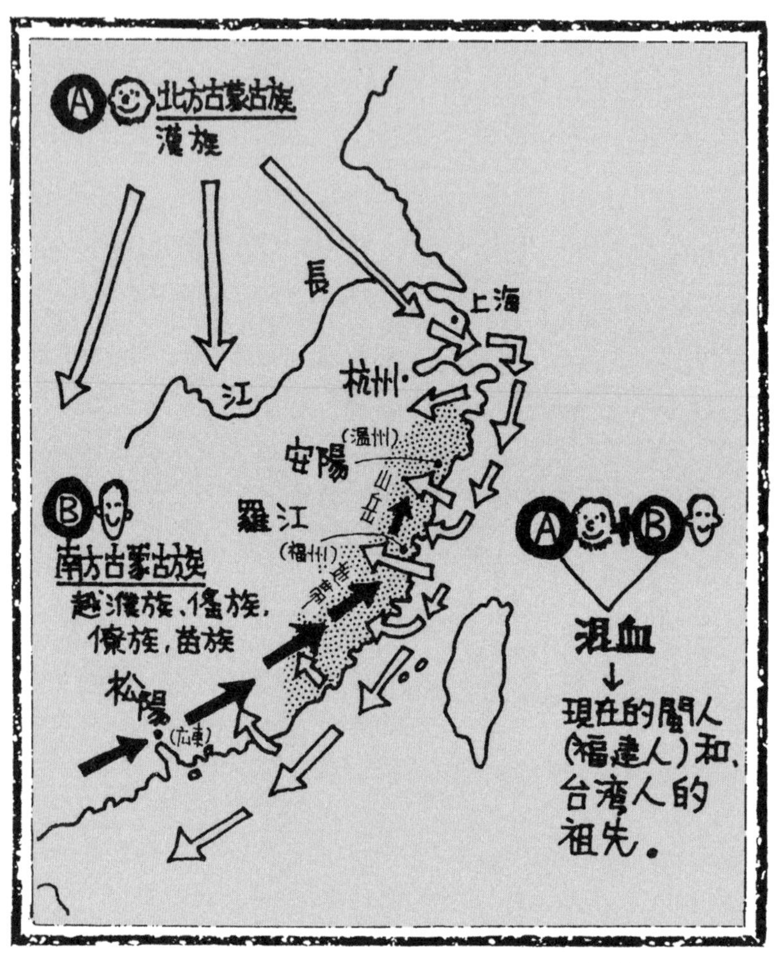

漢族征服、混血的華南原始族＝福建、廣東漢人＝台灣漢人源流

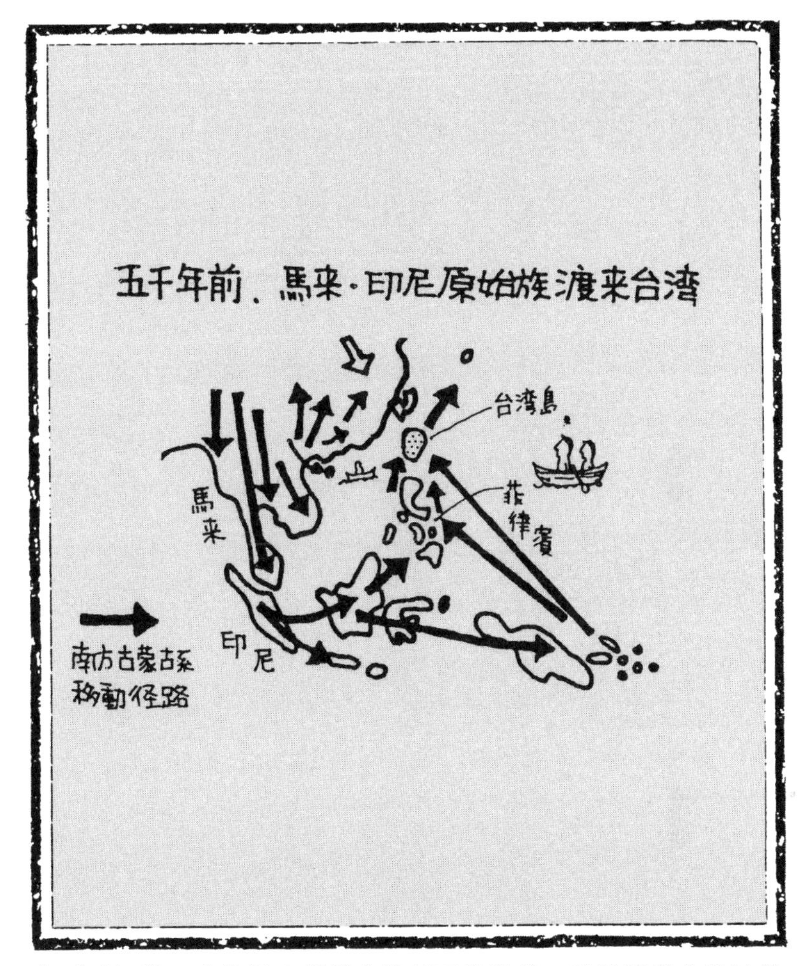

在五千年前，也就是人類學上的新石器時代，及地質學上的沖積期，台灣就已經有人居住了。這個時期相當於紀元前三千年的埃及古代文化、黃河流域的中國文化，以及日本的繩文文化時期。

自古由南方渡海來台的馬來印度尼西亞系原住民，是台灣最初的主人。他們在廣闊的山林原野過著狩獵、採集的生活，長期受到外來的漢人、荷蘭人、日本人、蔣家中國人的侵略和壓迫，大半都遭受殲滅性的打擊。

原始的狩獵生活

原始的焼墾農法

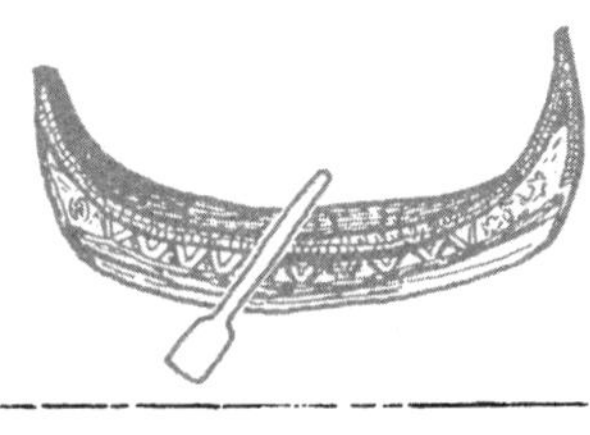

居住台灣本島的原住民各族，在編竹、織布、染色、刺繡、器具、貝飾等，都屬於他們祖先傳下的原始格式，尤其作品的構造或圖案，確有現代文明無法仿造的鮮美的原始特點，與世界各地的原始工藝品比起來，毫無遜色。在生活方式上，在日本時代，仍保存著貝飾、拔毛、缺齒、紋身、輪舞、多靈崇拜等原始習俗。

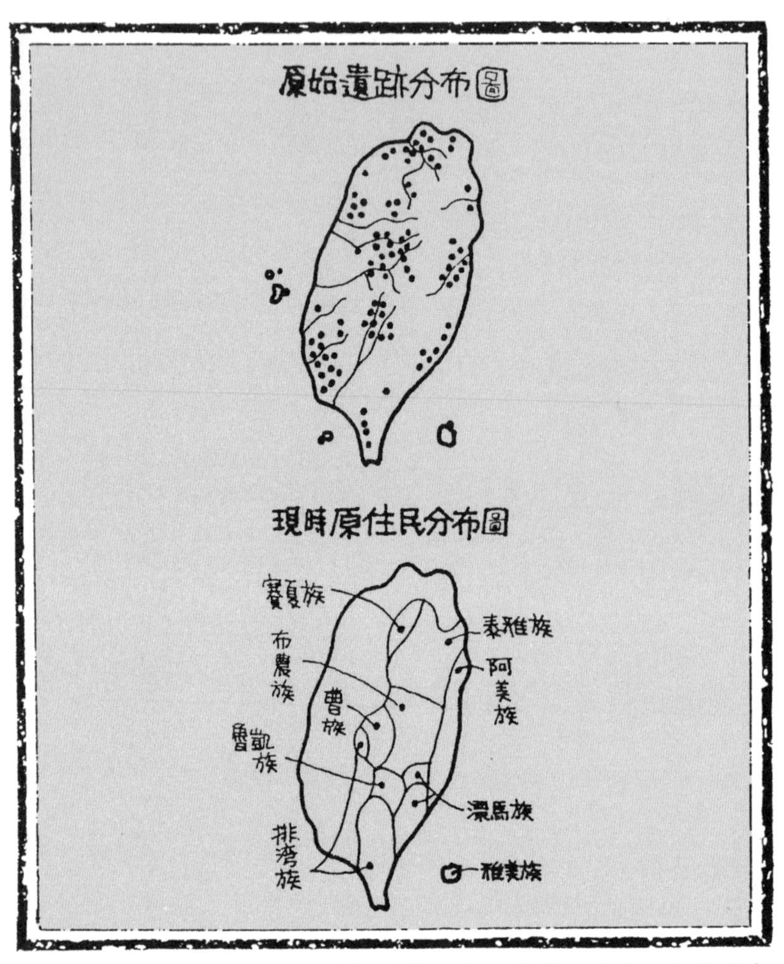

台灣原始族的遺跡，分布在基隆市社寮島，新北市金山，台北市士林，桃園市大園，苗栗縣苑裡，台中縣大甲，彰化縣營埔，南投縣東埔，台南縣烏山頭，高雄縣桃源，台東縣卑南，蘭嶼，綠島，花蓮縣立霧，澎湖等，遍布於全島及周圍諸島，日本時代已被發現四百五十餘處。

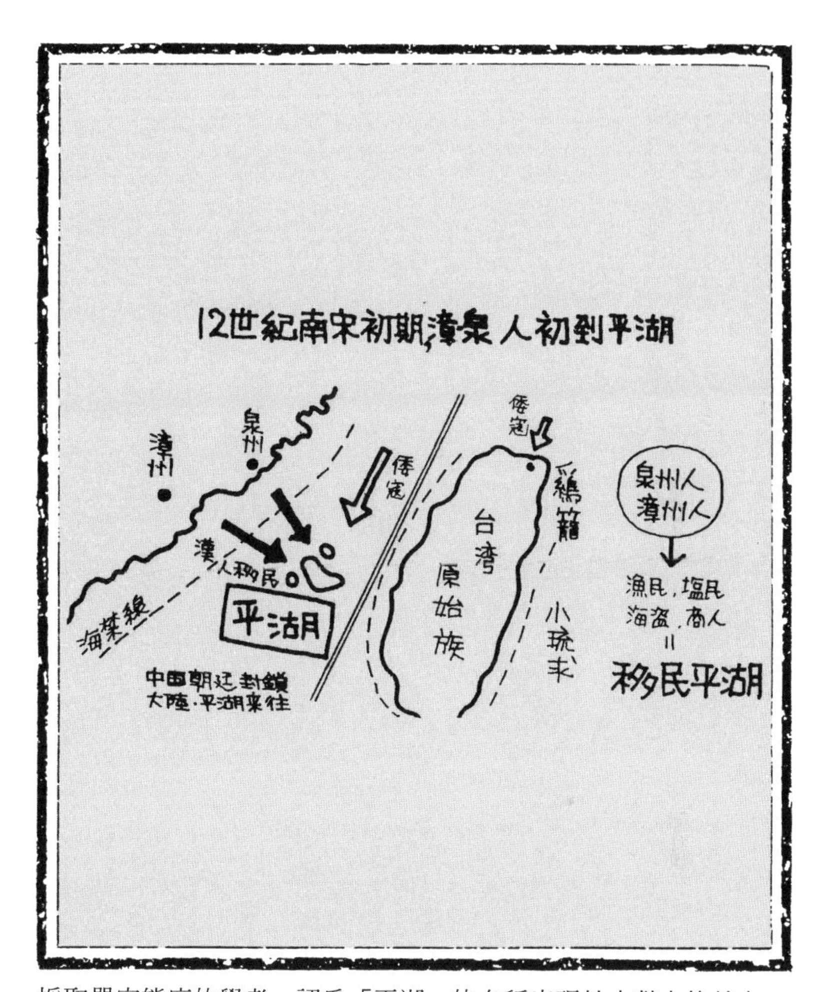

採取嚴密態度的學者，認爲「平湖」的名稱出現於文獻上的前夕，才是漢人渡來澎湖即台灣的最早時代，乃是距今八、九百年前，從北宋末葉至南宋初期的期間。由南宋·樓鑰的《攻媿集》汪大猷行狀條及南宋·趙汝适的《諸蕃志》毗舍耶條，可以推測此時澎湖已有以千計的漢人移住謀生。

元．至元年間，置巡檢司於島上媽宮，並向鹽民課稅，乃是中國政府把其統治權力首次伸入於澎湖即今日台灣的一地方的歷史事跡，距今六百餘年。此時，福建沿海的漢人以澎湖爲中途站，往來大陸與台灣之間，已非不可思議的事。

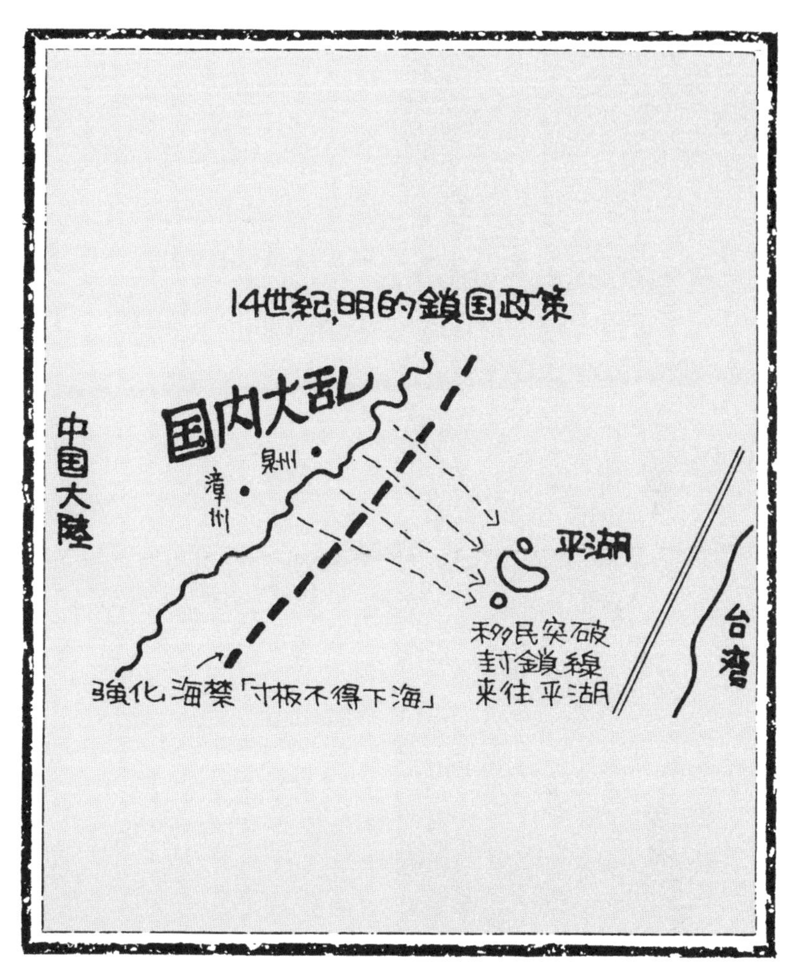

十四世紀末葉，明太祖朱元璋爲了根絕騷擾中國沿海的倭寇，下令周德興和湯和防守閩浙沿海，一方面禁止與日本往來，另一方面把居住沿海各地的漢人強制遷移內地，施行所謂「寸板不得下海」的海禁政策，不准大小船隻下海撈魚或通商。

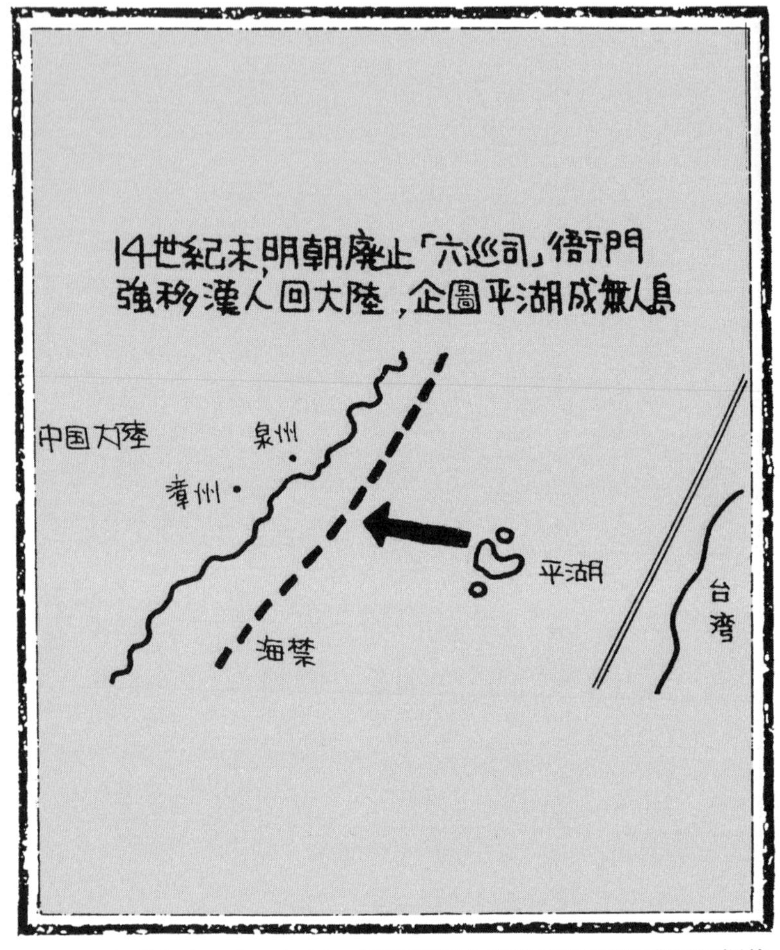

一三八八（洪武二十一）年，把澎湖與台灣島看做海盜或罪犯蝟集的海外巢穴的中國朝廷，終於下令湯和廢止澎湖的六巡司衙門，並把漢人強制遷回漳泉等福建的中國內地，企圖使澎湖成爲無人的孤島。

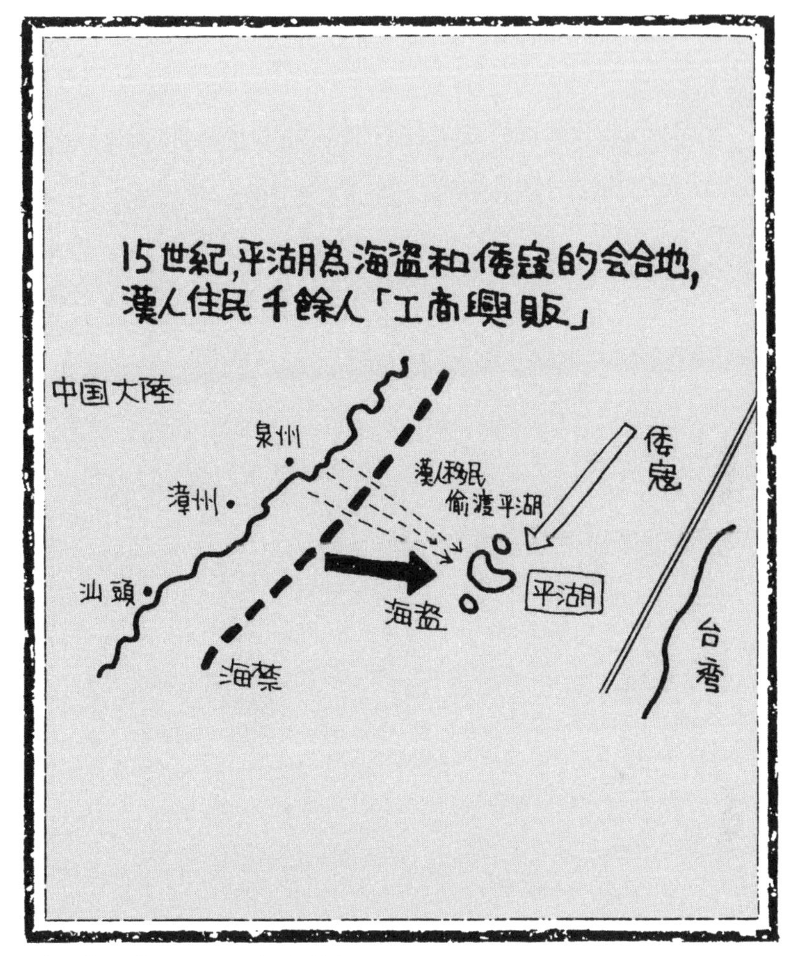

到了十五世紀，由於倭寇的氣焰稍微收斂，所以明朝的海禁也見到緩和。這時，澎湖成爲海盜與倭寇的會合地，漢人住民千餘人，「工商興販，以樂其利」。漢人也以澎湖爲轉口處，頻頻出現於台灣島西南部從事捕魚。

十六世紀後半葉的明朝的隆慶年間，中國海盜的力量已遽增至不可輕視的地步，尤其是其中的佼佼者，不僅只是在大陸沿海打劫搶掠，而且具備了雄厚的武力與經濟力量，成爲規模龐大的海外貿易商人，控制了整個台灣海峽，並進一步派遣商船隊遠至日本及南洋各地，專享海外通商的實惠。

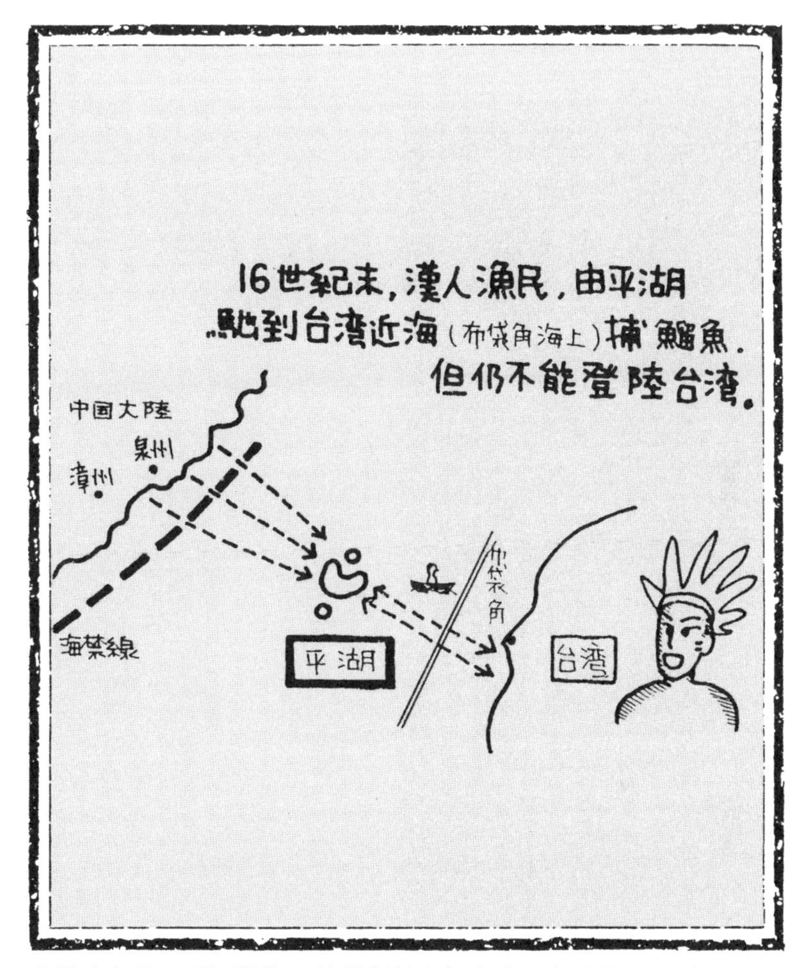

由於本島已有了原始族，他們對於入侵者毫不留情的給予殲滅性的打擊，所以，除非有強大的武力爲後盾，幾乎是不可能進入。這就是福建、廣東沿海的民間移民當時還難於移住台灣的主要原因。

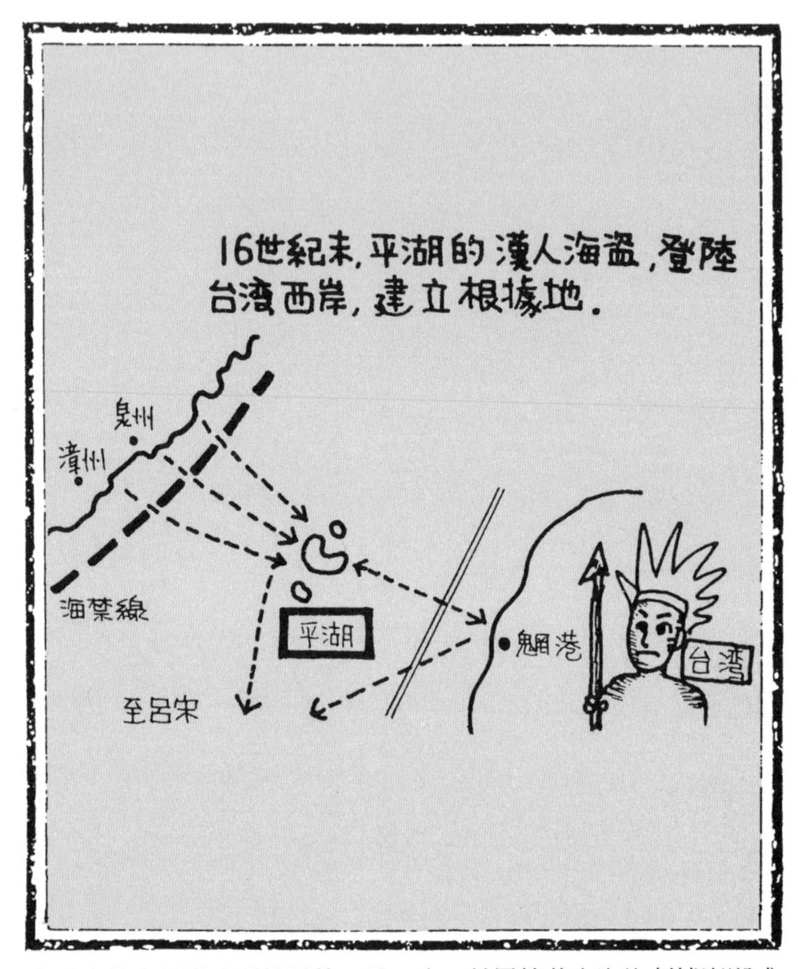

當時文獻上就能看到林道乾、曾一本、林鳳等著名海盜割據澎湖或台灣島，或者顏思齊開拓台灣西岸一角等。這些記載足以證實中國大陸與台灣之間的交往已經是甚囂塵上了。

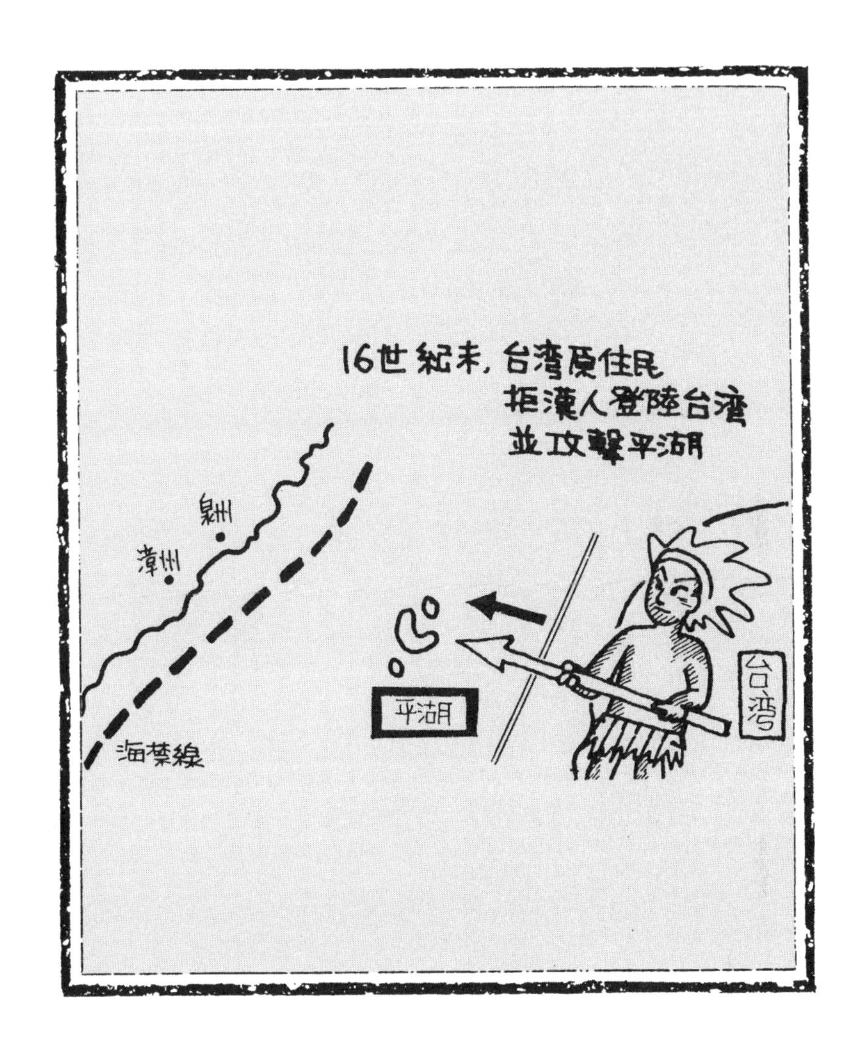
16世紀末，台湾原住民
拒漢人登陸台湾
並攻擊平湖
泉州
漳州
海禁線
平湖
台湾

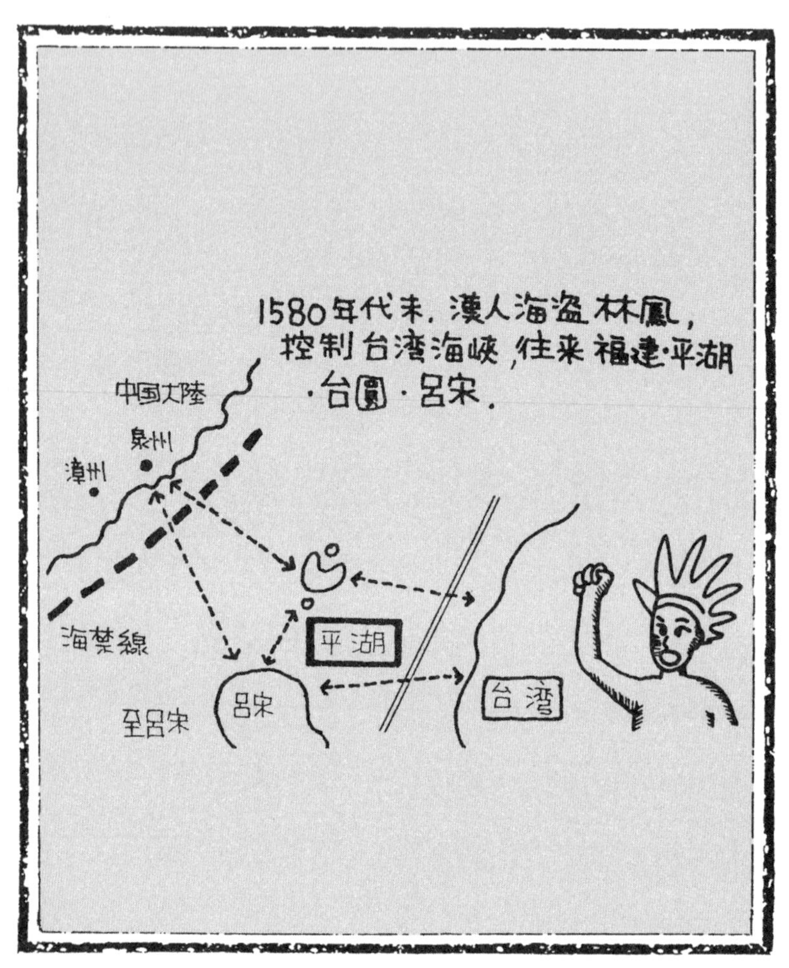

林鳳，潮州饒平人，打倒林道乾後，控制台灣海峽，劫掠閩粵沿海地區。一五七四（萬曆二）年，據於澎湖，又到台灣的魍港，後來再到菲律賓，硬幹了史上有名的馬尼拉搶掠事件而失敗之後，回到台灣的魍港，其後則不知下落。

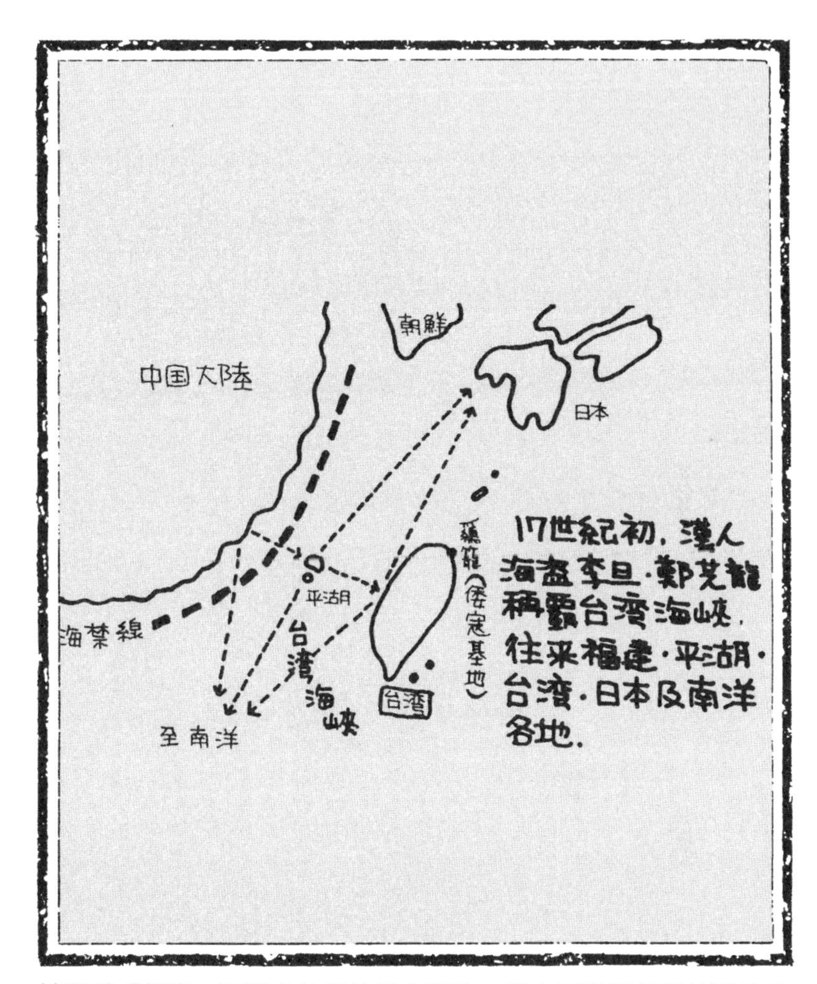

被稱爲「倭寇」而聞名於世的日本海盜，從十五世紀初起就開始劫掠中國沿海地區。他們早就以台灣北部的雞籠爲基地。後來，日本的豐臣秀吉有「襲台」之議，德川幕府也曾派兵企圖攻佔台灣。這時候的日本稱台灣爲「高山國」或「高砂國」。

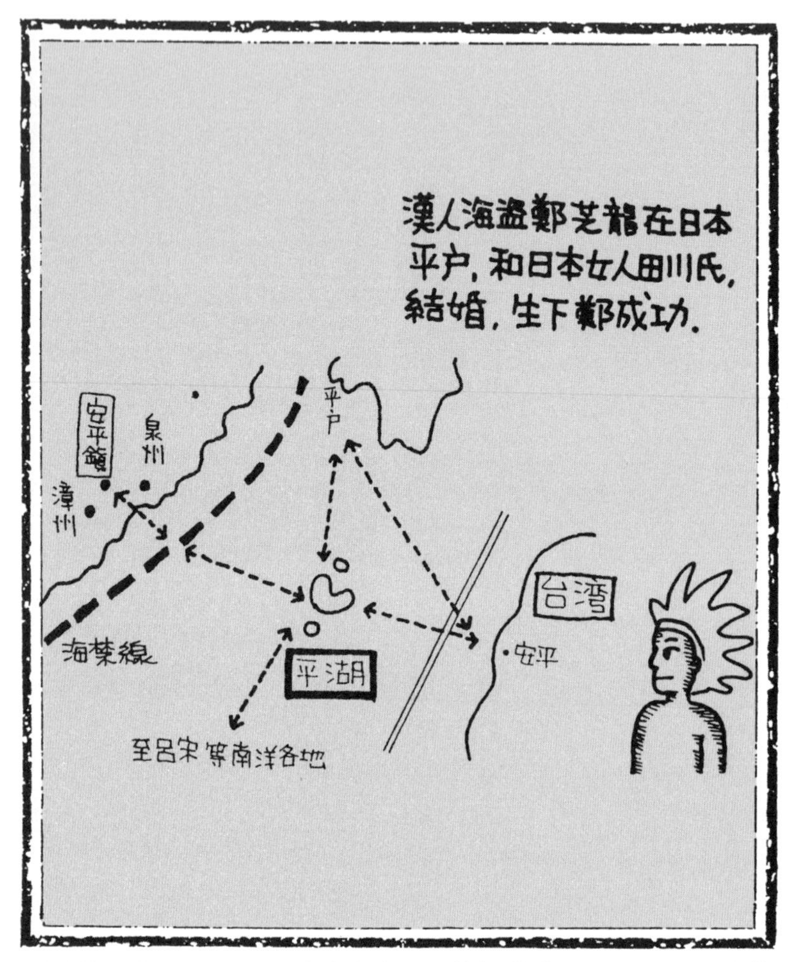

鄭芝龍，泉州人，很早就追隨李旦，接觸葡萄牙人、英國人和荷蘭人，後來往日本，娶平戶港的居民田川氏爲妻，生鄭成功。一六二六年起，鄭芝龍稱霸台灣海峽，控制了通往南洋、台灣、日本的各方面航路。一六二八年接受明朝招撫，後來在故里泉州之南築安平鎮，由此派遣貿易商船隊往還日本、台灣、馬尼拉等地，成爲遠東數一數二的海上巨霸。

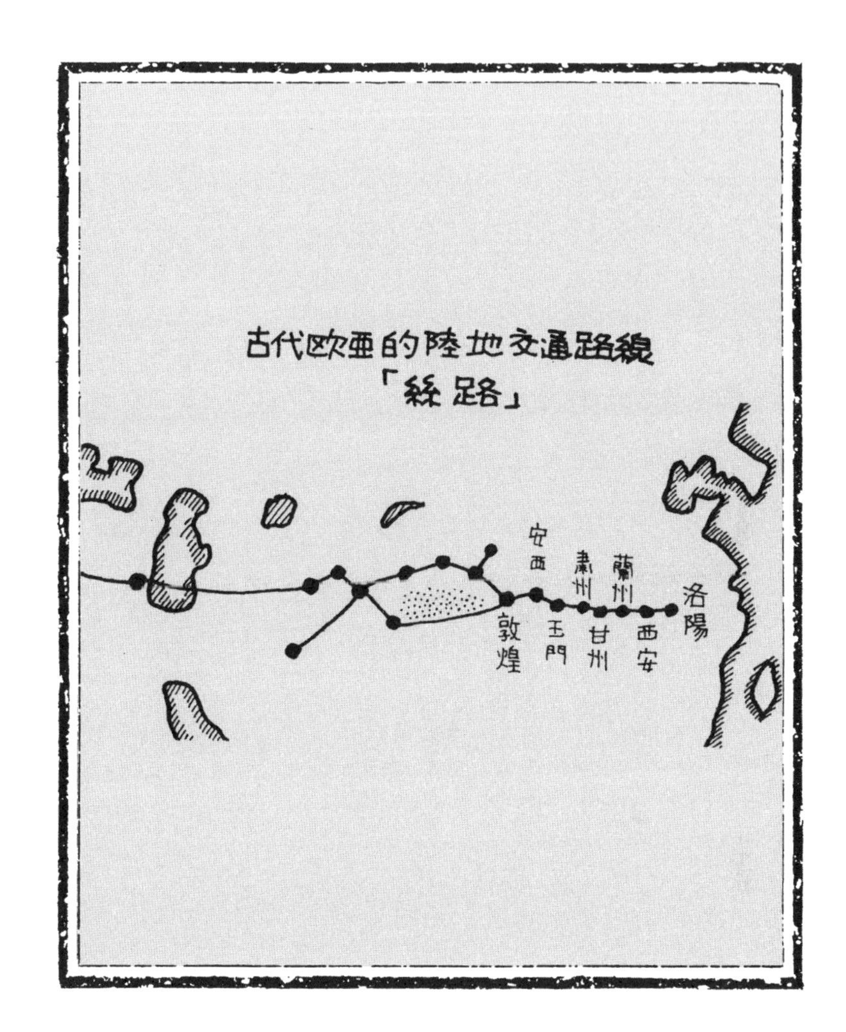
古代歐亞的陸地交通路線
「絲路」
安西
肅州
蘭州
洛陽
敦煌
玉門
甘州
西安

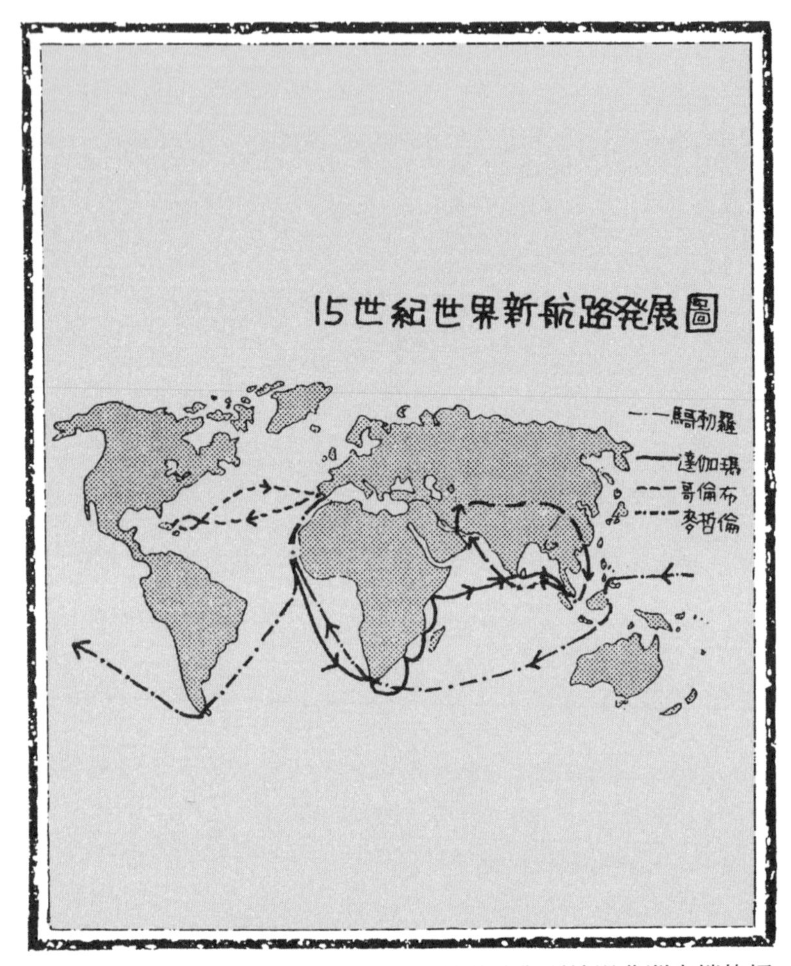

一四九二年哥倫布發現美洲新大陸，接著達伽瑪繞過非洲南端的好望角（一四九七年），抵達印度洋（一四九八年）。這是世界歷史的大轉捩點，達伽瑪開闢的這條大洋海路，取代自古以來騎駱駝橫越內陸沙漠的絲路，成爲東西交通新時代的大動脈。西歐的商船隊也隨著這條海洋大動脈，一波一波地湧向亞洲各地，形成西力東漸的開端。

開始於十五世紀末葉和十六世紀初之交，印度洋、西南太平洋、南海、東海以及各國沿海地域，都從南至北的一個個遭到歐羅巴政府軍人兼海盜商人的侵佔，而台灣海峽也隨著北上的大划船和大帆船的頻繁通行，掀起了風濤大浪。

歐洲各國之中，最早侵進亞細亞的要算是葡萄牙，在十五世紀末葉就進入東南亞，相繼佔領果阿、錫蘭、麻六甲、澳門，進攻華南廣東，傳給日本第一支洋式鳥槍。同在此時，麥哲倫率領西班牙艦船隊繞過南美洲南端，開始進出太平洋，隨後佔領馬尼拉。這樣，霸佔著世界商權的葡、西兩大海洋國家，不約而同地在台灣島附近海上會合。

一五五七（明嘉靖三十六）年，一位葡萄牙船員在航經台灣海峽時，遠遠看見一個青蔥翠綠的大海島，不禁喊出「Ilha Formosa」（美麗島 !!）。這樣發自歐羅巴人的讚美之情，竟成爲告知新世紀來臨的先聲。

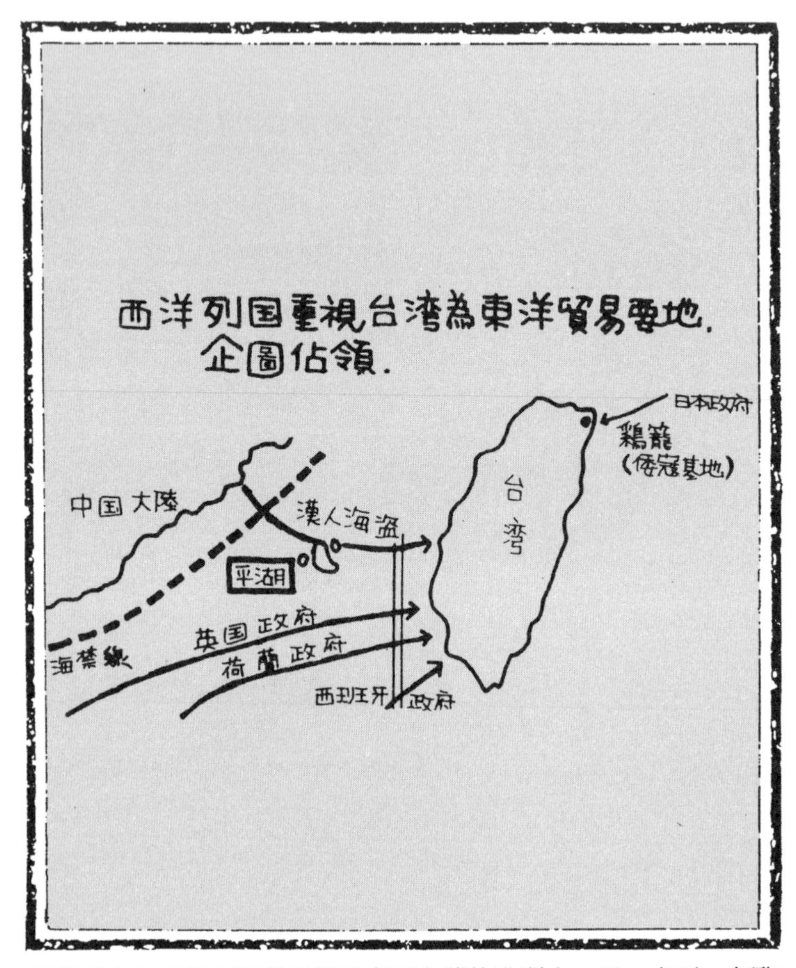

葡萄牙人和西班人可算是最早窺伺台灣的歐洲人。另一方面，在歐羅巴，荷蘭人於一五七九年脫離西班牙的統治獲得獨立，建立荷蘭共和國，並聯合英國取代了西班牙的海洋霸權。這股新興勢力很快就在亞細亞出現，一步步吞噬葡、西兩國遠東勢力圈。

一、台灣的地理環境及原始社會

台灣島、澎湖群島及附近的各島，位於東南亞的太平洋上，由大小七十九個島嶼所構成，總面積爲三．五九六一萬平方公里，其中台灣本島佔百分之九十九。這個南北長三百三十七公里，東西寬一百四十二公里的海島，從地圖上看，恰似一條蕃薯漂浮在太平洋上。這種可愛的形狀，使生長在這塊島上的台灣人產生一體性及親密性，至今大家都互相稱呼爲「蕃薯仔」，成爲台灣同胞特有的民族共同感的象徵。

原先生存在台灣的原始族民，歷經二次大戰前日本人、台灣人及外國學者的長期研究，戰後又加上中國人學者的研究，大體上可從三個角度來綜合研判：①亞洲古代種族的移動路線。②台灣原始族民的遺跡、遺物。③台灣現存的原始族民的生活、文化及風俗。

結果大家都確認，在五千年前，也就是人類學上的新石器時代，及地質學上的沖積期，此地就已經有人居住了。這個時期相當於紀元前三千年的埃及古代文化、黃河流域的中國文化，以及日本的繩文文化時期。

五千年前在原始台灣留下足跡的原始族，在種族上屬於南方古蒙古利亞種的原馬來人系統；而在語言學上是屬於馬來波利尼西亞語族的印度尼西亞語系，在文化上屬於印度尼西亞文化圈。

這些原始族民是台灣黎明時代的先住者，也就是台灣最初的主人。他們在廣闊的山林原野過著狩獵、採集的生活，長期受到外來的漢人、荷蘭人、日本人、蔣家中國人的侵略和壓迫，大半都遭受殲滅性的打擊，他們的後裔不是被驅逐於山谷僻地，就是被漢系台灣人祖先所吸收及同化。這些台灣原始族所殘留下來的少數後代，在今天是「台灣民族」的一分子，同漢系台灣人共同生存。儘管他們還住在中央山脈及東部海岸的偏遠地帶，但因飽受文明及資本主義狂濤的侵襲，原住民台灣同胞的青年男女大都住在都市的貧民窟裡，幹採礦、漁撈等苦工或者賣春，而陷入悲哀的情境。

二、古代台灣

關於原住民所棲息的孤立的古代台灣，最早的記述是在中國的文獻。最早與台灣及原住民開始接觸的是中國大陸的漢人，這已成為學術上的定論了。那麼，台灣和中國大陸兩地到底從什麼時候開始有來往呢？也就是漢人最早在什麼時候來到台灣呢？這個問題的解答眾說紛紜，至今尚未有確定的結論：

(1) 被推測是台灣最古的名稱，約有《前漢書》的「東鯷」、《臨海水土志》的「夷州」、《隋書》的「流求」。

(2) 不加以任何推測而可以明確認定為今日台灣之一部分的地名，乃是距今八百年前的南宋中葉，在樓鑰所寫的《攻媿集》之中，把現在的澎湖島叫著「平湖」。屬於台灣這個島的地方名稱，散見於中國文獻中，必須要等到比「平湖」的紀事更晚的明朝以後才能看到。也就是在四百年前的明末清初才出現。

(3) 中國華南沿海地方的漢人（漁民、海盜）最早來到「平湖」的時間，被推測是在公元十二世紀初（南宋初葉），至於漢人的農業移民進一步移住台灣島，則要再等四百年之後的十六世紀末葉，也就是荷蘭人佔領台灣的前夕，才見實現。

(4) 清朝把台灣納入中國版圖以前自不必說，即使編為中國領土之後，中國方面無論政府或民間還是把台灣當做「化外異地」，並這樣來處理它。這樣的想法與處理方法，一直繼續到清朝末葉的日本帝國主義佔領台灣爲止。

(5)今日在行政區域上把台灣島與澎湖諸島併合而總稱之爲「台灣」，開始於清朝行政統治力量伸展到台灣的時期。

在此以前，台灣本島與澎湖島完全被當做不同的兩個地方，並以兩個名稱分別稱呼。

從過去四百年的歷史看，台灣社會發展的過程主要和台灣漢人移民有關。然而，在台灣歷史的、社會的發展過程裡，今天的原住民台灣人也是「台灣民族」不可或缺的一分子，這是不容改變的。

三、台灣社會及台灣人（台灣民族）

在四面環海、與外界隔離的地理及社會環境下的台灣，歷經移民及開拓、近代化與資本主義工業化，在反殖民地鬥爭的四百年歷史中，形成具有經濟的、社會的、心理的單一且獨特性質的台灣社會。通過這樣的歷史的、社會的發展與變革，凝塑了住在這塊土地上的「台灣民族」。

形成爲台灣民族的台灣人，有史以來備受外來侵略者的殖民地統治，而在四百年的社會發展過程中，歷經下述四個時期：

(1) 荷蘭重商主義的帝國、專制的殖民地統治（一六二四～六一年）。

(2) 鄭氏王朝及清朝的封建、專制的殖民地統治（一六六一～一八九五年）。

(3) 日本現代帝國主義下的殖民地統治（一八九五～一九四五年）。

(4) 中國蔣政權的軍閥、法西斯式特務帝國主義殖民地統治（一九四五～）。

至今，台灣仍在殖民地統治之下，尚未獲得解放。

目前台灣有二千萬的人口，其中一千七百萬爲漢系台灣人，另有二十萬以上的馬來印度尼西亞系原住民，但是純種漢人及純原住民的比率相當低。其他的兩百萬人是二次大戰後逃亡到台灣的蔣派中國人，他們當中，例如鄭南榕、江蓋世等，則驕傲地以台灣人自居。

台灣人的刻苦及勤奮爲世人所共知，洋溢著開拓者特有的進取精神。事實上，在每一個時代裡台灣人都不斷地在這塊土地上辛勤開墾，把它變爲豐饒且綠意盎然的寶島，更建造成爲亞洲數一數二的工業地帶。

台灣人又具有殖民地人民追求獨立與自由的傳統，四百年來，爲了擺脫外來統治者的殖民地統治，不論外來者是異民族的荷蘭人、日本人，或是同一種族的清朝及蔣政權，他們都繼續不斷地不屈不撓地反抗到底。今天的兩千萬台灣人，也同樣爲爭取解放、建立新而獨立的國家，而對外來統治者的蔣家政權進行激烈的民族解放（殖民地解放）鬥爭。

四、西力東漸列強窺伺台灣

「外國貿易（殖民地）是資本主義發展的母胎（基礎），也同時是資本主義的產物（子）。」殖民地的佔領、世界貿易及世界市場的成立與發展、金銀貨幣的原始積累、商人資本的一定的發展等等，都是初期「資本主義」發展所不可欠缺的前提。這就是人類史上，從十五世紀後期以「重商主義」開始，到十八世紀後半「產業革命」的一連串進程。

尤其在十六世紀後半期，西班牙、葡萄牙、荷蘭、法國、英國等以非歐洲世界的後進社會及原始社會（當時主要是中南美及亞洲）爲對象，進行激烈的殖民地爭奪戰及國際商業戰。結果英國逐漸獲得勝利，發展本國資本的原始積累，比各國更提早開始產業革命，發展本國資本主義生產（大工業生產），始能在列強間佔據優勢的地位。

在初期資本主義（重商主義）時代，西歐勢力侵略亞洲是從十五世紀末葉開始。一四九二年哥倫布發現美洲新大陸，接著達伽瑪繞過非洲南端的好望角（一四九七年），抵達印度洋（一四九八年）。這是世界歷史的大轉捩點，達伽瑪開闢的這條大洋海路，取代自古以來騎駱駝橫越內陸沙漠的絲路，成爲東西交通新時代的大動脈。西歐的商船隊也隨著這條海洋大動脈，一波一波地湧向亞洲各地，形成西力東漸的開端。

當時，歐洲各國之中，最早侵進亞細亞的要算是葡萄牙，在十五世紀末葉就進入東南亞，並出現於台灣島附近的南海海上。他們一直從南洋北上，繼之，一五一〇（明正德五）年佔領印度果阿，一五一一年攻佔錫蘭和馬來半島的麻六甲，一五一六年進攻華南廣東，開啓中國通商的門扉。他們又在一五四三年到達日本，傳給日本第一枝洋式鳥槍於九州的種子島。一五五七年，終於佔領澳門（當時漢人把此地叫著「媽港」），而在此後的五世紀，以此地做爲東方貿易的根據地。

同在此時，葡萄牙人麥哲倫率領西班牙艦船隊繞過南美洲南端，開始進出太平洋，一五六五年到達菲律賓，又在一五七〇年，佔據菲律賓群島呂宋島馬尼拉。這樣，霸佔著世界商權的葡、西兩大海洋國家，不約而同地在台灣島附近海上會合，各以澳門或馬尼拉爲根據地而從事於遠東貿易，獲利甚巨。

如此，開始於十五世紀末葉和十六世紀初之交，印度洋、西南太平洋、南海、東海以及各國沿海地域，都從南至北一處接著一處遭到歐羅巴官僚軍人兼海盜商人的侵佔，而台灣海峽也隨著頻繁北上的大帆船，掀起了風濤大浪。

就是在這時候，一位葡萄牙船員在航經台灣海峽時（一五五七年，明嘉靖三十六年），遠遠看見一個青蔥翠綠的大海島，不禁喊出「Ilha Formosa」（美麗島!!）。這樣發自歐羅巴人的讚美之情，竟成爲告知新世紀來臨的先聲。不久之後，美麗之島遂浮現於世界史上，位於亞細亞南北海上交通要道的這個「小琉求」（台灣島），乃成爲殖民主義者所垂涎窺伺的「福爾摩薩」。

葡萄牙人和西班人可算是最早窺伺台灣的歐洲人，他們佔領澳門、馬尼拉以來，西歐各國的商業戰舞台一步步地移向亞洲大陸。換言之，同老大中國的通商，成爲世界商業霸權的焦點。

不過，當時明廷仍一貫採取嚴格的鎖國政策，非但是禁止歐羅巴人的艦船隊靠岸停泊或尋求通商門路，也不准華南居民下海做「私通販夷」。所以，葡、西兩國的船隻，雖然渡航到福建沿海，只能拋錨於距離陸地遙遠的海上，以偷渡出海的閩南漁民和海盜商人爲對象，做一些走私交易。除此之外，難於和中國建立正常的通商關係。

在這種客觀形勢之下，葡、西兩國開始認識到「小琉求」（台灣）在地理上所佔的重要性，並想佔據這個鄰近中國的海島，做爲打開中國通商路線的基地。

時間一進到十七世紀，西、葡欲取台灣的野心愈來愈大，尤其是屢次提議開放中國貿易均遭明廷所拒，同時，日本也轉爲禁止傳教和斷絕通商之後，更是焦急的想要及早佔據台灣，而藉以做長期打算。另一方面，在歐羅巴，荷蘭人於一五七九年脫離西班牙的統治獲得獨立，建立荷蘭共和國，並聯合英國取代了西班牙的海洋霸權。這股新興勢力很快就在亞細亞出現，一步步吞噬葡、西兩國遠東勢力圈。

在此情況下，荷蘭在一六二四年八月佔領台灣西南部的「大員」（目前的台南、安平一帶），而西班牙人也在一六二六年佔領台灣北部的雞籠、滬尾（基隆、淡水）一帶。然而，西班牙佔領台灣北部後，嘗試開闢對中日兩國的貿易皆告失敗，無法在台灣經營及發展殖民地，乃於一六四二年撤回馬尼拉。

台灣本來和中國福建是一衣帶水，沿岸地區的住民早就重視台灣、窺伺台灣島了。福建沿海的漢人（漁民、海盜）從宋代（十二世紀初）就已經佔據澎湖。接著十五世紀，漢人又以澎湖爲轉口點，頻頻出現於台灣島西南部沿海從事捕魚。但是，中國歷代政府對台灣的政策和其他國家完全不同，例如倭寇或歐洲海盜商人都有本國政府爲後盾，才得以侵略台灣，甚至政府本身也視佔領殖民地爲國家重要大事來處理。相反地，福建的漢人只是憑個人的力量，以海盜行爲來到台灣。而且，明朝政府又視台灣爲眼中釘（認爲台灣是海盜的巢穴），厲行鎖國政策，人民只得衝破重重的阻礙渡海來台灣。然而，中國比其他國家更具地利之便，漢人早就同台灣原住民來往交易，這不是遠來的歐洲人所能比擬的。

被稱爲「倭寇」而聞名於世的日本海盜，從十五世紀初起就開始劫掠中國沿海地區。他們早就以台灣北部的雞籠爲基地。後來，日本的豐臣秀吉有「襲台」之議，德川幕府也曾派兵企圖攻佔台灣。這時候的日本稱台灣爲「高山國」或「高砂國」。

然而，亞洲的兩大國中國及日本，在航海技術上及軍事上都遠遠落後於歐洲人，才使荷蘭人及西班牙人佔據了台灣這塊寶島。

【第二章】

荷蘭帝國重商主義下的殖民地統治

荷蘭在國際上一方面聯合英國，打倒西、葡的海上霸權，取而代之。另一方面，以荷蘭國王爲首領，集結了貴族、官僚、軍隊、商人＝海盜的海盜商人大集團，其艦隊縱橫於東方的大洋上，展開對殖民地的佔領及掠奪。

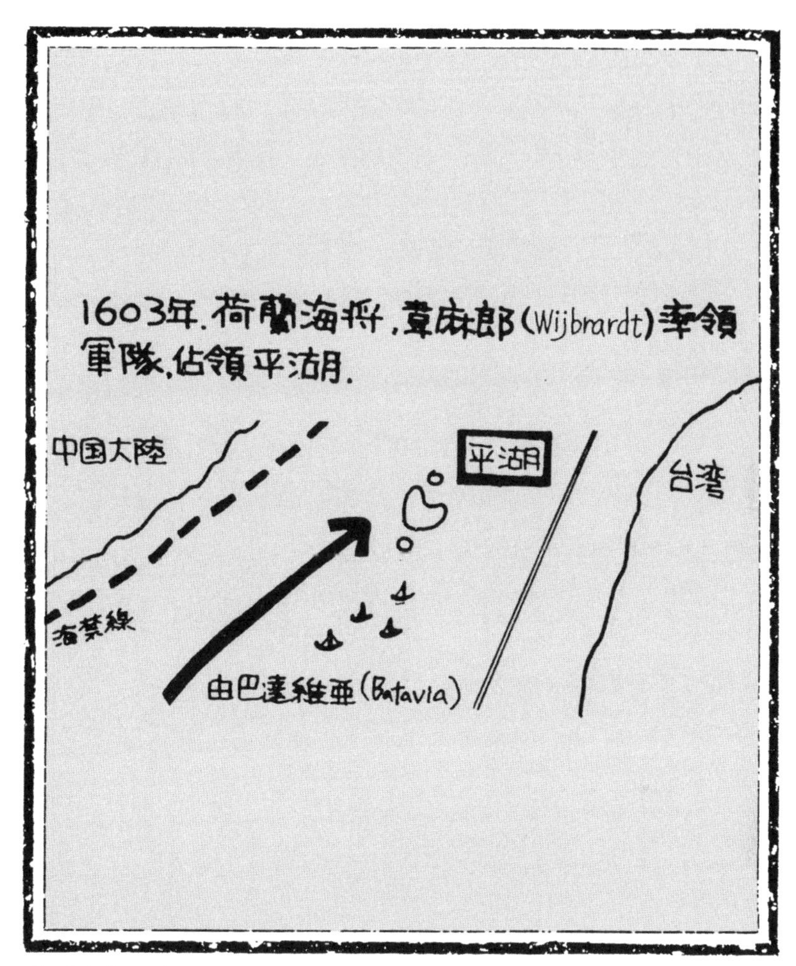

荷蘭海將韋麻郎登陸澎湖，可說是歐羅巴人到達「台灣」的開始，也就是二十年後荷蘭將要佔據台灣的先聲。後來，一九一九年，在澎湖島馬公的媽祖廟地下發現一座石碑，上面刻寫著「沈有容諭退紅毛番韋麻郎等」。這是台灣最早的石碑。

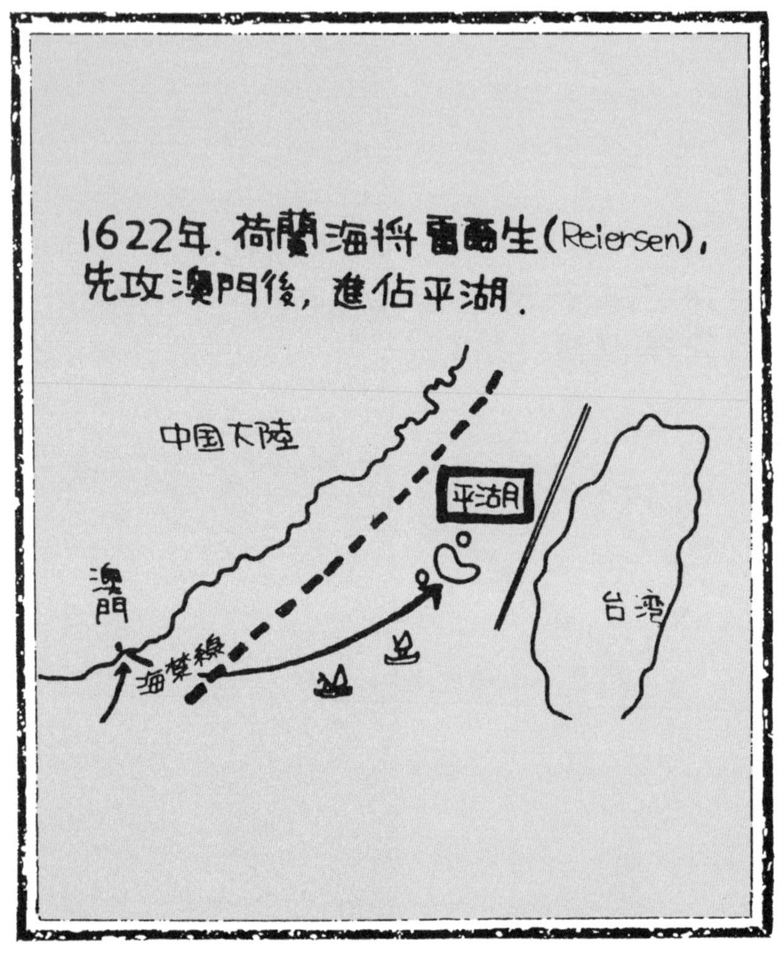

雷爾生一六二二年七月佔據澎湖後，專爲策畫開闢中國貿易，爲長久計，於同月率兩艦至台灣西南部海岸，親自調查港灣、水深等有關台灣的各種情況。這乃是歷史上歐羅巴人到達台灣島最初之一頁。

雷爾生從台灣回到澎湖後，於八月決定築起城寨於媽宮的紅木埕（現在的馬公附近），其工程之巨大，據說周圍有一百二十丈。該島居民被強迫築城勞動的一千五百餘人之中，因不堪驅使虐待而死亡者，佔一千三百餘人。

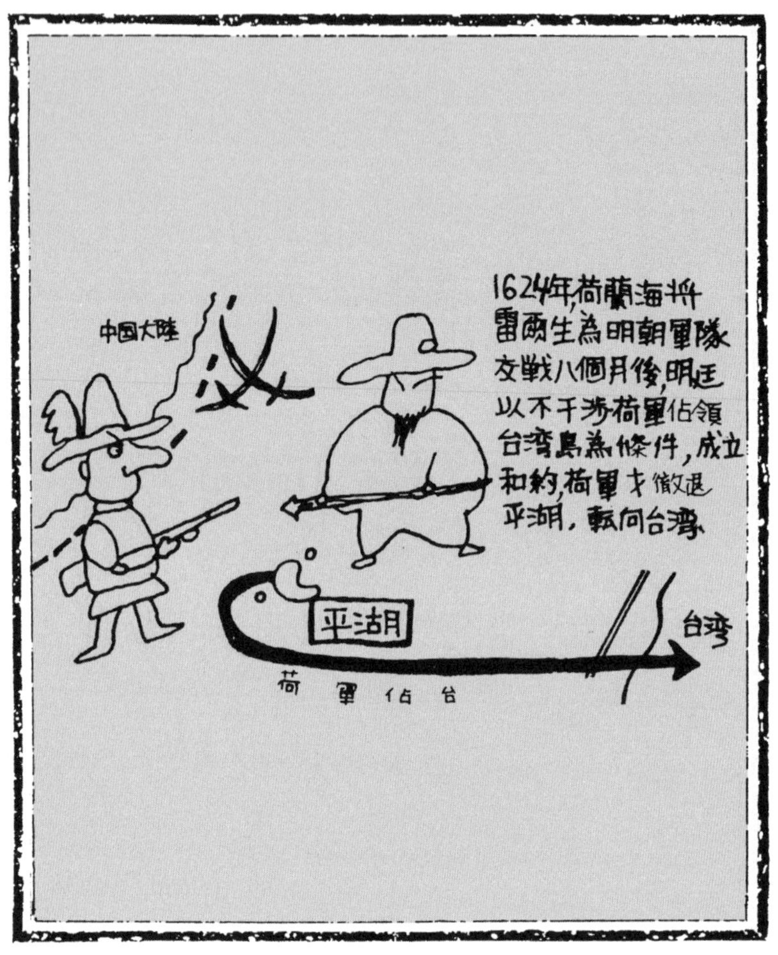

明廷爲了結束戰局，擬定兩個講和條件：①不干涉荷軍佔領台灣，②今後可以默認方式，允許荷蘭商船來訪中國，從事貿易。雷爾生接受了明廷的提議，才將澎湖的城寨和砲台等自動毀壞，轉移至大員。

一六二四（天啓四）年八月二十六日，雷爾生攜同駐台第一任領事馬蒂孫克（Maarten Sonk），從台江的鹿耳門（現時的安平港口）登陸，開始了在台灣南部三十八年的盤踞，並寫了台灣有史的第一章。

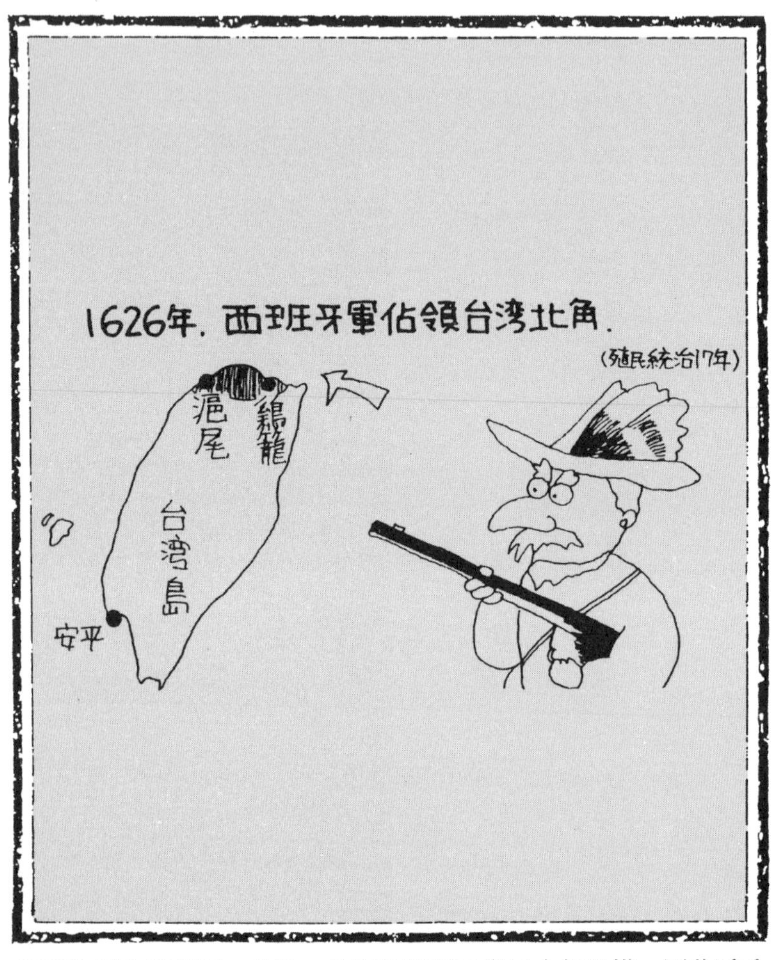

荷蘭佔領台灣南部一角後，呂宋的西班牙當局大起恐慌，因此派兵在一六二六年佔領雞籠，並築城名爲「聖救主」（San Salvador），一六二八年佔領滬尾，築城名叫「聖多明我」（San Domingo），展開在台灣北部的殖民統治。

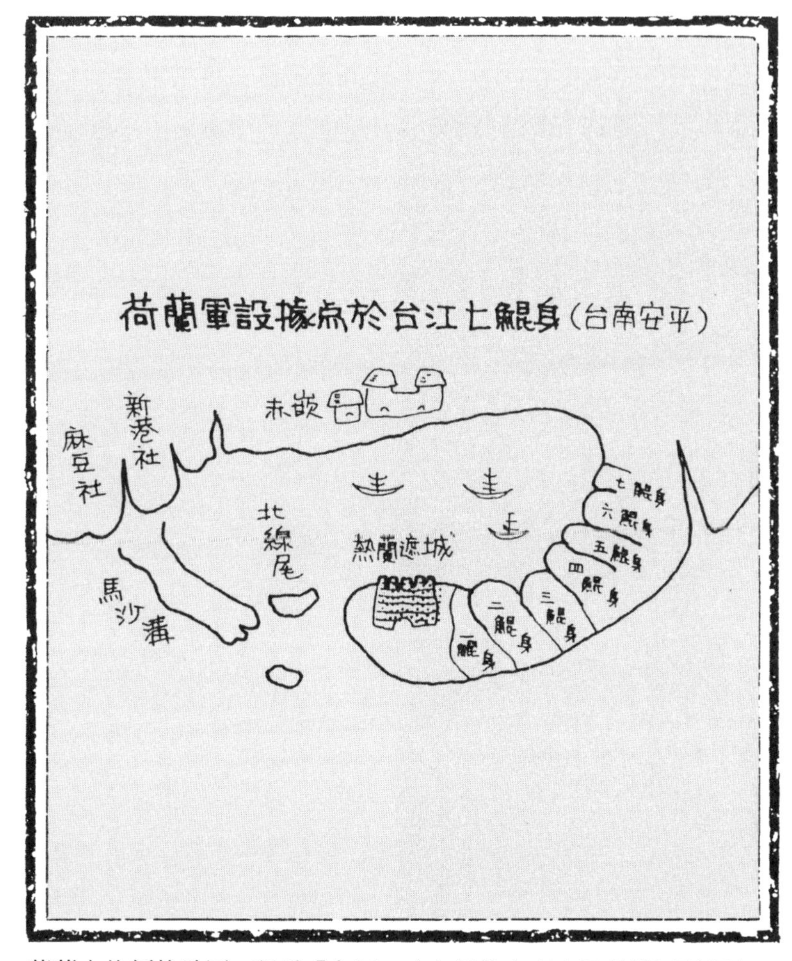

荷蘭人佔領的地區，稱爲「台江」（今日的台南市及其沿邊地區），本來是一個港口，台江的外港有個被認爲其形狀和一條鯤魚相似的小半島，這個小半島的地形呈現七個起伏，所以從北到南，被稱爲一鯤鯓、二鯤鯓等，最南部分爲七鯤鯓。荷蘭人就是在一鯤鯓之上築城。

當初因缺乏磚石，荷蘭人先以木材和砂土築成一座沙墩，做爲臨時的堡壘，後來召集漢人燒磚，也從中國大陸運來岩石，築起城牆。這樣，經過八年四個月的工事，於一六三二年終告完成。這就是史上聞名的「熱蘭遮城」，當時漢人移民把其稱爲「紅毛城」或「大員城」。

荷蘭人使用從本國帶來的近代武器，逼迫迄未開化的原住民低頭順服。原住民同胞和部落被燒殺，物資被劫去，原來屬於自己所有而能自由奔跑捕鹿的廣大原野也被佔去。

農業生產所需的土地從原住民奪來後，荷蘭人乃轉眼到台灣對岸的中國大陸，很快就看中具農耕經驗並能吃苦的漢人農民。這種漢人勞動力，荷蘭人是早在印尼就使用過，並獲利不小。

一方面，中國大陸正值明清鼎革之交，連年兵亂，另一方面，在東洋各地佔據著殖民地的歐羅巴人，也正在尋求大批的農業勞動力。因此，對於福建、廣東的那些流亡農民來說，這些殖民地是出洋找生路的一個好機會。

本來是成於漢人血汗的田園，卻統歸於荷蘭皇帝所有，並以「王田」名義，由東印度公司負責管理和統轄有關耕種的一切事項。這種土地官有的觀念和制度，由代代的外來統治者繼承下去，成爲掠奪台灣土地主要的想法和辦法。

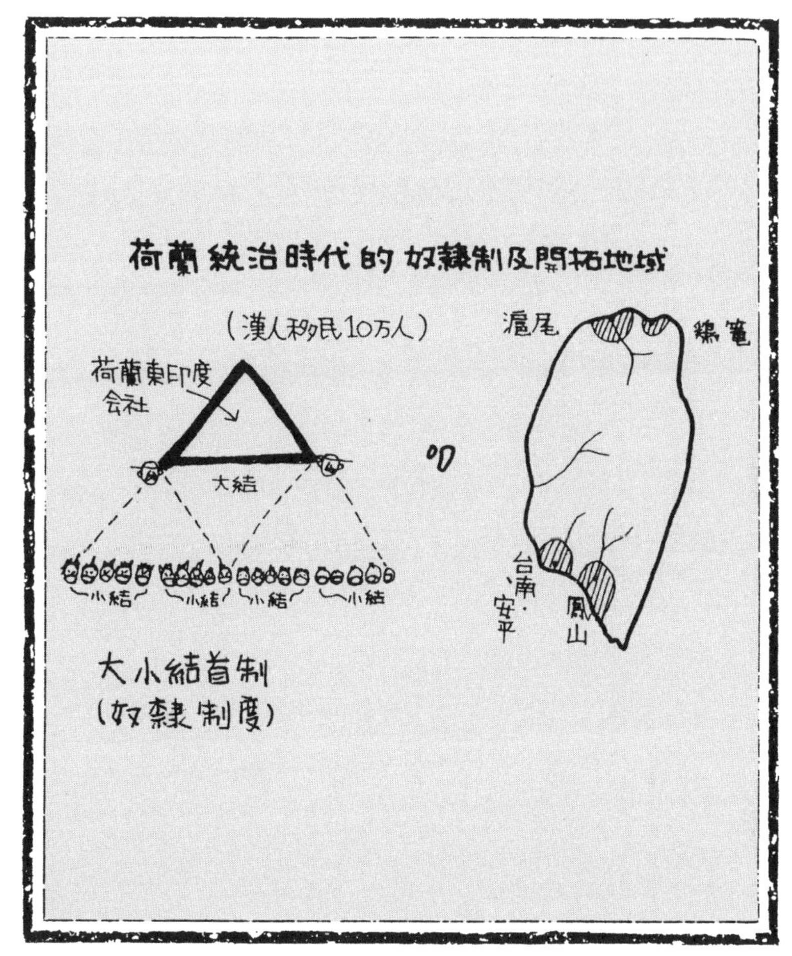

這種大小結首制乃是：①歐羅巴式農奴制，②在巴達維亞已實行過的「甲非丹」（China Captain）的勞工包辦制，③中國的農耕習慣，這三樣不同性質所混合而成的殖民地農奴結構，在荷蘭時代中期才完全上軌道。

荷蘭殖民地統治下的台灣開拓者社會就開始有了階級分化，漢人開拓農民及原住民是社會的下層階級，淪爲荷蘭殖民地統治者統治與剝削的對象。他們是台灣唯一的物質生產者，此外，並成爲創造新社會的主流、台灣社會發展的母體。

糖是荷蘭時代台灣的重要輸出品。荷蘭人原先就計畫生產紅白糖，所以開墾好的土地盡量叫漢人種植甘蔗，糖的產量年年上升，都是往外輸售，近到日本，遠至波斯。

鹿皮運往日本，鹿肉乾則由漳泉商人輸回福建去。荷蘭人據台時，每年從台灣輸售日本的鹿皮，最多時在一六三八年達十五萬張，普通每年平均七、八萬張。

漢人開拓農民只管耕種土地，而他們的勞動成果卻歸「王田」所有，也就是收穫物須納入「王田輸租」（地租及田賦兩種性質兼備），即向荷蘭人納租。

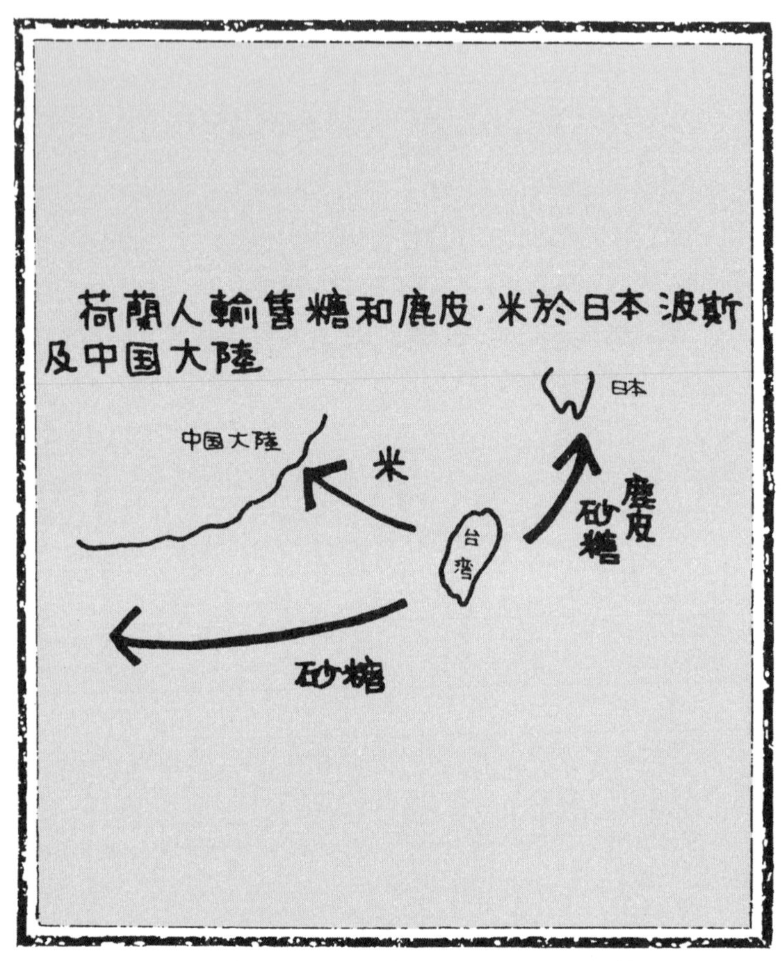

鹿皮是運往日本，鹿肉、魚乾、米是輸出中國大陸，糖是向日本和波斯輸售。其他，台灣北部的硫礦是運往戰亂中的中國和柬埔寨，做爲火藥原料。

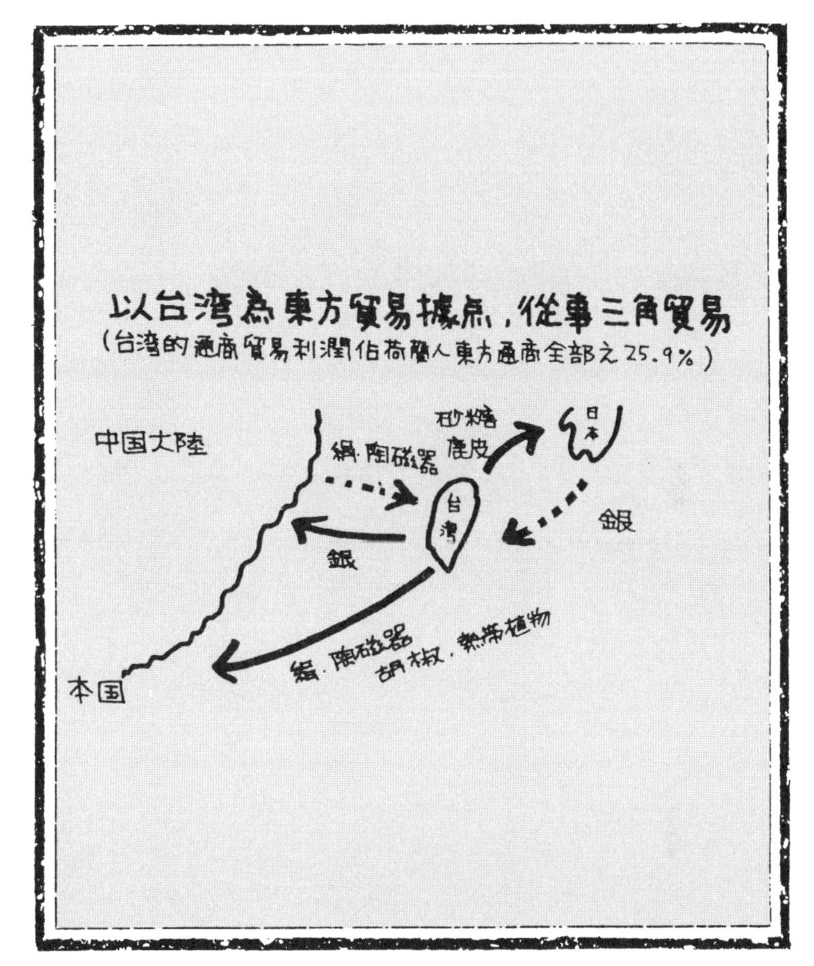

荷蘭人在遠東的貿易上，把從台灣奪得的砂糖、鹿皮、鹿肉、魚乾、硫磺、米以及南洋的香料等特產集中於安平，運到日本換回白銀，以此白銀到廈門換取中國的生絲、絹、綢緞、陶器等運回台灣，再從台灣把這些中國特產運回荷蘭而獲取暴利。

爲了盡量剝削來台漢人，荷蘭人乃從本國搬來奴隸制度的遺制，就是人頭稅。對於米、糖、蠟燭、菸草等日常貨物，荷蘭人也抽十分之一的物品稅。輸入的貨物也被徵收十分之一的關稅。此外，還有贌社稅、漁獵稅、狩獵稅、硫磺採掘稅、硫磺販賣稅、採包稅等，種類多得不可計數。

十六世紀的荷蘭，掙脫了西班牙的長期統治而獨立，一五七九年建立「荷蘭共和國」，從此展開新時代的發展。儘管號稱「共和國」，但荷蘭國王擁有中央集權的絕對權力，國民仍生活在中世紀的封建束縛下。當商人階級及商業資本主義業已發生，「重商主義」成爲時代理念之際，荷蘭仍然依存農民大眾所創造的財富，荷蘭國王及商人階級仍然停留在追求私人利益的階段。因此，當時的荷蘭還處於後期封建主義及初期資本主義的過渡階段性質的社會。

一、商人＝海盜的殖民地統治者

如上述的背景，荷蘭在國際上一方面聯合英國，打倒西、葡的海上霸權，取而代之。另一方面，以荷蘭國王爲首領，集結了貴族、官僚、軍隊、商人＝海盜的海盜商人大集團，其艦隊縱橫於東方的大洋上，展開對殖民地的佔領及掠奪。

爲此目的，荷蘭皇帝在一六〇二年特別設立「荷蘭東印度公司」，做爲侵略東方的大本營，派遣總督、領事、軍人，帶領艦隊、商船隊到亞洲的據點——巴達維亞（印尼的雅加達）。東印度公司的大股東是荷蘭皇帝，總督在遠東有宣戰、媾和、統治殖民地、割讓領土、締結條約等大權。

有如此國家武力做後盾，荷蘭商人＝海盜大集團在一六二二年六月首先佔領澎湖。然而，他們和中國的明朝之戰，竟一戰而敗，只好答應明朝的建議，於一六二四年八月放棄澎湖，轉而佔領台灣西南海岸的台南、安平地方。

佔領台灣後，荷蘭的統治與剝削方式，具有封建主義及初期資本主義的兩面性，和中國當時的統治階級完全不同。中國是千年不變的封建狀態，對農民大眾唯有殘酷地剝削。

與此相反，荷蘭已經進入重商主義時代，更邁向初期資本主義的發展。因此，和中國相反，荷蘭統治台灣時已經用「要取卵先養肥雞」（資本主義的資本再生產制度）的方式來剝削台灣了。

因此，在封建的初期資本主義（重商主義）的白人壓迫、屠殺、統治、剝削下誕生的「台灣社會」（開拓者的社會），擔任物質生產角色的，主要是來自中國大陸的漢人奴隸開拓者。而這個由漢人奴隸開拓者和原住民所共同形成的新社會及其結構，從出發點看，就已經和漢人奴隸開拓者的故鄉——中國社會完全不一樣了。

二、最初的主人——馬來印度尼西亞系原住民

自古由南方渡海來台的馬來印度尼西亞系原住民，已有千百年的悠悠歲月住在台灣及附近各島了。他們是台灣最早的主人。中國的宋、元時代（十二~十三世紀）稱台灣北部的原住民爲「小琉求土人」，稱南部的原住民爲「毗舍耶」，他們時常攻擊澎湖的漢人。

當台灣初次被外來者荷蘭人侵佔的時候，原住民的人口還算不少。其後，由於受到荷蘭人統治者和其附庸漢人開拓者的壓迫和屠殺，很快就減少其人口。後來雖然增至一六五〇（清順治七）年的三百一十五社，六萬八千人，但是，再到一六五六（清順治十三）年，僅僅七年之間，又減爲一百六十二社，三萬餘人（參閱表一）。

漢人開拓者主要是在強佔土地、捕鹿、襲擊，及通婚、交易等場面上和原住民接觸。尤其在強佔土地上和捕鹿上，互相對立最尖銳，由此，未經開化的原住民，受到

壓迫而逐步退避山岳地帶去。原來，掠奪土地的策動者和最終受益者不外是殖民統治者的荷蘭人，但由於實際上漢人耕種原屬原住民的土地，所以直接受到原住民所仇恨的自然是漢人。

台灣原住民從四百年前就遭到外來統治者及其附庸的侵佔、屠殺與壓迫，結果，無可避免地走上衰亡的悲慘境地。

三、新社會的主要擔當者＝漢人奴隸開拓者

荷蘭人佔領台灣前後的十七世紀初葉，也就是中國的明代末期。由於持續了千餘年的中國封建社會盛期早已過去，封建時代的社會基

表一　原住民的部落、戶數、人口

年代	部落（所）	戶數（戶）	人口（人）
1647	246	13,619	62,849
1648	251	13,955	63,861
1650	315	15,249	68,657
1654	271	14,262	49,324
1655	223	11,029	39,223
1656	162	8,294	32,221

資料來源：中村孝志，「蘭人時代の蕃社户口表」，〈台灣史概要〉，《民族學研究》卷 18 號 1-2，頁 116

礎已開始動盪，加上兵亂和天災連續發生的結果，農村的疲憊已達極點，於是到處布滿了被迫離開土地的流亡農民。

處於這慢性惡化的社會動盪和經濟頹廢的情景之下，熟悉於海洋生活的福建和廣東一帶的流亡農民，當然亟需在海外尋覓最後一條的生路。此時，恰好遇到了在東洋各地佔據著殖民地的歐羅巴人，他們也正在尋求大批的農業勞動力。這對於福建、廣東的那些流亡農民來說，等於是千載難逢的好機會。

因此，這些流亡農民也就毫不介意於歐羅巴人的慣用詐計，而爭先恐後地自願賣身，欣然出國往赴海外。

這些經由荷蘭人之手送到台灣來的漢人移民，都是如此的所謂「流民」（清・徐鼒，《小腆紀年》）或「饑民」（清・黃叔璥，《台海使槎錄》），正是中國封建社會所造成的犧牲者。同時，當這些流亡者要逃出中國大陸之際，又被烙下違反出海禁令的罪印，所以，這些出國移民，從中國執政者看來，無非是一種反社會性的罪人。

就是說，到達台灣的漢人奴隸，在政治、經濟、社會各方面，都已被當政者放逐於中國社會之圈外，而和中國大陸完全斷絕了關係。

並且，由於當時交通通信尚未發達，所以，他們一旦來到台灣之後，對於留在中國本土的親戚朋友，只能聽天由命的斷絕一切交往或聯絡，因此，在這樣處於和中國社會隔絕的狀態之下，這些漢人移民，除了決意葬身埋骨於異域的台灣之外，實無其他選擇。

從廈門或泉州出發的漢人奴隸來到台灣後，橫在眼前的是原始的叢林及曠野，這個原始台灣，當然是未能爲他們準備著安居的住家。因此，一旦被荷蘭人趕入原野後，就要開始不顧死活地拚命勞動。一方面必須創造出足以忍受大自然考驗的最低生活環境，同時在另一方面，又不能不忍受荷蘭統治者的苛刻要求。

然而，漢人奴隸最初仍是大陸人，他們到台灣後難免受到海島風土的考驗，因爲他們本身還帶著大陸風土的特性，但是在現實上卻受到台灣風土所圍繞，所以，他們在裡外條件的相剋下，只有拚命地從事開拓台灣這種苦差事。這種情況，非已習慣於文明利器的我們所能想像：他們當初是如何面對及克服困難的？

刻苦耐勞、默默且頑強地從事開拓勞動，是漢人奴隸開拓者本來的勞動習慣。更重要的是，他們都具有「揮別故鄉遠渡重洋」的拓荒精神，才能做得到。後來，他們的子孫代代，也承襲了祖先的精神與傳統，開闢並建設台灣成爲亞洲數一數二的近代社會。

台灣初闢時，就是由這些漢人奴隸開拓者付出血汗爲代價完成的。千古不絕的原始森林，終於由地平線消失，代之而起的是農村景象，象徵著新時代的出現。

荷蘭統治台灣三十八年間，隨著新時代的齒輪興盛起來的，就是一向被稱爲「大員」的安平、台南附近一帶，及以鳳山爲中心的高屏溪河口一帶。

在以漢人開拓者爲主的荷蘭殖民政策下，導致「台灣開拓者社會」的誕生。這就是「台灣民族」形成的開始，也就是新興的台灣社會，與擁有五千年悠久歷史傳統的中國社會不同的開端。

四、荷蘭皇帝專制下的殖民地社會

從歷史看，「台灣社會」是在荷蘭的殖民地統治者，同漢人奴隸開拓者、原住民被統治者的社會矛盾之間誕生的。以下試分析荷蘭統治者的種種剝削與統治。

（一）勞動結構的大小結首制

「昔蘭人之法，合數十佃爲一結，通力合作，以曉事資多者爲首，名曰小結首。合數十小結，中舉一富強有力而公正衆服爲之首，名曰大結首。有事者官以是問於大結首，而大結首以是問於小結首，然後其有條不紊。視其人多寡，授之以地（未開地）。墾成衆佃公份，人人得若干甲之地（既墾地）……」（清・姚瑩，《東槎紀略》）

這種大小結首制乃是：①歐羅巴式農奴制，②在巴達維亞已實行過的「甲非丹」（China Captain）的勞工包辦制，③中國的農耕習慣，這三樣不同性質所混合而成的殖民地農奴結構，在荷蘭時代中期才完全上軌道。這種荷蘭時代的「大小結首制」，很快就定著於開拓者社會，成爲台灣村落社會特有的基層結構。到了清朝時代成爲政治上的「莊耆制」和經濟上的「三階段式土地所有制」發生的基礎，再經過屢次變遷之後沿襲至今。

（二）掠奪土地的王田制

本來是成於漢人血汗的田園，卻統歸於荷蘭皇帝所有，並以「王田」名義，由東印度公司負責管理和統轄有關耕種的一切事項。這種土地官有的觀念和制度，由代代的外來統治者繼承下去，成爲掠奪台灣土地主要的想法和辦法，這無非是台灣殖民地性的生產關係之基礎。和這個台灣的土地官有制相對照，當時中國的土地私有制已經是非常鞏固的了。

漢人開拓農民只管耕種土地，而他們的勞動成果卻歸「王田」所有，也就是收穫物須納入「王田輸租」（地租及田賦兩種性質兼備），即向荷蘭人納租。

（三）「商品生產」及「商品流通」的剝削方式

荷蘭人所移植於台灣的制度，雖然事例不少，然而以當時社會狀況而言，最新奇並最異乎中國的，除了前述的農奴勞動結構之外，還得舉出帶有重商主義性格的「商品生產」和「商品流通」。

荷蘭人在這新開的土地上，一開始就迫使漢人開拓者，採取荷蘭人以外銷商品爲主的生產方式，所以，漢人以租賦的名目而繳納於官方的糖、米等農產物，在其生產過程中，一開始就帶有荷蘭人將要銷售海外的商品性格（在繳納租賦後，還留在漢人手裡而搬到市場去換取貨幣的農產物更不必提），全然是帶有商業性質而生產出來的勞動果實。當然，漢人開拓者自己的經濟生活仍然是停滯於以自給自足生產（自家生產）和物物交易的封建生產階段，但是，已加上具有商業性的農業生產是顯而易見的。

（四）人頭稅、十一稅、贌社稅等苛捐雜稅

荷蘭人的苛捐雜稅名目繁多，是所謂「以經濟活動外的暴力爲背景的掠奪方式」（重商主義時代的資本的原始積累方式），這是封建時代的遺物，也是典型的殖民地統治的掠奪方式。

如前所述，荷蘭殖民地統治下的草創期的台灣，是處於具有前期資本主義商品生產的自給自足狀態。唯一擔負物質生產的是漢人開拓者及原住民。他們備受殖民地的、封建的及商品的三重剝削，爲自己的生活及社會的發展而犧牲，將所有勞動成果

提供給外來的統治者荷蘭人，成爲荷蘭本國資本主義發展的原始積累的泉源。

荷蘭統治的三十八年間，台南一帶的經濟開發相當進展，當然，這不外乎是原住民和漢人開拓者花了很多血汗所得來的成果。隨之，統治者的剝削也日趨厲害，這點，從他們在財政上的數字可以看得出來（參閱表二）。荷蘭人把從台灣搶掠的財富送回本國之餘，並建立熱蘭遮城及赤崁樓，只維持參養軍隊與東印度公司官員之所需。

當時台灣在貿易上的地位，等於現在的香港，已成爲轉口的中心。荷蘭人把亞洲各國的資源轉手，獲取暴利。半海盜、半貿易商的荷蘭人在遠東的貿易上，把從台灣奪得的砂糖、鹿皮、鹿肉、魚乾、硫磺、米以及南洋的香料等特產集中於安

表二　荷蘭當局台灣財政上的收支（盾）

年代	支出	收入	純益
1640	255,000	268,000	13,000
1641	216,000	233,000	17,000
1643	234,000	318,000	84,000
1649			467,500
1653	328,000	667,000	339,000

資料來源：中村孝志，〈台灣史概要〉，《民族學研究》卷 18 號 1-2，頁 117

平，運到日本換回白銀，以此白銀到廈門換取中國的生絲、絹、綢緞、陶器等運回台灣，再從台灣把這些中國特產運回荷蘭而獲取暴利。

荷蘭人在台灣的貿易所獲淨利，在亞洲各地「商館」中，僅次於日本，而佔第二位。

這樣，被歐洲前期資本主義滲透的台灣社會，已經出現「階級社會」的初期特徵了。也就是說，在廈門登上荷蘭人大帆船的漢人農民，已經處於奴隸移民的狀態了。然而，當他們下船一腳踏上台灣後，開始經濟活動（被驅使到荒野去開拓）時，就被劃分爲兩個階層——「結首」及「開拓奴隸」。從此，荷蘭殖民地統治下的台灣開拓者社會就開始有了階級分化，新社會的齒輪也開始轉動了。這些大小結首及開拓奴隸（包括漁民、鹽民）構成了台灣社會草創期的兩大階級。

大小結首是介於外來統治者及漢人開拓農民之間（至於赎耕漢人則介於外來統治者與原住民之間），侍奉外來統治者而具有買辦性格，成爲荷蘭人統治及剝削漢人開拓農民及原住民的幫凶，從中牟取自己的中間利益。

漢人開拓農民及原住民是社會的下層階級，淪爲荷蘭殖民地統治者統治與剝削的對象。他們是台灣唯一的物質生產者，此外，並成爲創造新社會的主流、台灣社會發展的母體。

荷蘭統治下台灣開拓社會的民族、階級關係如下：

被統治者＝漢系移民及原住民＝外來者及原住民＝農民、漁民、鹽民、蕃產交易商人、獵人＝有反紅毛蕃仔共同感的人。

統治者＝荷蘭人＝外來者＝東印度公司領事、官員、軍人、商人＝對黃種人有優越感的人、大小結首買辦階級。

【第三章】

鄭氏及清朝封建專制下的殖民地統治

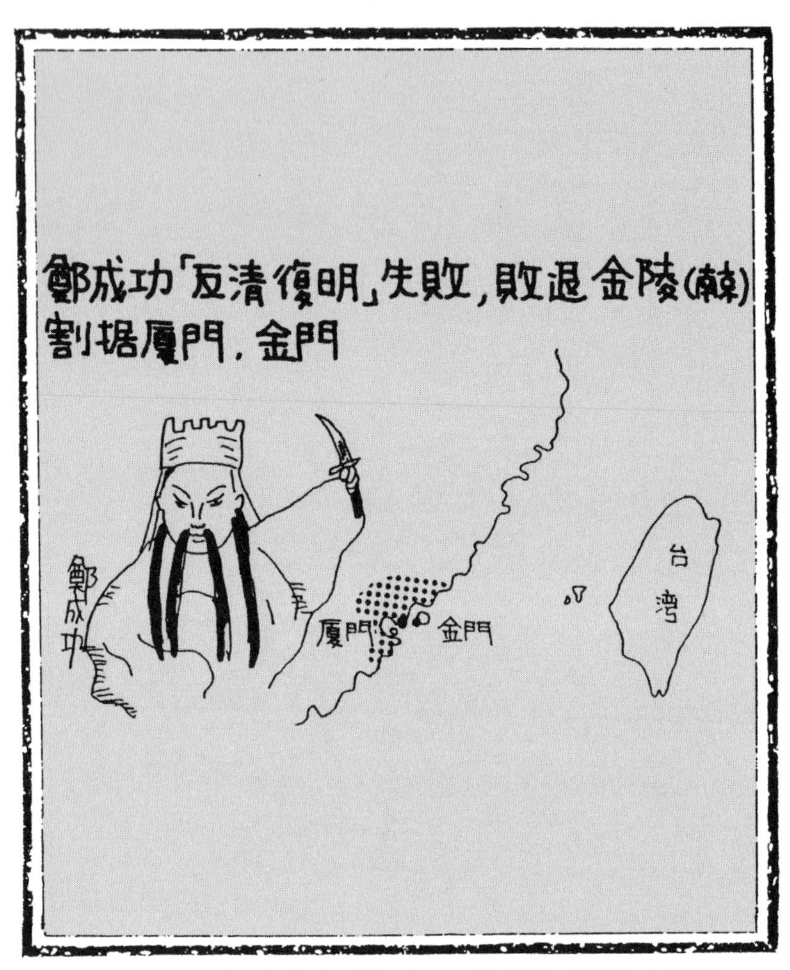

鄭成功被永曆帝封爲「延平郡王」，並賜爲「招討大將軍」，一六五七年率二十萬大軍進兵金陵，卻慘遭大敗，結果，不僅失去大半精兵，同時被清軍追回金廈的島嶼，陷入窘境。鄭成功爲求容身之地，於一六六一年進攻澎湖及台灣。

鄭成功把荷蘭人趕出台灣，建立漢人的第一個政權，而被後代尊奉爲民族英雄。然而，從台灣統治的實際狀況及台灣社會的發展（台灣民族的形成）觀點來看，鄭氏王朝三代在台灣統治二十三年，也當歸類爲一種「殖民地統治」的範疇。

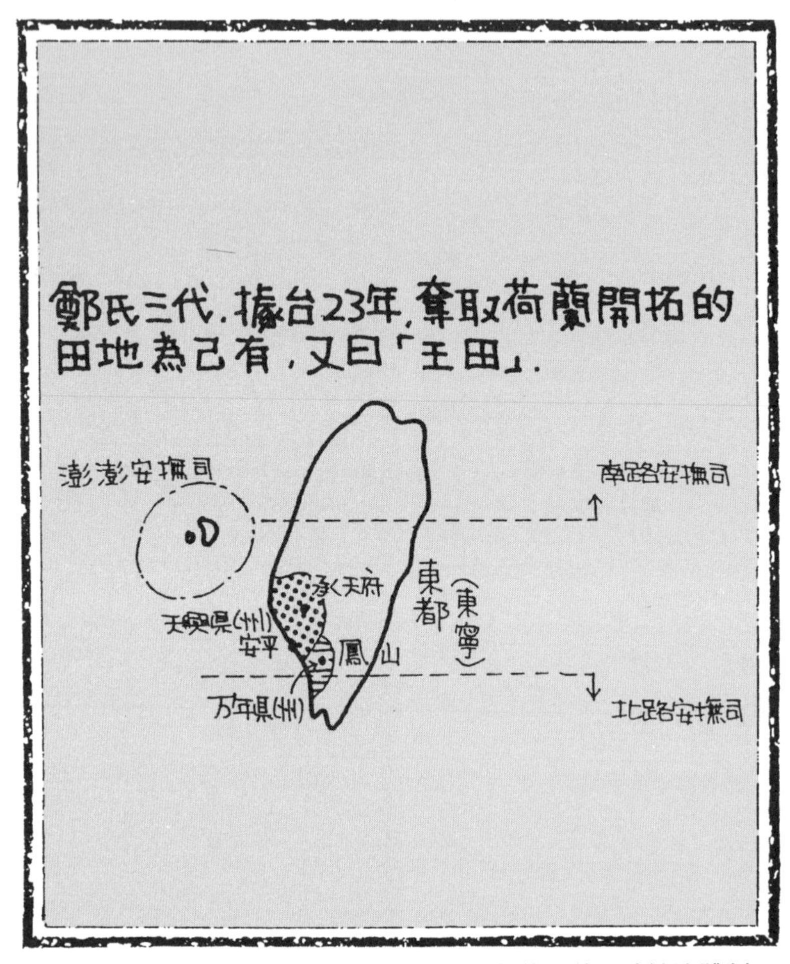

鄭氏佔領台灣後，頭一個所做的就是繼承荷蘭人殖民地統治體制，並接收了農奴的土地制度和剝削方式，所以，荷蘭人所謂的「王田」不但不還給開拓農民，只要被指定爲王田的土地，即盡歸於鄭氏王族及其文武官員所有。

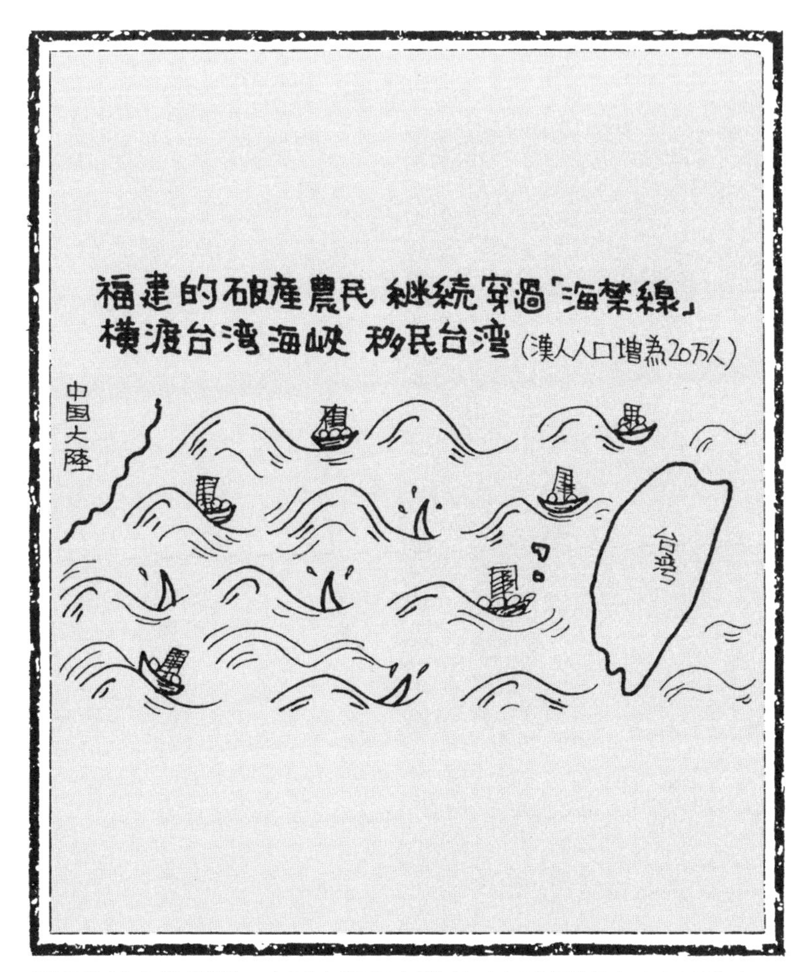

鄭氏佔據台灣期間，中國大陸與台灣表面上雖是隔絕了交通往來，但在實際上，漢人移民自動渡來的人，不會少於荷蘭時代，台灣的民間墾殖一事也並不因此而停頓。鄭氏統治末期，台灣人口可以估計爲十五萬至二十萬人。

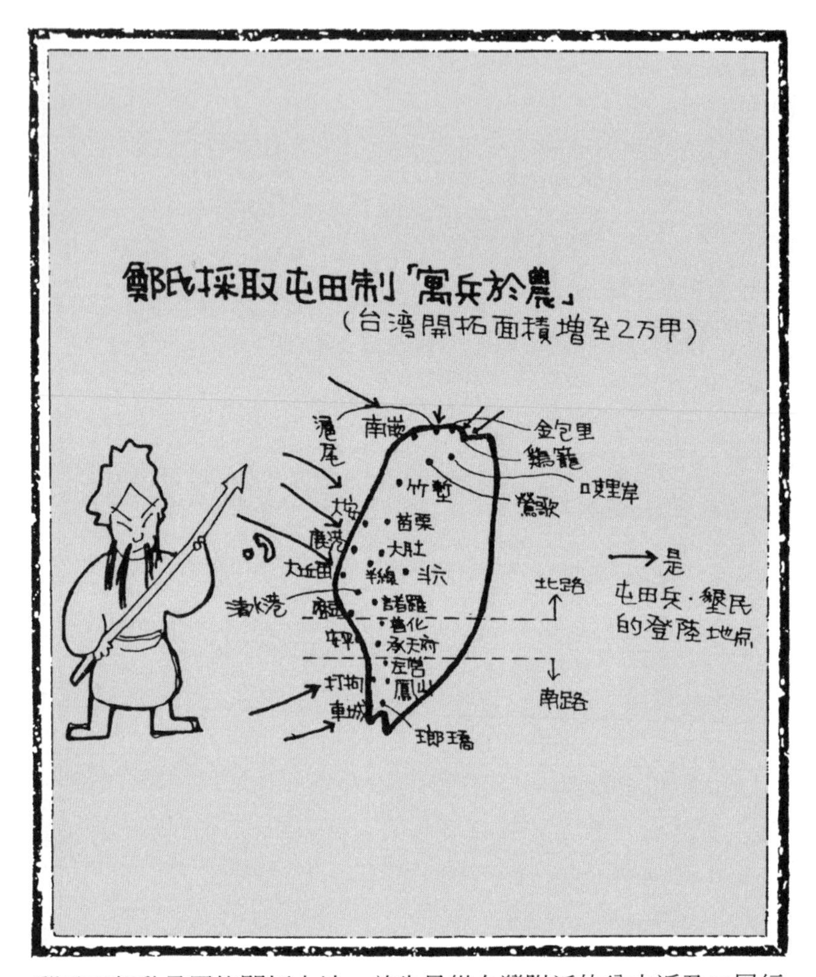

鄭氏王朝動員軍旅開拓土地，首先是從台灣附近的曾文溪及二層行溪下游開始。南路的開墾是由打狗登陸，擴至左營一帶的下淡水溪下游，再往南者從車城登陸而延至瑯嶠等地。北路方面乃分爲數個集團各自發展。如此，開拓的據點，南至瑯嶠，北至淡水、雞籠，遍布於西部平野全域。

鄭氏王朝爲了遂行自己和大陸的爭戰，二十三年間不僅在戰略上繼承了荷蘭人的衣缽來統治台灣，並且還以不亞於荷蘭人的極其慘酷的吸血手段，從台灣開拓者與原住民身上剝削很多血汗的果實，這點乃無法否認。

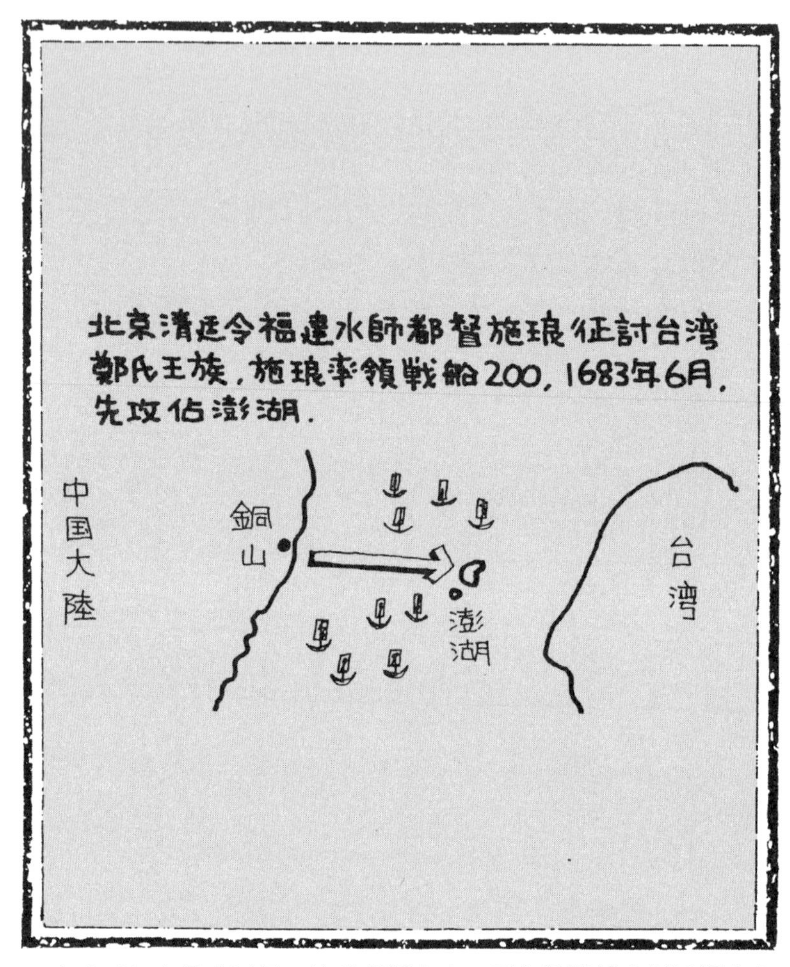

一六八三年六月十四日，施琅率領大小二百多艘戰船由福建銅山出發，乘夏季西南風而渡過台灣海峽，先行攻佔澎湖。澎湖已失守，鄭氏官兵意氣消沉，毫無戰意，台灣島內人心惶惶，治安紊亂。

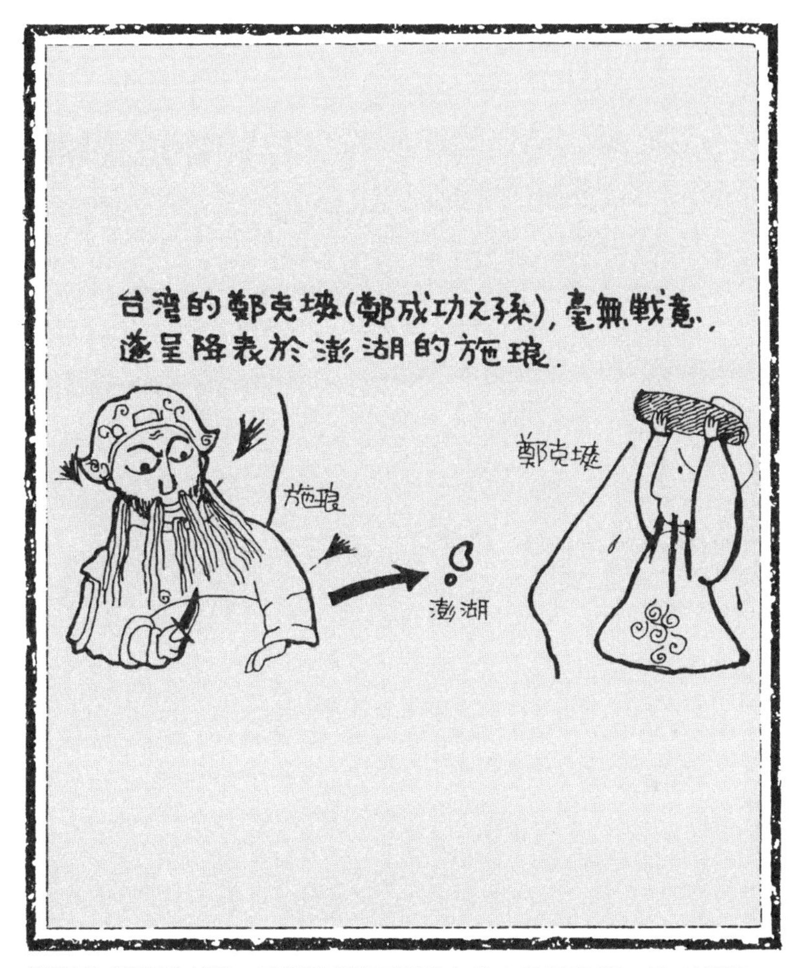

鄭經的兒子鄭克塽，乃聽取劉國軒等文武官員的勸說，決意投降。於一六八三年閏六月，呈降表於在澎湖的施琅處。七月，呈繳延平郡王之金印一顆與招討大將軍金印一顆，及公侯將軍銀印四顆，終爲無條件投降。

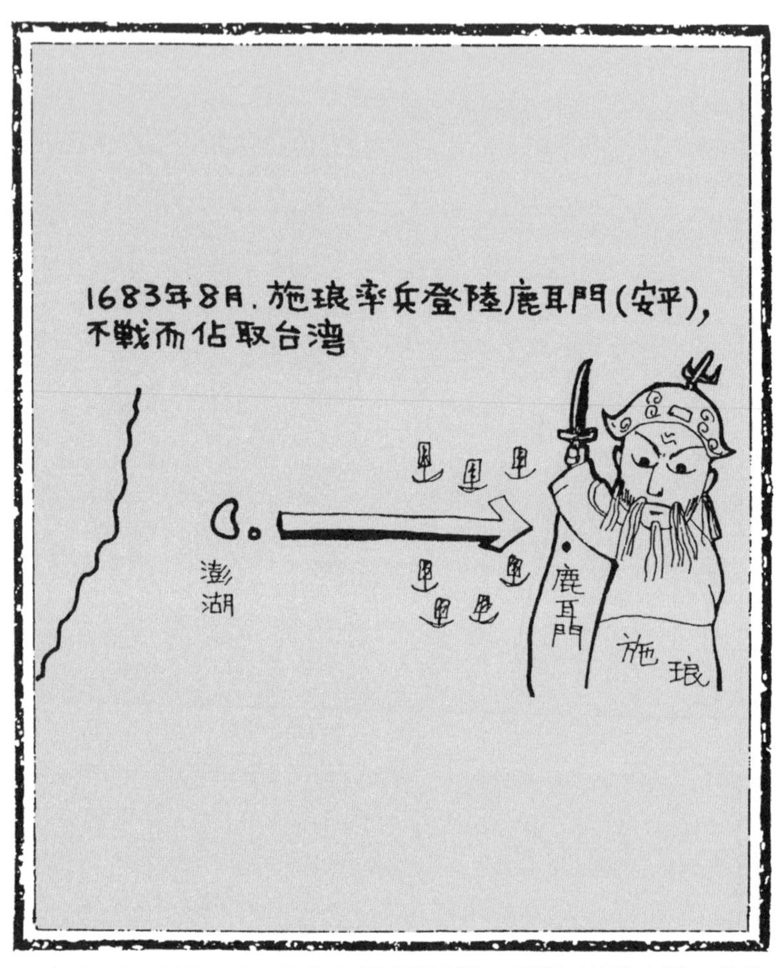

一六八三年八月二日，施琅由鹿耳門登陸，不戰而佔取台灣。施琅於八月二十二日出示安民布告，依此，台灣正式開始屬於清朝統治。

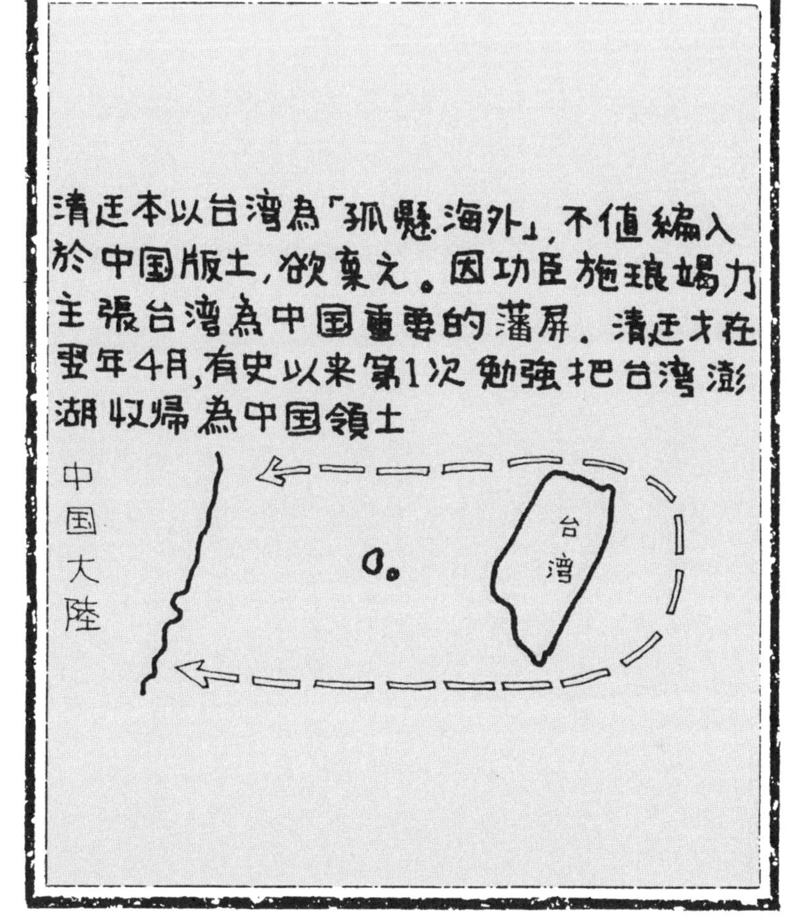

鄭氏投降後，廷議多以領台爲不利，只想把澎湖當作東南諸省的藩籬來佔有它。只有靖海侯施琅提出了反對意見，堅持留台的主張，並呈上「恭陳台灣棄留疏」於康熙皇帝。施琅的意見，終爲清帝聽取。於是，一六八四（康熙二十三）年四月，台灣才有史以來第一次被編入中國版圖。

清朝的官員到台灣之後，即毫不例外的先從鄭氏王朝的手裡把荷蘭時代的殖民統治制度繼承下去，並從鄭氏接收荷蘭時代的王田，以及鄭氏時代採取屯田制度所開拓好的土地，掠奪爲清朝及其文武官員所有。

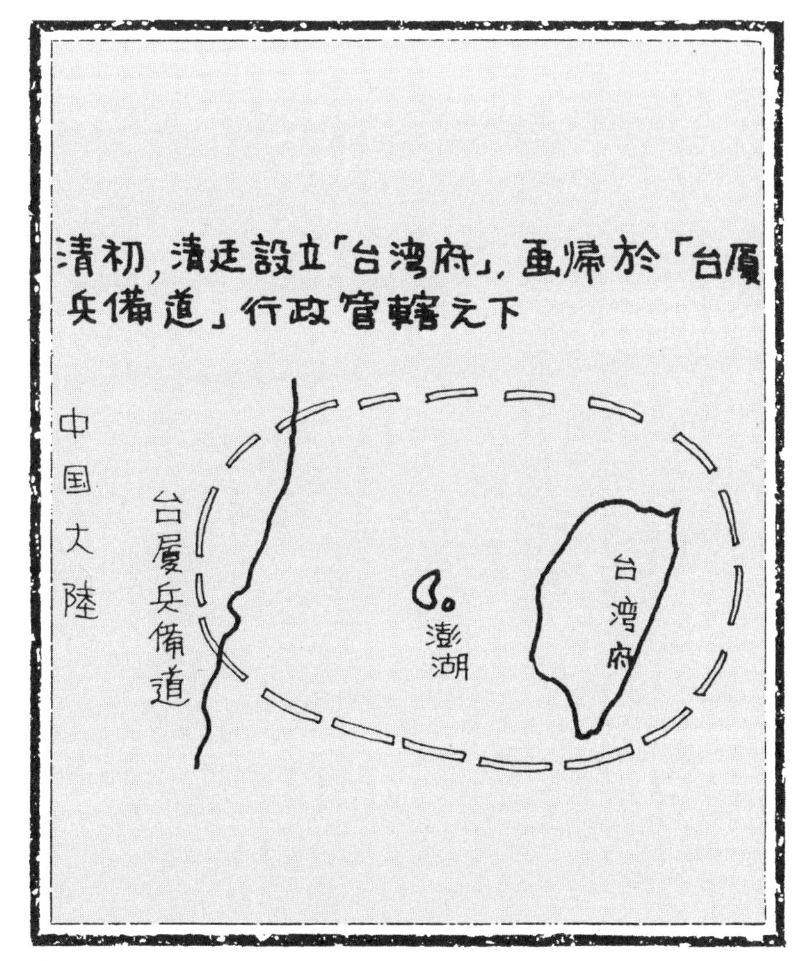

清廷佔領台灣後，對於台灣的統治根本就沒有用心，所以清廷統治台灣乃不過是劃成一個行政區域，勉強設置一個「台灣府」而已，同時把台灣府和隔了一條大海的「廈門府」湊在一起，成立一個福建省的下級行政管區「分巡台廈兵備道」就算了事。

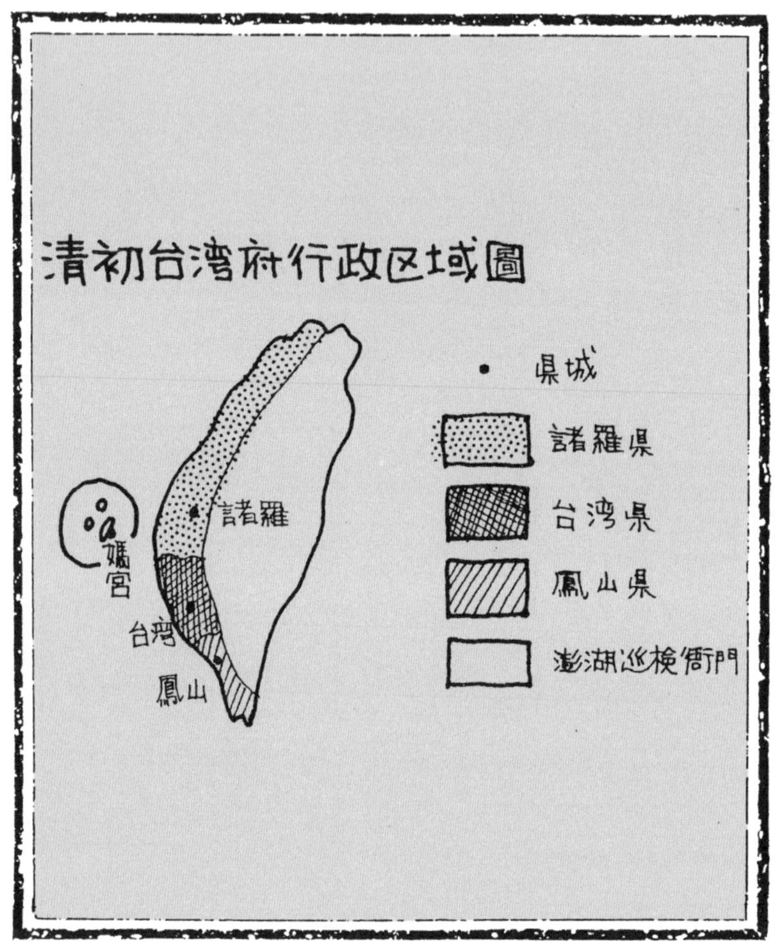

府治（台南）設有「分巡台廈兵備道衙門」，包括文治、武備兩政，下設「知府」與「總兵」專任輔佐之。「台灣府」之下有台灣、鳳山、諸羅三縣，及澎湖巡檢衙門，再有掌握安平的港務及各縣檢察事務的海防同知衙門。

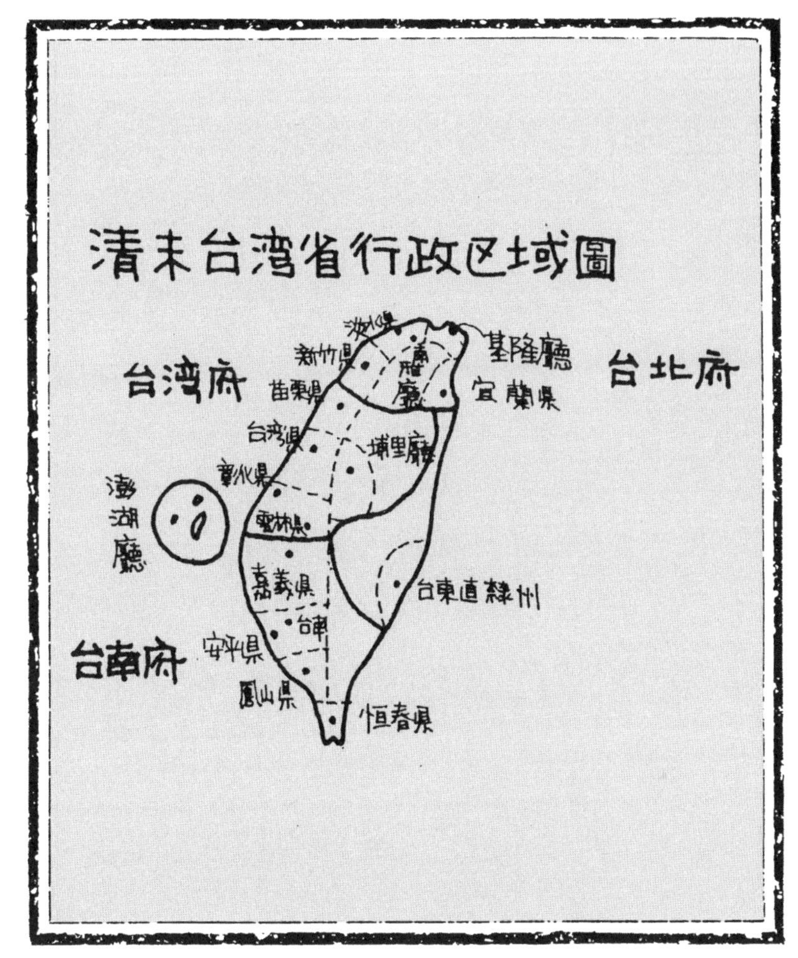

台灣省在一八八七（光緒十三）年，擴充行政機構爲：台北府（宜蘭縣、基隆廳、淡水縣、南雅廳、新竹縣）、台灣府（苗栗縣、台灣縣、彰化縣、埔里廳、雲林縣）、台南府（嘉義縣、安平縣、鳳山縣、恆春縣、澎湖廳）、台東直隸州。

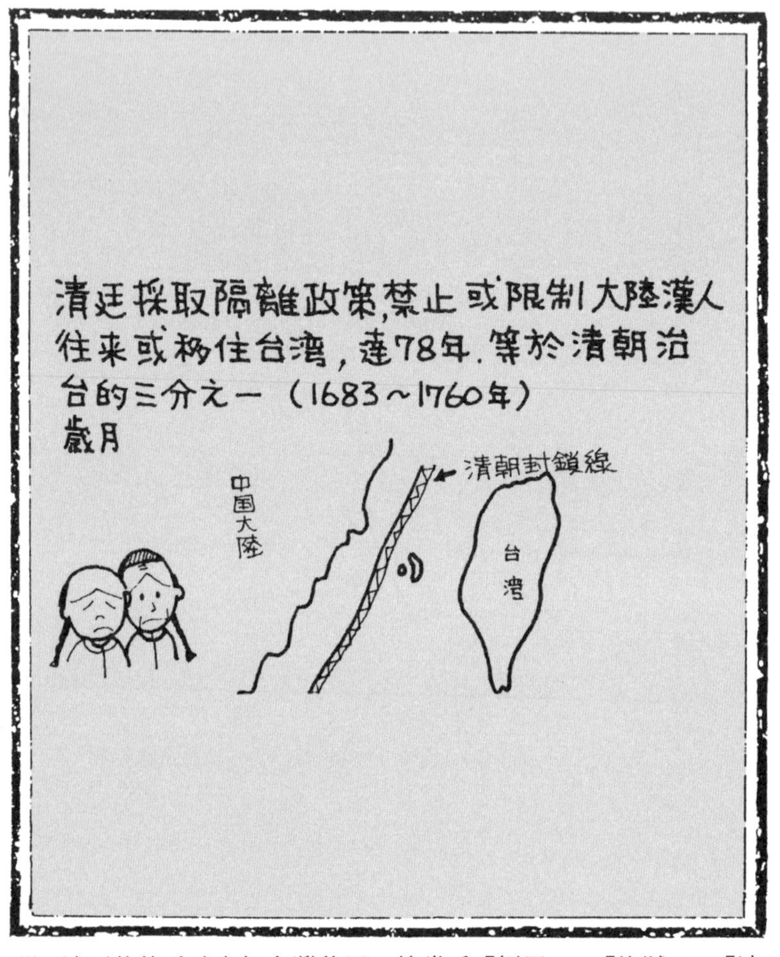

明、清歷代的爲政者把台灣移民一律當爲「奸民」、「盜賊」、「流氓」，並採取嚴厲的禁止政策，而不許華南海岸一帶的漢人隨便來台灣。因此，在台灣史上佔很重要地位的漢人移民和開拓事業，實在是這些漢人移住者，衝破中國爲政者萬般的阻撓和壓迫，並克服了許多人爲的和自然的困難，才以自力完成的。

禁止差別的殖民政策
1 沒收鄭氏王族時代的王田和屯田土地
沒收
2 不許由大陸派来的官員：軍隊台湾土着化（不許權力台湾化）
3 不許考上科举的台湾人做官或当兵（不許台湾人權力化）
不許
台湾人
4 駐台文武官員在政治經濟上的特權階級化
5 禁止台灣人開拓，並擴大發展本地社会
6 抽比本国苛重的賦課，供本国享用
賦課
7 大小官員・吏胥敲詐勒索本地人
8 禁止製造或携帶武器
9 差別本地人為流氓・罪犯
10 施加分裂政策

清

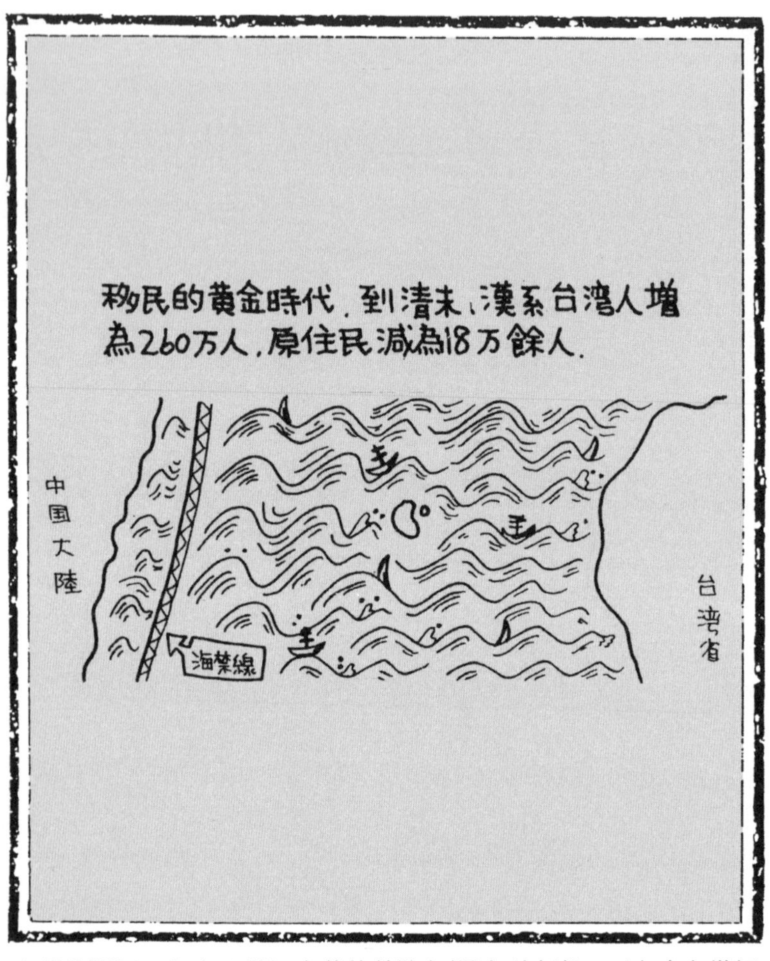

台灣的開拓乃在十八世紀中葉的乾隆年間達到高潮，而在十九世紀初葉的嘉慶年間告一段落。到了清朝末葉，開拓的浪潮已擴至東部的海岸地帶。

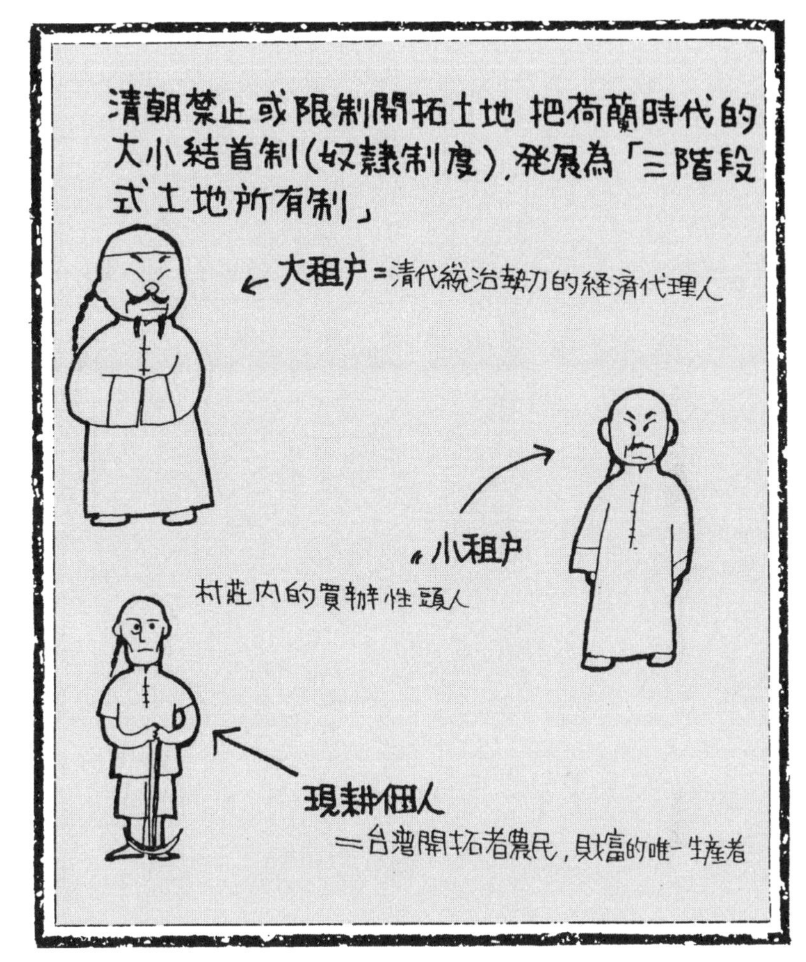

本來在荷蘭時代就有的「大小結首制」奴隸管理制度，清朝政府承襲這種殖民地土地制度，又加上中國封建性的本質。在同一塊土地上產生大租戶、小租戶及現耕佃人的三階層社會關係（生產關係），而實際生產社會物質的小農（即開拓農民）則被大租、小租及田租的三重剝削壓得透不過氣。

清朝勢力統治下的所謂「現耕佃人」，就是荷蘭時代奴隸開拓者後裔和鄭氏時代屯田兵卒的後身，及新進農民移民三者所構成的「開拓農民」。是當時台灣唯一的財富生產者，也是開拓者社會（本地人社會）的基本成員。

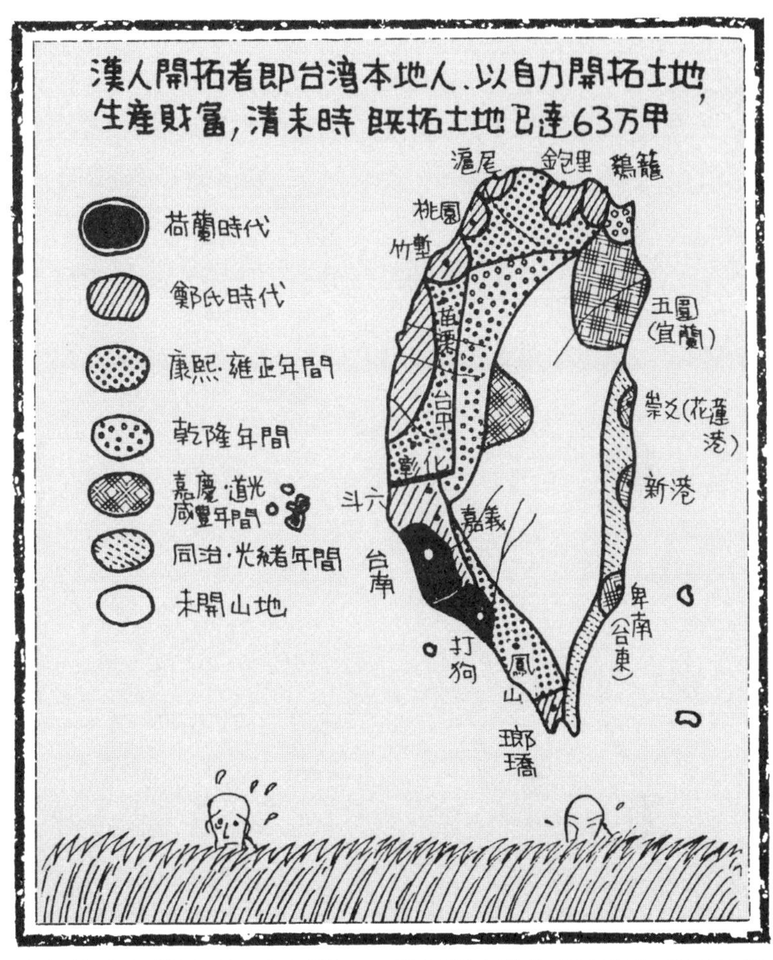

清朝統治台灣的兩百多年間，一貫地對台灣抱著輕視與差別的態度，始終採取這種積極的禁止及消極放任的殖民地政策。因此，台灣的開拓發展和移民一樣，全是由開拓農民自力進行，更在孤軍奮鬥下求發展。

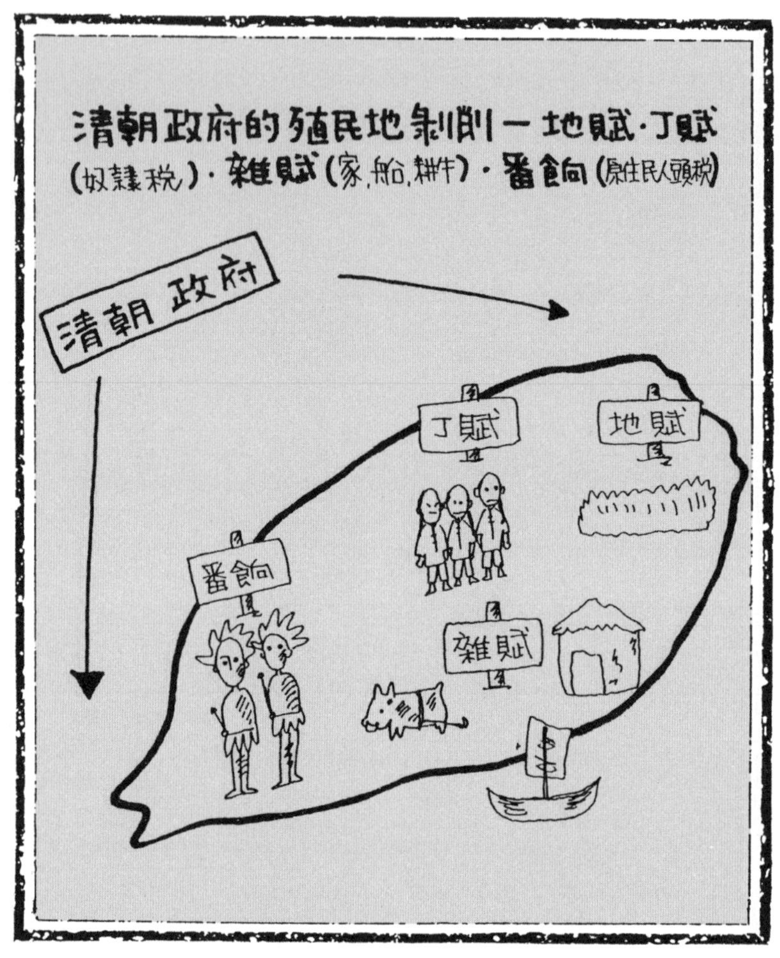

清朝除了將繼承自荷蘭人和鄭氏王朝的地賦、丁賦（丁銀或地丁銀，另有番餉）、雜賦等賦課照樣加諸於開拓農民身上之外，後來又加添屯稅、隘稅等繁多的稅目，其課徵的定率亦比鄭氏時代重，同時比中國本土也更爲苛酷。

清朝統台的兩百餘年間，雖然台灣人口激增至十二倍以上，由於開拓進展，產米亦隨著急增，所以不但足夠島內的消費，而且還可把剩餘的米穀輸出於糧食不夠的大陸閩南地方，接濟了該地的常年飢荒，又供應水陸官兵等軍糧。

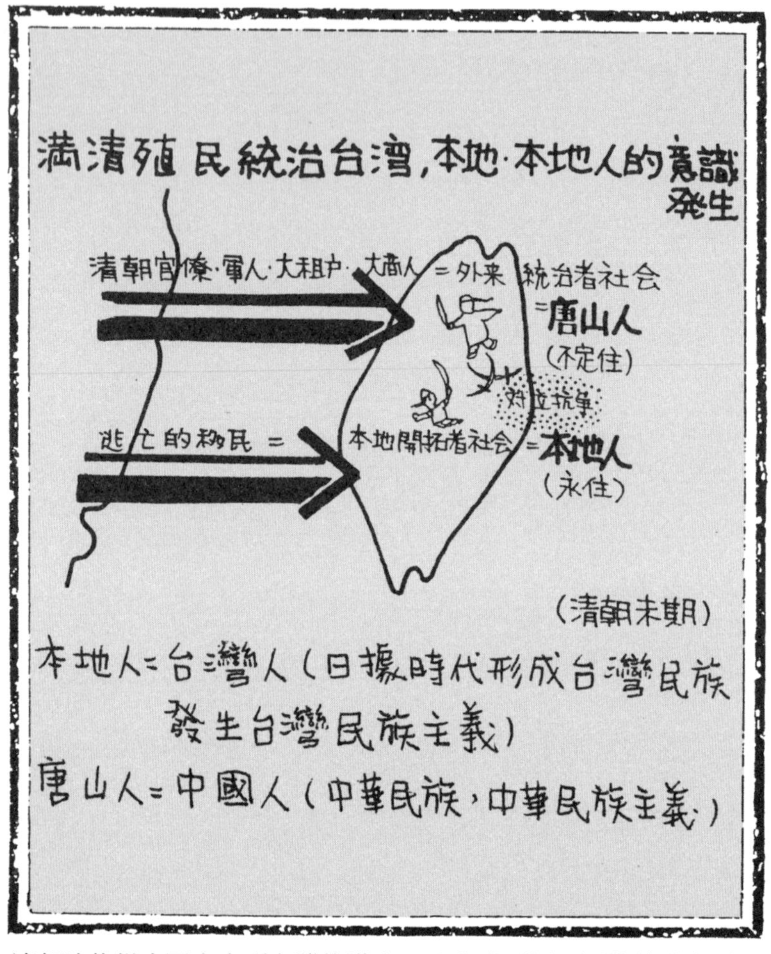

清朝時代從中國本土到台灣的漢人，乃分成兩個不同的管道來到，到台灣後也分爲兩個陣營。一個就是爲了統治而來的漢人文武官員及其幫手爪牙，他們形成殖民地的統治階級，三至六年任期終滿，就被調回中國本土。再一個就是突破封鎖線，所謂犯法而移住來台的漢人破產農民，他們成爲「開拓農民社會」的一分子，定住在台灣並傳下子孫。

外來的不定居的漢人統治階級，與定居台灣而爲台灣開發與社會發展的原動力的漢人開拓農民社會陣營，這個統治與被統治的政治性的對立抗爭，隨著時間的消逝，漸漸轉化爲「唐山」（中國）與「本地」（台灣）的地域性和社會性的對立抗爭，最終發展爲「本地人社會」的內部因素（精神、意識）。

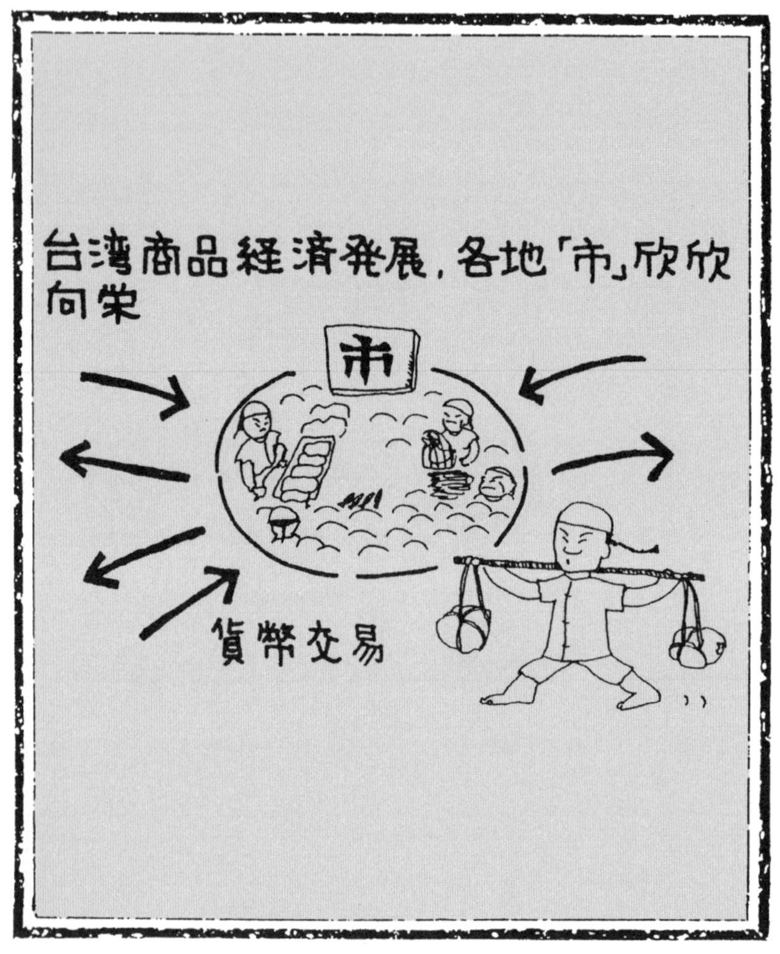

清朝領台之後，移民和開拓逐漸發展，同時漢人開拓農民和日用品消費也日益增加，隨著，島內商業亦繁榮起來。當時從大陸運來的日用品、什貨等，銷售途徑爲：外郊→內郊→割店→販仔→文市（門市、市）→本地人消費者。

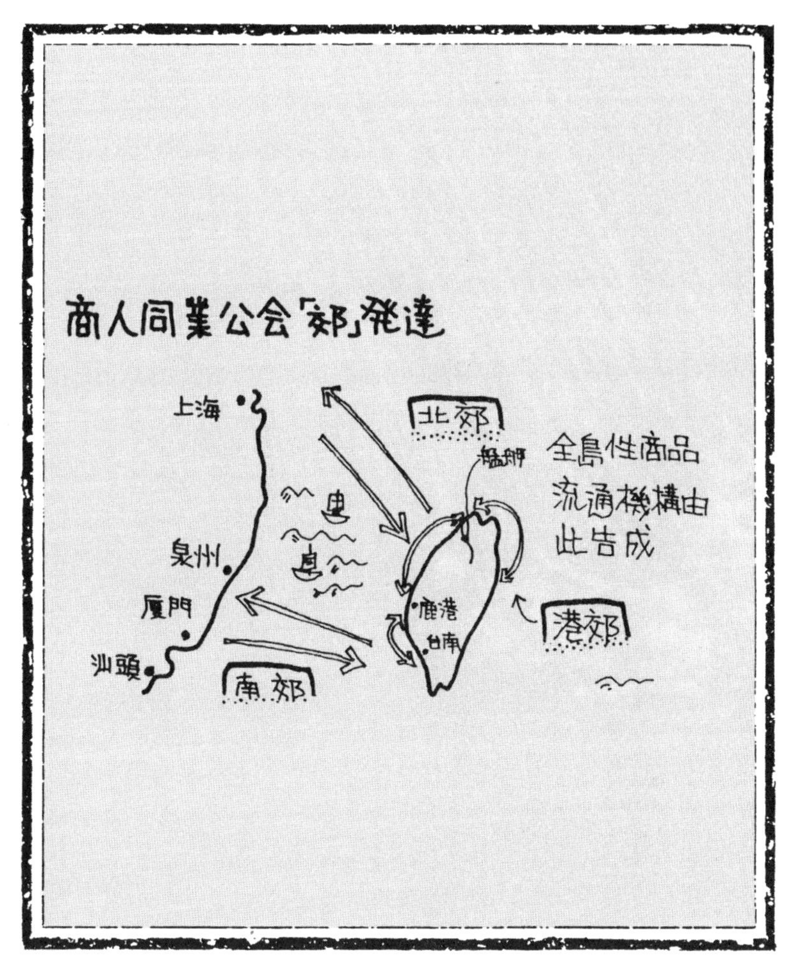

各行業的貿易商人結合同業，組織團體，稱之爲「郊」，便於維持相互間的利益及確立共同的信用。這種貿易商人同業團體的行郊，在台灣以一七二五年成立的「台灣府三郊」爲其嚆矢。三郊乃是北郊（配運上海、寧波、天津、煙台、牛莊）、南郊（配運金廈兩島、漳泉兩州、香港、汕頭、南澳）、港郊（配運台灣各港）之總稱。

十九世紀中葉，窺伺台灣的，不止於英國，連法國、德國，以及新興的美國等歐美資本主義列強，都各自伸出魔掌想奪取台灣。後來，亞洲新興的日本也加入爭奪台灣的行列了。

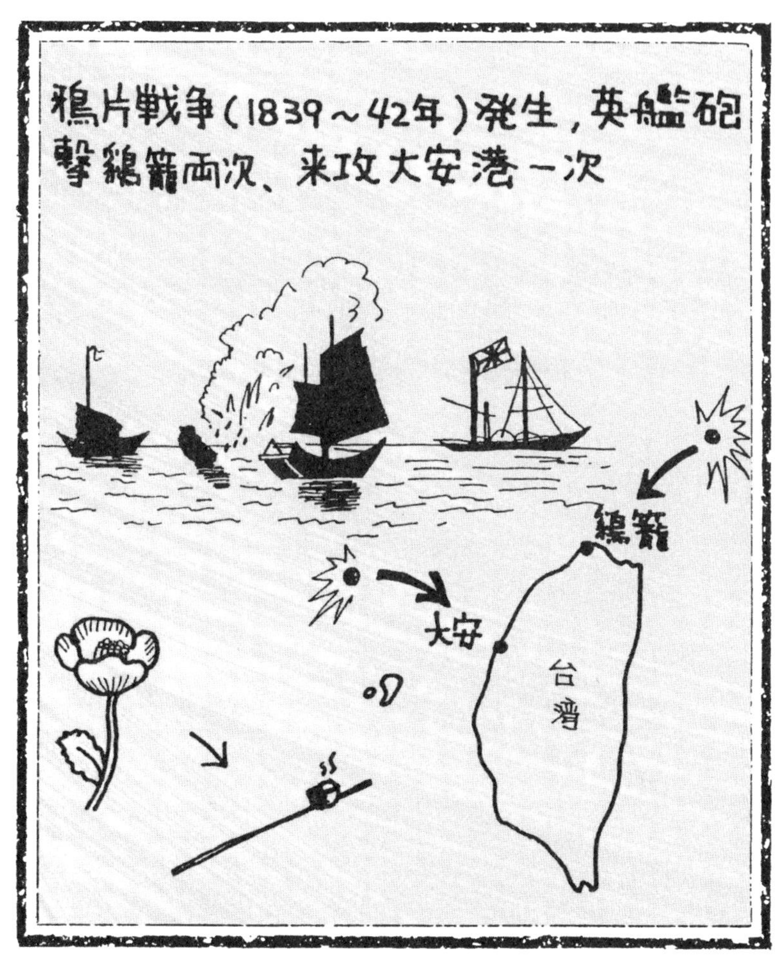

一八三九年中英鴉片戰爭爆發，台灣也受到戰火的波及。一八四一年七月英艦第一次來攻雞籠，英艦中彈觸礁，被俘兩百餘人。同年九月英艦第二次來犯雞籠，又被清軍擊退。一八四二年正月，英艦三艘又來攻大安港，再次遭清軍擊退。

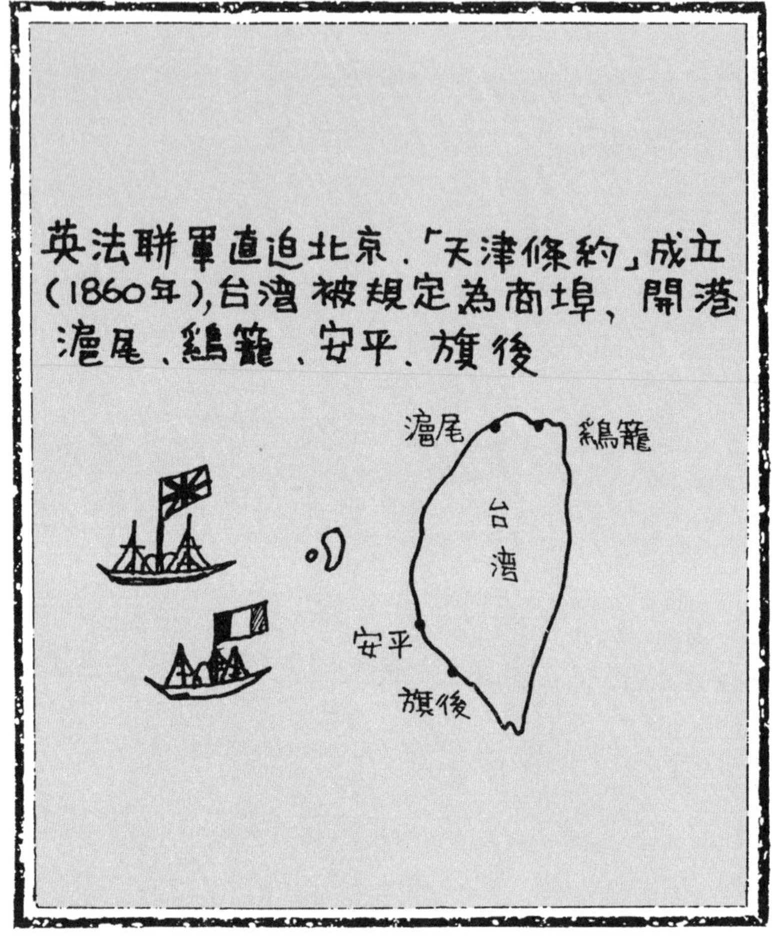

台灣諸港口的開放乃始自《天津條約》，即一八六二年開放滬尾，一八六三年開放雞籠，一八六四年開放安平、旗後（高雄），以這四處爲通商口岸，讓英法人及其船隻、資本、商品等自由進出。這樣，爲歐美資本主義支配台灣而解開第一防線。

英國帝國主義顯然已取得在台灣的商業霸權。結果，英商怡和洋行、連督洋行等相繼在台北開辦商館。台灣的糖、茶、樟腦等特產的外銷及鴉片的輸入，都被英商所壟斷。

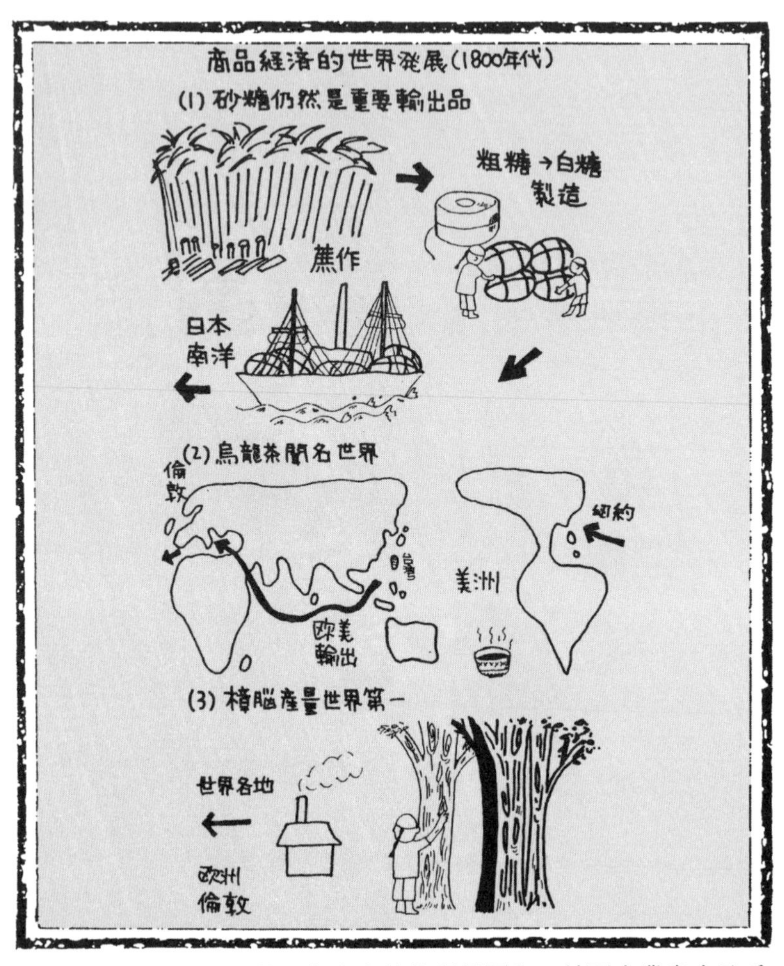

這時的台灣漸被納入世界資本主義的貿易圈內，外國商業資本及香港、廈門的中國買辦商人，透過台灣商人資本而支配農村，導致台灣北部的製茶業異常發達（烏龍茶為台灣特產而聞名於世），中部的樟腦產量為世界第一，台灣南部製糖業再次掀起外銷貿易的高潮。

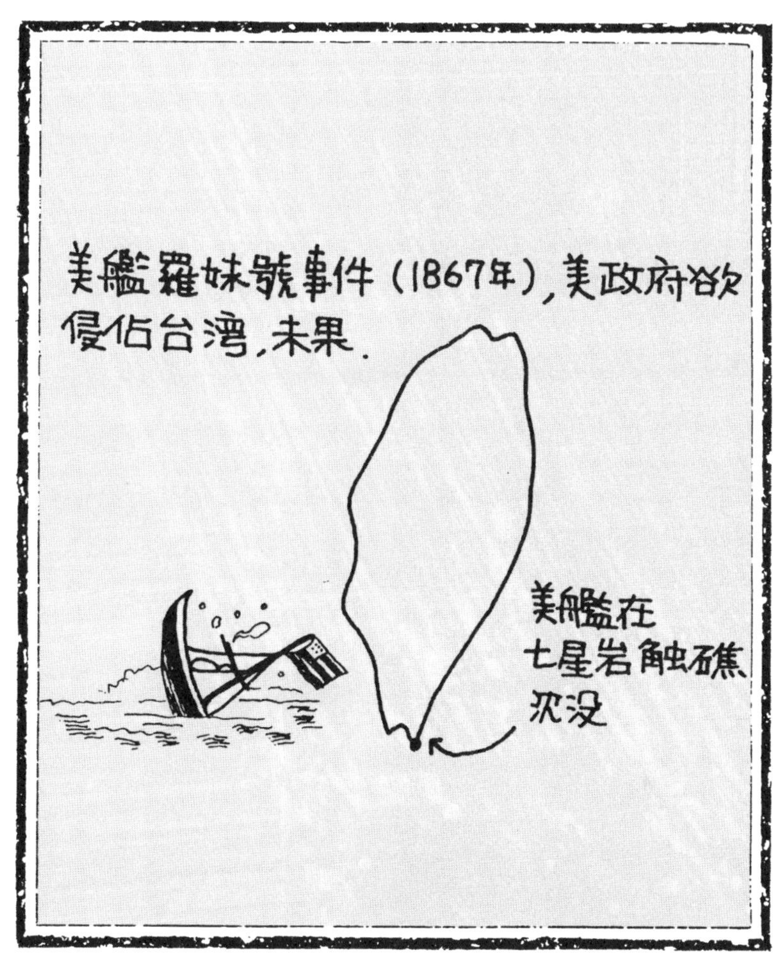

一八六七年三月，羅妹號自汕頭開往牛莊，中途遇颱風，漂到台灣南端的七星岩，觸礁沉沒。船長及水手乘小艇在龜仔用登陸後，被當地原住民殺害。美國政府與清朝官方交涉後，於同年六月派兩艦來攻原住民，大敗而退。最後由美國領事李仙得與原住民頭目卓杞篤面晤交涉，雙方訂下約定，此事乃告平息。

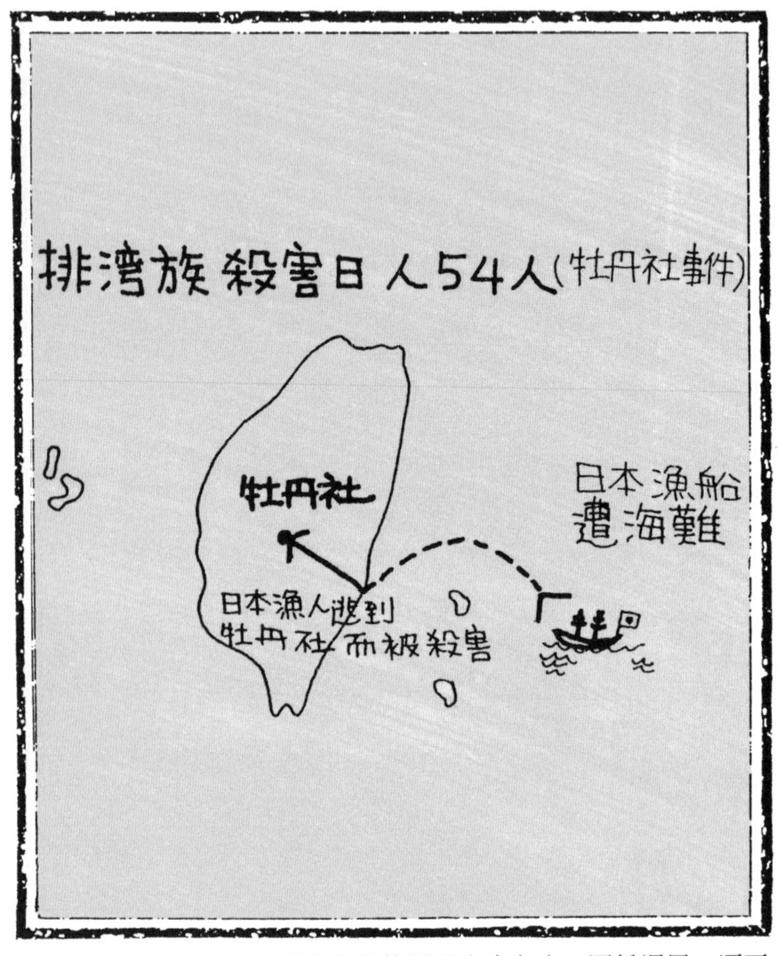

一八七一年十一月，琉球宮古島的居民六十九人，因船遇風，漂至八瑤灣，溺死三人，只六十六人上岸，因誤入牡丹社，被原住民排灣族殺戮五十四人，其餘十二人逃出，獲社寮居民救助，才得脫險，由台灣官方轉送福州，翌年遣送回琉球。

日本政府竟想以牡丹社事件爲藉端來圖謀台灣。一八七三年，出兵台灣的準備工作完畢後，日本派外務卿副島種臣爲全權大使、外務大丞柳原前光爲副使赴北京。當柳原與清國大臣交涉牡丹社事件時，吏部尚書毛昶熙竟答曰：「生番既屬我國化外，問罪不問罪，由貴國裁奪。」

一八七四年五月，日軍在瑯嶠灣之社寮登陸，三千日軍開始進攻牡丹社。原住民方面乃由排灣族據石門，憑險扼守，埋伏血戰，但敵方砲火猛烈，終於敗退。日軍攻陷石門，進圖牡丹社，焚燒村落，殺戮淫威，附近五十七社被迫相繼歸伏。

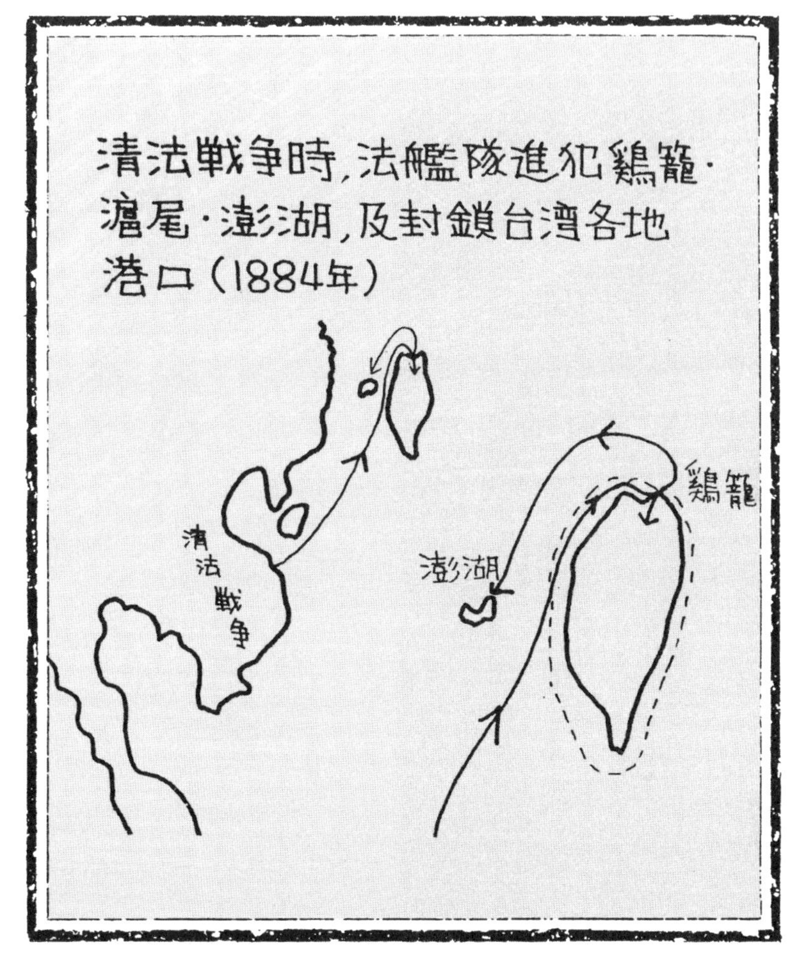

一八八四年中法戰爭爆發，法軍攻擊雞籠、滬尾，佔據澎湖的媽宮，封鎖台灣的海上交通，宣布東自烏石角，南至南岬（鵝鑾鼻）的西部海岸，派遣蘇澳港二艦，雞籠港六艦，滬尾港三艦，安平二艦，打狗港二艦，共十五艦封鎖台灣各港口船隻的進出。

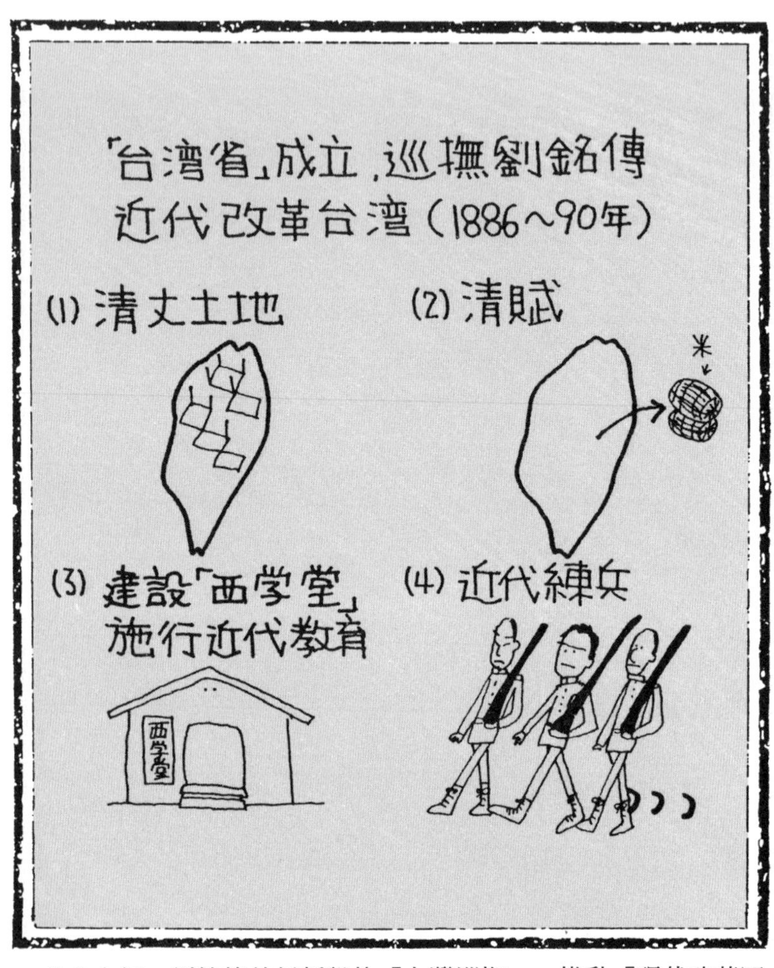

一八八六年，劉銘傳就任新設的「台灣巡撫」，推動「現代改革四大政策」（防備、練兵、清賦、理番）及「土地清丈」（土地測量）、「人口調查」，並促進社會的現代化，來強化殖民地統治的經濟基礎。

一八九四年六月，朝鮮國內因東學黨的糾紛，曾向清廷求援，清廷乃派兵干涉，但日本同時也派兵，兩國竟起衝突而發展爲「甲午戰爭」。戰況對清國不利，不但在朝鮮被打得一敗塗地，同時被日軍追入中國境內，東北數地相繼被佔，最精銳的北洋艦隊也遭全軍覆沒。

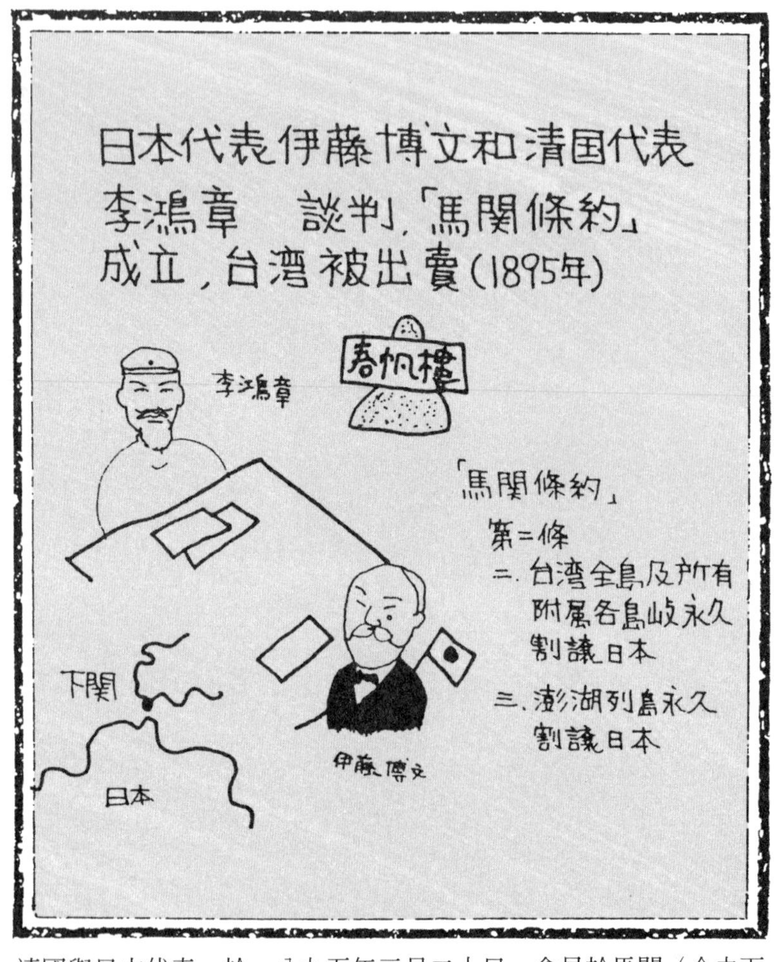

清國與日本代表，於一八九五年三月二十日，會見於馬關（今之下關）的春帆樓，開始談判。四月十七日，兩國締結「馬關條約」。馬關條約共有十一條，除了賠償軍費兩億萬元之外，關於賣身台灣與台灣人的契約，明文記載於第二條第二項及第三項。

十七世紀中葉，台灣南部發生空前的巨變，同時，海峽對岸的中國大陸也正處於明清改朝換代的過渡期，歷史的戲劇性，總是出人意料之外。

一、鄭成功及施琅佔領台灣

遠在一三六八年，明太祖朱元璋推翻元朝，統一中國，建立大明，歷經二百多年後逐漸地邁向衰亡，中國社會四處動亂。一六二七年有白蓮教之亂。接著一六三一年，李自成崛起，席捲華北。一六三五年張獻忠也騷亂華北、內陸一帶。一六四四年李自成攻陷北京，明思宗（崇禎帝）自縊身亡，明朝終告結束。

另一方面，早在一五八三年滿洲長白山一帶出現強大的女眞族，其首領努爾哈赤舉兵侵犯遼東，一六一六年建立「後金」國，稱太祖。一六二一年定都瀋陽，改名盛京，以此地做爲入侵中國的根據地。清太祖的第八個兒子太宗（皇太極）在一六三六年改國號爲「清」，率兵攻破山海關，侵入長城以南，一瞬間席捲中國本土，一六四五年驅兵抵達長江北岸的揚州。清軍不久渡江，佔領金陵，俘擄明室福王；再以破竹之勢進出華南，迫使明朝宗室逃落各處。一六六一年，清軍在緬甸邊界追捕永曆帝（永明王），中國從此便落入了名副其實的清朝統治。

值此明清鼎革之際，一向稱霸於台灣海峽及華南沿海一帶的鄭芝龍，被明朝封為南安伯，奉永曆帝抵禦清軍於福建。後來他向清朝投降，但是兒子鄭成功（西方世界稱他為Koxinga＝國姓爺）誓不隨父降清，而在福建收留敗兵殘將，舉起「反清復明」旗幟，在廈門及南澳起義，後來轉戰鼓浪嶼。

鄭成功被永曆帝封為「延平郡王」，並賜為「招討大將軍」。一六五七年率軍進兵金陵，遭受慘敗。從中國大陸敗退的鄭成功，為求容身之地，於一六六一年進攻澎湖及台灣。

鄭成功把荷蘭人趕出台灣，建立漢人的第一個政權，而被後代尊奉為民族英雄。然而，從台灣統治的實際狀況及台灣社會的發展（台灣民族的形成）觀點來看，鄭氏王朝三代在台灣統治二十三年，也當歸類為一種「殖民地統治」的範疇。

換句話說，鄭氏王朝和荷蘭人幾乎是同樣，無非是一個外來統治集團，一貫繼承荷蘭人所留下的殖民統治遺制及土地制度，君臨於既存的開拓者社會。並且，鄭氏王朝及其文武官員，在台灣始終根據下列四項基本觀點和態度，和開拓者社會嚴格的畫開了一條界線，導致彼此之間不能從生活的根底融洽在一起。

(1) 鄭氏本來就是稱霸於台灣海峽的海上勢力，所以在台灣時也偏向於海上貿易及大陸的軍事行動。

(2) 「思明（今之廈門）根本，台灣枝葉耳，若缺思明，台地豈得保一日，此際與紅夷交爭殊非至計。」（鄭氏王朝兵部尚書張煌言之諫言）「台地初闢，水土不服，病者即死，故各島之搬眷，俱遷延不前。」（江日昇，《台灣外記》卷三）如此，鄭軍視台灣爲異域的觀念極爲強烈，大部分官員將兵，起先乃反對攻佔台灣，攻佔後也不願渡台，即使過來台灣，卻把接眷來台一事視爲禁忌，且逃歸大陸本土者層出不窮。

(3) 來台後的鄭氏王族及其官員將兵，一貫保持著政治亡命國外的心情和姿態，死喊老套的「歸還中國」，雖然也大興開拓事業，但皆爲大陸戰事養兵著想，對於定住台灣一事，迄未有多大考慮。

(4) 鄭氏王朝爲軍事上的必要才進取台灣，據台後，又把其一切力量傾注於中國本土的軍事作戰，反而把統治台灣當做不過是出於一時性戰略上所需而已。

譬如鄭經在位十九年，大半歲月都住在金廈兩地從事對清作戰。

鄭氏王朝為了遂行自己和大陸的爭戰，二十三年間不僅在戰略上繼承了荷蘭人的衣缽來統治台灣，並且還以不亞於荷蘭人的極其慘酷的吸血手段，從台灣開拓者與原住民身上剝削很多血汗的果實，這點乃無法否認。

中國大陸在一六六二年鄭成功去世後，清朝屢次考慮招撫鄭成功的兒子鄭經，結果一無所得。此際，降將施琅（鄭芝龍的部將）一再向清廷建議採取強硬政策，興兵征台。然而清朝的廟議始終徘徊於主戰與主和之間，舉棋不定，與鄭氏隔著台灣海峽對峙二十多年。

一六八一年接到鄭經的訃聞後，康熙帝認為時機已成熟，決定攻打台灣。一六八三年施琅率領大小二百多艘戰船由福建銅山出發，首先佔領澎湖，和鄭氏展開談判，鄭經的兒子鄭克塽眼看大勢已去，八月間向施琅無條件投降。施琅登陸鹿耳門，不戰而攻佔台灣。

然而，佔領台灣的清朝卻拿以下的理由準備放棄台灣：

(1)台灣從不被當做中國領土，「台灣府古荒服地，先是未隸中國版圖。」（劉良璧，《台灣府志》卷二）「台灣，海外荒徼也。」（陳文達，《台灣縣志》輿地志一）

(2)一水之隔的孤島台灣，被視爲不值得編入中國版圖的荒蕪未開之地，「議者謂，海外丸泥，不足加中國之廣，裸體文身，不足共守，日費天府而無益，不如徙其人空其地矣。」（郁永河，《裨海紀遊》）

(3)把已定居在台灣的漢人開拓者仍然視爲逃犯或盜賊，「率爲逋逃藪」（范咸，《台灣府志》，陳大受序說）、「海盜嘯聚之地」（江日昇，《台灣外記》卷二）。

就是說，清廷輕視台灣而想放棄它，乃是上述這些根深蒂固的既成觀念所致。因此，當時若是沒有足以把這種偏見扭轉過來的有力主張出現，清廷定是依照原議撤回清軍，將台灣放棄。只有靖海侯施琅提出了反對意見，而堅持留台的主張，並呈上「恭陳台灣棄留疏」於康熙皇帝，剖析棄留的利害得失。他對海外形勢不僅有著卓絕的分析，並且看準台灣所佔地位在政治、軍事上的重要性。因此，施琅的意見，終爲清帝聽取，也使朝野對於台灣棄留問題做了一百八十度的轉變。於是，一六八四（康熙二十三）年四月，台灣才有史以來第一次被編入中國版圖。「台灣僻處海外，新

入版圖。」（台灣編歸版圖之上諭）

二、從中國大陸來的殖民地統治

從上述荷蘭三十八年的統治，及中國大陸鄭氏王朝、清朝勢力前後入侵台灣成爲第二個、第三個的殖民地統治者。從此，台灣編入中國的版圖，在政治上廣受中國傳統封建制度的影響。然而，在中國勢力統治下的二百三十五年間，「台灣社會及台灣人」的本質非但沒有和中國社會一體化，反而始終保持兩者間的殖民地矛盾，台灣朝向和中國社會完全相反的方向發展。在清朝殖民地統治下，反而造就出成爲「台灣民族」的社會存在與共同意識的基本條件了。

台灣與中國間的社會矛盾（殖民地矛盾）及台灣民族的形成，有著以下的因素：

(1) 鄭氏王朝一開始就把台灣當做逃難地及軍事作戰的海外基地，而加以利用罷了。清朝又把台灣視爲孤懸海外的化外之地，準備放棄。因此，佔領台灣後，兩者都無心經營（這一點和荷蘭的積極政策實有天壤之別），始終對台灣採取歧視、禁止、壓迫、剝削的政策。

(2)鄭氏及清朝都沿襲荷蘭人留下來的殖民地制度，做爲統治台灣的基礎。所以，也就使荷蘭時代的殖民地統治者、被統治者間的矛盾，無可避免地繼續深化。

(3)在此殖民地矛盾之下，移民及開拓不絕，繼續發展，使開拓民社會（漢人開拓農民社會）的勢力擴大，更加強經濟基礎（物質基礎）。

(4)歧視、禁止、壓迫、剝削、屠殺等等由大陸來的殖民地政策，使台灣及大陸之間的社會矛盾更加深化。本地人（漢人開拓農民及原住民）長期抵抗這種殖民地政策，進行不屈不撓的武裝鬥爭。對唐山人（大陸人）產生了共同憎恨，使「本地人意識」（台灣人意識的初期形態）更加深化，也更強化社會存在的心理基礎（精神基礎）。

(5)台灣的風土及習俗，使年年月月永久定居的漢人移民及其子孫在不知不覺中克服大陸性，變爲具有海島性格的人民與社會。換言之，接受同樣是漢族（來台統治的都是漢人的清朝官僚）的殖民地統治二百多年，正是台灣社會、台灣人和中國分離，並發展爲另外一個民族的決定性階段。

且看清朝統治時代的歧視、禁止的殖民政策。清朝政府的漢人官員、士兵們，首先從鄭氏王朝手上接收了由荷蘭時代繼承下來的殖民地制度，更又帶來中國腐敗的封建官僚制度。這雙重的統治緊緊地壓在本地人（漢人開拓農民與原住民）的頭上。這種歐洲殖民地主義加上中國封建主義的統治，從政治上的「差別與禁止政策」、經濟上的「三階層土地制度」上面完全展現出來。

政治上的差別、禁止政策有下列十項最爲重要——①與大陸完全不同的絕對的強權統治，②禁止「權力的台灣化及台灣人的權力化」，③駐台文武官員的「經濟特權化」，④限制移民及抑制開拓，⑤比本國更重的稅賦、勞役及徵用，⑥科舉考試及任用的差別待遇，⑦抑制台灣本地人社會擴大發展，⑧長期禁止台灣與大陸兩地間的自由來往，隔絕兩地的社會關係，⑨實施福佬與客家、漳州與泉州出身的漢人之間，及與原住民間的分化政策，⑩禁止武器的製造與攜帶。

從經濟面的差別、禁止政策看。首先承襲了鄭氏的官田（即荷蘭人的「王田」，加上鄭氏屯田制所開拓的土地），並視本地人（漢人開拓農民及原住民）所開拓的土地爲不法之地而加以佔據，發展荷據時代的「大小結首制」而造成所謂「三階層土地制度」。這種台灣特有的土地制度，即在同一塊土地上有著「大租戶」（土地所有人）、「小租戶」（耕作及管理土地者）及「現耕佃人」（小農）的三層的生產關係。而台灣唯一的物質生產者——佃農，每年非接受大租、小租及土地稅的三重剝削不可。

然而，清朝當初佔領台灣時，其實際行政權力所及的，只不過是荷蘭、鄭氏王朝兩代所開拓好的漢人開拓者居住地，也就是以台南爲中心的南部一小地區而已。至於其他廣大部分，根本就無法擴張其行政力量。清朝只有步著所謂「盜墾」（不經官衙許可而開拓好的土地）的後塵，派駐軍隊到新土地，設官衙以課稅。這就是所謂「把台灣納入中國版圖」的實際狀況。

三、移民的黃金時代

（一）清朝的禁止移民政策

移民和開拓乃是促成台灣、台灣人的生成與發展的最主要因素，但是在以往，明、清歷代的爲政者確實是把台灣移民一律當爲「奸民」、「盜賊」、「流氓」，並採取嚴厲的禁止政策，而不許華南海岸一帶的漢人隨便來台灣。同時，在台灣島內，也把開拓的土地套以「私墾」、「盜墾」等罪名，嚴格禁止（這顯然是大爲妨害台灣的土地開發，並阻礙了台灣社會的進步發展）。因此，在台灣史上佔很重要地位的漢人移民和開拓事業，實在是這些漢人移住者，衝破中國爲政者萬般的阻撓和壓迫，並克服了許多人爲的和自然的困難，才以自力完成的。這點，乃是想要眞正了解台灣過去的社會發展，不能忽略的一大關鍵。

清朝在十七世紀中葉消滅了明朝後，起初是基於要封鎖鄭氏的海上交通，並阻止其對於金廈的軍事補給，才禁止漢人前往台灣、澎湖。但是鄭氏投降，台灣正式被列入中國版圖之後，卻以杜絕流亡者在台居住爲藉口，反比過去更加嚴厲地禁止漢人來往台澎兩地。

當時的清廷取締出洋移民的嚴厲苛酷，可以說是史無前例。這點，從「大清律例」裡頭的「私出外境」、「違禁下海」等各節罰則就可以看出。當時的「台灣府」，算來已是屬於中國本土福建省的下級行政區域，可是，上述的禁令不但不因此被撤消，而且，更加上特別嚴格的禁令，擬以徹底根絕漢人過來台灣。

在一六八三（康熙二十二）年，清軍一佔領台灣，即時公布「台灣編查流寓則例」（參閱《六部處分則例》卷二十）。其內容含有如下的台灣居民及漢人渡台的禁令：

(1) 內地商民來台貿易者，須由台廈兵備道查明，並發給路照，出入船隻須嚴格檢查，偷渡者嚴辦，偷渡之船戶及失察之地方官，亦照法查辦。

(2) 渡台者不得攜帶家眷，已在台者不得搬眷來台。

(3) 潮州、惠州之地，爲海盜淵藪，積習未脫，其民禁止來台。

以上可見當時取得渡台路照者，只限於貿易商人，至於農業、漁業等勞動移民，簡直無法被准許來台，不能攜帶眷屬就等於只准一時性的旅客來台而已。再者，清朝禁止潮州、惠州等汕頭地方的廣東系漢人（客家人）來台，據說是施琅過去和他們有爭執，才以此公報私仇。

上述這些違反現實的禁令，當然無法嚴格執行。因爲當時中國社會正在兵亂中，單從福建、廣東來看，社會不安、經濟崩潰、生活破產、人口過剩，離開農村的失業農民充斥各地鄉鎮。在這種社會背景之下，僅是一道禁令，乃似一紙官府空言，官方想要禁止飢餓農民向海外逃生的禁令，究竟也不過是成爲一些吏胥把其當做向偷渡移民勒索的藉口而已，所以不管有沒有這些禁令，從中國大陸來的移民並不因此而中斷，漳、泉二州出身的移民照樣接踵而來。廣東嘉應州的移民也隨之而至。

因此，於一七三二年福建巡撫鄂彌達奏准台灣居民，得呈明給照搬眷來台之後，清朝終於不得不重複禁止、鬆懈、再禁止、再鬆懈，這樣持續下去。經過了很長的時間，就是清朝統治台灣七、八十年後的一七六〇（乾隆二十五）年，這個根本毫無作用的禁令才被廢止。

到了十九世紀，清政府才大幅改變移民政策，改爲獎勵移民。一八七五年公布「招墾章程二十條」，然而已經太遲了，台灣的人口已經增加到二百五十萬人，二十年後台灣就被日本佔領了。

（二）衝破法網遠渡重洋的移民群

清朝當局雖然早就布下天羅地網於華南沿海，但是，這樣的禁令，對正處於生死關頭的移民志願者來說，也只有毫不在乎的排除萬難，冒死橫渡台灣海峽到達台灣。歷經許多凶險來到台灣的，以福建漳、泉二州的移民最多。

此時，廈門乃是密航台灣的門路站，此地有叫著「客頭」的，以包辦偷渡事宜爲專業，就是先把密航者裝在小船船底運出外海，再轉上外洋船，藉以索取包辦費。其中資力雄厚者，備有專爲密航者等船時住宿的旅社，由於這種旅社簡陋而複雜，所以被稱爲「豬仔間」。移民渡台的港口，不僅限於廈門，從華南沿海各大小港偷渡者不勝計數。

早在清初，台南附近已無收容移民餘地，後到的漳泉移民開始往北部地方發展。廣東系客家人也不因有嚴格禁令而罷休，所以隨後私渡來台者日益增加，他們大體是往南部山岳邊緣地區移殖定居。

一七八六（乾隆五十一）年林爽文起義，中南部社會動盪，新到的移民多改自台灣北部湖上淡水河，由新莊口、艋舺（今之萬華）等地登陸，開始台灣北部的開拓。

十九世紀中葉，中國發生太平天國革命的大動亂，閩、粵漢人大量湧入台灣，所以台灣東南部的卑南（台東）、奇萊（花蓮）等山間僻地也開始有漢人移殖墾地。

觀諸清朝統治台灣的二百多年間，十八至十九世紀初（乾隆、嘉慶時期）可算是漢人移民來台最盛期。然而，到了十九世紀末葉，日本佔領台灣，日本帝國卻以

表一　台灣歷年人口推移情況

荷蘭人撤退時（1661）	25,000 戶	約 10 萬人
鄭氏投降時（1683）	30,000 戶	約 15-20 萬人
清・乾隆末葉（1795）		約 130 萬人
清・嘉慶年間調查（1811）	241,217 戶	2,003,861 人
清・劉銘傳調查（1893）	507,505 戶	2,545,731 人
日本・明治 38 年（1905）		漢人系：2,890,485 人 原民系：82,795 人
日本・大正元年（1912）		漢人系：3,213,221 人 原民系：81,227 人
日本・昭和元年（1926）		漢人系：3,923,753 人 原民系：86,733 人
日本・昭和 12 年（1937）		漢人系：5,261,404 人
日本・昭和 17 年（1942）		漢人系：5,990,000 人
日本投降時（1945）		（台灣人人口推定） 600萬人
蔣政權佔領時代（1950）		（台灣人人口推定） 690 萬人
蔣政權佔領時代（1955）		（台灣人人口推定） 800 萬人
蔣政權佔領時代（1960）		（台灣人人口推定） 980 萬人
蔣政權佔領時代（1970）		（台灣人人口推定） 1,300 萬人
蔣政權佔領時代（1975）		（台灣人人口推定） 1,400 萬人

一八九七年爲限，把台灣住民（台灣人）改變爲日本國籍。從此，綿延了三百多年的「台灣移民史」終告結束。

各時代台灣人口的推移，根據許多文獻推斷於表一，以資參考。

四、開拓事業的發展

（一）清朝的禁止開拓政策

如前所述，清朝政府本來想放棄台灣，後來才又收入版圖。因此，對台灣的開發，也只有以禁止和限制政策來對付開拓農民而已。然而，清朝又竭盡全力要掌握土地。清政府爲了抑制開拓社會的發展，制訂「封山、禁墾政策」，不僅禁止新來的移民開拓未墾的土地，對於已定居的漢人開拓農民及其後裔，也以防止和原住民的摩擦爲藉口，限制他們的居住地和開拓事業。這種「封山、禁墾政策」，在清朝統治台灣的二百多年裡，一共實行了一百七十年之久。

可是，不管清朝如何嚴格的禁止或差別對待台灣的移民和開拓，仍如上述，像潮水般不斷蜂擁而至的移民潮，根本無法壓制，也禁止不了他們爲了生存，而四散於各地去開拓一片荒蕪的未墾土地。尤其是到了十八世紀初葉的康熙末期，清朝政府的吏治弛緩，禁令隨之日益鬆懈，所以閩、粵的移民接踵而來，台灣開拓者社會的人口激增，各地設莊拓地的高潮因此再被掀起。

到此時，台南附近的土地幾乎已被開拓完畢，再也沒有容納新到移民的餘地。所以，被統治者稱爲「私墾」、「盜墾」的土地開拓，因而無止境地延伸到南北各地。

但是在另一方面，由於漢人開拓者侵佔原住民的住地過甚，手段強橫，並成群壓迫和殺害原住民，原住民亦不甘受漢人任意的壓抑和侵佔，所以乘機出擊獵頭。

清朝統治台灣的兩百多年間，一貫地對台灣抱著輕視與差別的態度，始終採取這種積極的禁止及消極放任的殖民地政策。因此，台灣的開拓發展和移民一樣，全是由開拓農民自力進行，更在孤軍奮鬥下求發展。北路參將阮蔡文的詩「鹿場半爲流民開」，就是這種意思。

（二）漢人開拓者以自力打開寶庫

清朝禁令雖嚴，但這種既反動又倒退的禁止、差別的政策，在洋溢著前進氣氛的開拓者社會面前，幾乎是不可能收到任何效果。正和這種官方的倒退政策相反，台灣的開拓事業，乃是憑著開拓農民及其子孫的自力奮鬥，終於揭開了往前進發的一幕，而打開了千古未絕的台灣寶藏。

當時的開拓農民，在內部是受著清朝統治勢力的壓制，在外部則受著原住民的襲擊和天災地變的禍害，在這種腹背受敵的艱難環境之下，他們不但不屈服於任何一方，而且更把這開拓的熱潮浸透於西部的各個角落，並又涉及於中央山岳的邊緣地區。「昔年近山皆土番鹿場，今則漢人墾種，極目良田，遂多於內山捕獵。」（黃叔璥，《台海使槎錄》，〈赤嵌筆談〉）

台灣的開拓乃在十八世紀中葉的乾隆年間達到高潮，而在十九世紀初葉的嘉慶年間告一段落。到了清朝末葉，開拓的浪潮已擴至東部的海岸地帶。全島的既墾田園比清朝初葉時增加三十倍，等於台灣總面積的百分之十七，約有六十萬甲土地變成綠色

表二　台灣歷代開拓面積的推移

年代	田	園	合計
鄭氏投降時（1683）	7,530 甲	10,919 甲	18,449 甲
康熙末葉（1710）	9,161 甲	20,949 甲	30,110 甲
雍正年間（1735）	14,774 甲	38,088 甲	52,862 甲
乾隆年間（1744）	14,874 甲	38,310 甲	53,184 甲
劉銘傳土地清丈（1888）	只限安平、鳳山、嘉義、雲林、恆春等台灣南部		約 18 萬甲
日本據台時（1895）			約 45 萬甲
兒玉・後藤時代（1905）			63 萬 3 千甲
日本敗退時（1945）			88 萬甲
蔣政權統治下（1961）	52 萬 8 千公頃	22 萬 3 千公頃	75 萬 1 千公頃
蔣政權統治下（1974）	51 萬 7 千公頃	39 萬 7 千公頃	91 萬 4 千公頃

註：1 甲＝明代中國的 11 畝＝約 2,934 坪＝日本的約 1 町步＝ 0.96 公頃

的田園。也就是說，以清代的農耕技術水準而言，所能開拓的土地幾乎都已被開拓完畢。清朝政府又狡猾貪婪，一向辱罵開拓農民爲奸民、流氓、罪犯。但開拓農民一旦開好一村一莊，它卻即時搖身一變，把過去一切的禁令撤消，代之派遣了官員和軍隊，並設置縣政，開始征收地賦及其他種種賦稅，而「衙門」及其官員乃公私皆取其實。

另一方面，隨著開拓事業的進展，爲耕種所需的水利灌溉設備也逐漸被建立起來，所以，在二百餘年之間，各地的水利設施多達七百餘處，其灌溉面積達十一萬餘甲，等於耕地總面積的五分之一。

把各時代所開拓的土地面積列舉如表二，當然各時代都有許多算不出的「隱田」或所謂私墾地，所以實際上的數字應當更多。

(三) 殖民地的、封建的三階層土地所有關係

在清朝的殖民封建統治下的台灣，有著開拓社會及農耕社會的物質生產基本條件，而擔負農業生產的是佔人口絕大多數的開拓農民大眾。台灣各地的府城、縣城、市鎮都是外來統治階級的政治、經濟據點，藉以寄生於農村。這群外來的封建統治階

級，以控制「土地」、搶奪資源的手段，打下殖民地統治的經濟基礎。

清朝佔領台灣以來，厲行獨特的土地政策——①獨佔荷蘭人、鄭氏的官田，分配給政府官員及其家臣，透過這些人的土地所有而支配土地。②政府爲了直接管制未開發地，對新開拓事業設定特許制度，由特權階級開拓及獨佔土地。

清朝政府首先沒收鄭氏王族的官有田（官田、文武官私有田、營盤田），改以施侯租田、勳業田、功臣用田、官莊等名目賜給政府官員，此即「將軍以下復取僞文武遺業，或託名招佃，或借號墾荒，另設管事照舊收租。」（《福建通志》諸羅知縣季麒光覆議賦則文件）尤其是「施侯租田」，是指征台者施琅所擁有的土地，幾乎佔去台南一帶台灣南部已墾土地的大半。

清朝對於廣大未開拓土地的政策，則採取台灣社會特有的「三階層土地所有關係」制度。本來在荷蘭時代就有的「大小結首制」奴隸管理制度，清朝政府承襲這種殖民地土地制度，又加上中國封建性的本質，在同一塊土地上產生大租戶、小租戶及現耕佃人的三階層社會關係（生產關係），而實際生產社會物質的小農（即開拓農民）則被大租、小租及田租的三重剝削壓得透不過氣。

(1)大租戶：又稱爲「墾首」，是土地的最高權利者、開拓社會的外來特權階級、清朝政府的經濟代理人。他們領得政府的「墾照」，獲得廣大的土地所有權，再把未墾地分割給小租戶去承租，而坐收一定額的「大租」。有些大租戶擁有數千甲地，支配數百戶的佃農，有的養私兵、設碉堡，其勢力不亞於小諸侯。但是自清朝中葉起，大租戶由於①缺乏和農業生產的直接關係，②商品經濟發達而使之逐漸沒落，③官員經常調換而使之喪失權力背景，④轉讓或典當大租權，因此逐漸被小租戶取代而漸趨衰落。

(2)小租戶：又稱爲「墾戶」。他們熟悉地方情況並且精通土地開拓和農業生產，向大租戶承租土地，再轉租給佃農，徵收一定的穀物。清朝中葉以後隨著開拓事業的發展，小租戶漸漸掌握土地的實權並積累財富，甚至收買或兼併大租權，成爲實際的地主。

(3)現耕佃人：清朝勢力統治下的所謂「現耕佃人」，就是荷蘭時代奴隸開拓者後裔和鄭氏時代屯田兵卒的後身，及新進農民移民三者所構成的「開拓農民」。是當時台灣唯一的財富生產者，也是開拓者社會（本地人社會）的基本成員。在生產上，他們乃是率先踏進無人的原林曠野，而且單憑自力拓荒開墾，從事農耕生產，但所開拓好的土地反而爲他人所佔，收成物也幾乎被奪光；他們不但經濟上受了這樣的苛酷剝削，而在政治上也受著外來的殖民統治，在社會上又被視爲流氓、逃犯、盜賊、奸民等。雖然處於如此悲慘的環境之下，但是他們的子孫皆繼承了先人開拓者的衣缽，成爲台灣社會發展的原動力，也是對外武力鬥爭的主力軍。

五、清朝統治下的商業發展（商品生產的發展）

（一）殖民地資本主義的發生

台灣自古就是半海盜半貿易商的根據地。荷蘭人也把台灣當做遠東貿易的基地而佔領之，所以其後的台灣，外洋貿易猝然勃興，隨之，島內也就見到商品經濟的端倪，鄭氏據台後，致力屯墾，但並未罔視島內經濟交流及對外貿易。

清朝佔據台灣後，在移民開拓的發展過程中，漢人開拓農民都分散於未開墾的各地區，建立以鄉黨關係（同鄉、同姓氏）爲基礎的莊堡社會（村落社會），但在農業生產上，並非被封閉於完全自給自足的經濟孤立狀態，而在各地區形成個別的共同市場圈（小經濟圈），進行了相互間的經濟交流，並進一步與中國大陸取得輸出米、糖及輸入雜貨、日用品的貿易關係。因此，台灣開拓農民社會，早就透過島內的經濟交流與大陸有貿易關係，農產物市場不斷地擴大，繼承荷蘭、鄭氏時代而發展了全島的商品經濟。同時，商人及高利貸開始侵入莊堡社會，與土地所有者（大小租戶）兼高利貸結合爲三位一體，構成其上層階級，而成爲農業生產商品經濟化的主要推動勢力。

由於島內物資交流及進行大陸貿易，都得依靠以台南、安平爲中心的海上運輸，所以早在十八世紀初葉，就成立了商人同業組織的「台南府三郊」（一七二五年）。這種獨佔性的商業組織一旦出現，就更加速促進商業經濟的發達及農村經濟的生產商品化。

再到十八世紀後半，移民人數逐漸進入高潮，私渡來台者接踵而至，隨之土地開拓由南至北掀起空前盛況，島內商業及大陸貿易愈形活絡。於是，鹿港（一七八四年）、八里坌（一七九二年）、艋舺（一七九四年）相繼開港，所謂「一府二鹿三艋舺」的全島性商品流通機構由此告成。大陸貿易也更加興旺，商人和商品的往來也愈趨頻繁。十九世紀中葉，清朝政府為了彌補財政短絀，把舊有的田賦穀納制，改為新的銀納制，這種相關經濟措施，又再進一步地擴大了貨幣經濟（商品經濟），因此促使商業經濟愈發達。

十九世紀中葉，清朝在鴉片戰爭（一八三九～四二年）戰敗，歐美帝國主義勢力大舉入侵中國，台灣也被這外來勢力所侵入，淡水（一八六二年）、雞籠（一八六三年）、安平（一八六四年）、旗後（一八六四年）被迫開港。以此為開端，台灣漸被納入世界資本主義的貿易圈內，外國商業資本（也是高利貸資本）及香港、廈門的中國買辦商人，透過台灣商人資本而支配農村，導致台灣北部的製茶業異常發達（烏龍茶為台灣特產而聞名於世），中部的樟腦產量為世界第一，台灣南部製糖業再次掀起外銷貿易的高潮。

這些商品被運到海外去販賣，台灣的殖民地的（跛行的）資本主義就此發生了。製糖業，尤其因外銷急速發展，導致生產規模急遽擴大，以歐美帝國主義資本及中國人買辦資本為背景的台灣都市製糖業資本（商人高利貸資本）侵入農村的舊糖廍。同時，都市也設立新的糖場。這些外來製糖資本，促使家庭工場式的製糖方法，一步步走向前資本主義的手工業生產方式。因此，分工與合作的生產過程開始產生，這些手工業，就是台灣社會從封建生產階段進入資本主義生產階段（雖然是殖民地型資本主義）的跳板。

一八八六年，劉銘傳就任新設的「台灣巡撫」，他推動「現代改革四大政策」（防備、練兵、清賦、理番）及「土地清丈」（土地測量）、「人口調查」，並促進社會的現代化，來強化殖民地統治的經濟基礎。儘管他的政策沒推行成功，但的確為擺脫封建的桎梏向前跨出了第一步，並為即將來臨的資本主義化提供前置條件。

（二）歐美帝國主義再度侵襲台灣

從荷蘭敗退以後的兩百年間，台灣幾乎沒遭受歐洲列強的侵略。十八世紀中葉，歐洲社會的資本主義已經相當發達，並且大工業一旦發達，列強就擁有龐大生產力。然而，歐洲市場卻日益狹隘化，因此，列強即把豐富的資本及商品，用軍艦及大砲護航的新式輪船運到亞洲來，再次掀起瘋狂的殖民地爭奪戰。其中，早一步完成產業革命，並獲得世界商業霸權的英國，對亞洲的侵略尤其兇猛。英國當初是憑著足以橫跨東西兩大洋的強大海上勢力，而獲得印度、北美洲的殖民地，可是一七七六年美國獨立，喪失了北美洲的殖民地後，就全力傾注於亞洲方面，企圖在中國、日本及其他地域取得有利的殖民地。

十八世紀後半葉，正值清朝最盛時期，乾隆帝威震四海。至十九世紀中葉，清朝的國勢雖然漸漸凋零，但仍以老大國自居。因此，不論稱霸西方世界的英國挾其船堅砲利威脅，清廷都無動於衷，不易迫其屈服；任憑英國以通商厚利誘惑，也被拒於鎖國的門外。英國遭遇清國如此頑強的鎖國和拒絕通商，也就和十七世紀的荷蘭一樣，轉而窺伺在地理上有著重要地位，且有糖、茶、樟腦豐富資源的台灣了。窺伺台灣的，不止於英國，連法國、德國，以及新興的美國等歐美資本主義列強，都各自伸出魔掌想奪取台灣。後來，亞洲新興的日本也加入爭奪台灣的行列了。

一八三九年中英鴉片戰爭爆發，台灣也受到戰火的波及，雞籠及大安港被英艦攻擊。清朝戰敗，中國終於向英國帝國主義屈服，締結「南京條約」。接著，又有中英、中法「天津條約」（一八六〇年），台灣再度遭遇到歐洲帝國主義的暴風侵略，尤其在滬尾、雞籠、安平、旗後被迫開港之後，英國帝國主義顯然已取得在台灣的商業霸權。

結果，英商怡和洋行、連督洋行等相繼在台北開辦商館。台灣的糖、茶、樟腦等特產的外銷及鴉片的輸入，都被英商所壟斷。

其他歐洲列強也陸續入侵台灣，開始通商（實際上無非經濟侵略）。也就是說英、法、美、俄在一八六〇年，德國在一八六一年，荷、丹（麥）在一八六三年，西班牙在一八六四年，比利時在一八六五年，義大利在一八六六年，澳洲在一八六七年，日本在一八六八年，都進入台灣了。這些歐美帝國主義資本，都以戰船大砲爲背景，如大河決堤似地侵入台灣的主要產業，並取得商務霸權。

一八六八年發生「樟腦糾紛」事件，結果樟腦、茶、砂糖等的商業權益統歸英國資本主義所控制。一八六七年台灣南端的七星岩發生美艦羅妹號事件。一八七四年又有「牡丹社事件」（日本船員遇風於台灣南部登陸，在屛東的牡丹社遭原住民殺害），日本以此爲藉口，出兵侵略台灣。一八八四年中法戰爭爆發，法軍攻擊雞籠、滬尾，佔據澎湖的媽宮，封鎖台灣的海上交通。如此，窺伺台灣的帝國主義列強愈來愈猖獗。

當台灣遭受帝國主義的激浪所襲擊，島內的產業備受侵略的時候，時近一八九五年中日甲午戰爭，結果台灣被清朝割讓，才轉爲日本帝國主義的殖民地。

清末列強侵略台灣，不外是歐洲資本主義發展爲產業主義時代（大工業時代、經濟上的帝國主義發展的時代）而進行殖民地爭霸戰的典型（參閱《台灣大眾》第二號，頁九）。

六、台灣本地人社會的階級關係

從繼承荷蘭時代「大小結首制」的鄭氏王朝時代的階級關係來看，外來的鄭氏王族及其文武官員是政治上的統治階級，同時也是經濟上的剝削階級。相對的，台灣的原住者，也就是定居了的漢人開拓農民大眾及原住民，是政治上的被統治階級及經濟上的被剝削階級。

做爲殖民地而出發的台灣社會，其中最大的特徵之一，是開始出現了所謂「買辦階級」（Compradore Class）。在荷據時代，他們以大小結首的階級形態出現。鄭氏時代，大小結首的社會及經濟地位愈加穩固，並在外來的鄭氏王族，與本地的開拓農民及原住民之間取得中間的利益。殖民地特有的買辦階級，一貫與台灣歷史的發展並存。從大小結首到清代的大小租戶、鄉紳階級及商人買辦階級，日本時代的御用紳士、買辦資本家，以至中國蔣家政權的半山、靠山等買辦政客、買辦官僚及買辦資本家階級，都對台灣社會造成莫大的傷害。

此外，鄭氏的軍隊採用屯田制，所謂「寓兵於農」，使士兵參加開墾土地。結果使開拓農民階級更形擴大，在軍隊內部也帶來經濟基礎，而促進其物質生產上的階級分化了。

到了滿清時代，從中國大陸新來的清朝政府的統治勢力及其代理人侵入台灣，取代了鄭氏王族而成爲新的統治階級、剝削階級。他們在量的方面急速增加，而在質的方面也使殖民地性、封建性更加深化。因此，在差別政策、殖民地政策這兩種政策下，產生了以統治權力爲靠山的社會、經濟的特權階級，也就是大租戶及小租戶。大租戶主要是統治勢力的代理人或親近者、退休的文武官僚，以及新從大陸來的富商或殷戶，還有鄭氏的餘黨、莊堡的大小結首的後裔，即所謂士紳、頭人。他們大都居住在城市或中國本土，坐享台灣的財富。

小租戶就是荷蘭時代的小結首，或鄭氏屯田村落的軍隊幹部的後裔，或者熟悉農業生產的現耕佃人升上來的。這些中間分子，由大租戶承租土地並包辦開拓耕種的一切事宜，且居於各地村莊，乃構成莊堡社會的上層階級，而成爲統治者和大租戶的經濟買辦。在殖民統治上，是外來統治者的政治買辦，任職街正、莊保等官方的下級機關，包辦了戶口、徵調、賦課、保甲治安、追捕罪犯等地方行政。

如此，在清朝的外來統治下，以文武官、大租戶爲主，後來再添上居住於大陸的有力商人、行郊幹部等，而構成政治上、經濟上的統治階級。

被統治、被剝削的廣大開拓漢族農民及原住民，以荷蘭、鄭氏時代沿襲下來的莊堡社會爲基礎，在人口上和土地開拓上，逐漸擴充自己的社會力量，同時也不斷地吸收新來的漢族移民勞動者爲新血，成爲開拓農民社會的主流。以後，在前期資本主義萌芽的時期，加添了從事新興工業生產的手工業勞工，這樣，孕育了「本地人社會」的生長和發展。

表三是一九〇五（明治三十八）年日本的台灣總督府實施台灣人職業調查的結果，其調查的時間，距離清朝割讓台灣僅十年，可以說台灣還留著濃厚的清朝時代的社會狀況，所以不妨做爲清朝統治末期漢人系台灣人職業人口的參考。

到了清末，隨著「本地人社會與本地人」的鞏固化和擴大化，統治者和被統治者的殖民地關係（也就是「唐山人」和「本地人」在政治、經濟、社會、意識上的矛盾對立關係），已浮現民族與階級的二重矛盾對立：

殖民地統治者＝唐山人＝外來者＝官員、將兵、大租戶、大商人＝大陸商業資本＝中華思想＝買辦的大租戶、小租戶、士紳。

殖民地被統治者＝被剝削者＝土著者＝原住民系本地人、漢系本地人＝現耕佃人、漁民、鹽民、農村貧民、都市貧民、小商人、手工業者＝本地商業資本＝本地人意識＝買辦的大租戶、小租戶、士紳。

表三　台灣職業人口比例

<table>
<tr><td rowspan="5">本業</td><td>農業</td><td>73.14%</td><td rowspan="5">副業</td><td>農業</td><td>68.13%</td></tr>
<tr><td>工業</td><td>6.44%</td><td>工業</td><td>6.24%</td></tr>
<tr><td>商　業
交通業</td><td>8.69%</td><td>商業
交通業</td><td>11.52%</td></tr>
<tr><td>公務員及
自由業</td><td>2.25%</td><td>公務員及
自由業</td><td>2.57%</td></tr>
<tr><td>其他</td><td>9.84%</td><td>其他</td><td>11.54%</td></tr>
</table>

資料來源：總督府臨時台灣戶口調查部，〈臨時台灣戶口調查表〉，1908，頁42-48

【第四章】

日本帝國主義下的殖民地統治

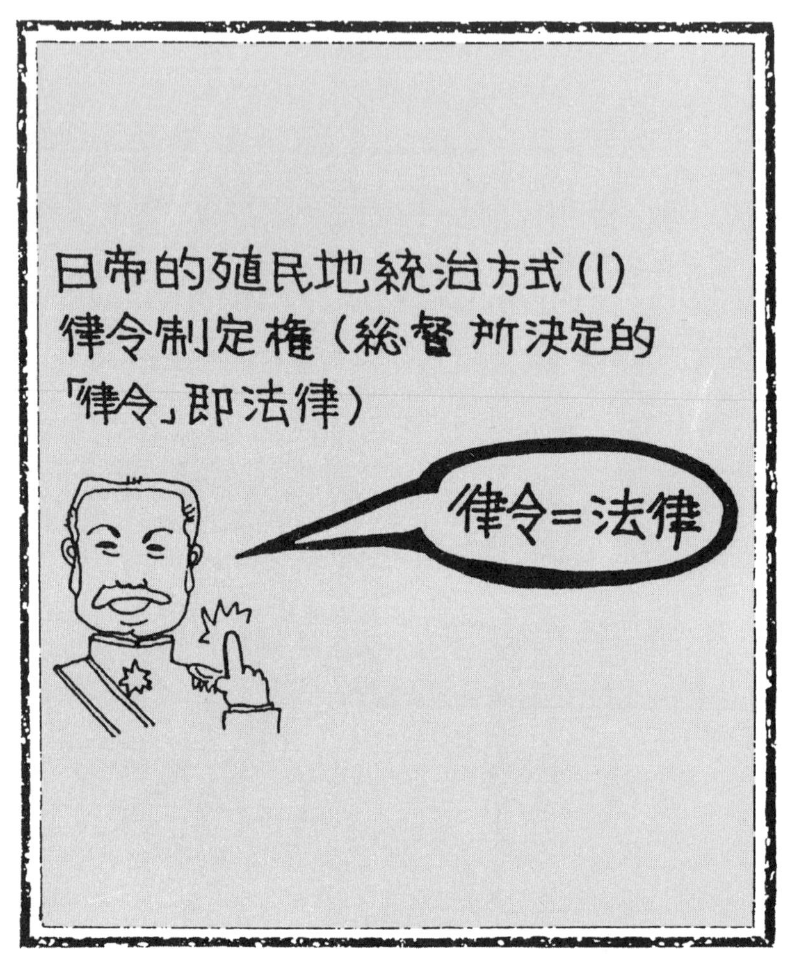

日本政府授權台灣總督，有關殖民地台灣的統治，總督有發布所有命令而無條件地與本國法律同等的效力，使其爲所欲爲。這項苛政的根源從一八九六年開始生效，歷經多次的波折，四十多年之後已經堅如磐石。至一九三七年始稍微緩和。

台灣的警察權力非常大，舉凡掌握戶籍、管制居留、遷徙、旅行，控制文教、監視海外留學、管制言論、督促納稅、攤派勞役，甚至沒收土地、強制賤賣農產物、強購保險……等等，都在警察的管轄範圍之內。此外，又沿用「以台制台」的法寶——中國傳統的保甲制度，及組織「壯丁團」，做爲警察的輔助工具。

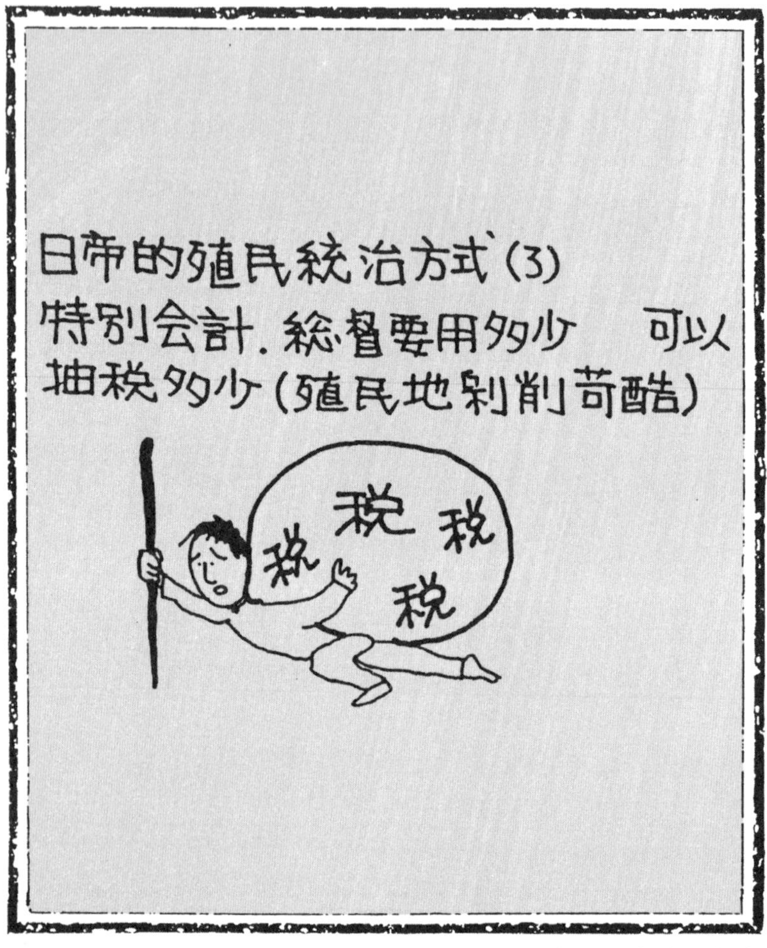

所謂「台灣特別會計制度」，乃是把台灣總督府的財政收支，從本國的政府財政（即「一般會計」）完全分割開，使台灣總督不受本國政府的任何干涉，而能恣意增稅及揮霍殖民地財政的特別制度。

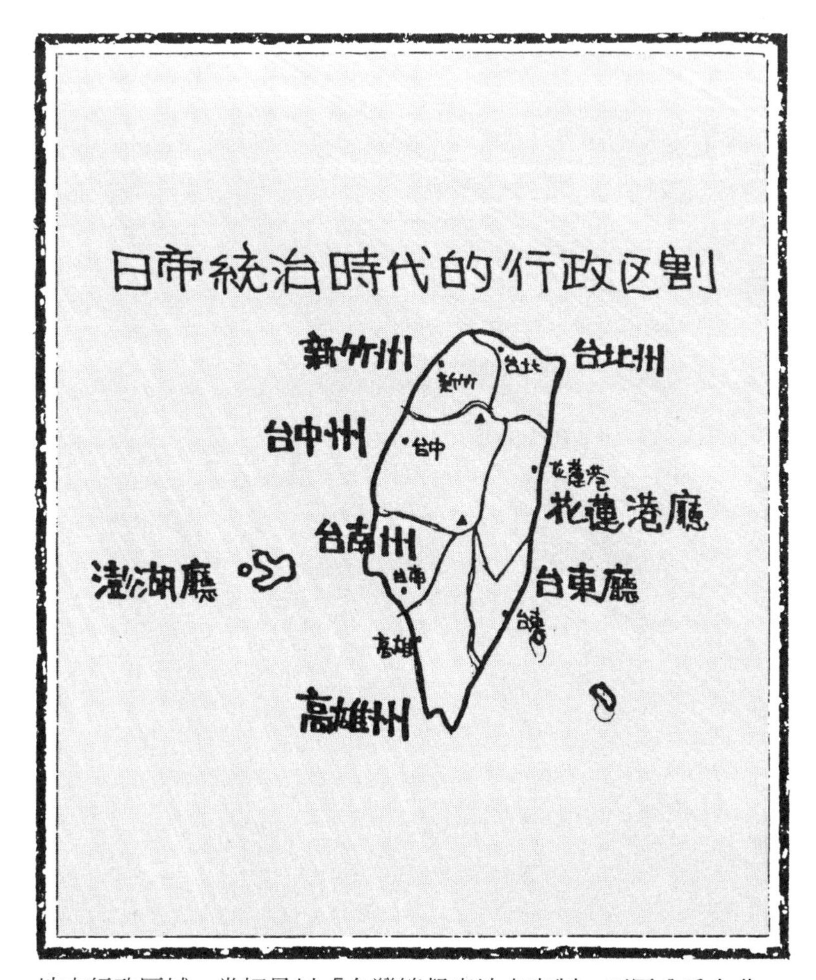

地方行政區域，當初是以「台灣總督府地方官制」而區分爲台北、台中、台南三縣及澎湖廳。後來，於一八九七年改置六縣（台北、桃園、新竹、台中、台南、高雄）、三廳（台東、宜蘭、澎湖）。其後，經過多次改廢，才成爲五州（台北、新竹、台中、台南、高雄）、三廳（台東、花蓮港、澎湖）。

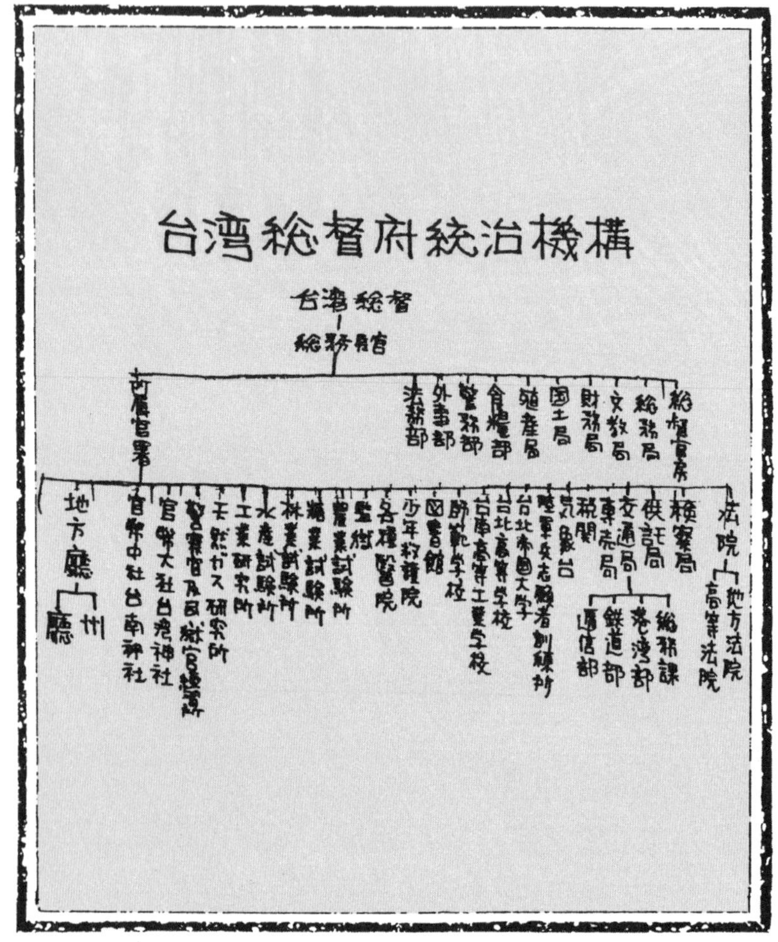

日本一佔領台灣，就宣布施行軍政，置「陸軍局」、「海軍局」、「民政局」，使之支配台灣全島。第二代總督桂太郎廢止軍政，屬下置官房（秘書處），及民政、軍務兩局。一八九七年，再公布「台灣總督府官制」，奠定台灣行政組織的架構。其後，經過二十九次的改廢，至日本敗退的前夕，已成爲圖示的龐大的統治機構。

在日本帝國主義的殖民地統治下，隨著資本主義的進展而凸顯的特徵，就是「台灣人買辦特權階級」。他們是殖民地固有的政治買辦及傳統的大豪商（大地主、大商人），成爲日本帝國主義的走狗、共犯，出賣台灣人的利益，而獲得「政治特權」及「經濟特權」。

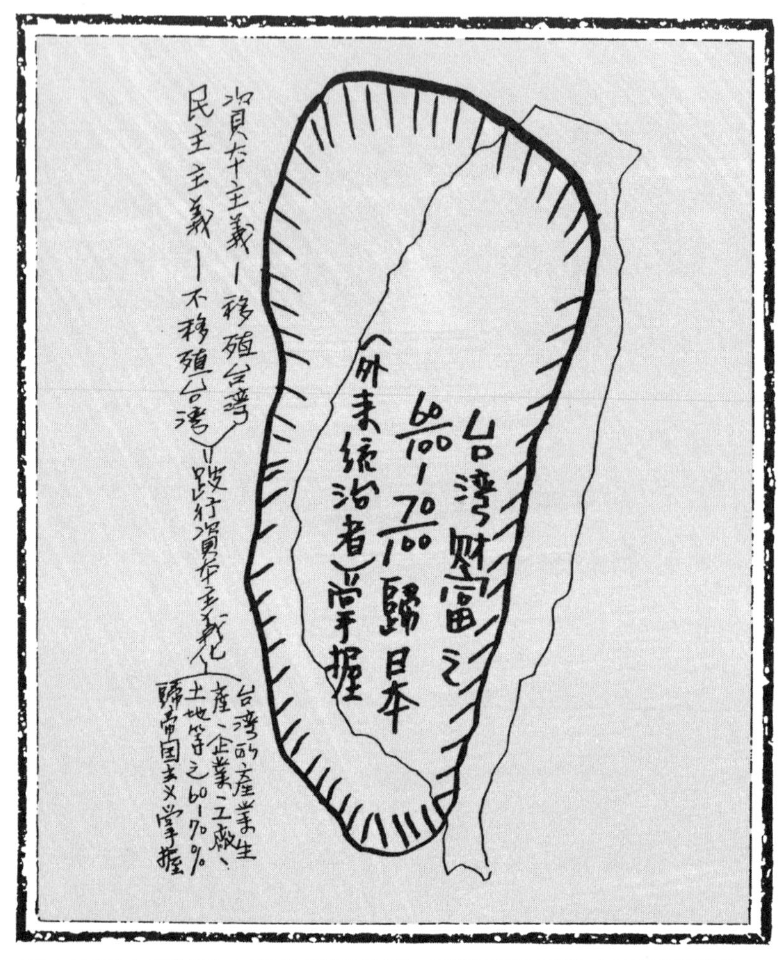

日本帝國主義統治台灣的終極目標，不外乎是只爲本國圖謀利益，所以有關台灣社會的近代化之中，必須合乎本國的利益，特別要有利於日本資本主義的發展，才有可能被移諸實行。也就是說，被認爲對本國有利的「經濟開發」乃被積極推行，相反的，被認爲對於本國沒有益處，同時對殖民統治更有害處的「政治民主化」、「人性解放」、「近代民族主義化」等方面，則非但不准推行，且更爲徹底的加以壓制和阻撓。

上面所敘述的都是外來封建勢力統治下的「封建的台灣殖民地社會」，此後要講的，是外來資本主義即帝國主義統治下的「半資本主義半封建的台灣殖民地社會」。

一、日本帝國主義的統治方式

在十九世紀後半，當亞細亞遭到歐美帝國主義的大舉侵犯，各國社會動盪不安，民族的前途岌岌可危之時，只有日本是唯一的例外。在國內，德川幕府的封建體制被推翻，並建立起天皇親政的體制，舉國努力於統一國政、實施憲法、開設議會、發展資本主義生產、發展科學等，踏出了建設近代國家的第一步，這就是聞名世界的「明治維新」（一八六八年～），是日本近代史上新舊鼎革的轉捩點。

然而，隨著這種政治、經濟上的近代改革，日本在思想意識上，舊有的「大和民族主義」也開始復甦起來。這種包含著民族主義的前近代性（後進性）的一面，由於端賴以天皇為首的軍人、官僚、政治家等封建殘餘的日本統治階級為其發展的社會基礎（近代的民族主義本來是以近代社會的「新興資本階級」為其基礎），所以，一開頭就朝向「富國強兵」、「對外擴張」的侵略主義。並在中日戰爭（一八九五年，明治二十八年，清光緒二十一年）及日俄戰爭（一九〇五年，明治三十八年，清光緒三十一年）獲得勝利之後，終於壓倒了在亞細亞從事殖民地爭奪戰爭的歐美帝國主義諸國，而先一步奪取台灣、澎湖及朝鮮和庫頁島南部等地，並將其納入新版圖。

然而在另一方面，日本國內政治卻依然墨守成規，一貫維持官尊民卑的天皇政治，對外則窮兵黷武，盡其武力而侵略他國，所以，雖然是踏出近代改革的第一步，卻使原來的封建體制繼續苟延下去。

這樣，爲軍人、官僚壟斷一切的日本，到了大正時代（一九一二～二六年），由於在第一次世界大戰獲得戰勝國的地位（一九一八年，大正七年，民國七年），並出兵侵略俄國太平洋沿海的西伯利亞（一九一八年八月，大正七年），結果，不但在國內開始資本主義的飛躍發展（經濟工業化），而在國際舞台上也被列爲世界五強之一。

再到昭和時代（一九二六年～），日本軍閥即隨著連年的對外擴張而愈來愈得勢，終於成爲一個強大的法西斯集團，連續發動「五．一五」（一九三二年，昭和七年，暗殺犬養毅首相）、「二．二六」（一九三六年，昭和十一年，包圍皇宮暗殺政府要員）兩大政變。其後，日本帝國議會幾乎被壓制得不能執行其參政機能。在這種情況下，日本軍閥在中國大陸所策動的「九・一八事變」（一九三一年九月，昭和六年，民國二十年）及「中日事變」（一九三七年七月，昭和十二年，民國二十六年）相繼爆發，於是，日本很快就陷入所謂「十五年戰爭」（一九三一～四五年）的泥沼裡去；且在一九四一年（昭和十六年，民國三十年）十二月開始的第二次世界大戰（太平洋戰爭）被打得體無完膚；終於在一九四五年（昭和二十年，民國三十四年）八月，向各國投降。

就是在這半世紀間，日本正在進行變相的近代發展（資本主義發展），且在列強瘋狂搞殖民地爭奪戰爭的漩渦中，佔領台灣。

原來，歐美資本主義國家侵略亞細亞並宰割殖民地，大體上是出於資本主義高度發展的必然性。尤其是十九世紀以後，由於國內的資本主義發展到了極致的階段，國內市場日趨狹隘的結果，企圖往外擴大其商品市場和資源供給地而侵略他國。因此，當他們要奪取殖民地時，必是國內的資本主義勢力率先策動，並由政府指使軍人、官僚，再以國家武力佔據他國爲殖民地。

但是日本並非如此，他們在國內，雖然已經開始資本主義的各種建設，但在當初的明治時代，國內資本主義還在起步階段，尚未解脫其濃厚的後進性，所以，從社會經濟發展來說，尚未具有向外擴張市場並侵略他國的經濟必然性。（日本乃在其後的一八九七年三月，明治三十年，把從日清戰爭所獲得的賠償金四千七百九十萬英鎊做為準備金，制訂「貨幣法」，並確立「金本位制」的貨幣制度，始為日本資本主義的發展開闢前途。）因此，日本帝國主義佔領台灣，並把其做為頭一個的殖民地，無非是由日本獨特的軍國主義和侵略主義為動力所造成，其統治台灣的思想背景，乃是「武斷主義」，其統治方式也不外乎是以帶有日本特有的後進性的中央集權制官僚專制，並藉諸法、德等資本主義先進國家的近代殖民統治制度所湊成的「總督專制」方式（參閱福田新吾，〈明治期における殖民主義の形成〉，《思想》，一九六七年五一一號；後藤新平，〈日本殖民政策一斑〉，一九一四年）。

日本政府為了進行這種「政治統治率先，經濟侵略跟後」的殖民統治政策，一佔領台灣，就制訂了「總督府假（暫定）條例」（一八九五年五月，明治二十八年，光緒二十一年），並派遣現役軍人陸軍大將樺山資紀為第一代台灣總督（十九代總督之中，現役陸海軍將官佔十名，高級文官九名），同時宣布施行軍政，置「陸軍局」、「海軍局」、「民政局」，使之支配台灣全島，並君臨於三百萬台灣人的頭上。

同時，台灣總督又掌握了律令制定權、警察制度及特別會計制度等「三大法寶」。以下略述這三大權力：

(1)律令制定權：日本政府授權台灣總督，有關殖民地台灣的統治，總督有發布所有命令而無條件地與本國法律同等的效力，使其爲所欲爲。這項苛政的根源從一八九六年開始生效，歷經多次的波折，四十多年之後已經堅如磐石。至一九三七年始稍微緩和。歷代總督一共發布五百二十六件律令，無非是壓在台灣人頭上的一塊大石頭，使台灣人一再抬不起頭來。

(2)警察政治：這是日本帝國主義統治台灣的最基層的國家權力單位。總督府在台灣的各個角落廣布警察網，做爲殖民地統治的骨幹。歷經多次的擴充，總督府裡有「警務局」，其下的州警察部、市警察署、郡警察局、街庄警察分室及派出所等，從上而下，層層節制，一直滲透到最底層的台灣人大眾之間。台灣的警察權力非常大，舉凡掌握戶籍、管制居留、遷徙、旅行，控制文教、監視海外留學、管制言論、督促納稅、攤派勞役，甚至沒收土地、強制賤賣農產物、強購保險……等等，都在警察的管轄範圍之內。一九二三年又把日本本國的「治安警察法」施行於台灣，此外，又沿用「以台制台」的法寶——中國傳統的保甲制度，及組織「壯丁團」，做爲警察的輔助工具。

(3)特別會計制度：把台灣的財政收支從本國（一般會計）完全分割開，使台灣總督不受本國政府的任何干涉，而能恣意增稅及揮霍殖民地財政的特別制度。

日本佔領台灣八年，一直到一九〇四年爲止，年年赤字，實施這項破天荒的預算後，從一九〇五年至一九四五年爲止，台灣的財政規模激增三十六倍，每年平均百分之二十至三十的盈餘；尤其在後期戰爭時代，總督府更以「軍事費分擔金」爲名義，向日本政府繳納六億圓（這時候白米每一台斤才二十錢）。這些巨款都是台灣勞苦大眾的血汗，台灣人不止在經濟上備受殘酷的剝削，在政治上

表一　台灣、朝鮮、日本初期每人平均財政負擔（單位：圓）

年份	台灣	朝鮮	日本
1904（明治 37 年）	4.55		3.34
1910（明治 43 年）	5.21	0.68	6.20
1914（大正 3 年）	3.17	1.04	6.35
1921（大正 10 年）	7.67	2.11	13.44

資料來源：日本政府拓殖局，《殖民地便覽》VX，頁 41

表二　總督府財政收入、地方官廳財政收入與台灣人納稅負擔

年份	總督府收入	地方官廳收入	總督府稅收	地方官廳稅收	總督府稅每人平均	地方稅每人平均	每人納稅共計
	千圓	千圓	千圓	千圓	圓	圓	圓
1897（明30）	21,283	3,309	2,636				
1902（明35）	19,497	5,526	3,738				
1907（明40）	35,295	6,656	7,955				
1912（大1）	60,295	9,222	13,493				
1920（大9）	102,560	21,515	24,301	5,288	6.58	1.43	8.01
1922（大11）	113,420	34,134	19,017	17,014	4.97	4.44	9.41
1927（昭2）	138,626	36,960	18,559	17,928	4.40	4.25	8.65
1932（昭7）	120,303	45,060	18,364	19,127	3.78	3.94	7.72
1937（昭12）	202,836	95,500	35,384	33,302	6.64	6.07	12.71
1941（昭16）	414,225	132,265	95,261	58,726	15.99	9.59	25.58
1942（昭17）	499,612	154,019	99,844	70,703	13.45	11.13	24.58
1943（昭18）	666,071	231,222	128,053	71,148	20.34	11.30	31.64

資料來源：台灣總督府，《台灣事情》、《台灣總督府統計書》

也是受到無限的壓制。

二、在日本統治圈內進行跛行的「近代化」

台灣的商品經濟從荷蘭時代開始萌芽，到了晚清又發展成前期的資本主義。但是，還是日本帝國主義佔領台灣後，台灣社會的封建經濟制才從根底被推翻（但無論如

圖一　日本資本主義發展過程與跛行的台灣資本主義化（近代化）的相互關係

年代	日本資本主義	日本資本	台灣
自一八九五年（明二十八）	日本資本主義初期階段	日本資本追隨日軍來台	台灣被封閉於日本圈內
自一九〇五年（明三十八）	日本資本主義開始發展	日本資本開始侵入台灣	日本資本開始壟斷製糖
自一九一九年（大八）	日本資本主義獨佔成立	日本資本獨佔台灣經濟	日本資本壟斷蓬萊米
自一九二八年（昭三）	日本資本主義對外擴張	日本資本侵略中國、南洋	日本資本台灣工業化
自一九三七年（昭十二）	日本資本主義對外侵略	日本侵略中國、南洋	日本資本台灣軍需工業化

何還是不夠徹底的），而使資本主義開始發展。

也就是說，當日本國內正在進行近代改革及發展資本主義的時候，台灣社會與台灣人，在政治、經濟、社會、文化等各方面，均被捲入「日本統治圈」內，跟著日本國內資本主義化的進度，而逐漸走上「近代化」（資本主義化）的發展過程。

一般在世界史上的所謂「近代化」（modernization），起碼得具備下列四要素才算夠水準，即是：

(1) 民主化：推翻封建專制，建立民主主義的政治體制。

(2) 資本主義化：克服封建的自家生產，發展資本主義生產體制，特別是發展工業。

(3) 自我解放：解除社會上的封建束縛，實現人性（humanity）和個我（an individual）的自由發展。

(4) 近代民族化：克服封建的種族束縛，提醒民族意識及國民意識，實現民族統一（獨立）及國民統一（獨立）。

就是說，這四個基本要素在某一個社會的內部怎樣的相互纏繞爲一個整體，並且其整體進行著怎樣的發展，乃是衡量該社會的近代化的主要尺度。

如以這種尺度來衡量台灣社會，就能知道在日本帝國主義殖民地統治下所進行的近代化（資本主義化）並不是全面的、正常的，而是跛行的、變相的、片面的，其原因可以舉出下列四點。

(1)受到殖民統治所約制的近代化（資本主義化）：日本帝國主義統治台灣的終極目標不外是只爲本國圖謀利益，所以有關台灣社會的近代化之中，必須合乎本國的利益，特別要有利於日本資本主義的發展，才有可能被移諸實行。也就是說，被認爲對本國有利的「經濟開發」乃被積極進行，相反的，被認爲對於本國沒有益處，同時對殖民統治更有害處的「政治民主化」、「人性解放」、「近代民族化」等方面，則非但不准推行，而且更爲徹底的加以壓制和阻撓。

(2)受到日本本國的後進性所約制的資本主義化（近代化）：就如上述，日本佔領台灣的明治中期時代（一八九五年），國內的資本主義建設還是停滯於起步階段，比起歐美先進諸國的資本主義發展仍具有不夠水準的後進性；因此，日本資本主義在當初對於殖民地台灣，非但不可能投資台灣來促使殖民地進行資本主義化，反而先得依靠國家權力掠奪殖民地超額利潤，以援助本國的「資本的原始積累」（Primitive accumulation of capital）。其後，等到國內的資本主義發展起來（一九〇五年的日俄戰爭之後），並進入獨佔階段（一九一八年的第一次世界大戰結束之後），日本資本主義才對殖民地傾注其資本及商品，進而完成其獨佔糖業生產、壟斷蓬萊米的輸售本國，及壟斷台灣工業化以掠奪更多的殖民地超額利潤。在這種「國家權力走先，本國資本跟後」的演變之下，總督府的國家強權則先一步地浸透於台灣的社會經濟部門。因此，在這種中央集權制的官僚機構已成根深蒂固的情況下，使台灣社會進行更深一層的偏向於跛行的近代化（資本主義化）。

(3) 受到日本本國經濟需要所約制的資本主義化（近代化）：日本統治台灣完全是以本國利益爲出發點，所以台灣必然得按照日本國內經濟發展各個階段的需要，才進行其經濟開發，就是①據台初期（一九〇〇年代，明治末期），爲供應日本國內所需的粗糖，而開發台灣的製糖業。②據台中期（一九二〇年代，昭和初期），爲供應日本國內糧食，而發展台灣的蓬萊米生產。③據台後期（一九三〇年代以後，昭和中、後期），爲服務侵略戰爭及國內戰時體制，而進行台灣的軍需工業化。就在這種演變之下，台灣被迫進行一連串片面的資本主義化（近代化）。

(4) 受到台灣本身歷史、社會上的特質所約制的近代化（資本主義化）：台灣乃是從荷蘭時代就依靠移民和開拓發展起來，所以其歷史社會上的特質，不外是以特殊的土地所有關係爲基本構造，再加上被鄉黨組織的保甲制度所統治的莊堡共同社會（Gemeinschaft），同時又是從荷蘭時代就發展前期性商品經濟的一個殖民地社會。日本據台之後，日本帝國主義的國家權力機構（總督府），即把這商品經濟較發達的莊堡共同社會置於其中央集權的官僚統治之下，特別是壓制於警察的強權之下。一方面保存其舊有的地主制度和保甲制度，並造成一小撮的買辦特權階級，而加以籠絡和利用，另一方面卻極力抑制台灣產生民族資本家階級。就是這樣，台灣進行了更爲變相的資本主義化（近代化）。

表三　台灣的職業別人口構成（1905.10）

職業分類	總人口		職業人口			
			本業		附屬	
	人口數	%	人口數	%	人口數	%
總數	3,039,751	100.00	1,404,475	100.00	1,635,276	100.00
農林牧畜業	2,141,230	70.44	1,027,120	73.14	1,114,110	68.13
其中的農業	2,038,795	67.07	989,940	70.50	1,048,855	64.14
工業	192,479	6.33	90,479	6.44	102,604	6.24
其中的食品加工	44,360	1.47	21,211	1.52	23,149	1.41
商業及交通業	310,485	10.21	122,068	8.09	188,346	11.52
公務、自由業	73,740	2.43	31,660	2.25	42,080	2.57
其中的公務員	36,218	1.19	17,434	1.24	18,784	1.14
其他	321,833	10.59	133,152	9.48	188,736	11.54

資料來源：台灣總督府臨時台灣户口調查部，〈臨時台灣户口調查表〉，1908，頁42

表四　台灣的產業別有職（勞動）人口構成（1930.10）

產業別	總人口（日本人在內）		台灣人	
	人口數	%	人口數	%
總人口	4,592,537		4,313,681	
有職人口	1,790,096	100.00	1,668,551	100.00
農林牧畜業	1,197,073	66.87	1,191,679	71.42
水產業	28,643	1.60	26,846	1.61
礦業	19,756	1.10	18,362	1.10
工業	153,803	8.59	125,822	7.54
商業	178,345	9.96	150,996	9.05
交通業	63,149	3.53	49,792	2.99
公務、自由業	75,996	4.25	37,435	2.24
家事使用人	9,877	0.55	8,035	0.48
其他	63,454	3.55	59,584	3.57

資料來源：台灣總督府，《昭和 5 年國勢調查結果表》，1934，頁 52

三、日本資本主義征服台灣的五個過程

(一)總督府為日本資本主義入侵台灣做社會建設

日本統治台灣的第一個階段的二十四年裡(一八九五~一九一八年),在七任的軍人總督的強權壓制下,爲引導日本資本主義入侵台灣而進行大規模的「社會建設工作」。佔領台灣的初期,日本本國的資本主義體質尙爲薄弱,無力投資殖民地。所以,日本政府首先整頓開發台灣,一面援助日本資本主義的原始積累,同時也爲資本入侵台灣做好社會條件。日本人的做法如下:

(1)在總督統治下確立殖民地統治的強權。

(2)導入近代社會制度,整備殖民地法制,鎭壓抗日分子,維護治安,調查戶籍、土地、山林(爲日本資本主義入侵台灣做社會環境的整備)。

(3)確立現代地權(廢除傳統的大租,賦予小租具有近代的合法性,成爲近代的地主),使本土資本轉化爲產業資本(爲日本資本主義入侵台灣做淸掃工作)。

(4)創設總督府特別會計,確立殖民地稅制,沒收土地、山林,創設公營獨佔企業（進行資本的原始積累，創設國家獨佔資本而提供本國資本發展的機會）。

(5) 廢止並改變台灣的傳統社會關係（生產關係），一方面保存地主、土豪，另一方面造出勞工、都市貧民、農村貧民、下級職員及買辦資產階級（造出資本主義下的產業預備軍）。

(6) 建造鐵路、整備交通、築港口、開發電力、電氣、通信設備、建設醫院、學校（準備供應本國的資本及人員來台能享用）。

(7) 開發水利、改良農業、發展米糖的單一作物（為供應日本本國享用）。

(8) 開設台、日間的海運交通，統一貨幣及度量衡，整頓近代化的流通機構即銀行、倉庫、商品流通系統（為日本資本主義侵進打開門扉）。

(9) 抑制台灣人的民族意識及階級意識（強制台灣人的皇民化，即奴隸化）。

(10) 驅逐中國勢力，一掃歐美資本，封鎖台灣、台灣人於日本的勢力範圍內。

日本帝國主義為發展本國資本主義，如狂風暴雨般地徹底、廣泛且破天荒地從根底破壞了台灣傳統的社會經濟及社會體制，使台灣古老的封建傳統制度急速解體。一方面，瓦解自給自足的經濟基礎，而給予資本主義發展或擴大商品市場。另一方面，

表五　台灣人口構成（1905.10.1）

總數	人口（人）	比率（%）
	3,039,751	100.00
日本人	57,335	1.89
台灣人	2,973,280	97.81
漢人系	2,890,485	95.08
福老	2,492,784	81.99
客家	397,195	13.07
其他	506	0.02
平埔原住民系	46,432	1.53
山地原住民系	36,363	1.20
外國人	9,136	0.30
中國人	8,973	0.29
其他	163	0.01

資料來源：台灣總督府臨時台灣户口調查部，〈臨時台灣户口調查表〉，1908，頁 8-10

則破壞農村的家庭手工業及都市的工廠手工業，給予資本主義發展造成了勞動市場（產業預備軍）。換句話說，爲日本資本主義的入侵，及台灣資本主義的發生，造就了社會條件。

日本政府從佔領初期就創設殖民地銀行——「台灣銀行」（一八九九年），做爲國家獨佔資本的大本營，以控制台灣的經濟命脈。一九〇〇年又創設官民合辦的「台灣製糖株式會社」（日本天皇也是股東之一），開始獨佔台灣的製糖業。從此，台灣的製糖業一路向前猛進，例如最盛時期的一九三九年，蔗糖耕作面積達總耕地面積的百分之十九（日本的製糖資本控制台灣耕地

表六　台灣山林所有地概況（1938）

項目	面積（萬甲）	%
總面積（台灣總面積的 70%）	255	100.0
官有林	229	90.0
原住民系台灣人居住地	172	67.5
官有林	40	15.7
保管林	1	0.4
無償貸與日本人山林	10	3.9
私有權未確定山林	6	2.4
私有林	26	10.0

資料來源：《台灣總督府統計書》第 43，1939

表七　日本糖業資本的集中與獨佔（1943）

財閥系統	資本金		產糖	工廠數（1943）			
	登記（1943）	授權（1942）	（1939）	甘蔗糖	甜菜糖	精製糖	酒精
	千圓	千圓	10萬斤	所	所	所	所
三井系—台灣製糖	64,200	44,280	5,479	14	-	1	4
三菱系—明治製糖	61,000	45,200	5,137	8	2	2	7
三菱系—鹽水港製糖	60,000	36,937	2,893	8		1	2
藤山系—日糖興業（舊大日本製糖）	96,170	85,083	5,300	23	- -	2	6
合計	281,370	211,500	18,709	53	2	6	19

資料來源：東洋經濟新報社，《昭和產業史》第二編，1950，頁406；《株式會社年鑑》，1942，頁275；涂照彥，《日本帝國主義下の台灣》，頁334

表八　台灣糖業在台灣經濟中的地位（1935）

項別	金額 ①	項別	金額 ②	②／① %
耕地面積（甲）	856,755	蔗作面積	121,605	14.2
農家戶口（戶）	411,981	蔗作戶數（新式製糖）	126,808	30.8
農業生產額（千圓）	361,046	甘蔗生產額	55,233	15.3
工業生產額（千圓）	269,494	砂糖生產額	164,068	60.9
會社授權資本額（千圓）	230,935	製糖會社九家授權資本額	185,550	56.1
工業會社授權資本額（千圓）	200,192	同上	185,550	92.6
輸出額（千圓）	350,745	砂糖輸出額	151,533	43.2

資料來源：高橋龜吉，《現代台灣經濟論》，1937，頁202

面積的百分之四十），蔗農佔全體農戶的百分之三十（台灣總戶數的百分之十五），糖產總額佔工業生產總額的百分之四十八，砂糖輸出額佔總輸出額的百分之四十三。這一年，台糖向日本輸出了一百二十萬噸，等於日本砂糖總消費的百分之九十六。

日本帝國主義統治的第一期二十四年裡，台灣完全被日本資本主義所壟斷，隨著跛行的資本主義化（近代化）也急速發展，逐漸成爲當時亞洲地域的工業地帶。然而，殖民地矛盾也跟著尖銳化，日本人＝統治者、資本家，台灣人＝被統治者、勞苦大眾。這種國際性的民族矛盾及階級矛盾也日益深刻化，成爲初期武裝抗日鬥爭的主要導火線。

（二）日本資本壓制台灣及獨佔米產

日本統治的第二階段的九年間（一九一九～二七年），是第一次大戰後日本本國資本主義空前發展、進入獨佔階段、對外亟需資本及商品市場與原料供應地的時期。這段期間，殖民地的治安良好、勞動力低廉、資本利潤率很高，加上總督府對來台資本有政治、法制、財政、金融各方面的保護政策，使日本資本家大量湧到，他們壟斷台灣

表九 台灣對日本及對外國貿易的推移

年份	輸出				輸入			
	對日本		對外國		對日本		對外國	
	千圓	%	千圓	%	千圓	%	千圓	%
1897（明30）	2,105	14.8	12,725	85.2	3,724	22.7	12,696	77.3
1907（明40）	17,635	64.1	9,441	35.9	19,750	63.8	11,221	36.2
1917（大6）	105,497	72.4	40,216	27.6	67,745	76.2	21,099	23.8
1927（昭2）	202,079	82.1	44,598	17.9	121,108	64.6	65,840	35.4
1937（昭12）	410,259	93.1	29,916	6.9	277,895	86.3	44,229	13.7
1941（昭16）	379,795	76.9	114,109	23.1	371,842	87.9	52,665	12.1

資料來源：日本政府大藏省，《昭和財政史》VX，1960，頁184；《總督府統計書》第19，1917

的產業，台灣也因此走向工業化之路。也就是說從以往的「軍國帝國主義」從此轉爲「資本帝國主義」了。

一九二〇年代蓬萊米培植成功，使台灣的米產大量增加，總產量最高時超過一千萬石（一石＝一五〇公斤），向日本輸出量達五百二十萬石（其中蓬萊米佔百分之八十四，這等於蓬萊米總生產量的百分之八十一）。

然而，蓬萊米的普及化，使商品經濟更加廣泛地入侵台灣農村，使農家普遍地需要現款（因爲生產蓬萊米需要更大量的化學肥料），所以貧農只有把自己消費用的米帶到市場去賤賣，而自己卻以蕃薯過日子。因此，總督府主導的蓬萊米生產及輸出，無疑是犧牲殖民地農民的一種「飢餓輸出政策」罷了。同時蓬萊米生產也使台灣的殖民地單一農業有了改變，即從過去唯一產業的糖業，改變爲米、糖兩大商品生產的農業構造。這是日本資本主義征服台灣的第二階段的最大特徵。

蓬萊米生產的普及化，也使從來的米穀流通、輸出發生大變革。台灣傳統的「土壟間」（農村地主兼高利貸所經營的商業機構及米穀收集機構）也備受日本大資本的進攻，而從農村急速地消滅了。

表十 台灣米的種植、產量及對日輸出

年代	種植面積		產量		輸出		②/① %	蓬萊米輸出比對產量%	蓬萊米輸出比 ②=100	輸出日本比 ①=100
	千甲	指數	千石 ①	指數	千石 ②	指數				
1900（明33）	363	100	2,864	100	436	100	15.3			7.4
1909（明42）	495	147	4,630	158	981	225	21.2			18.9
1912（大1）	496	147	4,646	159	780	179	16.8			17.6
1917（大6）	481	143	4,843	168	908	208	18.8			19.3
1919（大8）	513	152	4,923	172	998	229	20.3			22.1
1926（昭1）	584	174	6,214	217	1,404	322	22.6	68.6	40.6	37.6
1930（昭5）	633	188	7,371	255	2,970	681	40.3	72.8	48.2	37.7
1934（昭9）	685	204	9,089	318	4,317	988	47.5	96.5	76.1	43.1
1937（昭12）	676	201	9,233	322	4,441	1,018	48.1	79.1	45.3	50.2
1938（昭13）	643	191	9,817	343	5,212	1,195	53.2	80.9	84.3	52.1

資料來源：《台灣總督府統計書》第42，頁6, 18, 22；《台灣米穀要覽》，1939，頁9-12, 66

（三）日本資本壟斷下的台灣工業化

日本統治的第三階段的九年間（一九二八～三六年），其前半期是世界性經濟恐慌來襲，台灣經濟蕭條，但在後半期，日本發動侵略戰爭，而台灣卻在日本資本獨佔下開始軍需工業化了。

一九二七年日本國內發生金融恐慌，金融機關相繼倒閉。接著，一九三〇年世界經濟恐慌波及日本，引起空前的不景氣。然而，日本資本主義把這一連串的經濟災禍轉嫁到殖民地，台灣經濟備受深刻的打擊，生產萎縮、工廠倒閉、失業增加，台灣人的生活陷入水深火熱中。

另一方面，日本資本主義爲了要逃出這些世界性的經濟恐慌及國內的經濟危機，乃採用「通貨膨脹政策」及「對外侵略政策」，就是一面對內停止「金本位體制」並採取通貨膨脹政策，對外則脫離「金本位體制」而自行貶值日幣，他面乃借諸「對外侵略政策」想來打開國內經濟的僵局。於是，日本軍國主義勢力和獨佔資本勾結，在國內發動一連串的大小軍事政變，對外則發動九・一八事變（一九三一年）及中日戰爭

（一九三七年）。

台灣因此立即被捲入「戰時體制」的漩渦裡，除了提供米、糖供應本國的原先任務之外，又被迫負起軍需工業品的「生產基地」及「南進軍事補給基地」兩大任務。如此客觀情勢的變化中，日本財閥勾結軍閥，更傾全力在殖民地台灣，著手所謂「國策事業」的工業建設。於是，三井、三菱兩大財閥及大小新興財閥，都開始在台灣投資設廠，電氣、機械、化學、金屬、煉油等大小工廠，也在短期內如雨後春筍般地出現於台灣各地。

（四）中日戰爭爆發促使台灣軍需工業的發展

日本統治的第四階段（一九三七～四〇年），時間雖短，但因戰爭爆發促使台灣的戰時體制及軍需工業急速發展。同時，日本警察的魔手也伸入台灣人的思想意識、家庭生活、敬祖祭神以及風俗習慣裡去了。

一九三七年，蘆溝橋的槍聲一響，日本帝國主義再度派遣軍人總督來台灣（至一九四五年日本戰敗爲止，一共由三名陸海軍人員輪留擔任總督），發動①農業生產的動員、②

人力的動員、③財力的動員、④軍需工業生產的擴大、⑤「皇民化運動」等戰時五大政策。農業生產的動員，就是把強徵的米穀送至前線。人力動員即徵用勞動力，送到工廠去。財力的動員，即擴大財政規模，強迫台灣人購買國債，增發台灣銀行券，強制戰時儲蓄，一切都爲了籌集戰費。

軍需工業生產的擴大，主要是建設大規模的金屬工廠及化學工廠，提供大量的軍需品。結果，工業生產飛躍成長，一九三九年的工業生產總額佔台灣產業全體的百分之四十五點九，終於超過農業生產而成爲台灣產業的第一位，至一九四二年達到最高峰。

總督府展開的戰時措置，以「皇民化運動」最爲惡名昭彰。這無非是要毀滅「台灣人意識」，使台灣人成爲更加順從日本天皇的殖民地奴隸。日本統治者，自以爲像這樣施以暴力和欺瞞，就可以把一個人甚至一個民族的民族意識輕而易舉的除去，而變成沒有自我意識凡事似是而非的「日本臣民」。然而，不論日本統治者如何傲慢自大，台灣人一般大眾當然不會渾渾噩噩地屈服於這種暴戾的摧殘。台灣青年的台灣人意識日益昂揚，反日、反戰思想更加瀰漫全島了。

表十一　台灣財政對日本財政的繳納金（軍費負擔）

年代	繳納金①	指數	歲出②	①／②
	千圓		千圓	%
1936（昭11）	1,900	100	79,357	2.39
1937（昭12）	6,315	385	103,908	6.08
1938（昭13）	14,537	765	111,186	13.07
1939（昭14）	17,658	929	128,242	13.99
1940（昭15）	23,362	1,229	166,965	13.25
1941（昭16）	24,545	1,392	185,259	26.78
1942（昭17） 1943（昭18） 1944（昭19）	299,653	15,768	1,118,851	20.49
合計	387,970		1,893,768	20.50
預算 1945（昭20）	208,870	10,989		

資料來源：《台灣經濟年報》，1941，頁763；《昭和財政史》XV，1960，頁136

（五）台灣軍需基地化及日本戰敗

日本統治第五階段的五年間（一九四一～四五年），是台灣歷經軍事基地化以至日本投降的時期。

一九四一年，日本帝國主義不宣而戰，引爆太平洋戰爭（第二次世界大戰）。戰爭初期，日軍很快席捲東南亞各地，菲律賓、印尼、越南、泰國、馬來半島、新加坡、緬甸等地，轉瞬間都爲日軍所佔。所以台灣立刻成爲日本陸海空軍最重要的「軍事基地」。於是總督府陸續公布「陸軍特別志願兵制」（一九四二年）、「海軍特別志願兵制」（一九四三年）、「徵兵制」（一九四四年），把台灣青年送往南方前線去當砲灰。台灣的婦女也被動員擔任後勤及醫療服務等工作。在此戰雲覆蓋下，台灣人只有抱著無奈的心情和日本人混在一起。正在緊張到極度的時候，忽然聽到大戰已經結束了！

過去半個世紀裡，台灣人流了無數的血汗，台灣雖然近代化、資本主義化，卻遭日本獨佔資本掠奪了巨大的財富，也提供日本人豐富的蓬萊米、砂糖、香蕉等，那麼台灣人在這千載難逢的歷史巨變時，得到的到底是什麼？除了日本及日本人留下來的零星企業之外，沒給台灣人一針一線、也沒有一刀一槍，反而把各種產業、軍事設備、物資都拱手交給敵人。而且，連台灣人的人權、自由也成爲戰敗的賠償品，一併送給新的殖民地統治者了。

如上所述，五十一年的殖民地統治剝削，及資本主義化的結果，也就是台灣勞苦大眾五十一年來的血汗成果，促進了台灣物質的莫大發展。一九〇二年至一九四二年的四十年間，台灣的發展如下：

(1) 人口增加二倍，達五百多萬（與已發展爲近代國家的人口增加率相等）。

(2) 農業方面，即耕地增百分之三十，每甲平均年產增爲四倍，農業生產總額增爲十二倍。米每年可輸往日本（最高爲八十萬噸，即五百二十萬石）。

(3) 工業成長一千六百倍，佔主要生產品的首位，即總額的百分之五十，工業發展在亞洲僅次於日本。

(4) 對外貿易擴大爲三十三倍，每年出超爲總輸出額的百分之二十五至三十。此時，中國內陸大部分地方尚在以物易物的自然經濟階段。

(5) 殖民地政府（總督府）的財政成長爲三十六倍，其剩餘每年平均達百分之二十

表十二　台灣各種工業發展狀況（年平均）

年代	總計		紡織		金屬		機械器具		化學		食品		其他	
	百萬圓	%	百萬圓	%	百萬圓	%	百萬圓	%	百萬圓	%	百萬圓	%	百萬圓	%
1921-24	165	100.0	3	1.7	3	1.7	4	2.1	13	7.9	122	74.6	20	11.9
1925-29	217	100.0	3	1.5	4	2.0	5	2.2	20	9.3	153	70.3	29	12.7
1930-34	228	100.0	3	1.1	6	2.5	5	2.3	18	7.8	167	73.3	29	12.9
1935-39	387	100.0	6	1.5	17	4.5	12	3.1	38	9.9	269	69.4	45	11.6
1940-42	664	100.0	11	1.7	46	7.0	30	4.5	80	12.1	406	61.1	91	13.7

資料來源：George W. Barclay, *Colonial Development and Population in Taiwan*, Princeton University Press, 1954, p. 38；涂照彥，《日本帝國主義下の台灣》，頁 149

至百分之三十。

四、台灣社會的資本主義性階級分化

日本帝國主義（日本資本主義）統治台灣，與台灣資本主義發展的過程，同時也是台灣社會資本主義性階級分化的過程。日本統治下的台灣，除了外來的（也是國際的、殖民地的）日本人統治階級、剝削階級（資本家階級）之外，台灣社會自身在資本主義的階級分化上，進行了殖民地特有的階級分化如下：

(1)台灣資產階級：傳統的地主、土豪、商人，加上新興的買辦資本家。

(2)台灣小資產階級：自耕農、公司職員、律師、醫生、學校教師等。

(3)台灣無產階級：新生的產業勞工（新式工廠的勞動者），及「職工工人」（以傳統的手工業者、破產農民、村落的貧民、都市貧民為前身所構成）。

台灣完全是殖民地社會，一切以日本帝國主義的本國利益為出發。「台灣人勞動，日本人享受」是日帝的基本原則。在此原則下，做工、種田、當差、當小職員等才是統治者留給台灣人的苦差事。總督府又對台灣人子弟施以差別教育，並在職業上、待遇上有所差別。如此，只養成了少數的小資產階級，尤其是產生了殖民地性的台灣人御用紳士、買辦資本家的「台灣人買辦特權階級」。

（一）勞動者階級

台灣的勞動者分爲兩類，一類是「產業工人」（大工業發展同時產生的現代工廠勞工），另一類是「職工工人」（台灣傳統的勞工，包括木工、水泥匠、貧農、雇農等）。他們才是台灣社會的物質生產者，然而他們卻備受台灣資本家階級及台灣地主的剝削與壓迫。具體言之，即飽受：①殖民地剝削（總督府的剝削）、②資本主義的剝削（日本資本家的剝削）、③半封建、半資本主義的剝削（台灣地主、資本家階級的剝削）。台灣的勞動階級承受以上三重的殘酷剝削，一貧如洗。生活窮困，正是殖民地勞苦大眾的寫照。

表十三顯示台灣工人階級受到不平等的待遇，工資與日本人相差很大，但這不過是官方統計的數字，實際上的情況更加惡劣，日本人與台灣人的工資差別更加厲害。

表十三　台灣人與日本人的工資差別（台北市）

項目	人別	1938	1939	1940	1941	1942
		圓	圓	圓	圓	圓
麻糸紡織女工	台灣人	0.44	0.52	0.65	0.80	0.50
木工	日本人	2.34	2.40			
	台灣人	1.50	1.63	1.68	2.00	2.00
家具工	日本人	2.25	2.75	3.30	3.45	3.45
	台灣人	1.25	1.75	2.80	2.30	2.30
建具工	日本人	3.65	4.00	4.20	3.45	3.45
	台灣人	2.60	3.00	3.60	2.30	2.30
桶工	日本人	2.25	2.10	3.20	2.80	2.80
	台灣人	1.45	1.65	1.90	2.20	2.20
製糖工	日本人	2.45	2.54	2.04	1.71	1.71
	台灣人	1.57	1.69	1.40	1.35	1.35
大工	日本人	3.65	4.00	4.50	3.60	3.60
	台灣人	1.40	2.35	3.50	2.40	2.40
電工	日本人	1.78	1.91	1.98	2.00	2.00
	台灣人	1.40	1.42	1.52	1.80	1.80
總平均指數	日本人	100	108	116	129	123
	台灣人	100	116	136	149	147

資料來源：涂照彥，《日本帝國主義下の台灣》，頁 147；《台灣商工統計》第 19 次，1944，頁 156；《台灣商業統計》第 22 次，頁 80

（二）農民階級

日本佔領台灣之初，台灣的農民人口佔總人口的百分之七十以上（可以將此和第二次大戰結束的一九四五年，中國農民人口佔總數的百分之九十以上相比較），以後，隨著台灣社會的資本主義化，其比率雖然逐漸降低，但到日據時代末期，靠農業爲生的農民人口仍佔總人口的半數以上（在總人口之中，農民人口所佔比例，是衡量其社會「近代化」的有效尺度）。

台灣的農民一向受到三重剝削，他們整天在田裡拚命流汗耕作，然而所得的卻不敷整年的支出。所以，農民們都得從事農業以外的生產勞動，才能彌補農業經營上的大幅虧空。但這樣還不見得能完全解決生活上的貧窮，仍然浮沉於半飢餓狀態。情況更惡劣的貧農，更難免於長期負債，或者變賣子女而餬口了。

（三）地主階級

台灣地主階級，本來是清代小租戶的後代。這些封建殘餘勢力，如果沒有總督府

表十四　台灣農戶人口的推移

年份	總人口	農業人口	
	①	人口②	②/①
	千人	千人	%
1905（明38）	3,039	2,141	70.4
1910（明43）	3,219	2,089	64.8
1919（大8）	3,630	2,297	63.3
1921（大10）	3,751	2,227	59.4
1926（大15）	4,155	2,377	57.2
1930（昭5）	4,593	2,534	55.2
1931（昭6）	4,715	2,583	54.8
1932（昭7）	4,930	2,576	52.3
1935（昭10）	5,316	2,790	52.5
1936（昭11）	5,452	2,855	52.4
1937（昭12）	5,609	2,880	51.3
1938（昭13）	5,747	2,877	50.4
1939（昭14）	5,896	2,925	49.6

資料來源：《台灣農業年報》，1924，頁17, 22；1943，頁8

表十五　台灣稻作農戶的綜合收支（1931，三甲以上的農戶，台北、新竹、台中、台南、高雄五州平均）

項目	自耕	半自耕	佃農
	圓	圓	圓
①農業收入（耕作、養畜、山林等）	1,822	1,670	1,448
②農業經營費用（肥料、地代、工錢等）	1,084	1,003	1,072
③農業所得 ①－②	738	667	376
④農業諸負擔（稅金、水租等）	167	78	17
⑤農戶生活費	955	664	534
⑥農業收支 ③－（④＋⑤）	-384	-75	-175
⑦農業外所得（農業外生產、做工、兼業等）	564	221	185
⑧農業外支出	130	16	11
⑨農業外諸負擔	34	19	11
⑩農業外收支 ⑦－（⑧＋⑨）	400	186	163
總和收支 ⑥＋⑩	16	111	-12

資料來源：總督府殖產局，《農業基本調查書》第30，頁12, 15, 18, 28；涂照彥，《日本帝國主義下の台灣》，頁105-109

的援助，勢必隨著社會的發展（資本主義化、現代化）而趨於沒落一途。然而，日本帝國主義爲了利用他們做爲剝削台灣農民勞苦大眾的工具，並做爲殖民地統治的安定要素，因此儘量加以保存。

但是在另一方面，他們當然也擺脫不了日本帝國主義的壓迫及剝削。台灣總督府一面放任他們剝削農民大眾，然後又課以重稅及各種政府公債、郵政儲金、銀行存款、人壽保險等等，來吸取他們從農民身上剝削得來的勞動果實。

同時，在政治上，總督府也不忘利用他們做爲殖民地統治的幫手。台灣的地主階級充當庄長、甲長、保正等地方下級行政助理，在這種殖民地的政策下，一方面保持其封建的寄生性，另一方面也緩和了其在社會、經濟上的沒落速度。

(四) 台灣的四大買辦家族

在日本帝國主義的殖民地統治下，隨著資本主義的進展而凸顯的特徵，就是「台灣人買辦特權階級」。他們是殖民地固有的政治買辦及傳統的大豪商（大地主、大商人），成爲日本帝國主義的走狗、共犯，出賣台灣人的利益，而獲得「政治特權」及「經濟特權」。

(1)辜顯榮家族——鹿港辜某，是政治買辦出賣台灣，而獲得政治特權及經濟代價的典型。他在日軍侵台時，率先引導日軍進入台北城，並協助日軍「剿匪」（屠殺抗日武裝勢力），成爲協助日本帝國主義統治台灣之初的第一人。

他獲得日本政府的「勳六等」，以後當上貴族院議員。同時在經濟上的特權有：①樟腦、鴉片、煙草、食鹽的專賣特權，②官有耕地二萬甲（全部是沒收台灣人的土地），③以總督府爲靠山，而擁有製糖、製鹽、交通運輸、不動產等特權（一九五〇年代，已擁有三十種以上的近代企業）。

辜家在短期間內，不費一滴汗水，就一躍爲台灣第一的大地主、大財閥了。他的兒子辜振甫等，也在戰後成爲中國蔣家外來政權的大買辦。

(2)林本源家——清朝以來的封建大地主兼買辦豪商。賣身投靠日本帝國主義，充當統治台灣及侵犯中國、南洋的共犯，而換取在台灣的政、經特權的典型買辦分子。

板橋林家在一九三〇年代就擁有四十多種現代企業，包括製糖、土地、信託、倉庫、保險等等，不但在島內大肆活動，並在日本帝國主義撐腰下進出中國、南洋，成爲日帝的幫凶而大撈不義之財。

(3)陳中和家——清末由砂糖貿易而崛起的大豪商，勾結日帝而成爲大地主，是大財閥的典型買辦分子。主要以台灣南部爲據點，參加台灣最大的日本企業「台灣製糖株式會社」，並創設個人企業「新興製糖」，以後又發展金融、土地、保險等企業。

(4)顏雲年家——舊日的採礦者，以承包挖煤的寄生身分勾結日本帝國主義，成爲買辦分子的一個典型。顏氏一族以基隆、瑞芳及金瓜石爲根據地，進而從事漁業、運輸交通、倉庫、金融等，而成爲台灣北部的大財閥、大買辦。

除上述四大買辦家族之外，台中的林獻堂、林烈堂一族，清朝以來是台灣數一數二的大地主，但在日帝的統治下，他們基於民族意識優先於經濟活動的傳統地主立場，沒墮落爲殖民地走狗的買辦地位，同時也不討好總督府及日本獨佔資本，反而成爲民族解放運動的改良派主力。因此，他們是民族資本家、開明的民族主義者。

五、台灣民族的鞏固化及殖民地社會的矛盾關係

在日本帝國主義統治的五十一年裡，台灣社會歷經上述的跛行的近代化、資本主義化，由清代的「本地人社會及本地人」，演變為半資本主義、半封建殖民地的「台灣人及台灣社會」。換句話說，三百多年來歷史所產生的近代概念的「台灣民族」，已經在帝國主義的統治下，更加鞏固其民族存在。

隨著這種跛行的近代化（資本主義化），殖民地台灣在社會、經濟上的「二重構造」也就浮現出來：

日本、日本人＝抑壓民族＝殖民地外來統治者＝外來剝削階級＝軍人、官僚、資本家、大地主、警察、憲兵、高級職員＝獨佔資本、獨佔金融、獨佔工業、獨佔商業貿易＝獨佔市場＝高價銷售工業品＝大和民族主義＝走狗買辦台灣人。

台灣、台灣人＝被抑壓民族＝殖民地土著被統治者＝土著被剝削階級＝農民、勞動者、農村貧民、都市貧民、下級職員、通譯、當差、苦力、中小地主、中小工商業

者＝單一農業生產＝廉價提供農產品及原料品＝台灣民族主義（帶有空想的漢族主義）＝走狗買辦台灣人。

【第五章】

中國蔣政權的殖民地統治

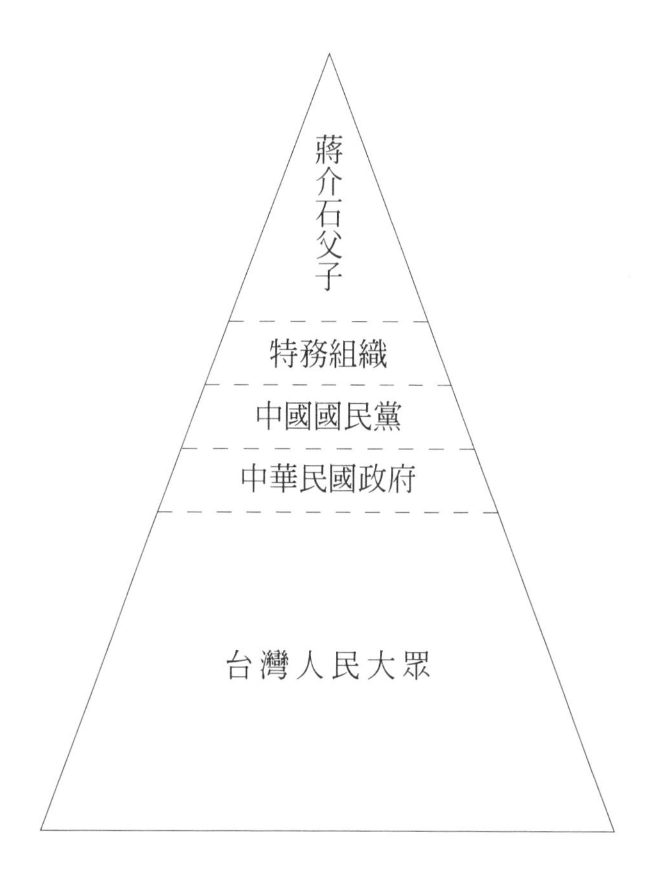

一、第二次世界大戰及台灣的變革

西歐社會在十八世紀後半期以來就進入正規的資本主義時代。資本主義生產制是以追求利潤爲唯一的目的，資本家爲了追求利潤，勢必不顧一切地、盲目地、無限制地進行商品生產（造成資本主義生產的無政府性）。這種導致資本主義無政府性的「自由放任主義」（laissez-faire）原理，被視爲提高社會生產力的有效手段。（參照〈殖民地革命〉，《台灣大眾》第二期，頁一）

然而，在這種自由放任主義的資本主義經濟體制下，社會生產力一旦擴大起來，商品生產很快就超過國內的消費，以致國內市場呈顯狹隘化。因此，西歐資本主義諸國，爲了謀求本國資本主義的繼續發展，乃自一八七〇年起，就對非西歐世界（主要是亞洲、非洲）加強覓取新市場，即佔據新殖民地的侵略行動，而走上「帝國主義」時代，以致「第一次世界大戰」的帝國主義戰爭爆發（一九一四～一八）。

第一次世界大戰中，西歐資本主義諸國因爲本國成爲主要戰場，所以弄得滿目瘡痍，整個「世界資本主義」一落千丈。只有免於戰禍的美國，因製造軍火供應歐洲各國，而導致國內產業異常發達，終於取代英、法諸國，而獲得世界資本主義的領導地位，並成為世界第一的帝國主義國家。亞洲唯一的新進資本主義國家日本，也同樣獲得漁翁之利，漸漸加強其帝國主義的野心與侵略行動。

另一方面，在大戰後半期，俄國發生史上第一次的「共產主義革命」，列寧領導的布爾塞維克黨奪取政權，建立蘇維埃政權。

繼之，第二次世界大戰在表面上是民主國家陣營與法西斯國家陣營的戰爭，但事實上也不外是帝國主義的戰爭。

也就是說，第一次大戰結束後，西歐資本主義諸國再度走上帝國主義侵略的道路，同時世界資本主義的規模一再擴大，所以，資本主義國家間在殖民地爭奪戰上的矛盾對立也更加激烈化。在這種世界形勢的演變之下，招致繼續擴大其勢力範圍的美、英、法等先進的帝國主義國家集團，與重新參加殖民地爭奪戰的德、義、日等後進的帝國主義國家集團的對立。這兩個新舊帝國主義集團相互競爭的結果，終於再次引起規模更為龐大的「第二次世界大戰」。

一九四五年（昭和二十年、民國三十四年）七月二十六日，美、英、蘇三巨頭發表

「波茨坦宣言」（The Potsdam Declaration），重申：「開羅宣言的各條事項必須被履行……」，肯定台灣的歸屬問題即將根據開羅宣言擬以執行。同年八月十五日，日軍在沖繩島打敗戰（四月二十一日），美軍接著投下原子彈於廣島、長崎（八月六日、九日），日本天皇終於接受「波茨坦宣言」而向同盟國屈膝投降。

一九四五年九月二日，日本在東京灣美艦密蘇里號（*Missouri*）上簽訂投降文書，其中寫明：「日本政府接受波茨坦宣言的各項條款」，同時，依據同盟國太平洋總司令麥克阿瑟所發出的委託命令，決定由蔣介石解除在台日軍武裝，從此，台灣即由蔣家國府所佔領。

當國際政治動盪的時候，位於西太平洋戰略要衝的台灣，立即受到列強的注目。譬如，日本海軍偷襲珍珠港因而太平洋戰爭爆發，其後第三個月的一九四二年二月，美國特別設「遠東處理小組」，在這小組上，所謂「台灣歸屬問題」爲其討論題目之一。

一九四三年（昭和十八年、民國三十二年）世界戰局逐漸對同盟國有利，於是，美、英、蘇、中等國舉行了一連串「首腦會談」：①一九四三年一月十四日至二十五日，美國總統羅斯福、英國首相邱吉爾二巨頭會晤於卡薩布蘭加（Casablanca），檢討堅持德、義、日的無條件投降。②同年八月十四日至二十四日，羅斯福、邱吉爾再次會談於魁北克（Quebec），決定聯合登陸法國。③同年十一月十九日，美英蘇三外相在莫斯科（Moscow）會談。④同年十一月二十二日至二十六日，羅斯福、邱吉爾、蔣介石會談於開羅（Cairo），具體討論日本投降後亞細亞地區的處理方針，於同年十二月一日發表了「開羅宣言」（The Cairo Declaration）。在此宣言中，頭一次正式提到台灣問題：「同盟國的作戰目的……如台灣及澎湖群島這些日本曾由清國竊取的地區，必須歸還中國。」⑤一九四五年美蘇在雅爾達（Yalta）討論戰後處理方式與蘇聯對日參戰問題。根據這份開羅宣言，台灣社會與台灣人，又是與甲午戰爭時同樣，被視爲戰利品，被列入殖民地再分割的行程表上。

從此，台灣在國際上一直處於法律地位未定的長期狀態。一九七〇年代以後，法律地位更加未定，而被中華人民共和國（一九四九年十月成立）的地圖納入其中國領土。

二、蔣家國民黨政權強佔台灣

第二次世界大戰結束後，取代日本帝國主義而佔領台灣的新統治者是蔣派中國人。當時，在種族上（不是民族上）和台灣人同屬漢人，但在民族上已有了「台灣民族」及「中華民族」之別。他們在社會及歷史的發展上，絕對與台灣人四百年來的社會與歷史的發展不同，是從外界的中國大陸以武裝力量爲背景新侵略而進入台灣的。因此，他們不但同荷蘭、清朝、日本一樣是「外來統治者」，更是中國軍閥式、法西斯式的特務「帝國主義」（不是近代式的帝國主義）。

因此，蔣家國民黨政權的台灣行政長官兼台灣警備總司令陳儀，帶著一大群軍閥特務、封建官僚、憲兵警察、黨棍、政商到台灣，以「征服者」自居，視台灣人爲「亡國奴」。並且，這批新來的殖民地統治者，所重視的並不是台灣的「亡國奴」，而是日本留下來的殖民地統治機構、各種經濟的現代設施，及龐大的財富。

如上所述，日本帝國主義在台灣殖民統治的半世紀間，積累了巨額的財富，並且在爲殖民統治者服務的目的上，也相當程度地建設了台灣，這些財富與建設均是陳儀等亟欲劫收的對象。

陳儀等蔣家集團的貪官污吏，在留用日人協助下，很快就掌握了殖民地統治大權，所以也能順利地抓到所有的政治、經濟、社會、文化等各種設施與財富。這些爲數龐大的設施與財富，雖然在名目上都被稱爲「敵產」或「日產」，但在實際上，無一不是台灣人血汗的結晶。概略言之，就有下列的龐大數目：

(1)總督府直轄的三十三個中央行政機關、五州三廳、十一市五十郡、二百六十一街庄的地方行政機關及其附帶設施。

(2)近代設備的國民學校一千二百所、中學校（五年制）一百七十四所、大專學校六所。

(3)近代設備的官營醫院十二所，各市街庄的公私立日人醫院、衛生試驗所、各種研究所。

(4)近代設備的港口、鐵路、公路、倉庫、機場、電力、通信等基幹產業設備。

(5)龐大數目的近代大工廠（製糖、製紙、化學、肥料、水泥、鋼鐵、銑鐵、製鋼、製鋁、石油、造船、機械等）。

(6) 相等於八十億圓（當時白米一台斤二圓左右）的日人私人企業與財產。

(7) 佔有耕地總面積百分之二十及山林總面積百分之九十的日人官私有土地、山林。

(8) 二十萬戶的日人住宅、官舍、店鋪等。

(9) 七家銀行的本行、各地分行及其金融機構，約有三十億圓的台銀券與日銀券。

(10) 龐大的近代水利設施，各鄉村的農業倉庫與農業組合機構。

(11) 各都市日人所擁有的報社、文化設施、旅館、大飯店、戲院、電影院、百貨公司、商店等。

(12) 屯積在全島倉庫的米、糖、日用品、物資、原料器材等。

(13) 日本第十方面軍計有二十個師團四十萬人份的裝備、軍需品、燃料廠（高雄的日本海軍第六燃料廠的規模是當時亞洲第一）、物資廠等，大砲一千三百六十八門、槍枝十三萬三千四百二十三枝，各種彈藥六千八百五十二萬發、軍服五十四萬件、糧秣二百三十一萬七千噸、軍用車輛二千輛、艦船五百二十五艘、飛機九百架、機場六十五所等（台灣警備總司令部公報）。

這些設施與財貨，不但數量龐大，其水準在終戰時也算是很優秀的近代設備。然而，這些殖民地統治的設施與財貨，一旦落在中國封建殘餘分子（軍閥、特務、官僚、黨棍、買辦商人）的手裡，就被破壞得體無完膚，而且，所造成的可怕災禍，都落在被統治被奴役的台灣人身上。

這些龐大的日人財產，若從別的角度整理一下，就是：

(1) 官有機關、企業等五九三單位，財產共二十九億三千八百五十萬圓。

(2) 私有企業一二九五單位，共七十一億六千三百六十萬圓。

(3) 個人財產四八九六八單位，共八億八千八百八十萬圓。

總計五〇八五六單位，將近一百一十億圓。但，這都是以所謂「帳簿價格」評估計算，若以「時價」計算，其數目還要大好幾十倍。

這些龐大的現代企業設施，落到昏昧無智且貪污腐化的陳儀等接收大員的手裡，遭到空前的劫掠和破壞，因此台灣產業急遽衰退（例如米產只有戰前的三分之一、砂糖只有七分之一）。而且惡性的經濟恐慌日益深刻，通貨膨脹、物價暴漲，工商業備受打擊，生活必需品極度短缺。蔣政權爲了掠奪台灣民間的財富所濫發的紙幣，與失業人口氾濫於大街小巷，甚至瀰漫於山村僻地，從此所造成的災禍都落到台灣這塊土地的眞正主人——台灣人的頭上。

三、再度的中國人殖民地統治

蔣派中國人本來就是腐敗的「中國封建殘滓集團」（軍閥、特務、官僚、地方頭頭、地主、買辦資本家）。他們缺乏對於現代殖民地的經營、管理的能力及熱情，所以一開始就發揮其封建掠奪的故技，轉瞬間，就「殺雞取卵」式地把台灣的財富劫掠一空，迫使台灣一下子陷入破滅的社會狀態。

觀諸蔣家政權及其嘍囉們的作爲，他們對於台灣的統治無非是：

(1) 以軍閥、特務、官僚等中國式封建統治勢力，來接收日本所留下的殖民地體制，做爲「政治統治」的資本。

(2) 以這政治統治爲後盾，來劫收日本總督府官僚資本與日本民間的獨佔資本，而形成中國式官僚獨佔資本，做爲「經濟剝削」或「超經濟掠奪」的工具。

在政治上把中國式軍閥封建統治與近代殖民地統治相結合，在經濟上壟斷了龐大的官僚獨佔資本，成爲中國四大家族即蔣家政權統治台灣的出發點，同時也是他們的終極目標。

「國民黨統治者，劫收了台灣的財富，取代了日本人地位，他們也企圖接收日帝所造成的殖民地秩序，保持台灣人民的殖民地奴隸地位，以保證他們能順利而長久的掠奪。維持舊的枷鎖，是新的統治者的主要工作。」（王思翔，《台灣二月革命記》，一九五一年，頁二十八）

因此，蔣介石政權只不過取代日本帝國而成爲新的外來殖民地統治者罷了。所以，以「行政長官」代替總督，以「行政長官公署」代替總督府，法律制定權改爲「台灣行政長官公署組織大綱」。規定台灣行政長官在其職權範圍內，可以發布署令並制定台灣的單行法規，而獨攬立法、行政、司法三權，加上又兼任台灣省警備總司令，更掌握軍權。如此，蔣政權統治台灣，對照日本帝國主義的殖民統治，有過之而無不及。

然而，比日據時代更可怕的是，蔣政權從中國帶來「軍閥式特務組織」。他們把特務的黑網遍布全台灣，也搬來「集中營」、「勞改營」等特務監獄，以無法無天的威脅、綁架、抓人、勒索、暗殺等卑劣手段，把全台灣關進恐怖政治的深淵裡去。

四、三重統治與三重剝削的殖民地體制

一九四九年，由於在國內一敗塗地，蔣介石及其手下逃亡到台灣來。他們爲了維持殖民地統治者的地位，並豢養二百萬的殘兵敗將及中國人難民，來台後更是加強各種殖民地政策。

(1) 劃分台灣人、蔣派中國人之間的「被統治者」與「統治者」的殖民地社會二重層次。

(2) 佔據政治、經濟、文化、社會等一切部門的上層與中樞，享受殖民地統治者的絕對優越地位。

(3) 依靠六十萬大軍，做爲殖民地統治的後盾，也藉以做爲應付國際外交的政治資本。

(4) 維持「中華民國政府」與「反攻大陸」的虛構神話，用以壓榨台灣人，並混

淆世界視聽。

而且，蔣黨本身又帶有：封建殘餘官僚政治、中國軍閥專制政治、特務組織法西斯政治等等反動落伍的本質與作風，這些本質與作風一移到台灣，就必然地造成了如下的「三重殖民統治機構」，壓在台灣人頭上。

(1) 殖民統治的外表機構（下級機關）——中華民國政府。

(2) 殖民統治的中樞機構（上級機關）——中國國民黨。

(3) 殖民統治的權力核心（眞正的統治主體）——蔣父子爲首的特務組織。

爲何把其自稱爲「中央政府」的中華民國機構，斷言爲殖民統治的外表機關或下級機關？這乃是因爲逃來台灣後的所謂「中華民國政府」，更爲虛構更爲神話，其統治大權已更徹底地握在以蔣父子意思行事的「中國國民黨」手裡，再由蔣父子一手豢養的「特務分子」來控制黨與政府的大綱細節。換言之，台灣殖民地眞正的統治者，並不是「政府」，而是黑幕裡把持一切的蔣父子及其特務頭子。

由於政治上受到蔣父子國民黨這種殖民地的「三重統治」，所以一千六百八十萬台灣人（一九七七年統計）在經濟上就免不了受如下慘無人道的「三重剝削」：

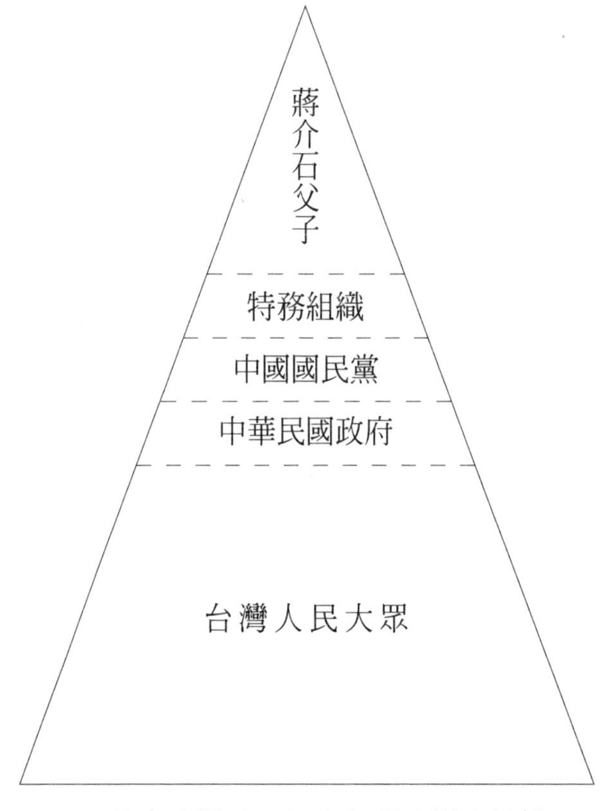

圖一　蔣家政權殖民統治台灣的權力結構

(1)殖民地性掠奪(超經濟剝削)——外來者的蔣父子國民黨集團，在「政治支配經濟」的殖民地剝削方式之下，一方面壟斷政治權力機構，另一方面迫使台灣人大眾流血流汗專事經濟生產，執行「台灣人勞動、蔣派中國人享受」的殖民政策，只以一張政府命令，就把一切經濟資源與生產手段(土地、企業、工廠等)控制在手中，掠奪台灣人大眾的勞動果實。

(2)資本主義性剝削——外來者的蔣父子國民黨集團，一方面促進台灣社會進一步的資本主義化，提高其生產力，另一方面卻以政治權力壟斷台灣社會的資本、金融、生產、流通、貿易、分配等整個的「經濟過程」，並以資本主義的方式剝削其剩餘價值。

(3)封建性掠奪——外來者的蔣父子國民黨集團逃來台灣後，繼續其軍閥式壓迫剝削中國老百姓的暴行，奪取台灣絕大部分的土地，獨掌高利貸資本，掠奪了台灣農民的農業生產品，加上政府的封建式苛捐雜稅、貪官污吏勒索、特務敲詐等，橫行霸道，不一而足。

五、特務操縱一切的假民主政治

如上所述，逃來台灣的蔣家國民黨政權，無非是由中國社會的軍閥、特務、大地主、土豪劣紳、買辦資本家等舊統治階級，所構成的半封建軍閥法西斯政權。他們在本國時，雖於一九四六（民國三十五）年十二月二十五日，制訂「中華民國憲法」，虛構近代民主國家的外觀，然而，一九四八年五月十日，蔣介石公布所謂「動員戡亂時期臨時條款」，卻把剛制訂的中華民國憲法化為死文。這「臨時條款」共有十一條，主要是為了終身化及擴大化蔣介石的總統權限，使之不必受到憲法的限制及不經過立法手續，即能永久連任總統職位及發動戒嚴令等所謂非常時期的「緊急措施」，才被捏造出來的。這個法西斯法規的「臨時條款」，經一九六〇年三月、一九六六年二月及三月、一九七二年三月等三次修改後，更加強了其竊國害民的獨裁體制。

一九四九年蔣家國民黨政權逃抵台灣後，在美國帝國主義與日本資本主義的軍事、政治、經濟撐腰之下，一方面自我標榜為代表全中國的「唯一正統合法政府」，藉以維持其龐大的全中國性封建軍閥的國家機關、官僚機構及特務組織，虛設「中央政府」（行政院、考試院、司法院），及國民大會、立法院、監察院等所謂「中央民意代表機構」。另一方面則永久化其「臨時條款」、「總動員令」、「戒嚴令」等法西斯法規，凍結憲法的機能與議會政治，使蔣介石的總統職位終身化、世襲化、君王化，同時也使從中國亡命來台的一大批所謂全國性民意代表的身分終身化、特權化、貴族化，而在較爲近代化的台灣島上，構築了中國半封建式軍閥法西斯官僚的殖民統治機構。

蔣父子特務集團控制了這個殖民統治機構以後，就在台灣倒行逆施，一方面實行文明世界上早已罕見的百分之百的殖民統治，另一方面又以偷天換日的手法，玩弄似是而非的「民主政治」，迫使台灣人俯首就範，同時也騙取更多的國際支持與美、日的經濟援助。

他們強詞奪理地說：「今日的台灣已成爲民主政治的天堂，台灣人都普遍享有參加國政的充分機會。」但實際上，這種說法距離事實何止十萬八千里，他們所謂的「民主政治」，無異於一張永不兌現的空頭支票，只不過是由特務操縱一切的傀儡戲而已。

殖民地統治者，爲了導演這幕傀儡戲，先把在中國本國湊成的國大代表、立法委員、監察委員盡數搬出來，舊技重演，稱之爲「全國性民意代表」。另外再掛上一個「地方自治」的假招牌，事先準備了一群冒充「台灣人代表」的買辦台灣人，醜人扮演好人，一次又一次玩弄了所謂「民主選舉」，湊成台灣省議會議員、縣市議會議員、鄉鎮民代表及縣市長等形形色色的傀儡腳色，假戲眞做，想一手掩蓋天下人的耳目。

然而這個詭計多端的殖民地統治者所說的「民主選舉」，無非是以：①蔣派中國人國民黨員優先、②大小買辦台灣人國民黨員優先，爲兩大前提的一場大騙局。他們爲了達到獨裁專制殖民統治所需的政治目的，乃使用應有盡有的詐術與暴力，到處胡作非爲而操縱一切。例如，特務在幕後穿針引線，警察、檢察官等政府人員出面干涉、恐嚇威脅、誹謗誣陷、逮捕無黨無派人士、陷害黨外候選人，甚至盜換投票箱、僞造投票結果等，這樣卑鄙的手段眞是千變萬化，實非筆墨所能形容。

因此，每次投票結果，絲毫沒有例外，都是蔣家政府黨大獲勝利，頂多另外加上幾個冒充「無黨無派」的靠攏分子出來湊湊熱鬧，充當蔣父子特務集團所賣狗肉的「羊頭」，做著假民主的招牌而已。

圖二　蔣政權的行政機構圖

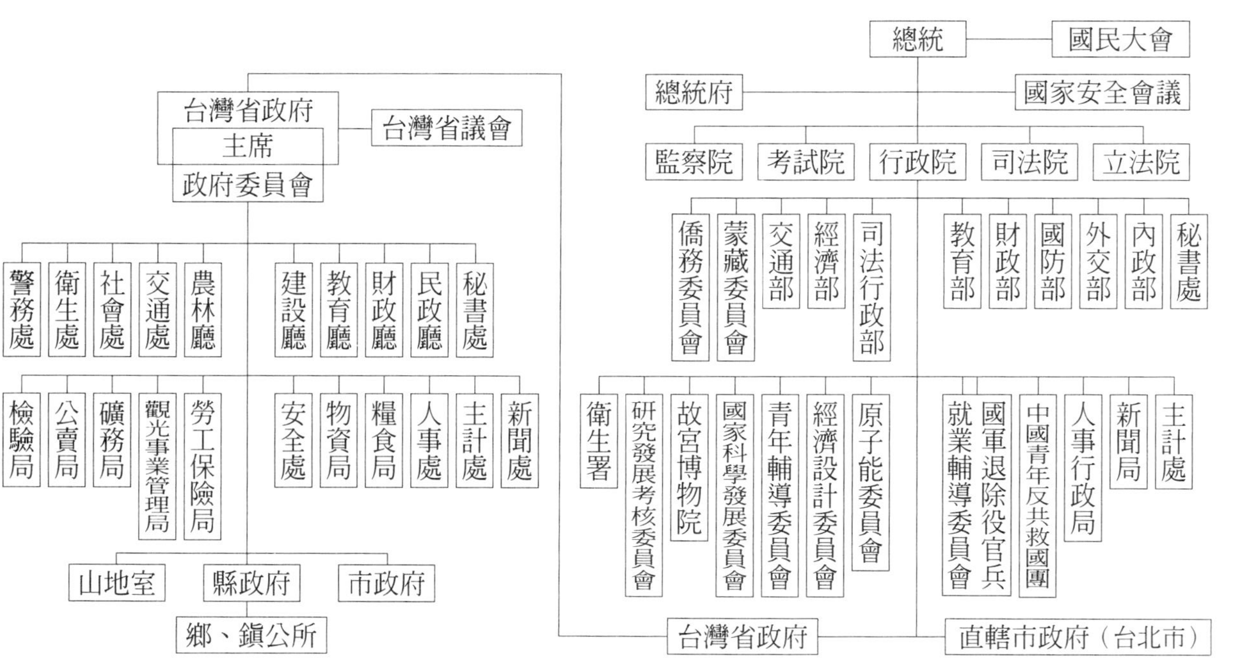

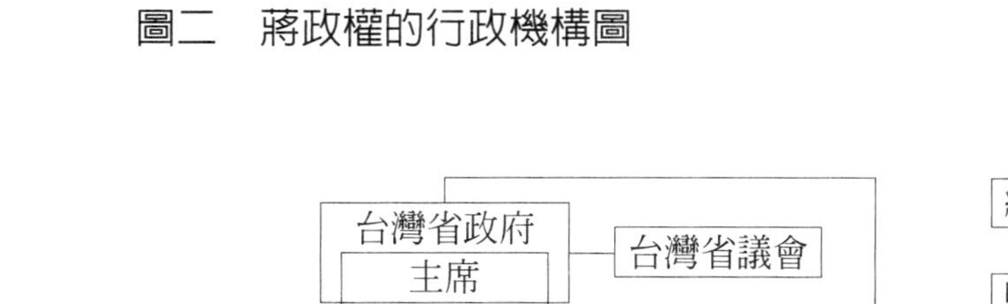

近年來，有一些熱誠未泯的台灣人，明知蔣父子特務集團殖民統治者在葫蘆裡賣的是什麼藥，仍毅然決然起來競選，向國民黨挑戰，而現已提高了政治覺悟的台灣人大眾，當然也藉此機會熱烈支援。但是在黑漆一團且殘酷彈壓的淫威籠罩之下，這些熱血漢與台灣人大眾的政治反抗戰，幾乎一敗塗地。當然也有極少數排除萬難，突破了特務的百般阻撓而獲勝當選，成爲台灣人大眾眞正的代表，但在當選後，也必然在龐大的特務勢力圍繞之下，形單勢孤，幾乎難於有所作爲。這就是所謂民主選舉到一九六〇年代的實際狀況（一九七〇年代以後，後面再述）。

蔣派特務政府所謂中華民國的「全國性」民意代表，乃是：①一九四七年一月在中國操縱作票選出的「國大代表」，②一九四八年三月同一方式選出的監察委員，③同年五月同一方式選出的立法委員。其後，蔣父子集團逃來台灣，這些代表們、委員們也跟著逃亡來台，三十年來蔣父子就是以這些徒具外形的「全中國民意代表」的虛構神話爲基礎，冒充「合法」的名義來殖民統治台灣、台灣人。

一九七〇年代，由於國際形勢急遽變化，蔣政權被踢出聯合國（一九七一年十月），中美接近（一九七二年二月）、中日復交（一九七二年九月），世界各國相繼與蔣家政權斷交，蔣政權遂成為國際上的孤兒。

就在這蔣父子特務集團受到國際政治上不利形勢的影響、在台統治地位開始動搖的情形下，他們為了隱蔽自己陣營的不安，同時為了以軟硬兼施的欺罔手段進一步愚弄台灣人，終得重新粉墨登場，演出另一幕把戲。就是已成為台灣最高特務頭子的蔣經國，趁此機會出任行政院院長。他抬出「革新保台」的新詐術，努力表演，向全台灣人大眾承諾：大家都能參加「國政」，共為防禦共軍來攻而努力。類似這種令人笑掉大牙的謊言，普遍散布於台灣全島，也頻頻謠傳於海外各地（從此才產生所謂「國台合作」的謬論），目的在於瓦解台灣人反蔣反殖民統治的決心，同時也想動搖在海外的台灣獨立運動右派陣營。

就在這島內外的形勢急速轉變之下，一九七二年十二月，蔣經國宣布舉行國大代表及立法委員、監察委員的「增補選」，同時舉行台灣省議會議員與縣市長的改選。蔣經國興高采烈地在台灣人面前大吹迷魂曲，宣傳他以行政院院長身分，保證絕對實行「三公政策」（公正、公平、公開）。

然而，已握有殖民統治大權的蔣經國，哪裡肯讓一池肥水白白流入他人田園，甘冒自招毀滅之險。所以選舉一開始，他就自食其言，驅使大量特務操縱一切，因此，非國民黨的台灣人候選人被中傷、恐嚇、陷害、逮捕者，依然層出不窮。

現今台灣的縣市長與鄉鎮長雖為「民選」，但大多數人當選後都被迫加入國民黨，這還不算了事，必得再接受一個從省政府直派的中國人特務來擔任所謂「主任秘書」。「主任秘書」一手掌握該單位的人事、財政、警察、安全等行政實權，成為實際上的行政首長（地下行政首長）。所謂「民選」的台灣人縣市長或鄉鎮長，本來應是可以發號施令的各單位大老闆，反而只落得一個有責無權而唯命是從的小夥計，天天開會傳達上命，其他無所作為。

蔣經國這樣獨拉獨唱，一方面製造形形色色的傀儡操縱一切，另一方面，在省政府及其下屬機關的各縣市政府、鄉鎮公所，則任用大批台灣人為中下級公務人員。這個外來的特務統治者據此胡指亂扯，宣傳在他們的統治之下，台灣人公務人員所佔比率是超過了日本帝國主義時代。

單從數字來講，各級政府機關裡的台灣人公教人員，的確比從前多。據一九七三年統計數字，台灣人公教人員佔總數的百分之六十，其中薦任官以上佔百分之四十。

但是這種情形，不外出於統治者方面的需要。這是以少數中國人外來者殖民統治多數台灣人的情況下，爲了處理中國式繁雜行政業務，也爲了支配龐大的公營大企業，必然發生的現象，與所謂「就職機會平等原則」根本無關。

極少數的高級買辦台灣人，特別受到特務頭子蔣經國的垂青，擔任要職。這些人大都是已喪失做人良心，百分之百屬於勢利之徒，眼中只有個人的利益，同時更善於俯首帖耳唯唯諾諾而博取主子歡心的奴才。蔣經國特務集團也看穿了這班台灣人買辦的心思，在必要的範圍內加以利用，使其成爲僞裝殖民統治的遮羞布，以混淆國際視聽。這班卑劣的走狗，在台灣人眼前固然狐假虎威，盛氣凌人。然而一到主子中國人跟前，就立刻做了一百八十度的轉變，馬上變成搖尾柔順的走狗奴隸，只能給主子倒茶跑腿、逢迎拍馬，渾身解數地獻媚爭寵而已。

在蔣經國特務勢力嚴密控制下，不論多少台灣人在形式上身居要津，或當選縣市長、公職代表，也不管有多少台灣人在統治機構裡當公務員，這完全和台灣人的政治自由毫無關係，更談不上蔣氏父子獨裁專制殖民統治會有任何改變。

六、蔣家軍閥特務統治下跛行的台灣資本主義化

（一）「中國四大家族」官僚資本劫掠台灣官營企業

中國自古以來，就是以儒教的政治規範與「升官發財」的經濟觀念爲封建社會的思想背景，而產生了家長制官僚制度，即所謂「官人支配體制」。這個官人體制，就是帝王統治階級發揮專制政治，與搜刮農民大眾的政治機構。一九一一年辛亥革命成功，建立所謂「中華民國」的現代國家，但是這個封建的「官人支配體制」，依舊留存於蔣家國民黨官僚統治體制之內。一九四五年及一九四九年，蔣介石國民黨流亡政權就是把這種封建殘餘的「中國官人支配體制」帶來台灣，做爲殖民地統治的基礎。

這種蔣氏父子爲首的特務組織統治控制下的「官人支配」，在經濟上的首魁，就是所謂「中國四大家族」。中國四大家族就是以「中央銀行」的孔祥熙（宋美齡的大姊宋藹齡的丈夫）、「中國銀行」的宋子文（宋美齡的大哥）、「交通銀行」的陳果夫、陳立夫兄弟，以及「中國農民銀行」的蔣介石，而組成的「四行聯合辦事處」（以蔣介石爲理事會主席），爲壟斷中國經濟的大本營。這個「四行聯合辦事處」在一九四八年以後

改稱「中央信託局」，繼承其獨佔系統。

然而，中國四大家族的獨佔資本，並不是中國資本主義發達的結果所形成的現代「金融資本」。這是封建的中國社會傳統過程中，出現於產業資本之前（即中國資本主義的發達以前），以封建的政治權力（主要是蔣介石的軍閥權力）爲後盾，所產生的官方高利貸金融資本。因此，也就帶著濃厚的封建性及落後性。但因爲以軍閥政權的蔣介石國民政府爲背景，所以形成封建官僚資本體制的最高頂點的金融獨佔資本，同時，也兼備了現代資本主義最高階段的「國家資本主義」的機能。

一九四五年蔣軍閥政權佔領台灣後，遍布台灣全島的現代化企業、工廠、龐大的土地、財貨等，一開始就成爲中國四大家族所垂涎的劫收對象。日本留下來的（實際上是四百年來台灣勞苦大眾的血汗所積累的）一切財富，均被四大家族以「國營」、「公營」、「省營」的名義肆意侵吞殆盡。也就是說：

(1)「國營」（在蔣家南京政府經濟部資源委員會及財政部管轄下）搶奪了石油、製鐵、製鋁、製糖、肥料等十八個一級大企業及工廠。

(2)「國省合營」掌控電力、化學、造船、機械、製紙、水泥等四十七個單位的大企業、大工廠。

(3)「省營」則有金融、保險、貿易、商業、交通、運輸、電訊、倉庫、煙酒、製鹽、工礦、農林、水泥、紙業、航業、建築、地產、合會、觀光、印刷、出版等三百一十五個單位的企業。

根據一九六六年的統計，公營企業的總資本額佔台灣企業總資本的百分之五十八點七，民營企業佔百分之四十一點三。而公營企業的總數才佔企業總數的百分之一點三，民營佔百分之九十八點八。由此可見「官營」的現代企業規模之巨大。

也就是說，「中國四大家族」的國家獨佔資本（官僚資本），以蔣家軍閥特務的強權為背景，而來劫奪台灣現代大企業的「生產手段」，再以獨佔、官營、封建、殖民地等前期性「再生產方式」（物資收奪方式），搜刮了台灣勞苦大眾的超額剩餘價值，做為「資本積累」的手段，也做為殖民統治的經濟工具。

這根本不像孫文所謂的「發達國家資本，節制私人資本」而成為社會主義經濟的開端，也不能成為台灣資本主義發展的推動力；這不過是保存中國傳統的經濟體制，而把台灣的經濟更加推退為更封建及更殖民地性的境界而已。

中國四大家族所控制的公營企業，也就是意味著獨佔台灣工業部門的所有生產手段（工廠、土地、企業）。而且，一方面藉著美援及台灣銀行的優先融資，並使用公營貿易企業（中央信託局等等）所輸入的原料，及從台灣農民劫奪來的廉價農產品，進行獨佔的、專賣的工業生產。

另一方面，他們又通過公營運輸機構及貿易機構，向島外販賣其所生產的「商品」，獲得巨大的獨佔利潤。而這筆龐大的獨佔利潤又全部集中到「國庫」（實際上是蔣家國民黨外來統治集團的「財政部」），形成殖民地統治的經濟手段，也供應統治集團的個人享用。

然而，這種獨佔性公營企業的官僚幹部，其統治者的優越意識濃厚，中國式的封建官僚主義根深蒂固，而且勾結外國資本的買辦性很強，再加上冗員過多、工作能力極低、貪污腐化、奢侈浪費、虧空蝕本等所謂「吃光主義」的弊病極度嚴重。所以赤字經營或利潤微小的企業層出不窮。例如紡織、煤炭、漁業、化學、藥品等，都是百病叢生，禁不起市場競爭而流於長期的虧損。近年來，連現代產業基幹的鋼鐵、造船等公營企業，也一再流於赤字生產狀態。

由於以「中國四大家族」為主而獨佔台灣的基幹產業為官營，所以自蔣家集團佔領台灣以來，台灣產業即構成「官」與「民」的雙重結構。中國四大家族所獨佔的台灣公營企業與民營企業，在生產上的對比即如表一所示。

如表一所述，蔣政權佔領台灣後的經濟恢復及發展（尤其一九六五年以後的發展），並非以公營企業來主導。

再與以一九五二年為基準的公、民營企業成長率相比較，更可以看出公營企業的落後性之一斑（表二）。

（二）空前的經濟恐慌

近代中國所謂的「政府財政」，一向極度

表一　公民營企業生產所佔比例

年	1952	1960	1970	1980
公營	56.6%	47.9%	27.7%	18.2%
民營	43.4%	52.1%	72.3%	81.8%

表二　公民營企業工業生產成長率（倍/單位）

年	1952	1953	1960	1970	1980
公營	0	0.25	2.03	5.14	15.18
民營	0	0.36	3.05	22.05	87.00

混亂，中央及地方儘管有形式上堂皇的財政制度，卻成爲軍閥、官僚等權力者榨乾人民血汗的手段。尤其近代國家的「通貨制度」傳入中國以來，封建軍閥、官僚更掌握這種機能，無限制地濫發紙幣，肆意榨取人民的財產。

蔣政權也把這一套搬到台灣來，一開始就濫發紙幣，造成了人爲的惡性通貨膨脹，導致台灣經濟瀕臨破產邊緣。

一九四五年十月五日陳儀成立「台灣前進指揮所」於台北以來，他們就立刻著手接收台灣銀行及其他金融機關。到第二年（一九四六年）五月止，陳儀一面發行「台幣」，一面收回台銀券及日銀券一共三十四億四千萬圓，把台灣所有金融機構統統收歸到蔣家集團代表陳儀的手上。如此一來，軍閥和政客任所欲爲地濫發台幣（舊台幣），一九四六年五月至翌年十二月間，其發行額一度激增爲五點八倍，造成台灣空前未有的惡性通貨膨脹，使台灣的物價暴漲一百倍以上。

這種政治性濫發紙幣所引發的通貨膨脹，以後也持續下去。一九四八年年底，「台幣」（一、五、十元）及本票（面額五千、一萬、十萬的高額流通券）的發行額爲一九四六年的七十四倍，到一九四九年六月更膨脹到五百九十一倍了。

台灣的產業設施（工廠、企業等等），在第二次世界大戰期間遭受破壞的並不多，完全是在蔣家政權的接收過程中，中國的貪官污吏爲了中飽私囊，而盜用公款、盜竊原料與成品、變賣機械、拆毀零件等胡作非爲，才使全台灣工業、企業被破壞得體無完膚。結果是所有生產設施必須重新大修復，才能恢復生產力。這樣還不夠慘，爲了恢復生產必須依靠銀行借款，所以陳儀就更得濫發紙幣才能應付過來。

另一方面，蔣家國府政權又

表三　台北市米價暴漲情形

	白米一台斤	指數
1945（民34）8月	0.2圓	1倍
10月	3.6	18
11月	12.0元	60
1946（民35）2月	16.8	84
4月	20.0	100
1947（民36）1月	80.0	400
12月	220.0	1,200
1948（民37）12月	2,400.0	12,000
1949（民38）4月	4,000.0	20,000
1950（民39）1月	新台幣0.6	120,000
1961（民50）4月	新台幣4.0	800,000

新台幣1元＝舊台幣40,000元

加強對台灣物資的掠奪。尤其搶奪米、糖等運回大陸，更是造成惡性的經濟恐慌的一大原因。

本來，台灣在日據時代的經濟建設已有相當基礎。戰爭結束後，只要能照以前一樣輸出糖、米等特產，換回生產器材、化學肥料、日用品等，那麼，台灣的近代產業必能恢復常態，民生就可穩定。

陳儀就任台灣行政長官時，在重慶就發表談話說：「接收工作，必以行政不中斷、工商不停頓、學校不停課爲原則。」同時又大言不慚地強調：「祖國必使台灣在安定中求繁榮。」當初，台灣人聽到這話都信以爲眞，一面喝采，一面做「安定」、「繁榮」的美夢。

後來台灣人親眼看到，自從「祖國」霸佔了日人所留下的台灣企業之後，全島的工商業立即墜入混亂與凋零的悲慘境地，大家才從「美夢」中覺醒過來，並認識到「祖國」所帶來的，除了經濟恐慌之外，別無他物。這次的經濟恐慌既深且大，實屬空前。處於這種嚴重的災殃當中，除了一小撮買辦台灣人（半山、靠山）大發所謂「光復財」之外，台灣人大眾均遭到極殘酷的掠奪與搜刮，就是地主、資產家等有產階級的財富也被搜光，結果，整個台灣陷入失業、飢餓、物價暴漲、社會不安的漩渦裡。

一九四五至五一年間，席捲台灣全島的經濟恐慌，大略可分爲三期：

(1)第一期，自一九四五年（終戰）至一九四八年八月（中國本土的金圓劵改革）。這是台灣脫離「日本圈」而被編入「中國圈」的初期。蔣家政權的殖民地經濟剝削與超經濟掠奪政策，以及貪官的胡作非爲（刼收、舞弊、貪污、破壞、獨佔企業、亂發紙幣、徵發糖米等），導致台灣社會在政治、經濟上呈現極混亂的現象，經濟愈混亂，蔣家政權及其貪官們趁火打刼的現象也就愈厲害，終於演變成嚴重的經濟恐慌。關於這一期經濟恐慌的原因已略述於前。

(2)第二期，自一九四八年八月至一九四九年六月（新台幣改革）。這是蔣家政權爲了徵調打內戰所需的軍費與物資，更加苛刻搜括台灣的時期。加上，中國本土所發生的惡性經濟恐慌已波及台灣。後來，蔣家政權在大陸的戰事不利，爲了刼取「亡命資金」，乃混水摸魚地大肆搜括財貨、金銀、外匯等，導致比第一期更嚴重的經濟恐慌。

(3)第三期，自一九四九年六月至一九五一年六月（美援開始）。這是蔣家政權在中國本土吃敗戰，把整個中央軍政機關搬來台灣的時期。爲了供給這些殘兵敗將的花費，其強徵暴斂有增無減，同時繼續濫發新台幣，劫奪更大量的物質、財貨，使台灣更進一步面臨經濟崩潰的危機。但在另一方面，也因蔣家政權敗退來台，台灣從中國本土被割開（政治、經濟上再次脫離「中國圈」），以及「美援」從此開始的兩個因素，才使前後七年的經濟恐慌漸趨收斂。

這種史無前例的大掠奪及大恐慌，就是釀成一九四七年「二·二八大革命」的社會背景。

（三）美日帝國主義的殖民地主義

一九四五年，台灣從半世紀的日本帝國主義侵略解放後，隨即被捲入戰後國際政治經濟動盪的漩渦裡。譬如，一九四九年蔣家國民黨政權敗退到台灣，翌年六月韓戰爆發，東西兩大陣營開始冷戰等，無一不深刻地影響到戰後台灣政治經濟的發展動向。結果，台灣除了受中國封建性蔣家國民黨政權的殖民統治之外，又受到美、日帝國主義「新殖民主義」的支配。

美國就在韓戰爆發東西冷戰的國際局勢下，將「台灣」列入它的太平洋戰略體系內，爲了確保台灣的安全，才恢復了中斷已久的所謂「對華援助」（China Aid Act of 1948）（實際上是援助佔領台灣的蔣政權），開始對台灣進行「軍事與經濟援助」（其中的軍事援助被稱爲「軍援」，經濟援助則通稱「美援」）。這種持續了十五年、平均一年達一億美元的「美援」，很快就給瀕臨破產的台灣經濟打了一針強心劑，同時維持了奄奄一息的蔣家國民黨政權的存立。嗣後，在美國撐腰下進行經濟復興的日本，也急速恢復戰前對台灣的帝國主義經濟入侵，於是，台灣乃在美援滲透及台日貿易仰仗日深的過程中，逐漸處於美、日資本主義的隸屬地位。並在經濟隸屬與軍事、政治隸屬結合之下，美、日帝國主義遂確立其對台灣的「新殖民主義」支配，以致更加深蔣家官僚資本、蔣家中國人民間資本以及買辦台灣人系民間資本的買辦性，及對台灣人大眾的新的殖民地支配。

美政府自一九五一年至一九六五年的十五年間，供給台灣的「美援」共達十四億四千三百三十萬美元（另有「開發援助」一億三千七百八十萬美元不算在內），年平均九千六百二十二萬美元，一九五五年則高達一億三千二百萬美元。這筆巨款等於同一時期台灣國民所得年平均的百分之七點四，蔣家國民黨政權財政收入年平均的百分之三十點五。

這筆巨額的「美援」，雖然以「經濟援助」爲名，但原來的目的是在培植台灣的軍事力量，所以援助內容也以防衛援助、技術援助及直接軍事援助等軍事支援爲主，後來才轉變爲注重剩餘農產物援助與開發借款基金援助。

除了上述「經濟援助」之外，還有直接增強蔣家政府武裝部隊爲目的的「軍援」，包括贈送蔣家軍隊大量的飛機、大砲、軍艦、軍用車輛及武器彈藥等，同時提供了建設與維持兵工廠、飛機場、軍用公路等的器材及資金。這種「軍援」因不對外公布，所以難以窺知其確實數字。但是，根據軍事專家概算，這十五年間的軍事援助總額不會少於二十五億美元。因此，美國政府所給的「軍事與經濟援助」，高達四十億美元，等於同一期間蔣家政府財政歲出的百分之八十五。如果再把這些美援物資售出所得的所謂「美援台幣資金」計算在內，則美援、軍援的物資及資金的總價值及其效果當不止於此，所以對蔣家政權財政的比率當然遠超過百分之八十五。

如上所述，美國在十五年間，給予蔣家政權的所謂「軍事與經濟援助」，高達四十億美元，這在形式上是「美政府」所執行，但實際上卻是美國獨佔資本侵入台灣的新殖民主義。

這種「美援」，不但在數量上或本質上，直接或間接控制了蔣家政權，進而藉以全面支配整個台灣社會。結果，台灣與台灣人，一方面更加受到蔣家政權的殖民統治與剝削，另一方面，又遭受美帝國主義的支配。

換句話說，「美援」使得美帝國主義充分達成了：①控制台灣的政治、經濟命脈，②將台灣保持在其世界戰略體制之內，③把台灣當做商品市場，傾銷本國的剩餘農產品、工業品以及工業原料，④更加促進台灣經濟跛行的資本主義化，成爲美國金融獨佔資本的投資市場等四個目的。

同樣，蔣家政權乃從中獲得更大的利益，即：①增強台灣的政治、經濟、軍事各方面的統治力量，②繼續維持六十萬大軍，③填補財政上的赤字而免於破產，④發展官僚資本與蔣派民間買辦資本，以壟斷台灣的大企業，⑤填補貿易上龐大的入超。

美國政府對台灣的經濟支配，一向使用「兩面政策」的新殖民地主義。也就是說，一方面加強反共軍閥政權來統治台灣殖民地，把「援助」的主要部分投入帶有封建性的「公營企業」，使中國的封建傳統的經濟體制繼續維繫下去。另一方面，為美國民間資本的投資做經濟環境的整頓。這就是導入現代的「自由資本主義經濟制度」於台灣社會，促進台灣民間企業的擴大生產，並使台灣的資本主義發展的跛行性更加深刻化。

美國政府的軍事、經濟援助在一九六五年六月結束，但美國政府並未放棄對台灣的控制。所以軍援並未中斷，而經濟援助也透過「世界銀行」（這是戰後新殖民地主義的金融支配方式）的借款等融資來繼續控制台灣。另一方面，「日本援助」也取代過去的美援，維持對台灣的新殖民地主義支配。

從戰敗廢墟中重建起來的日本，一九六〇年代開始邁向經濟復興的大道。接著日本又死灰復燃地對亞洲開始其經濟侵略。其初期的手法，就是滲透日本資本於其舊殖民地的台灣、韓國等地（日本帝國主義的新殖民地主義）。此時，美援逐漸縮減，蔣政權正需要新的後台，日本政府乃在一九六五年四月起，提供蔣政權兩次的「日幣借款」，總額等於美元一億七千一百四十五萬元。

日本利用這種「借款」為先導，迅速輸出資本及商品，一步一步恢復戰前在台灣的經濟統治地位。

蔣政權因此而發揮了國際帝國主義的買辦性（與其台灣殖民統治雙管齊下）。一九六三年四月，設置「國際經濟合作發展委員會」，做爲導入帝國主義資本的特殊機關。在此以前，蔣家政權已陸續制訂了〈外國人投資條例〉（一九五四年）、〈獎勵投資條例〉（一九六〇年）、〈技術合作條例〉（一九六二年）、〈加工出口區設置管理條例〉（一九六五年），提供外商在台灣投資的有利條件。也就是說：①外人投資無所限制，②保證外資及其利潤可自由送回本國，③保證外資的非國有化，④減免稅金，⑤優待外資取得工廠用地，⑥設置加工出口區、減免關稅等等。如此的優待外資，與昔日日本總督府優待日本資本在台投資如出一轍。

這樣的「外人投資的發展」，表面上堂堂正正，但實際上，等於出賣台灣這塊土地及台灣人大眾，迫其在屈辱的條件下，遭到帝國主義資本爲所欲爲地加以剝削與劫掠。因此，從一九六五年開始，美、日資本急速注入台灣，至一九八〇年爲止，美國在台的投資共達七億七千六百二十八萬美元，日本資本則達四億五千七百六十五萬美元，僅僅美、日兩國即達十二億三千三百九十三億美元，佔外國人投資總數的百分之

表四　1953-1960 年亞洲諸國年平均經濟成長率（%）

	國民所得	平均每人所得
台灣	7.2	3.8
日本	11.7	10.5
菲律賓	5.4	1.6
緬甸	4.0	2.5
斯里蘭卡	2.4	0.3
印尼	6.2	3.5
韓國	6.3	4.2
新加坡	7.8	6.2
泰國	7.3	4.2
馬來西亞	3.5	2.9
美國	3.1	1.4
英國	3.5	3.0
西德	7.6	6.1

資料來源：《國運統計月報》、《自由中國之工業》、日本總理府統計局，《國際統計要覽》

表五　1961-1973 年亞洲諸國年平均經濟成長率（%）

	國民總生產	平均每人所得
台灣	9.6	6.4
日本	6.6	5.8
菲律賓	4.4	2.1
緬甸	1.5	1.0
斯里蘭卡	3.7	2.4
印尼	3.8	1.6
韓國	6.7	5.4
泰國	5.2	3.2
印度	2.5	0.9
美國	3.4	2.6
英國	4.6	2.0
西德	4.3	4.3

資料來源：《國運統計年鑑》、《自由中國之工業》、日本總理府統計局，《國際統計要覽》

七十五點四。

總之，美、日帝國主義在台灣以自己的管理方式來設工廠，並使用廉價的勞動力，而且用世界最便宜的電力來從事商品生產。此外，他們不但可以享受減免台灣國內的稅捐，又可減輕關稅，把商品、原料、機械等自由運進運出，最後，還被保證不發生罷工及取締污染等問題。因此，台灣很快就變成外國資本家的「投資天堂」。

在這種情形之下，台灣的對外貿易也以美、日兩國佔一大半。即，一九八〇年，輸入方面，美國佔百分之二十三點七，日本佔百分之二十七點一，共佔百分之五十點八。輸出方面，美國佔百分之三十四點一，日本佔百分之十一，合佔百分之四十五點一。再從同一年的進出口總額看，其總額共計三百九十五億四千三百萬美元，台美貿易的輸入爲四十六億七千三百四十八萬美元，輸出六十七億六千萬美元，出超二十億八千六百五十二萬美元；台日貿易爲輸入五十三億五千三百二十三萬美元，輸出二十一億七千三百四十四萬美元，從日本入超三十一億七千九百七十九萬美元。再到了一九九〇年度，貿易總額一千二百億之中，美、日兩大國佔了五百四十七億，仍然等於總額的百分之四十五點六。其中，從日本的入超達七十億美元、對美國的出超

表六　台灣的經濟指標（1963-1975）

年	人口	國民總生產	國民所得	平均每人所得	工業	農業	輸出	輸入
1963	100.0	100.0	100.0	100.0	100.0	100.0	100	100
1964	103.1	119.7	119.9	116.0	119.6	112.7	128	122
1965	106.3	129.8	129.6	121.6	142.2	121.1	136	135
1966	109.3	154.4	144.4	132.7	165.0	127.4	160	150
1967	111.9	163.1	163.1	146.3	192.7	134.9	186	190
1968	114.9	188.9	188.7	165.2	234.0	143.1	231	248
1969	120.5	201.7	211.1	180.7	274.4	141.6	305	326
1970	123.5	241.8	242.3	202.8	325.7	150.1	430	418
1971	126.2	288.5	277.9	227.4	394.2	153.3	587	560
1972	128.7	336.2	320.8	258.3	560.1	157.2	857	846
1975	135.9	364.2	346.2	262.1	592.0	162.9	1,600	1,507

資料來源：《自由中國之工業》

九十一億三千美元。

如此，台灣自戰後四十年來，在美、日帝國主義的新殖民地主義支配下，加上蔣家軍閥、法西斯特務帝國主義的舊殖民地統治，發展殖民地資本主義。換言之，台灣依賴美、日帝國主義的資本、原料、技術、機械等的提供，而被剝削廉價的勞動力，更加強了跛行的資本主義的發展。

(四)中國四大家族系民營企業

自一九四八年後半，當蔣政權在中國大陸內戰節節敗退，國內的統治地位岌岌可危之際，中國的民間巨大資本(主要是上海的浙江財閥，也是四大家族的資本系統)紛紛移到台灣。這些所謂「大陸民間資本」，一時充斥台灣的產業界，逐漸轉化成①產業資本、②金融資本、③高利貸資本，而控制了台灣民間的產業界。這些中國流亡資本，形式上是民間資本，但在事實上，是屬於四大家族的資本系統。「中國四大家族」，原來其一隻魔手是「官」，另一隻是「商」，因此所謂的「民間巨大資本」(浙江財閥、山西財閥)，實際上就是「官商勾結」，其實也就是四大家族兩隻魔手的操縱。

因此，四大家族民間資本逃到台灣以後，即以紡織業爲主，在蔣家政權的經濟代理機關——中央信託局（上述「四行聯合辦事處」的後身）的優厚支援下，達成異常的「資本積累」（資本再生產）。這不外是蔣派中國人企業，以殖民地統治的強權爲靠山，成爲獨佔台灣產業的典型。

他們無非是蔣家國民黨政權官僚資本外圍的一翼，而在台灣民間產業界搶了獨佔地位。以一九八〇年爲例，中國四大家族民間企業的代表人物就有：

徐有庠（江蘇人，遠東企業集團代表者，企業數九，總資本額五十七億元）。

嚴慶齡（上海人，裕隆汽車集團代表者，企業數四，總資本額四十五億元）。

呂鳳章（江蘇人，華隆汽車集團代表者，企業數四，總資本額四十五億元）。

孫法民（河北人，太平洋電纜企業集團代表者，企業數五，總資本額二十五億元）。

（五）買辦台灣人民營企業

1.「台灣五大家族」及新買辦台灣人的金融獨佔權

日本佔領時代的台灣人地主、資產階級代表，即「台灣四大家族」（板橋林本源家、鹿港辜顯榮家、高雄陳中和家、基隆顏雲年家），加上戰後開始反動化的霧峰林獻堂家，成爲蔣政權統治下的大買辦「台灣五大家族」。

一九四五年國民黨政權佔領台灣之後，這五大家族毫不遲疑地，一方面協助新來統治者的掠奪接收工作，並充當「空想的大漢族主義」的傳聲筒做爲政治資本。另一方面，他們又以所擁有的土地及銀行股份爲經濟資本，而同蔣家外來統治集團一齊分享剝削台灣的勞苦大眾的機會。

另外，蔣家外來政權爲了有效的劫收、統治及剝削台灣，當初就由大陸帶來一批曾在中國長住的台灣人特務政客，即所謂「半山」。不過，這些半山因爲長年流浪在外，與台灣的社會關係很疏遠，所以不能充分擔負他們老闆所期待的作用。因此，蔣家政權不得不另外尋找一批本土的台灣人特權階級，做爲另一批的買辦走狗。於是，「台灣五大家族」及其附庸們，又能抓著重新粉墨登場的機會，終於成爲外來統治者的第二級買辦幫凶，這就是所謂的「靠山」。

由此可知，戰後台灣的新買辦階級，係由下列三種人構成：

(1) 黃朝琴、劉啓光、謝東閔、連震東、林頂立等特務政客（半山）。

(2) 林獻堂、林柏壽、陳逢源、陳啓清、陳啓川、羅萬俥、張聘三、顏欽賢、辜振甫等「台灣五大家族」及其附庸(靠山)。

(3) 李連春、徐慶鐘、許金德、林挺生、李建興、謝成源等投機分子(靠山)。

他們以日據時代的銀行股東名義，分到「第一商業銀行」、「華南商業銀行」、「彰化商業銀行」、「台灣省合作金庫」、「台灣合會儲蓄股份有限公司」等金融機關的經營權。這些台灣舊有的金融機關，雖說已被接收爲「公營企業」(省營)，但實際上，卻在官商勾結的情況下(蔣家國民黨官僚與台灣人買辦特權階級相勾結)，由半山及靠山壟斷了組織、人事、資金、存款、放款等業務實權。他們掌握的這些銀行，自然而然成爲新買辦特權階級從事經濟活動的第一階段的據點。尤有甚者，他們在一九四七至五〇年間，利用台灣空前的經濟恐慌，也就是物價暴漲、物資極端缺乏的時機，與蔣家國民黨的貪官污吏狼狽爲奸，挪用了巨額的銀行資金，肆行蒐集物資，囤積居奇、放高利貸、操縱市場等，藉以大發所謂「經濟恐慌之財」，累積了巨大的超額資本，爲下一段將述及的買辦台灣人系民間企業發展，做頭一個準備工作。

2. 靠土地改革肥了買辦台灣人

一九五二年，蔣家政權實施「土地改革」及地價補償等政策，於是，台灣傳統的土地制度（佃農制度）乃開始崩潰，地主、資產階級的「土著資本」重新被改編，新興資本家抬頭，以致實現了一部分的所謂「地主資金的工業資本化」（參閱陳誠，《台灣土地改革紀要》，一九六一年，頁六〇）。

一九五三年一月，蔣家政權公布「實施耕者有其田條例」，以百分之七十的實物債券與百分之三十的公營企業「四大公司」股票（水泥、製紙、工礦、農林）為補償，強制收買地主所擁有的土地，然後再放領給佃農，因此大小地主得到面額二十二億元的「土地債券」與六億六千萬元的「公司股票」。這些共計二十八億六千萬元（等於一九五三年國民總生產二百三十億元的百分之十二）的一部分資金，逐漸化為發展民營企業的土著資金。

然而，問題發生在這些「公司股票」上。蔣政權把公營企業的四大公司放領給台灣人地主，無非是因為：①大部分的公營企業在業務上萎縮不振，②美國的資本主義要求台灣發展「自由經濟」，③台灣大地主、大資產家階級圖謀將公營企業轉為私有。

然而，以外來統治者的利益爲出發點，從上而下強制推行的這種土地改革，並不能使台灣地主都變成近代企業的資本家。相反的，大多數中小地主都急趨沒落，土著資本因而進行集中獨佔，少數大地主、大資產家終於壟斷了蔣家政府所給的民營企業。這主要是因爲大戰後台灣農村受盡新來統治者蔣家國民黨的壓迫與掠奪，以致中小地主階級不相信蔣家政權所補償證券的價值，他們不把它當做能夠藉以保持財產的有效手段。尤其對於業務上一蹶不振的「四大公司」，大家更認爲應把這不值錢的公司股票盡早變賣爲其他種類的財貨才能安心。另一方面，「台灣五大家族」等大地主、大資產家，卻把這些股票集中於手中，以期獲取「四大公司」的經營支配權。

在這種情況之下，蔣家行政院於一九五四年一月公布了《台灣省證券商管理辦法》，正式法定股票交易，所以自一九五四年三月一日「四大公司」正式發行股票開始，面額六億六千萬元的公司股票乃成爲數以千計的大小證券商（以曾在上海證券市場長期玩票的中國人爲首）所獵取的對象。這些證券商唯利是圖，以虛報行情、操縱市場等欺騙手段，利用了鄉間中小地主不熟悉行情而急於出售股票的心理，殺價收買他們所持有的股票，所以有的被殺價到面額的一半，有的甚至以原價的兩成出售。這種情形，與日據初期由台灣銀行出面殺價收買大租權補償金的事業公債的手段如出一轍。

當時，小盤證券商盤據各鄉間，他們受股票交易所的委託後，就把各地搜集來的股票集中到各地市鎮，交給中盤證券商，經中盤商集中後，再到台北的大盤證券商處（大盤商人由擁有資金且富經驗的上海人為主，與中國四大家族系紡織資本同為當時在台中國人民間資本的兩大財閥），然後再由這些大盤證券商轉賣給握有銀行資金的「台灣五大家族」及其附庸。由此可見，這些證券商人在全島各地所建立的股票收買機構，其實就是台灣土著資本獨佔集中的大機構。透過這個土著資本集中機構，擁有第一、華南、彰化三大商業銀行及合作金庫、儲蓄合會的「台灣五大家族」等台灣人買辦特權階級，才能挪用銀行資金，殺價收買四大公司的股票，奪取戰後頭一號台灣民營企業，即「四大公司」中的水泥、製紙、鳳梨等大企業的支配權。

例如，一九五四年三月「四大公司」正式發行股票後，在同年十月他們就召開「台灣水泥公司」第一屆股東大會，決定了董事長林柏壽（林本源家）、監察人林熊祥（林本源家）、陳啓川（陳中和家）、董事辜振甫（辜顯榮家）、林猶龍（林獻堂家）、陳啓清（陳中和家）、顏欽賢（顏雲年家）、陳逢源（華南商業銀行常務董事）等幹部人事。如此，台泥的企業經營權自此完全落於「台灣五大家族」手中。

由蔣政權所放領的四大公司，就成爲買辦台灣人民間企業發展第二階段的據點。

3.「中華開發信託公司」發展買辦台灣人民間企業

蔣家國民黨政權初臨台灣時，一向以黨官僚金融獨佔體制爲其半封建性殖民統治的經濟工具，所以把一切金融機關歸爲國有官營或官有黨營，絲毫不允許有任何種類的民營銀行存在。然而，到了一九五○年代末期，由於台灣經濟與國際經濟關係日益緊密，換言之，美、日帝國主義對台灣的經濟侵略日趨深化，所以蔣家國民黨政權爲了獲得更多的外國資本以加強經濟剝削，遂在不影響黨官僚金融獨佔體制的前提下，改變原來方針，特別允許設置一個所謂民營金融機關。於是，所謂官商合辦的「中華開發信託公司」，才跟外國資本的「華僑銀行」、「日本勸業銀行台北分行」同時出現。

「中華開發信託公司」是以獲取美援及世界銀行等的外國資金，而後貸給民營特權企業爲目的的一個特權金融機關。換句話說，就是以國際金融資本爲後盾的買辦銀行。

表七　台灣各銀行的資本結構及其他

	資本金（1964）萬元	公、私資本率		代表者	在台開設時間
		官％	民％		
中央銀行（國營）	1,000	100.0	—	俞鴻鈞、徐柏園、俞國華	1961年6月
中國銀行（國營）	18,000	66.7	33.3	徐柏園	1960年10月
中國農民銀行（國營）				陳立夫、陳果夫、金克和	
交通銀行（國營）	18,000	88.0	12.0	趙樹華、趙志堯、俞鴻鈞	1960年2月
中央信託局（國營）	18,000	100.0	—	尹仲容、俞國華、騰傑	1949年2月
郵政儲金業局（國營）					
台灣銀行（省營）	30,000	100.0	—	嚴家淦、尹仲容、徐柏園	1946年5月
台灣土地銀行（省營）	4,000	100.0	—	嚴家淦、蕭錚、陳勉修	1946年9月
台灣省合作金庫（省營）	3,000	60.0	40.0	謝東閔、李連春	1946年10月
第一商業銀行（省營）	6,400	74.5	25.5	黃朝琴、陳啓清、高湯盤	1946年3月
華南商業銀行（省營）	6,000	58.2	41.8	劉啓光、陳逢源	1946年3月
彰化商業銀行（省營）	6,000	56.2	43.8	林獻堂、羅萬俥、張聘三	1946年3月
華僑商業銀行（民營）	10,703	—	100.0	蔡功固、吳長炎	1961年3月
中華開發信託公司（民營）	12,000	19.6	80.4	林柏壽、霍寶樹、趙葆全	1959年5月
日本勸業銀行台北分行（民營）					1959年9月

資料來源：譚玉佐，《中國重要銀行發展史》，1961，頁56；《台灣省財政統計》第七期，1962，頁197；東京台灣銀行特殊清算事務所，《終戰後の台灣における金融經濟法規並に資料》經濟日誌，1954

「中華開發信託公司」是由①官股三（出資率百分之十九點六）、②民股一百一十八（百分之五十九點九）及③外資一（百分之十點二）所構成的「官商合辦」特權機構。經營的幹部網羅了蔣家的金融代表及台灣買辦階級的大亨：董事長林柏壽（林本源家買辦大亨）、常務董事俞國華（中央信託局局長）、常務監察人李崇年（中國交通銀行常董）、董事霍寶樹（中國銀行常董）、趙葆全（中國交通銀行總經理）、陳光甫（浙江財閥巨頭）等中國人，以及許金德、林挺生、李建興、陳逢源、謝成源（監察人）等台灣人買辦階級的代表人物。

這個特權金融機關的放款、投資的對象，都是中國人民間大企業及買辦台灣人

表八　中華開發信託公司的資金來源與規模（一九六〇年代）

借款對象	借款金額	
	台幣萬元	
美援資金（美援運用委員會）	30,000	1959年
開發借款基金（DLF）	1,000 (40,000)	1960年
國際開發協會（第二世界銀行）	500 (20,000)	1962年
國際復興開發銀行（世界銀行）	1,500 (60,000)	1964年
自己資本	12,000	1965年
合計	162,000	

資料來源：《中華民國年鑑》，1960，頁419、1962，頁416、1965，頁436

民間企業。因此，「中華開發信託公司」的特徵，就是殖民地資本、國際買辦資本、蔣家官僚資本、台灣買辦資本及產業獨佔資本的大結合。

這是買辦台灣人民間企業發展第三階段的據點，尤其成爲台灣五大家族更能加緊獨佔台灣經濟的契機。

總之，台灣人買辦階級就以獨佔金融機構、水泥公司、中華開發信託公司這三個據點，與中國四大家族分享經濟特權，和外來統治者一起瓜分殖民地的財富。

除了「台灣買辦五大家族」之外，一九八〇年代起，新興的買辦台灣人企業家出現，其主要代表有：

(1) 林挺生：台北市人，國民黨中常委，大同公司企業集團代表者，總資本五十億元，企業單位三十三。

(2) 辜振甫：辜顯榮之子，國民黨中常委，台泥公司企業集團代表者，總資本三十億元，企業單位七。

(3) 吳三連：台南縣人，總統府資政、前台北市長，台南紡織企業集團代表者，總資本六十五億元，企業單位二十五。

(4)王永慶：台北縣人，台灣塑膠企業集團代表者，總資本一百三十億元，企業單位十一。

(5)蔡萬春：台北市人，國泰企業集團代表者，資本六十七億元，企業單位三十七。

(6)何傳：台南縣人，永豐企業集團代表者，總資本二十五億元，企業單位十五。

(7)吳火獅：新竹市人，新光企業集團代表者，總資本三十五億元，企業單位十五。

(六) 台灣本地的中小企業

如上所述，蔣家國民黨外來統治集團，先以收歸國有的方式把日據時代的台灣巨大企業劫爲己有，再以「四大公司」的水泥、製紙、鳳梨等營業較好的大企業賜給靠攏分子的台灣買辦資本家。然而，土地被充公的大部分中小地主，卻只能分到「台灣工礦公司」系鋼鐵企業三十一、煤礦二十四、窯業三十六、玻璃企業九、油脂企業九、印刷企業十四、化學企業十二、電器企業五、建設企業十六、橡膠企業十一，業種一百六十七單位（其餘的紡織企業歸官有），及「台灣農林公司」系製茶企業八、鳳梨製罐五（最大企業的「合同鳳梨會社」先由台灣買辦資本所劫去）、水產企業九、畜牧企業二十二等破舊不堪的零零碎碎的小企業、小工廠。換言之，戰後經過屢次分配企業及資本的結果，日人所有的巨大企業盡由蔣家國民黨政權及其附庸的台灣買辦特權階級所劫取，其餘零碎的中小企業，才落到各地方的中小地主、資產家手裡。

這些中小企業轉化為中小地主、中小資產家所有之後，幾乎都因資金短絀、高利貸、苛捐重稅、生產過剩、市場狹隘等不利條件所累而一蹶不振。這些中小企業與買辦台灣人系大企業基本上有所不同，他們因不受蔣家國民黨外來統治者的特權性保護與撐腰，所以要靠自己的經濟活動才能發展。結果，他們幾乎都成為具有「台灣民族資本性格」的民營企業，其後經過十個艱難的年頭，也就是等到一九六〇年代外資侵入，他們才獲得擴大業務的機會。

其中，又有一些勾結日本帝國主義資本而成為日本買辦企業家。後來台灣也出現所謂「中產階級」。

七、譎詐的「土地改革」

一九四八年秋，蔣介石及其國民黨政權，因中國本土內戰漸趨不利，遂任命心腹大將陳誠為台灣省主席，預做逃台準備。可是，當時的台灣與大陸同樣，經濟混亂、政治動盪、社會不安，農民大眾受經濟恐慌及強徵米穀的影響而生活極端困苦，又由於二・二八大革命的屠殺及彈壓，使社會裡各階層對外來統治者的仇恨更深一層。

一九四九年一月陳誠到任後，為了：①深入台灣農村加強殖民統治，②騙取台灣農民的支持，③確保二百萬逃亡人口的米糧，遂以強權執行在大陸上從未實行過的所謂「土地改革」。這就是台灣的土地改革在蔣家國民黨政權危急存亡的利害下被付諸實行的原因。更確切地說：「若不改變與台灣地主階級的舊有關係而進行土地改革，則無法繼續統治台灣。」

一九五〇年台灣的耕地總面積為八十三萬八千一百九十公頃（佔台灣總面績的百分之二十四），僕耕地（佃農租借土地）佔耕地面積的百分之五十六，農家平均每戶的耕地面積為一點三公頃。全部農家的百分之七十二只能耕作二公頃以下的土地。所以，擁有

六、七人家口的台灣農戶，在低米價政策之下，大都無法維持一家的生活。

蔣家亡命政權就是趁此台灣農村貧困之際，爲了鞏固其統治地位，一九四九年藉口推行「善政」而開始「土地改革」。

這種「土地改革」是在台灣實行，所以絲毫不會損害他們本身（即舊中國大地主、大資本家、大官僚階級）的利益。因此，他們即毫不猶豫地執行了以下的改革：①三七五減租（一九四九年四月）、②放領公有耕地（一九五一年六月）及③耕者有其田政策（一九五三年一月）。於是，把十四萬四千甲的土地（佔一九五二年總耕地面積八十七萬一千甲的百分之十六點五）由台灣人地主手上強制「收買」，然後

表九　土地改革時所獲土地的規模別農家戶數及面積（1953年）

所獲土地規模	戶數		面積	
	戶	%	甲	%
0.5 甲未滿	91,980	47	23,845	17
0.5-1 甲	57,166	29	40,614	28
1-3 甲	42,386	22	65,671	46
3-10 甲	3,261	2	13,093	9
10 甲以上	30	--	329	--
合計	194,823	100	143,552	100

資料來源：Hui-Sung Tang, *Land Reform in Free China*, 1957

放領給佃農。但是因放領的規模太小，所以得不到一甲的農家，佔百分之七十六。

土地改革的第一個結果，是台灣中小地主的沒落。外來政權的權力機構，因此得以比以往更能直接伸入農村社會，更能徹底地以低米價強徵米穀以及其他農產物。如前面所述，蔣政權從台灣地主所收買的土地，名義上以「實物債券」及「公營企業股票」的方式，折價成台幣二十八億六千萬元去補償地主。但事實上，地主所獲得的「四大公司」股票，大部分都是被蔣家的官僚糟蹋得破爛不堪的赤字企業公司股票。尤有甚者，蔣政權在把股票交付給台灣地主之前，早就將四大公司的資本總額灌水增加，虛設空頭資本，一下子將總資本額浮增爲原來的九倍，然後，增發其虛設的股票給地主而實行所謂「官營公司移交民營」。因此，台灣的中小地主也就被政府搞得走向沒落一途。

土地改革的第二個結果，是台灣農家總戶數由六十一萬一千戶，一下子增爲七十八萬九千戶，其中，擁有一公頃以下土地的貧農戶數增加最大，約佔增加總戶數的百分之八十四。另一方面，因爲耕地面積比以往減少，所以每戶農家所擁有的土地規模也更爲零細化。結果，造成大多數農民無法只靠農業生產來維持生活的現象。台灣農民除了拚命從事種地之外，還得出外到工廠做工，而成爲「兼業農家」，並且，土地所有規模愈小，出外工作的必要性就愈大。

在台灣農民兼業化的狀況之下，台灣農村發生了失業者逐漸增加，及「產業預備軍」膨脹的社會問題。這使蔣家殖民政權得以毫無阻礙地實行「低工資政策」，同時因爲台灣的失業人口大都寄生於農村社會，所以蔣家政府就能很容易地隱蔽起當時的失業問題。

蔣家政府實行「土地改革」之初，因台灣農民都以爲能名副其實地擁有自己的土地，所以拚命勞動、努力耕種，因此農業生產大爲增加，米穀產量由一九五三年以前每公頃平均二公噸，提高到三公噸許，致使農民生活一時

表十　專業農家與兼業農家的比率（1955年）

耕作規模別（%）				自耕、佃農別（%）		
耕作規模	計	專業	兼業	計	專業	兼業
平均	100.0	39.9	60.1	100.0	39.9	60.1
0.5甲以下	100.0	19.4	80.6	自耕	40.3	59.7
0.5-1.0甲	100.0	40.6	59.4	半自耕	47.0	53.0
1.0-1.5甲	100.0	53.9	46.1	佃農	30.2	69.8
1.5-2.0甲	100.0	59.0	41.0	雇農	18.2	81.3
2甲以上	100.0	65.1	34.9			

資料來源：台灣銀行，《台灣之農業經濟》，1962，頁58

好轉。可是，台灣農民從喜變憂的日子來得意外的快。因爲蔣家國民黨政府先讓農民吃點甜頭，使他們拚命勞動藉以提高農業生產後，突然顯露出殖民地統治者的本來面貌，開始進行更加殘酷的剝削與苛求。

也就是說，糧食價格極度的苛刻，強徵米穀，以現物徵收土地稅，當時肥料一斤的價格不滿半斤的米價，卻硬性規定二斤米換一斤肥料（後來才變更爲一斤換一斤）；甘蔗也遭到強徵暴斂。提高稅率、增加課稅項目等等經濟剝削及超經濟的掠奪層出不窮。

總結地說，土地改革的結果，只使台灣農民獲得有名無實的「土地」，反而負擔加重。另一方面，台灣舊地主階級失去土地，也丟掉了土地收入。在這種情況下，只有蔣家國民黨外來政權成爲獨一無二的獲利者：①繼承台灣舊地主土地而成爲唯一的大地主，變本加厲，以更爲封建的方式剝削台灣農民。②以低穀價實物徵發政策，大量掠奪米穀等農產物。③以「民營」之名，把破爛不堪的公營企業讓給買辦台灣人資本家，自己從中取利。蔣家國民黨政權就是靠這種似是而非的「土地改革」，取得這三種利益。

分配土地給農民階級，本屬掃除封建制度過程中，「資產階級民主主義革命」的重要步驟之一，如果想在殖民統治下的台灣實行「耕者有其田」政策，只有把「反封建」與「反殖民地」這兩種鬥爭結合起來，即進行「民族、民主解放」的革命鬥爭，才有可能達到農民眞正獲得土地的終極目標。換言之，只有在台灣社會與台灣人從政治、經濟、社會等方面獲得解放（殖民地解放），台灣人大眾本身完全成爲自己的主人的情況下，台灣農民才有可能眞正擁有自己的土地（封建解放）。

八、蔣經國法西斯特務的台灣殖民地統治

（一）蔣經國以特務系統控制黨、政、軍

孫中山逝世（一九二五年）後，蔣介石認爲要掌握特務、軍隊、財政、行政四權，才能厲行獨裁。他看到軍事方面已經有他的心腹陳誠、胡宗南、何應欽等人，而財政方面又有孔祥熙、宋子文、陳果夫等人，行政方面也有張群、熊式輝、王世杰等政學系官僚，代爲控制。因此，蔣介石最擔心的是特務方面，當時還沒有建立組織。爲此，他就開始致力養成可靠的法西斯特務的黑網組織。到了一九三七年的抗日開始，就有

了「軍事委員會調查統計局」（所謂戴笠的「軍統」），及「中國國民黨中央執行委員會調查統計局」（所謂陳果夫、陳立夫的「中統」）兩大特務系統。

蔣介石的長子蔣經國，原來一九二五年（十六歲時）就赴莫斯科留學，曾在史達林統治下的蘇聯生活了十三年。一九三七年才結束其漫長的「留蘇時代」，帶著俄國太太蔣方良回到中國。

返國後蔣經國所踏出的政治上第一步，是在一九三七年的秋天，從江西省開始。蔣介石爲了培養愛子，要他在地方政治先經驗一下，即把兒子送到江西省主席熊式輝（蔣介石留日時期的老同學）的手下。所以，蔣經國一開始就在江西省擔任保安處少將處長。接著又就任江西省第四行政署督察專員（贛南）兼縣長。在贛南時代的蔣經國，實行所謂「社會改革」（但都失敗，落了空），又開設「贛南幹部訓練班」（王昇就是這個訓練班出身的），而造成了所謂「贛南時代」（一九三七～四三年），這就是蔣經國奠立基礎的時期。

蔣經國又在一九四三年，被調回重慶的中央政壇，就任「三民主義青年團中央幹部學校」（略稱「中央幹校」，蔣介石爲校長）的教育長。在此，蔣介石父子開始培養嫡系的特務（李煥當時是中央幹校的學生，中央幹校爲今天台灣的「政治大學」的前身）。蔣經國的這個「重慶時代」，就是他充實自己的骨幹的時期。

抗日戰爭結束後，蔣經國隨其父回到南京，但他返南京後卻處處碰壁，一蹶不振。一九四五年十月，他才出任「外交部東北特派員」。他在東北一年多，非但毫無成就可言，反而受盡奚落。一九四八年再被調爲「上海地區經濟管制處」少將副督導員的時候，他計畫以鐵腕來壓制經濟恐慌的禍根，即想壓制上海大財閥，而宣布了「打老虎」。然而，打了七十天的老虎，結果是只不過拍了不少蒼蠅，卻沒動到老虎。這就是蔣經國的「南京時代」（一九四五～四九年），對他而言，是一事無成的失敗時期。然而，這段期間他的政治野心日益昂揚，期望控制青年及軍隊，同時，其父蔣介石也開始打算要讓自己的愛子來繼承獨裁者的地位。因此，他讓蔣經國掌握「三民主義青年團」（一九三八年成立）的實權，才養成「太子派」的特務組織。

一九四九年五月，中國本土的戰局已告急，蔣家國民黨政權瀕臨末日。所以，蔣氏父子率先逃到台灣，「軍統」、「中統」及「太子派」的大小特務也紛紛跟著逃來台灣。

蔣介石逃亡台灣後立刻著手兩件重要措施，一件是重新整編特務組織，其次是把新整編的特務系統交給愛子蔣經國，使他能儘早控制：特務、軍隊、黨務、青年，而一步步打定「父死子傳」的權力基礎。

因此，蔣經國一到台灣，就在「父王」蔣介石的撐腰下，一躍成爲台灣的最高特務頭子，迫使吳國楨（台灣省主席）、孫立人將軍失勢，並以如此龐大的黑手勢力做爲政治資本，且在三十年來不斷擴張特務勢力，重新鞏固「太子派」的力量，終於把黨、政、軍的一切大權操攬於手中。

儘管蔣經國出身「高貴」，但在政治上還是乳臭未乾的生手，在國民黨內部仍屬低位。一九四九年剛逃到台灣來的時候，他還只不過是台灣省主席陳誠手下的省黨部主任委員而已。然而一九五〇年他掌握「政治行動委員會」（蔣介石即把逃亡台灣的「軍統」、「中統」、「太子派」的大小特務都合併一起，成立這個特務的最高總機關，後來發展爲「國家安全局」）的實權後，便扶搖直上。

換句話說，蔣經國從此就歷經了：①一九五〇年三月「國防部總政治部主任」，②同年三月「國民黨中央改造委員會」第一委員，③一九五二年六月「中國青年反共抗俄救國團」主任，④一九五四年五月「國防最高會議」副祕書長，⑤一九五四年十一月「國軍退除役官兵輔導會」主任委員，⑥一九六四年二月「行政院」政務委員兼國防部副部長，⑦一九六五年三月「國防部」部長，⑧一九六七年三月「國家安全會議」國家總動員委員會主任委員，⑨一九六九年六月「行政院」副院長，⑩一九六九年「行政院國際經濟合作發展委員會」主任委員兼「財政經濟金融會報」主席，⑪一九七二年六月「行政院長」，⑫一九七八年五月「中華民國」第六任總統（一九七五年四月蔣介石死亡）。

蔣經國歷經這樣順暢的扶植栽培，一步步地發展了特務組織，一把抓住黨、政、軍，最後終於達成處心積慮的「父死子傳」的野心，而成為統治台灣殖民地的法西斯獨裁者。

（二）蔣經國特務統治下的台灣政治

蔣經國就任中華民國總統以後，台灣即進入蔣經國獨裁的第二期殖民地統治時代。蔣氏父子在台灣死守的虛構神話「反攻大陸」，事實上早已破產，但他們仍一貫

圖三　國民黨特務組織系統

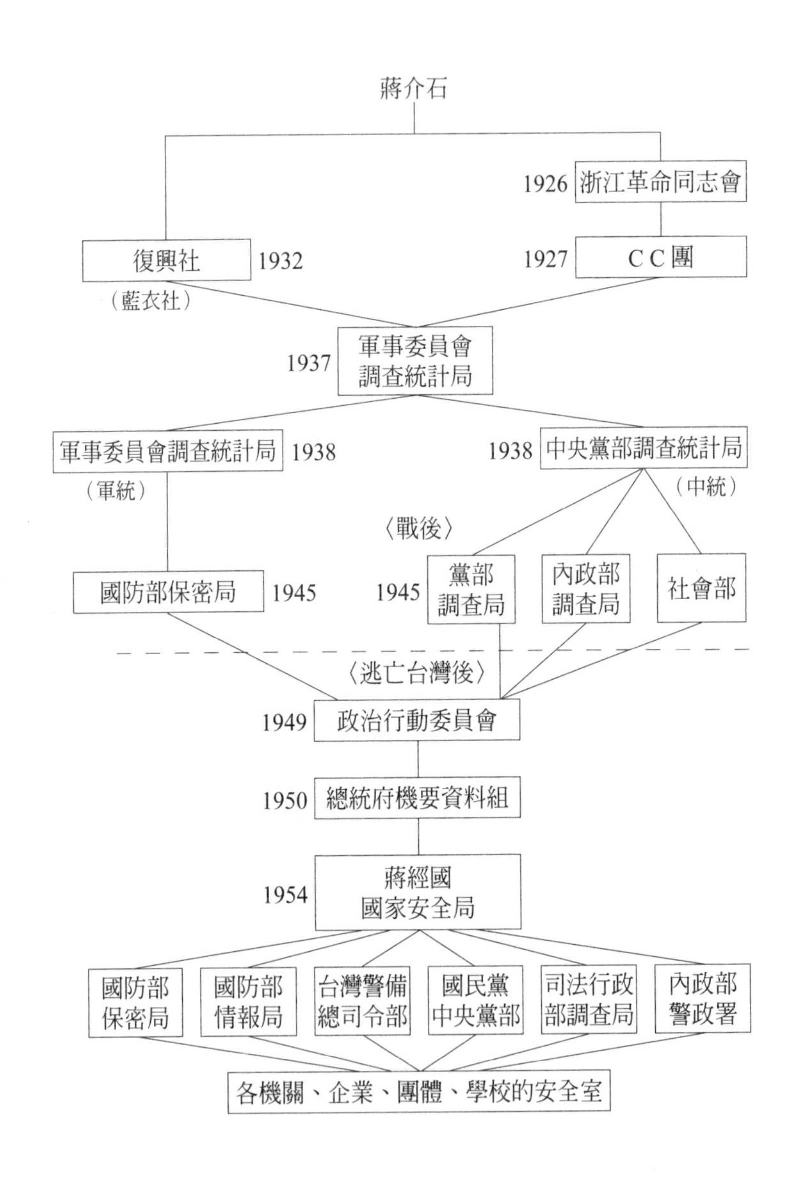

圖四　蔣經國的特務組織圖

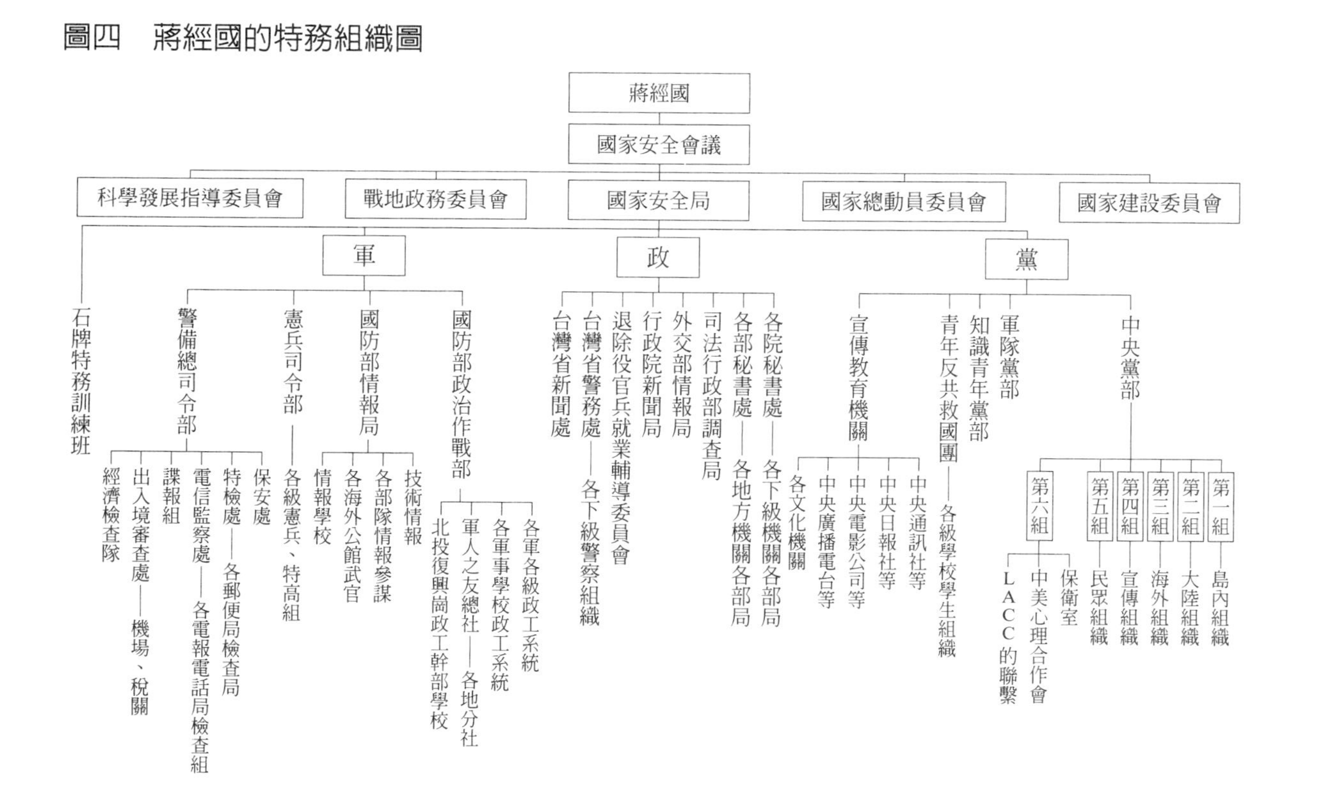

維持著一個自稱爲代表全中國唯一正統政府的「中華民國」，乃是再一次的虛構神話。在這個神話下持續著名存實亡的國民大會、立法院、監察院等所謂「中央民意機關」，並以「動員戡亂時期條款」，來保障曾在大陸選出的中國人國大代表、立法委員、監察委員的終身職位。這一群已失去大陸選區的所謂「中央民意終身代表」，共有一千八百餘人，他們逃來台灣後，徒食無爲地過了三、四十年，這實在是史上未聞的。蔣介石即以台灣人的血汗錢豢養這些終身中央民意代表。他們平時支領優厚的乾薪；國大代表只是每六年出來開一次會，扮演選舉總統的猴兒戲。立法委員與監察委員則有時出來開會捧捧場，而成爲蔣介石保持中央集權獨裁與殖民統治體制的工具。

蔣家父子及國民黨集團，即以這三大虛構神話爲幌子，來維持所謂「合法政府」，並以特、黨、政、軍的統治機器，將台灣視爲殖民地統治之。

然而，蔣家國民黨集團因久困海島，軍隊無爲而師衰、黨官僚貪污腐化，各派系更爲爭權奪利而無寧日。最初是因蔣經國後來居上，而引起陳誠派與太子派爭奪領導權的尖銳鬥爭。陳誠死後，又分爲元老派、宮廷派、皇后派與太子派的多面角逐，直至一九七五年蔣介石一死，元老派與宮廷派、皇后派失去所依而終於落後。於是蔣經國才繼任國民黨主席，名副其實地獨霸了台灣政壇。蔣經國手下的兩員大將王昇與李煥，多年輔佐蔣經國奪權，在鬥爭陳誠等異己派系時都相當出力。可是二人素有歧見，後來形成了「鷹派」（王昇主張對島內繼續採取高壓手段控制台灣人，對外則強行「反攻大陸」狂試一戰）與「鴿派」（李煥主張適當利用台灣人，藉以鞏固殖民統治）之爭，二者互鬥爭寵，結果李煥失勢，遂由鷹派佔上風（到一九八〇年後半，換上王昇失勢，李煥復權），蔣經國仍將這兩張牌子互爲利用。

蔣經國取得政權後，即墨守父教，心領其父的手法，繼承了上述三大神話做爲獨裁專制及殖民統治的基本路線。

然而，他愈想貫徹如此的基本路線，其與現實的矛盾就愈擴大，加上國際經濟地位正在衰退中，政治孤立更爲緊迫，並且，島內的經濟發展已到了一個轉捩點，上層建築（政治體制）的改變（革命）成爲當前急務。蔣經國既然在國際上四面楚歌而難有作爲，就想在島內更加籠絡台灣人以鞏固其統治地位。因此，表面上雖仍掛著「反攻大陸國策不變」的招牌，但實際上卻推行下列的各種島內政策：①高唱「革新保台」。②大借外資，推行經濟建設。③強調不與中共和談。④高唱「提拔青年才俊」、「廣聽民意」。

關於「革新保台」，「革新」必須改變現狀，「保台」卻要保守現狀，兩者之間本來就有相對立的基本矛盾。但是蔣經國的本意並不在「革新」，而在「保台」，他所謂的「保台」，其出發點即在鞏固自己的勢力，所以實際上是「保位」，即保持蔣家權力階級的統治地位。眞的「革新」不能「保位」，他的「保位」卻無須「革新」，只是裝出一副「革新的樣子」而已。蔣經國雖然開口就是「革新開放、同舟共濟」，但是「革新」的口沫未乾，就在暗地裡對主張眞的「革新」的台灣人下毒手。

三十年來，台灣被蔣家國民黨殖民統治的結果，所見到的只是貧富懸殊、農村蕭條、都市貧民生活困苦、社會風氣靡爛，所以「革新保台」是很有必要的，但必須保全不受任何外來殖民統治的台灣，也必須革成一個屬於大多數人都能享受到自由與平等的新社會。

至於大借外資推行經濟建設，無非是企圖以經濟繁榮之名，來掩飾其政治危機，藉以堵塞台灣人的不滿情緒。由外人投資，以外人的技術在台灣生產，這種經濟建設的受益者，除了外人資本家之外，只有少數的蔣家權力階級及其幫凶的台灣人買辦分子，加上一部分台灣人中產階級分子而已，絕大多數的台灣人大眾卻得不到任何利益。

接著再談拒絕國共和談。蔣經國深知台灣人反對中共侵略台灣的想法，表面上僞裝反共，但暗中卻派他的代表（贛南時代的學生蕭昌錄）到香港及日本和中共交涉。一九八〇年，通過香港與中共的貿易就達五億美元（一九九〇年，透過香港的貿易已達一百億美元，對大陸直接投資亦達一百億美元），而在國際文化、學術、體育等各種場合上，國共兩黨代表也共聚一堂，互相握手喝采。

最後，在提拔青年才俊方面，蔣經國處心積慮，爲了沖消日益遽增的台灣人反抗行動，並略爲應付國際輿論，乃高喊「起用台籍人士，提拔青年才俊」。因此，一九七二年蔣經國就任行政院院長後，即在中央政壇及地方行政崗位上，加倍起用善於奉承且稍具才能的買辦台灣人。

但是，這並非意味著台灣人開始被重視，也不是買辦台灣人在政治上受到十分的信任。外來統治者只是想拉攏更多的台灣買辦階級分子及其子弟，做爲欺瞞與籠絡台灣人大眾的工具而已，所以他們只能被安插於行政院副院長等冷門部門（至於財經、國防、外交、警察等稍有權勢的部門，卻不是他們所能癡想，省主席也不外是高級傳令人，縣市行政均由中國人特務的主任秘書所執掌，所以縣市長也等於虛位）。

他所提拔的買辦台灣人爲數不少，其中受他垂青的只有：①半山：謝東閔、連震東、戴炎輝等。②靠山：徐慶鐘、林金生、周百鍊等。③蔣經國栽培的新買辦台灣人：邱創煥、李登輝、林洋港、連戰、施啓揚、吳伯雄、黃鏡峰、王玉雲、張建邦、陳守山、李長貴、郭婉容、蘇俊雄、陳正雄、林鈺祥等。

他們都成爲蔣經國的班底，無論何時，都表現出忠貞於他們的老闆，並替老闆剝削台灣人大衆，同時自己也分到一杯羹，所以被台灣人大衆視爲叛徒，而在暗地裡受唾棄。但是，他們在蔣經國所暗放的特務分子嚴密監視下，雖要侍候老闆也並非易事，動輒得咎，過去是林頂立被捕，現在則徐慶鐘、張豐緒、林金生、周百鍊等，均被認爲才具平庸，而被打入冷宮。

蔣經國上台後的一九七〇年代，由於：

(1) 台灣大衆自二·二八大革命以來積怨已久，其政治意識（台灣人意識）愈來愈提高。

(2)台灣經濟起飛後（一九六〇年代），農村反而蕭條，都市大眾生活困苦，另外低米價政策、低工資政策等也激起農民、工人的階級性反抗意識。

(3)隨著台灣經濟發展，台灣小資產階級出身的青年知識分子勢力壯大。

(4)台灣民族資本家（中小企業）爲了進一步發展事業，開始關心民主政治的實現。

所以，蔣經國爲了防範其統治地位的崩潰，乃不得不加緊施展軟硬兼施的兩面手法，硬的是以特務暴力大捕異己分子、管制言論、查封《台灣政論》等進步刊物、圍攻台灣鄉土文學、鎮壓反殖民統治的民族民主鬥爭。另一方面，加倍起用買辦台灣人，採取冒牌的「民主選舉」（因戒嚴法早就停止台灣人的自由民主，所以沒有什麼「民主選舉」可談），顯然是軟的一招（一九八七年戒嚴解除後，也同樣施以欺詐的假民主）。

台灣人因長年積怨，已醞釀成龐大群眾力量的潛在反抗意識，在所謂的「民主選舉」當中，均以支持進步的黨外台灣人爲其宣洩途徑。所以每次選舉，都自然而然地成爲被統治的台灣人，向外來統治者蔣家國民黨的公開挑戰，並藉用「合法」名義來爭取自由民主的機會。也就是說，蔣經國弄巧成拙，用假民主想來籠絡台灣人，卻促成台灣人要求眞民主的運動熱潮。因此，蔣經國爲了確保原來的統治地位，遂對台灣人民主運動做了極爲殘酷的摧殘與壓迫。結果，每次選舉都成爲台灣人與國民黨特務公開對立鬥爭的導火線。

蔣經國眼看台灣人的民主運動洶湧澎湃，遂刻意強化特務的暴力壓制，才陸續爆發了「中壢事件」（一九七七年）、「美麗島事件」（一九七九年），而更慘痛的是林義雄的老母及二名幼女被殺害的「林義雄全家殺人滅口事件」（一九八〇年）。

另一方面，蔣經國又時時刻刻裝出「親民」的示範行動，常常到鄉村抱抱小孩，和農民握握手。儘管他如此虛矯，仍舊瞞不過台灣人的眼睛，在特務暴力的強壓下，四十三年前的二・二八事件遺恨永難抹逝，台灣人更時時刻刻痛切地記取以往的歷史教訓。

（三）蔣經國特務統治下的台灣經濟

縱觀三十年來的經濟發展，「蔣介石時代」的經濟發展是劫收日據時代的近代產業機構爲基礎，加上中國特有的官僚體制強權所造成的低米價、廉價勞工，再借助於美援與外資才開始的。其前期（一九五二～六四年）乃從戰後的混亂狀態逐漸恢復，後期

（一九六五～七二年）則以外人投資及加工輕工業爲主柱，實現了所謂「工業起飛」（其實是外銷的加工業發達，當然不出於跛行的資本主義發展），外貿伸張，使其逐漸進入經濟急遽發展。可是，到了蔣經國時代，他就任行政院長（一九七二～七八年）時，由於遭受國際經濟衰退的打擊，台灣經濟乃面臨空前的危機，被迫轉向低成長體制（從此可以看到台灣經濟已脫離不了「世界資本主義」的支配與影響）。

譬如：

一九五三～六四年（十二年）年平均經濟成長率七·四％。

一九六五～七三年（九年間）年平均經濟成長率十·三％。

一九七四～七七年（四年間）年平均經濟成長率五·六％。

另一方面，隨著經濟成長與工業發展，加上蔣家政府一貫採取「重工輕農」政策的結果，產業結構也從根底起了大變革，農業生產開始衰退，遂自一九六三年起，與工業生產的地位逆轉，而讓其佔首位（工業曾在日據時代的一九四一年，第一次佔過首位）。

蔣經國上台後，自翌年的一九七三年後半起，台灣陷於空前的經濟危機，產業界的資源、資金均告短缺，通貨膨脹、物價上漲、出口不振，進口來源樣樣緊張，而招來大多行業停工歇業，甚至於倒閉破產，結果經濟成長率顯示出驚人的大幅跌落，從一九七三年的百分之十一點九，跌爲百分之零點六（一九五二年以來的最低紀錄）。

一九七四年的外貿衰退，加上蔣經國所強行的緊縮銀根政策，給予中小工廠帶來連串的打擊（但官僚資本的公營企業及買辦台灣人的民營大企業，卻受到蔣家政府緊密庇護，而能逍遙於全島倒風極甚的暴風雨之外）。不少廠商被迫採取裁減員工或暫時關閉等臨時應變辦法，其中的紡織、塑膠、鋼鐵、三合板、礦業等行業，由於市況呆滯而倒閉，甚至於顯示出倒閉率高達百分之三十五至五十五的驚人數字。因此，一九七四年的工業成長率下降爲負百分之一點五，這與一九七三年的成長率百分之十九點二相比，就可知工業衰退的嚴重性。在這種情況下，倉庫囤積大量存貨，導致整個台灣經濟面臨重大危機。

台灣由於本身資源非常缺乏，每年有百分之六十五的能源需要依附海外供給，其中，石油進口達百分之九十八。原油主要仰賴中東的沙烏地阿拉伯和科威特。

一九七二年蔣經國就任行政院院長後，政治上以「革新保台」爲口號，經濟上則以「十大建設計畫」爲名目，抓著這個題目大做文章，更加引進外人資本，更加擴大官僚資本體制，使之更進一步控制台灣的經濟命脈，加強殖民統治，而想來應付外交孤立與島內民主抬頭所造成的政治危機，也想緩和世界性能源危機所帶來的經濟打擊。

所謂「十大建設計畫」是：①建設金山核能發電廠、②建設桃園國際機場、③西部鐵路幹線電氣化、④建設台中港、⑤建設南北高速公路、⑥建設高雄造船廠、⑦建設高雄鋼鐵廠、⑧建設石油化工廠、⑨建設蘇澳港、⑩建設北迴鐵路（蘇澳、花蓮間）。

蔣經國在當初，爲了應付經濟頽勢，而使「十大建設」順利推動，於一九七四年一月二十六日公布了「穩定當前經濟計畫措施」，其重點在於平抑由工業原料短缺與石油價格上漲，以及通貨膨脹政策所引起的物價上漲。可是，到了一九七四年下半年物價更加上漲，廠商頻頻倒閉，失業情況更趨惡化，以致市場的購買力急轉直下，經濟不景氣更爲嚴重。蔣經國爲了緩和如此嚴重的經濟危機，於同年十一月十五日，又發表了新的財經措施，內容包括放寬銀根、減輕賦稅、鼓勵利用島內資源，以及解除五層樓的建築禁令等，想來配合「十大建設」。後來，自一九七六年開始推進的所謂「新經濟建設六年計畫」（以重化學工業建設爲主要目標），也是要配合「十大建設」的。

同樣在一九七七年九月二十二日，蔣經國又擬定所謂「十二項建設計畫」。無論「十大建設」，或者「六年經濟計畫」、「十二項建設」，都是政治意義多於經濟意義的政治產物，只要能夠達成統治集團的政治目的（擴大台灣經濟爲鞏固蔣經國政權的物質基礎），就大舉外債而大肆揮霍，並且計畫粗糙、浪費無限、驅使勞工、打擊中小企業，加上官僚舞弊層出不窮，因此，對於基本建設方面的貢獻是極其有限的。

換言之，蔣經國的「十大建設」，不外是建立在犧牲台灣人大眾的基礎上，所費的龐大勞力都出於台灣人大眾的血汗，所花的百億美元也得由台灣人大眾所納的稅金來償還，反而其受益者都是蔣家殖民統治集團及其幫凶的買辦台灣人。例如一九八〇年代起有關南北高速公路所發生的「巴士公營獨佔事件」（不准民營車行駛），就可一目瞭然了。

九、台灣人勞動大衆的貧窮化

在蔣家半封建外來集團殖民統治下的台灣，雖然經濟異常發展，卻造成了財富的極端集中，貧富更加懸殊、物價上漲、公開及潛在的失業人口增多，導致台灣人大眾的生活雖有略升，但也陷於相對的貧苦境地。換言之，無論台灣經濟如何的發展，只不過是養肥了統治陣營的蔣家集團、美日資本家、官商資本家、買辦台灣人，以及一小部分中上階級的台灣人，反而流血汗從事生產的台灣人勤勞大眾，卻不能得到應有的報酬。

（一）台灣農民大衆

蔣家國民黨外來統治者自一九四五年佔領台灣後，隨即把台灣的田賦制度由近代化的「金納制」改為封建性的「物納制」（實物徵收制），並施行「低米價政策」，同時繼承以「米糖經濟」為主軸的日人殖民剝削的遺制，而重新編成比台灣傳統的地主制有過之而無不及的殖民地性、封建地主性農民統治機構。

這種殖民地性封建地主剝削，加上戰後人口增多等因素，使大部分農民更加墮落於每戶僅有一公頃以下土地的「零細農民」，結果，他們單靠農耕工作不能維持一家生活，遂成為半工半農的「兼業農家」（台灣農民的工人階級化）。就是說，台灣農民成爲都市工業勞動力的供給來源，這又受到蔣家官商資本與台灣人買辦資本，以及美日資本的「低工資」剝削。

關於台灣農民的零細農民化、兼業農民化及工人階級化，本從日據時代後半期，即台灣開始工業化時就已開始。這種農民社會的分化作用，在蔣家殖民統治下同樣繼續發展，並更爲深刻化。

然而，這種農民階級的分化作用，因受到蔣家政權與官商資本的封建落伍性所牽制，所以停滯不前而不能徹底。也就是說，大部分農民都因受到蔣家政權與官商資本的殖民地性、地主性的兩種剝削，以致無法上升爲中農，也不能完全轉化爲都市工業勞動者，而長期淪於半工半農的貧苦狀態。

台灣農民不但受了上述的兩種剝削，而且這三十年來，在自由市場上，米價也一貫被壓制於比一般物價指數低百分之二十至四十，所以廉價售出餘糧，反而得高價買進生產工具、生活必需品等的農民，其生活確實不易好轉。

一九七一年，台灣耕地總面積九十萬兩千公頃，農家人口五百九十五萬九千人（佔總人口的百分之三十九・七），農家戶口八十七萬九千戶（佔總戶數的百分之三十二・五），農家每戶平均人口六·七人，農家每戶平均耕地面積一·〇三八公頃（但不滿一公頃耕地的農家戶數佔全部農戶的百分之六十五·三）。台灣農村在一般情況下，如以台灣北部產米地區桃園大園附近的農家爲例，每戶農業生產收入可以概算如表十一。

大園附近的水田，大體上屬於八至十等則，乃是台灣北部標準的中等水田。從表十一可以看出，該地區農民一年辛勞的淨利，每戶只有六千七百元，若把這數字除以每戶平均人口六·七人，則每人僅能獲得一千台幣。然而，蔣家政府所發表的一九七一年每人國民所得達一萬三千八百元。也就是說，絕大部分稻作農民每人平均的農業所得，只等於每人國民所得的百分之七·二而已。這無非是蔣家政府極端壓榨台灣農民而迫其過著悲慘生活的鐵證，也就是逼迫農民得外出謀取現金收入圖糊口的主因。

（二）台灣工人階級

台灣工業化迅速發展及農村經濟相對的降低，導致工業勞動人口不斷激增。但因蔣家官商資本所具有的前近代性（半封建性、落伍性），阻礙了台灣經濟的高度近代化，

表十一　九等則水田一公頃稻產量的收支概況（1971 年）

收入：	
（1）一期收穫　米穀 6,000 台斤	
（2）二期收穫　米穀 4,000 台斤	
計 10,000 台斤 ×2.5 元＝	25,000 元
支出：	
（1）肥料二期分化金	4,500 元
（2）耕耘機等經費二期分	3,000 元
（3）插秧雇工二期分——20 工（1 工工錢 100 元，食費等 50 元）	3,000 元
（4）除草雇工二期分——10 工（1 工工錢 100 元，食費等 50 元）	1,500 元
（5）收穫雇工二期分——20 工（1 工工錢 120 元，食費等 50 元）	3,400 元
（6）田賦、捐稅、水利稅等二期分	1,900 元
（7）器具、雜費等	1,000 元
計	18,300 元
淨利	6,700 元

使之仍然存留著極廣泛的傳統農業地主性農業生產關係與傳統產業（在台灣社會發展過程中所產生的零細工商業、家庭工業手工業等），以致台灣的勞動市場形成著二重結構，即：

(1) 近代產業勞動者階層（通稱「產業工人」——近代企業勞動者）；

(2) 傳統產業勞動者階層（通稱「職工工人」——零細工商業職工、雇工、家庭勞動力、都市貧民勞動者、苦力、攤販、雜役等）。

前者乃是日據時代後期以來的新興產業工人階級（組織性工人階級），後者為歷史傳統的台灣都市貧民階級（都市的「散赤人」或「趁食人」）。這種近代產業、傳統產業的二層次產業結構，及勞動市場的二重結構，無非是台灣慘遭殖民地統治的必然結果。不但在台灣，也是其他所有的殖民地大概都具有的一般現象。

根據台灣戶口普查處一九五六年所編的《中華民國戶口普查報告書》，台灣的勞動人口中，所謂非農業部門就業者可計為一百二十萬人，其中，屬於近代產業勞動者佔其百分之四十的四十八萬人，傳統產業勞動者佔百分之四十五的五十四萬人，其他百分之十五為職員、技術員、教員、自由職業者、經營者等。這個比例，其後仍無多大變化（參閱行政院主計處，《中華民國勞工統計月報》，一九七四年四月）。

在蔣家外來殖民統治下，因近代產業部門都由國家資本、官僚資本的公營大企業，及中國人資本、買辦台灣人資本的民營大企業所壟斷，所以「產業工人」均為公營大企業及民營大企業的勞動工人（絕大部分是勞動於公營大企業，所以具有公務人員身分——這也是後進社會的一般現象）。一九七三年產業工人的總數為一百四十萬人（佔台灣總就業人口的百分之二十六·八），其中以製造業工人最多，佔百分之七十八·五。

「職工工人」則勞動於傳統產業的中小企業及零細工商業、家庭工業、社會雜役等。職工工人乃以台灣殖民地社會獨特的都市貧民階層，及半工半農的過剩人口為供給來源，廣泛散布於地方的傳統產業，形成最下層的無產大眾。

由於勞動力供給來源的農村兼業農民與都市貧民，生活水準被壓制得極低，使得蔣家政府容易施展「低工資政策」，以致低工資勞動遍布於全島的各種產業。

根據一九六二年「台灣省工礦檢查委員會」從九百三十七家大工廠，調查十一萬四千餘產業工人每人每月工資收入的統計數字，月薪兩百至五百元的工人佔百分之二十二·九，五百至九百元佔百分之六十九·八，九百至一千元佔百分之七·三。由此可以估計，在一九六〇年代前段（台灣經濟將開始發展的階段），台灣產業工人的平均月薪爲六百元，這六百元在市場只能買到白米一百零二公斤（白米市價一公斤五．九元），然而在一九三八年（中日事變爆發後第二年的日據時代），製糖工人月薪四十五元，倒可以買到白米三百七十五公斤（白米市價一公斤〇．一二元）。以上將戰前、戰後的工人生活加以比較，即可看出蔣家政權統治下的所謂「低工資」是如何的低。

繼之，自一九六〇年代至七〇年代的十年間，因台灣的經濟規模擴大爲二．六倍，隨著物價也上升爲一．五倍，所以各種產業工人工資均普遍提高。但若仍以米價計算工人的生活水準，一九七四年十二月的平均工資三千兩百三十六元，只能買到白米兩百六十九公斤（白米市價一公斤十二元），還是比不上前述日據時代的工人生活水準。

若在國際上比較，台灣產業工人的勞動力價格更爲低廉。一九七一至一九七五年的五年間，台灣產業工人每人每小時的平均工資〇．三三美元，只等於韓國（〇．四三美元）的百分之七十六，新加坡（〇．四九美元）的百分之六十七，日本（二．三八美元）的百分之十四，西德（三．〇〇美元）的百分之十一，美國（四．一四美元）的百分之八。

以上所述的，乃是就業於公、私營大企業的所謂「產業工人」（在台灣勤勞大眾之間被認爲有定職且待遇算好）的工資水準。其他就業於傳統產業的「職工工人」，則收入更爲惡劣，工資更爲低廉，且工作無固定性。

還有一個極其嚴重的問題，就是台灣的童工、女工極多及工資最低廉，構成台灣勞動大眾的最低層。例如一九七三年，十五至十九歲的童工九十二萬七千人，佔總就業人口的百分之十七·八。女工一百八十三萬九千人，佔總就業人口的百分之三十五·二。這些數目龐大的「婦孺工人」，因在蔣家政府及官商資本家眼中是可欺負的最弱者，所以工資被壓制於最低水準，被剝削得最厲害。如一九七三年，男性產業工人平均工資二千四百二十九元，女性產業工人的平均工資只有一千四百一十七元，幾乎只有男性工資的一半。至於童工，平均工資更爲低劣。

十、台灣社會的當前急務

如上所述，蔣經國在政治上繼承其父的虛構路線與殖民統治，經濟上以廉價勞工引誘美、日資本主義控制台灣，並大借外債，以擴大其官僚資本體制。島內工業則依附外人投資，以外人的資本、外人的技術原料在台生產，其產品所具有的剩餘價値（都是從台灣人工農大眾剝削得來的）幾乎都歸外人所有。因此，縱使台灣產業如何的發展，其成果的主要部分均以利潤或償還外債及其利息的兩種方式，盡被外人與蔣家國民黨集團及其幫凶的台灣人買辦階級分子劫去，僅有一小部分的台灣人中產階級，分到一杯羹而已。其他的廣大台灣人工農大眾，卻在貧富愈來愈懸殊、農村蕭條、都市風氣靡爛的環境裡，過著貧苦的生活。這無非是蔣家外來政權殖民統治台灣並出賣台灣的必然歸結。其表面上雖是加強台灣的經濟發展，實際上卻是強制台灣人大眾為他們殖民統治者及新殖民主義者勞動，使台灣陷於更深一層的雙重殖民地化的所謂「經濟成長路線」。

因此，台灣工農大眾在美日資本、中國人官僚資本、台灣人買辦資本的三層控制之下，任其如何的勞動、如何的流血流汗，生活也無好轉。

工人的工資低、工時長，外資利用廉價勞工造成嚴重的環境污染，安全福利比亞洲任何國家都差，蔣家政府縱容廠商苛待女工、童工，不予合理保障，不准成立工人自己的工會（只有黃色工會，即御用公會），不准結社、開會、罷工及遊行。

蔣家政府對於農村，一貫是只有透過低米價而劫取剩餘勞動，以農民的犧牲換取他們的享樂生活與外銷工業的發展。早期土地改革中的耕者有其田政策，主要是爲了凍結台灣農村傳統的舊結構，把農民束縛在土地上從事耕種，而給他們統治者提供財富，並給工業提供發展的基礎。這當然是阻礙了農業的基本建設，減低了農業機械化的發展，迫使台灣農業自一九六四年以來一直走下坡。經濟情況好的時候，都市的勞動短缺，就從農村抽調勞動力，造成農荒；外銷工業不景氣時，則將都市人口逼回農村，以致農村經濟被迫處於不穩定狀態。台灣的農家，單靠農業耕種不能維持生活，所以不但父親耕種，其兒女也得往都市做工，而所得來的現款收入竟是維持生計所不可缺的經濟來源。因此，如果年輕的工人失業回家，必定會給農家生活帶來很大的困難。再加上經濟結構顯出高度的不平衡，加深了社會上分配的不均，使農民生活陷於更加貧苦的狀態而長期不得改進。一九七二年以來，農家的負債，每戶平均三萬兩千元。

工人、農民等台灣人大衆，在政治上被統治受壓迫、經濟上被剝削受欺詐，生活淪於無希望的困境，這個反面，就是成爲台灣社會革命力量的主要泉源，傳統大衆起義的導火線。

目前台灣的經濟結構（台灣社會的基層建築）顯出了高度的不平衡，其發展已到了一個轉捩點。無論蔣家政權如何再搞花樣，依靠低米價與廉價勞工爲支柱的經濟剝削結構，及以此爲基礎的殖民統治及新殖民主義支配，已無法繼續下去。這些舊經濟與政治體制，已成爲資本主義體制下的台灣社會生產力發展的桎梏，加上政治上的諸因素（工人、農民等台灣人大眾的政治覺悟提高，台灣民族主義興起，民主勢力壯大起來，相反的，蔣家中央集權制特務殖民政權國際孤立，其政治前途動盪不安等），因此台灣爲了新的生產力發展，也就是爲了台灣人的生存，必須改變舊的生產關係（基層結構）與舊的政治體制（上層建築），而產生新生產關係與新政治體制，把生產力從舊束縛解放出來，才有希望。

筆者曾在一九七二年（蔣家政權被趕出聯合國的第二年）預測到，今後蔣家國民黨外來集團統治下的台灣將要走的變革途徑，即是：①國際上的政治孤立、②國際上的經濟孤立、③台灣島內經濟衰退、④蔣家殖民政權的政治地位動盪不安、⑤台灣島內革命情勢成熟、⑥台灣人大眾起義（參閱獨立台灣會，《獨立台灣》，一九七二年九月，四十九號，頁一三六）。觀諸近幾年來，第一階段已成事實，並引起第二、第三階段的進行，且逐漸轉爲第四階段的政治不安。依照目前的情勢看來，第五階段必也即將來臨，這必會導致第六階段台灣人大眾起來抗暴的可能性愈來愈大。因此，再發展下去，就是最終階段的蔣家國民黨在台統治地位告終。

台灣現正面臨歷史性的嚴重考驗，台灣人必須起來革命，必須革成一個新的社會，一個屬於台灣人大眾當家做主的社會，而不是蔣家國民黨外來統治集團及其幫凶台灣人買辦階級的社會，更不是再受任何外力統治欺壓的社會。

因此，台灣社會基層建築（殖民地經濟結構）與上層建築（殖民地政治體制）的改變，就是當前所要做的急切任務。也就是，台灣人在現階段，必須努力於「民族、民主革命」，使之隨著台灣民族解放，建立合乎台灣特有的政治、經濟、社會、文化等現實的自己的國家，這樣，才能保障台灣的富強、自由、和平的前途。

十一、台灣社會民族矛盾、階級矛盾的深刻化

凡是殖民地社會，由於外來的政治統治者又同時是經濟剝削者，民族矛盾與階級矛盾相互重疊，所以民族鬥爭勢必以階級鬥爭為基礎，階級鬥爭也要通過民族鬥爭表

現出來。

台灣社會、台灣人，以及中國社會、中國人，在種族上同樣屬於「漢人」，但是，過去四百年台灣固有的歷史發展過程中，已經區分出兩個截然不同的民族，也就是「台灣民族」和「中華民族」了。

台灣在與中國本土相隔絕的地理、社會環境下，經過了四百年獨自的移民、開拓及近代化、資本主義化的歷史發展，而形成了在社會上、心理上均與中國、中國人迴異的「台灣社會與台灣人」（台灣民族——原住民系台灣人與漢人系台灣人）。概略的說，即台灣社會與台灣人自從呱呱墜地一直到現在，就一貫遭受外來的殖民統治。這種殖民統治，不但是異族的荷蘭人與日本人，連同種同宗的鄭氏、清國以及蔣派中國人，均毫無例外的殘酷行使著。

尤其在清國統治下，爲了移民、開拓而定居台灣的開拓農民（今日台灣人的祖先），與爲了統治台灣而來的清國統治勢力之間，存在著殖民地性被統治與統治的隷屬關係，以致發生殖民地性矛盾對立。在這種殖民地性矛盾對立的歷史發展過程中，台灣終於打下了與中國不同的、獨特的心理基礎與社會基礎，就是說，台灣爲本地，中國爲唐山，所以本地人反唐山人。

在日本統治時代，因日本帝國主義基於本國利益而強行近代化與資本主義化，結果，「台灣」乃更明確的確立了其獨特的民族存在，台灣民族主義茁壯發展。

這樣，台灣、台灣人的民族形成告一段落之後，一九四五年因第二次世界大戰結束與日本敗退，招來同屬漢人的蔣派中國人出現於台灣。新來的中國國民黨集團佔領台灣後，對台灣、台灣人另眼看待，他們多少以美、日帝國主義的新殖民地主義爲背景，繼承了對台灣及台灣人的舊殖民地統治的衣鉢。這使得台灣人及中國人的民族界線擴大及深化，造成殖民地特有的社會結構，即：

(1)　本地被征服的台灣人＝政治上被統治的階級＝經濟上被剝削階級。

(2)　外來征服民族蔣派中國人＝政治上的統治階級＝經濟上剝削階級。

在這樣民族矛盾及階級矛盾的互相重疊下，台灣的階級關係乃如下所述：

勞動者階級＝被統治階級＝被剝削階級。

小資產階級＝被統治階級＝被剝削階級＝剝削階級。

台灣民族資產階級＝剝削階級＝被統治階級。

台灣人買辦資產階級＝統治階級＝剝削階級。
蔣派中國人＝外來統治階級＝外來剝削階級。
此外，殖民地社會的二重結構也如下述的深刻化：
台灣、台灣人＝台灣民族＝本地人＝殖民地被統治階級、被剝削階級＝產業工人、職業工人、農民（包括漁民及鹽民）、都市貧民、農村貧民、下級職員、地主、民族資本家＝下級軍官、士兵＝高價購進工業品、廉價提供農產品＝台灣人意識（一掃空想大漢主義）＝台灣人買辦階級（半山、靠山）。
中國、中國人＝中華民族＝外來者＝殖民地統治階級、剝削階級＝軍閥、特務、官僚、警察、公營企業幹部、大資本家、大地主＝中、高級軍官＝官僚資本、金融獨佔資本、工業生產的獨佔、流通機構的獨佔、內外貿易的獨佔、土地獨佔＝高價售出工業品、廉價搶奪農產品＝大中華思想＝台灣人買辦階級（半山、靠山）。
從上述民族矛盾與階級矛盾的重疊情況看來，台灣人非進行民族、民主解放的殖民地革命不可，也就是說，「台灣革命」是歷史的必然。

（一）勞動者階級＝被統治階級＝被剝削階級

台灣唯一的財富生產者，就是台灣人勞動階級。他們可以分成無產與半無產兩個階層，約佔台灣人口的百分之六十二（一九七三年統計），單靠肉體勞動來過活。他們在四百年歷史發展的過程中，一貫從事於開拓、農耕、工業建設、產業勞動而實現今日台灣的繁榮。然而他們卻受盡外來統治者及其幫凶的政治壓迫與經濟剝削，過著殖民地奴隸的貧困生活。他們才是台灣社會生存的基礎，也是社會發展（生產力發展）的擔負者，且為殖民地解放（民族解放與階級解放）的生力軍。台灣勞動階級即以農民、工人、都市貧民為三大支柱。

(1)　農民：他們可分為稻農、蔗農、山林勞動者、漁民、鹽民、農村貧民等，主要是依靠農業勞動過活。他們因大多數擁有生產手段的土地、住宅、農具等，所以在形式上是屬於小資產階級，但他們有名無實的擁有不到一公頃的土地，並受低米價政策與低工資政策等等的剝削，生活極端困苦，因此在實際上不外乎是半無產的肉體勞動者。台灣農民從古時代就具有打破現狀（殖民地體制）

的強烈個性，並擔任抗外主力軍的歷史傳統。

(2)產業工人：隨著台灣資本主義發展，產業工人階級也逐漸強大。他們是天生的無產者，且是富有反體制意識的殖民地解放先鋒及社會主義革命的擔負者。

(3)都市貧民：歷史上，台灣的各城市都有殖民地社會特有的無產貧民階級存在著。他們大體是攤販、下層雇員、臨時雇工、當差、苦力、流氓、乞丐、遊民、下女、女侍、妓女等最下層的無產者。他們因爲過著一貧如洗的窮困生活，故富有行動力，表面上似乎甘於外來者的統治與剝削，然而一旦有事，立即變成大眾行動的點火者及傳播者。

(4)中國下級退役軍人勞動者：他們是本來在中國大陸被蔣家國民黨抓來當兵，後來隨蔣家軍隊逃亡來台的中國農民出身分子，因年老而被蔣家軍隊放逐，得靠自己勞力過活，生活困苦，心情孤單。

(二) 小資產階級＝被統治階級＝被剝削階級

台灣的小資產階級，其階層雄厚且分散於社會各部門，略佔總人口的三分之一

（一九七三年統計）。這個階層可分為上、中、下三個階層，在性格上也不盡相同，各有各的特性。

⑴上層小資產階級：他們是地方上的黨、政、軍、警察等的台灣人下級職員，民間的中小企業、中小工廠、中小商店等的台灣人老闆及其幹部，農村富農，台灣人的大學教授、醫生、律師、高級工程師、會計師、新聞記者、文化工作者等。他們也不例外的受到政治壓迫與經濟剝削，但也具有要當縣市長、議員、鄉鎮長、農會幹部的野望，所以有甘於被蔣派外來統治階級利用的一面。他們在經濟上不但能過活，也有多少的剩餘，名利觀念強，一直想往上爬而成為資產階級或官僚階級。他們內心是反對殖民地的統治與剝削，但也懼怕社會革命實現。

⑵中層小資產階級：他們是地方上的黨、政、警察、農會等機關的台灣人下級職員，小企業、小工廠、小商店的主人，自耕農，中小學幹部等。他們也受到壓迫與剝削，然而經濟上能自足，但不太有剩餘。他們一方面保持在現有體制下發財的思想，另一方面卻傾向於殖民地解放，起初會害怕革命，隨後

也有歡迎革命的可能，但缺乏行動力。

(3) 下層小資產階級：他們是地方上的黨、政、警察的台灣人最下級職員，小企業、小工廠、小商店的職員，中小學教員，學生、下級知識分子、下級文化工作者等。他們薪水低，被壓迫被剝削，時常被失業所威脅，生活苦，過一天算一天。他們是精神上經常苦悶的窮書生集團，但有知識，也有少許的組織力與宣傳力，若接受進步思想，根本就是反體制派，當然熱望殖民地解放與社會革命，然而缺乏行動力（這是整個小資產階級的通病）。

(4) 中國人上中層小資產階級：他們是黨、政、軍的中國人下級職員，官營企業的中國人下級職員，中國人教授、醫生、律師、工程師、中小學教員、學生、知識分子、文化工作者等。他們原本是書生出身的小資產階級，但大都是因身爲中國人，唯唯諾諾的參與殖民地統治體制，在各方面佔了很大的便宜，生活水準與社會地位都比台灣人小資產階級高。他們具有一定程度的知識水準及辨別情理的頭腦，但「大中華思想」根深蒂固，嘴裡雖也常批評蔣家政權的專制獨裁，但另一方面卻具有安於殖民統治的特權心理。他們的右傾分子提倡以蔣派中國人繼續殖民統治台灣爲前提的「國台合作」，親中共的左傾分子則策動中國統一運動。

（三）台灣民族資產階級＝剝削階級

戰後隨著台灣資本主義發展，產生一批台灣人中小資本家，形成新興的所謂「民族資本家階級」。他們主要是地方的中小資本的中小企業、中小工廠、中小商店的經營者及其幹部人員。他們因具有一些台灣人意識，不滿蔣家中國人的殖民統治，所以不想與統治者同流合污，避免過問政治，只求致力於自己的經濟發展，也受到少許的壓迫與歧視，但也不外乎是靠剝削台灣勤勞大眾而起家的。他們在基本上是期望台灣的殖民地解放，但懼怕台灣進行社會主義革命，因此紛紛把財產與子女送到外國。

（四）台灣人買辦資產階級＝統治階級＝剝削階級

外來的蔣派中國人爲了有效且徹底的統治與剝削，乃從台灣人中選擇上層階級的代表人物爲幫手，而造成一批台灣人的政治買辦、經濟買辦、文化買辦等。他們是黨、政、官僚的台灣人中上級幹部，台灣人委員、代表、顧問，國有官營的大企業、大工廠、大商店、大貿易公司、銀行、合作社、同業公會等的台灣人幹部，各種文化團體的台灣人幹部，新興大資本家、地主等。他們雖身爲台灣人，卻站在外來的蔣派中國人統治剝削階級那邊，同流合污，爲老闆利益來壓榨台灣人大眾，同時也分到一杯羹而成爲台灣人買辦資產階級。他們被台灣人大眾指罵爲「半山」、「靠山」，與外來的蔣派中國人統治剝削階級同樣，是台灣的統治剝削階級，是台灣解放的最大敵人。他們因作賊心虛，也把財產與子女往外國送。

（五）蔣派中國人＝外來統治階級＝外來剝削階級

居於最高統治地位的蔣父子及其高等嘍囉的特務、黨、政、軍、官僚、警察等政策決定要員與高級執行幹部，蔣家政權的委員、代表、資政、顧問，國有官營的大企業、大工廠、大貿易公司、大財團的高級幹部，大資本家、大地主，教育文化機關的高級幹部等中國人外來集團，均屬於這統治剝削階級。他們及其家眷在台灣總人口中是佔極少數，卻掌握著台灣的最大權力與最大財力，且佔據了政治、經濟、社會、文化等部門的中樞地位。他們本是中國封建殘餘的軍閥或官僚分子，現又兼做美、日帝國主義的買辦幫凶，並與中共通聲氣而阻礙了台灣民族的殖民地解放。蔣派統治剝削階級，無非是殖民統治的罪惡的總根源，台灣人最大的敵人，若不打倒它，台灣的殖民地解放就無法實現，台灣的社會革命也無法展開。然而，他們內部的派系關係非常錯綜複雜，除了台灣人大眾起來打倒他們之外，也有可能從內崩潰，或被中共從外消滅。他們也自認大勢將去，所以早已把財產與子女預先移往國外，準備做再次的逃亡。

【第六章】

台灣的革命運動

「麻豆大反抗」（一六三五年，明崇禎八年）乃是原住民反抗外來征服的一大戰鬥，也是亞細亞原始族反對白種人侵略東洋世界的初期反抗鬥爭的重要一舉。孤立無援的原住民，雖然被打敗而遭受大屠殺，但是荷蘭人也不得不由此從新估計原住民的精悍勇敢，終於爲了緩和反抗，而加施懷柔政策。

郭懷一是居住赤崁樓城外的一個漢人頭目。他看著荷蘭人肆意虐待漢人，心中非常憤懣，蓄意驅逐荷蘭人，暗地裡糾合了對荷蘭人深懷憎恨的漢人夥伴，約定襲擊赤崁樓，不幸壯志未酬，遭殺害。當時被捕漢人九千，被殺害者一千一百人。

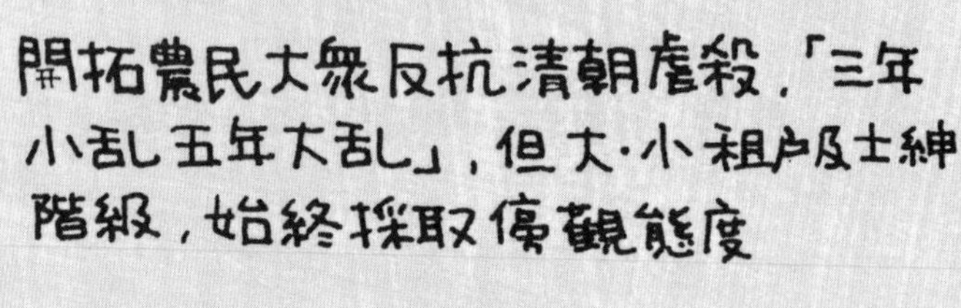

清朝不把台灣視爲本土的一部分，而以異域視之，在政治上及經濟上給予差別待遇及壓迫，終於迫使台灣開拓民掀起「三年一小反、五年一大亂」的武裝鬥爭。每次武裝鬥爭的主力軍都是開拓農民，小租戶或其子弟的讀書人卻和大眾起義幾乎不相干，始終採取旁觀態度。

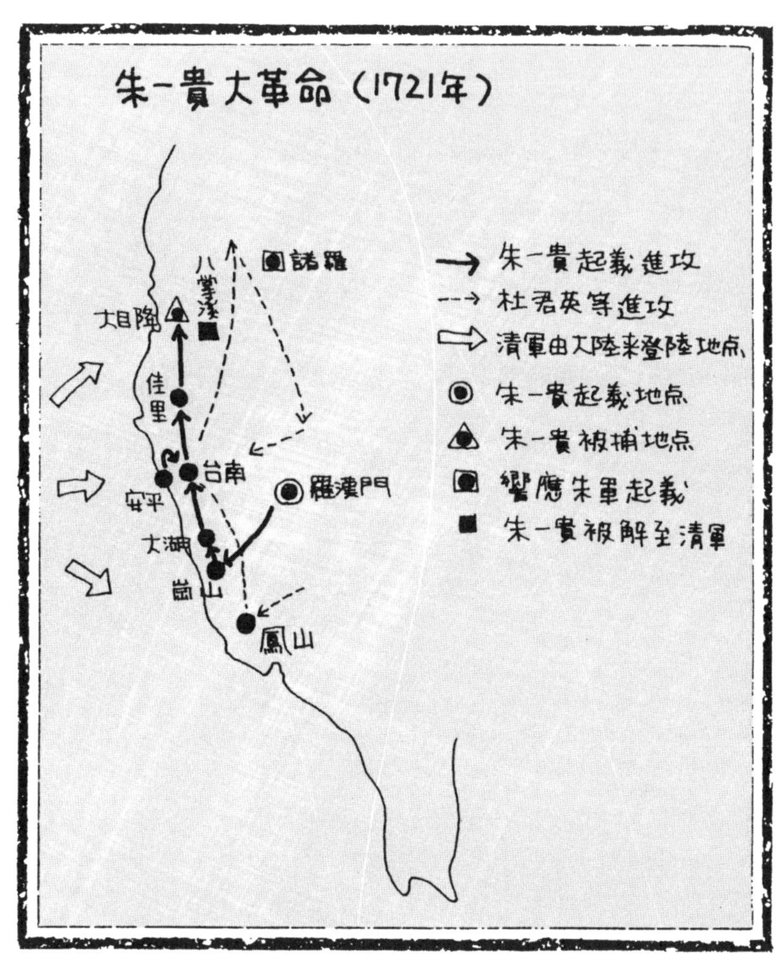

自朱一貴揭竿起義以來，僅過十三天，全島（台灣、鳳山、諸羅三縣）幾乎落於起義民軍手裡，其餘，只有留下北路淡水地區未經攻克而已。中國本土接到台灣急變的警報，即派福建水師提督施世驃與南澳鎮總兵藍廷珍率兵一萬兩千人和兵船六百，趕赴台灣。敵我火力懸殊，朱一貴與義民軍苦戰多日，終於戰敗而潰滅四散。

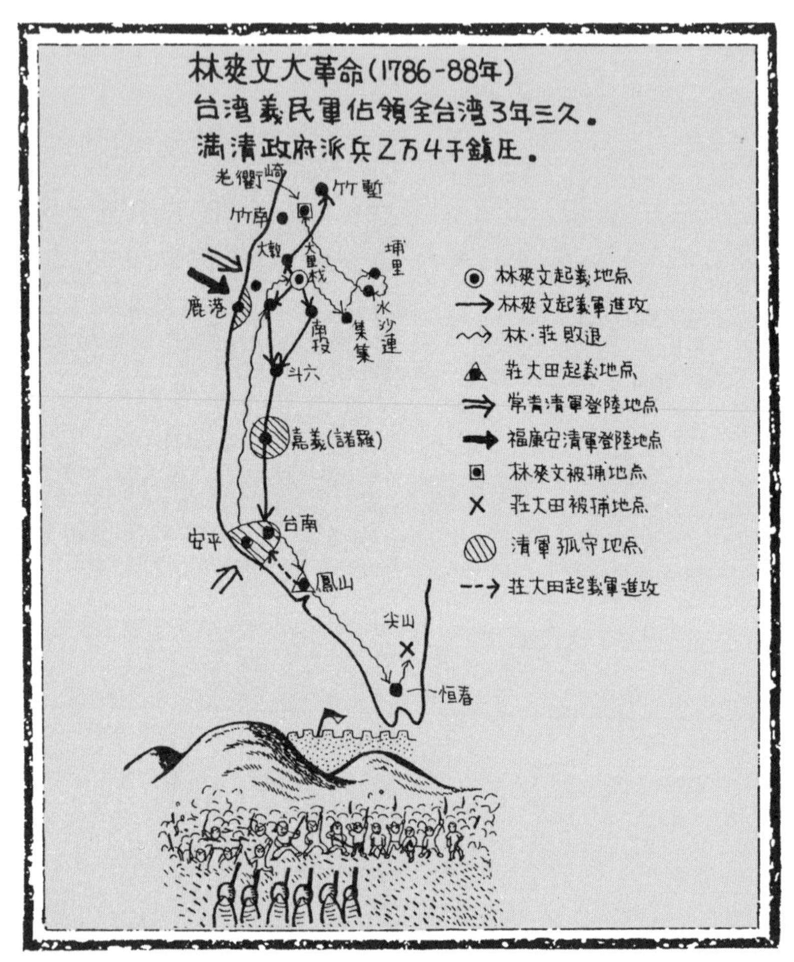

一七八六年十一月，林爽文率眾抗暴，迅速攻陷大墩、彰化、竹塹、諸羅、南投、斗六，不出數日，台南府城以北，除去府城和鹿港之外，盡歸民軍之手。另一方面，台南以南的莊大田亦響應起義，攻陷鳳山。如此，台灣全島在短期內幾乎全歸起義民軍。

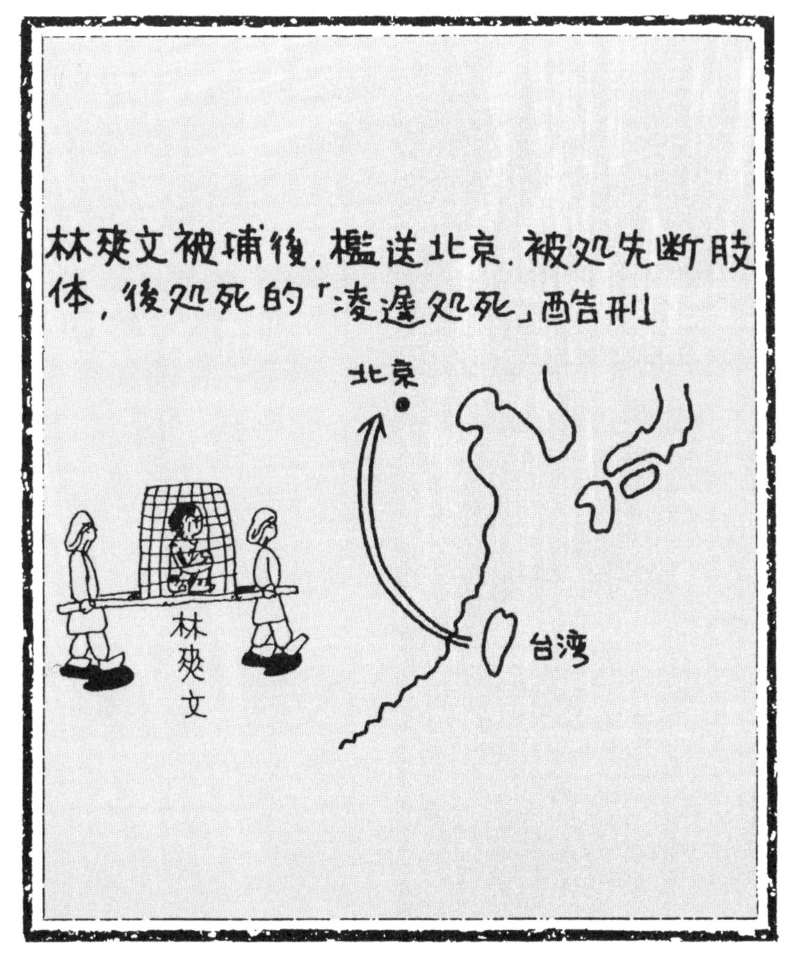

清廷看戰局對清軍不利，最後派福康安爲大將軍，領九千大兵，於一七八七年十月二十九日登陸鹿港。林爽文與義民軍於十一月四日，和福康安大戰於八卦山，因敵我裝備懸殊而大敗，並失守義民軍第一根據地的彰化縣城。之後林爽文遭福康安追擊，大勢已去，於一七八八年正月四日被擒，檻送北京，被凌遲處死。

「大墓公」乃是合葬了斃命於清朝時代等各種戰亂中的無主的犧牲者之塋地。換言之，不外乎是爲台灣發展而斃命犧牲的無名戰士之公墓。這種性質的「大墓公」，在台灣各處都有，可見台灣的祖先反抗外來統治者之熾烈、外來統治者大屠殺台灣人祖先之慘酷，以及分類械鬥之頻繁。

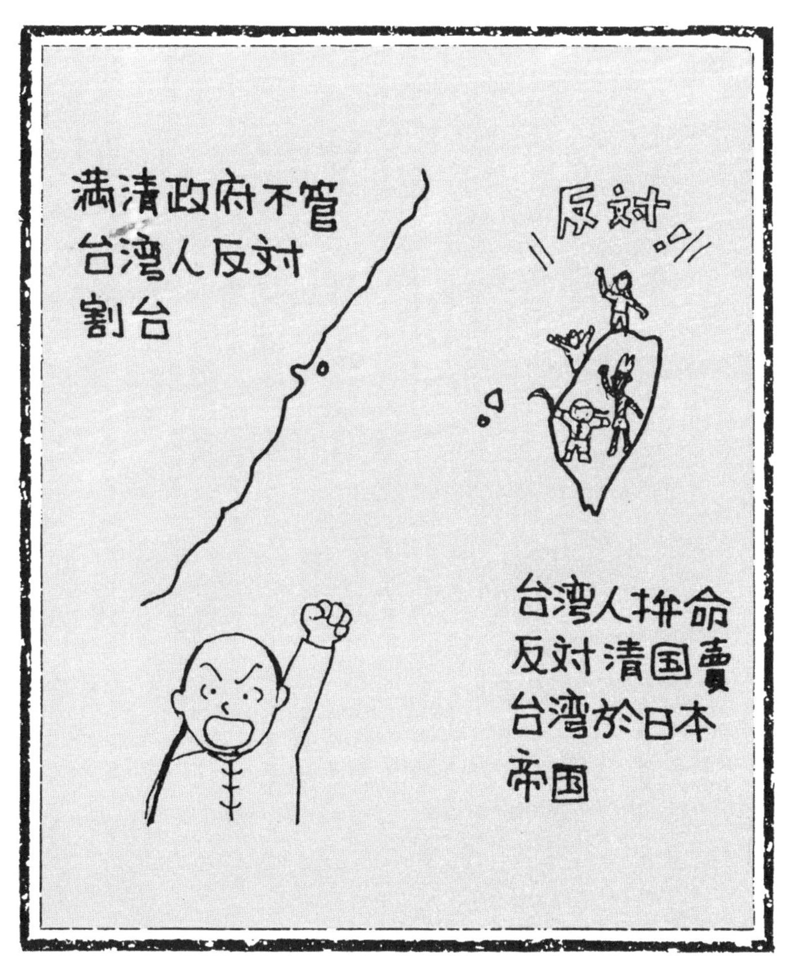

預先不知情的台灣人民，事後才接到消息，當聞知自己及家鄉將被清廷當作戰敗求和的犧牲品而出賣於日本時，猶如晴天霹靂，莫不大為震驚。當時台灣島內，以鄉紳丘逢甲為首的台北士紳，急切電請清廷各衙門，呼籲勸阻割讓台灣。清廷置之不理。

台灣的士紳和商賈，公推前清進士丘逢甲爲代表，聯合林朝棟等清方官員，於一八九五年五月十六日，倉促籌備組織政府，定名「台灣民主國」，建元永清，制定藍地黃虎爲國旗，並公舉唐景崧爲台灣民主國大總統。

日本政府於一八九五年五月十日，任陸軍大將樺山資紀爲台灣首任總督兼接收台灣的全權代表，並調近衛師團爲主力，由北白川宮能久親王率領，編成一支武裝部隊，準備以武力佔領台灣。五月二十八日，樺山總督率領艦隊二十餘艘，進至台灣北部的基隆港外。

一八九五年五月二十九日，日軍從三貂灣的澳底登陸，民主國守軍未戰而潰，日軍於五月三十一日佔領三貂嶺。日軍勢如破竹，接連攻佔九份仔、瑞芳、頂雙溪、暖暖，至六月三日，加上日本艦從基隆外港掩護砲擊，猛攻基隆砲台，擊潰當地守軍，終於佔領基隆港。

「台灣民主國」雖然是以獨立自主爲宗旨，但是，其所代表的思想意識，並不一定和台灣本地人大眾相吻合，而且其中心人物不外乎仍是前清文武官員及其附庸的台灣士紳，所指向的政治目標也脫離不了老一套的滿清統治下封建中國之圈內。就是說，民主國未有完全建立在台灣開拓者子孫即台灣本地人大眾的基礎之上，所以曇花一現，誕生不久即告夭折。

雖眼看著曾經高唱「抗日」的前清勢力及台灣人買辦士紳的「民主國」曇花一現，士紳們不戰自逃，但遍布全島的抗日義民軍（台灣人大眾的子弟兵）並不因此而潰散，依然與敵戰鬥於自己家鄉的山前山後及原野河畔，且以不惜犧牲生命的流血鬥爭，來表示和台灣共存亡。

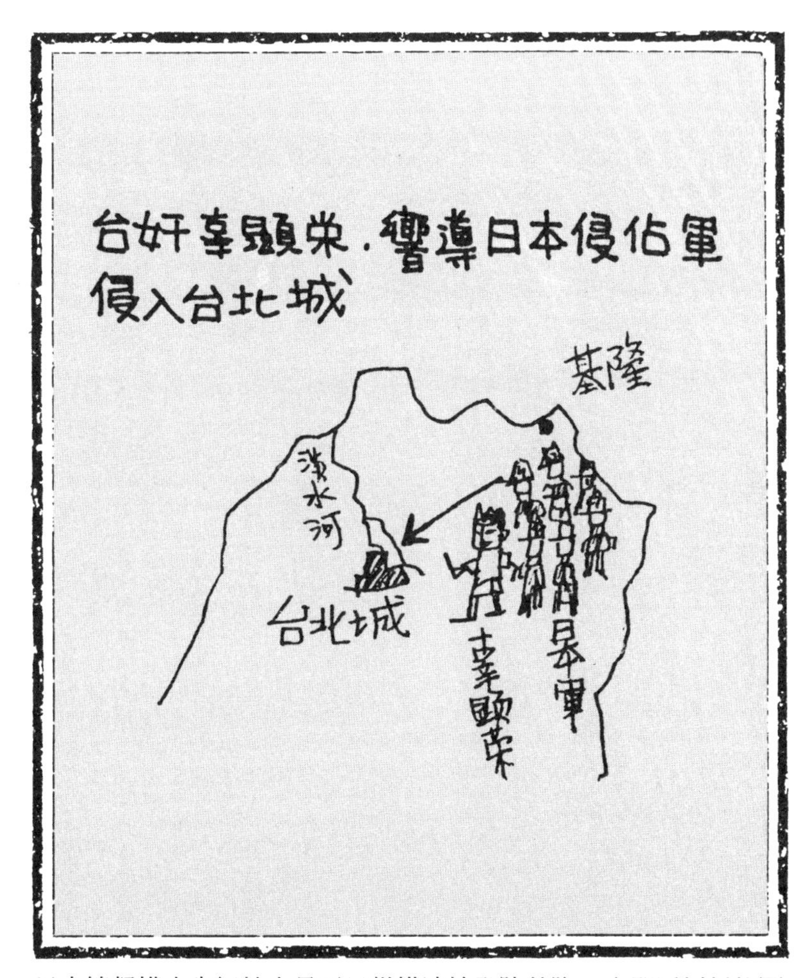

日本總督樺山資紀於六月五日從橫濱輪登陸基隆，立即派川村旅團麾下的三木大隊進至水頂腳（今之汐止）探聽台北城的事情。正當此時，有個流浪台北的鹿港人辜顯榮，從台北到水頂腳向日軍吐露台北軍情，並告以唐景崧已逃走的消息，同時表示自己願做日軍攻台北城的嚮導。

日本總督樺山資紀，於六月十四日，日暮細雨之中，統率文武官員進入台北城，六月十七日下午在台北城外練兵場舉行閱兵式之後，下午四點在前清巡撫署（其署址乃是今中山堂），正式舉行所謂「總督府始政典禮」。此後，每年以是日爲「台灣始政紀念日」。

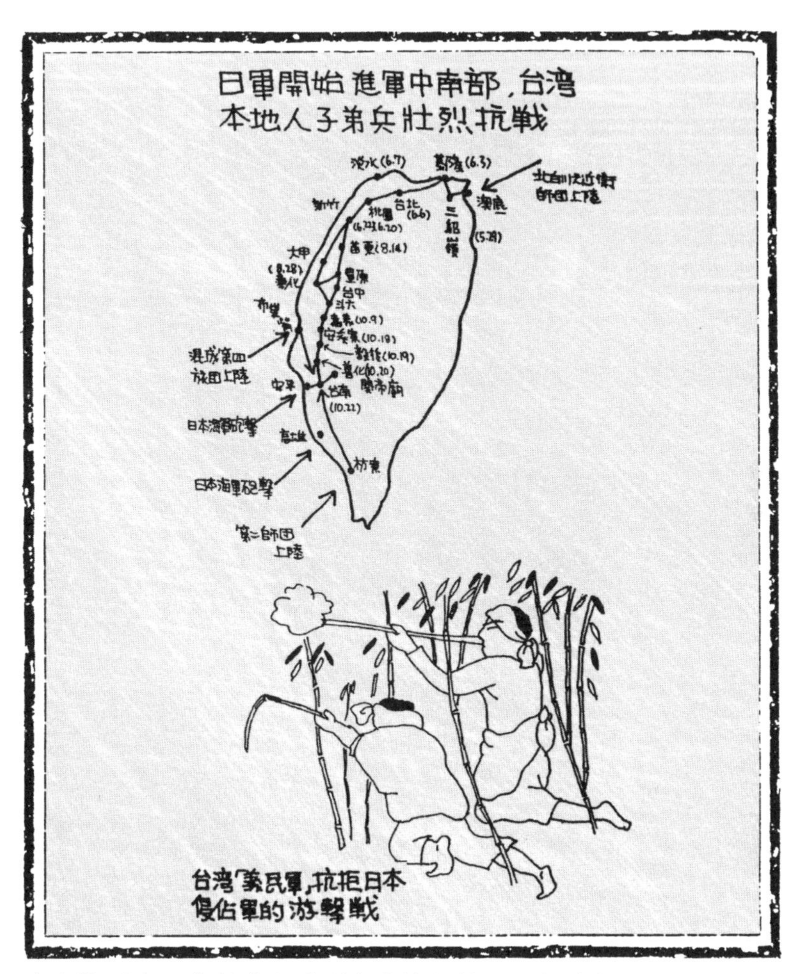

自登陸以來一向都沒有遭到多大險阻的日軍侵略部隊，一開始南下，卻立即受到台灣本地人及其義民軍激烈的反擊。從台北至台南的戰鬥之間，日軍終於投入爲數七萬大軍，費了五個多月，而且受到很大的死傷，甚至於其南侵司令官的日本皇族北白川宮能久親王也爲此役而陣亡。

一、原住民與漢人奴隸的「反紅毛蕃仔」鬥爭

荷蘭統治台灣，雖說只有短短的三十八年，所佔地區也不過是台灣的一小部分，但是所實現的島內開發和所掠奪的財貨之巨，眞是令人驚訝。當然這種異常的發展和掠奪，完全是以原住民的種族衰亡和漢人的血汗爲代價。因此，這種非人道的壓迫和掠奪所激起的仇恨，使原住民和漢人非起來「反紅毛蕃仔」的鬥爭不可。尤其是原住民的「麻豆大反抗」，和漢人「郭懷一起義事件」，最爲有名。

「麻豆大反抗」（一六三五年，明崇禎八年）乃是原住民反抗外來征服的一大戰鬥，也是亞細亞原始族反對白種人侵略東洋世界的初期反抗鬥爭的重要一舉。孤立無援的原住民，雖然被打敗而遭受大屠殺，但是荷蘭人也不得不由此從新估計原住民的精悍勇敢，終於爲了緩和反抗，而加施懷柔政策。

「郭懷一起義事件」（一六五〇年，清順治七年），乃是一齣漢人移民首次抗拒白種人的鬥爭。荷蘭稱之爲「漢人 Buowe 的叛亂」。

郭懷一是居住赤崁樓城外的一個漢人頭目。他看著荷蘭人肆意虐待漢人，心中非

常憤懣，蓄意驅逐荷蘭人，暗地裡糾合了對荷蘭人深懷憎恨的漢人夥伴，約定襲擊赤崁樓，不幸壯志未酬，遭殺害。「國朝順治七年庚寅，甲螺郭懷一謀逐紅毛，事覺被戮。」（清・高拱乾，《台灣府志》，卷一附考》）當時被捕漢人九千，被殺害者一千一百人（Francois Valentijn, *Oud en Nieuw Oost-Indiën*, Formosa Dordrecht. 1726, p. 173）。

郭懷一的義舉雖然潰於紅夷槍砲之下，但這是漢人系台灣人祖先反對外來統治的第一聲，其壯烈義事永垂於台灣史上。

二、開拓民對清朝的抵抗鬥爭

清朝不把台灣視爲本土的一部分，而以異域視之，在政治上及經濟上給予差別待遇及壓迫，終於迫使台灣開拓民掀起「三年一小反、五年一大亂」的武裝鬥爭。以下是台灣開拓民武裝鬥爭的特徵：

(1) 每次都是以統治集團、官吏、軍隊、大地主、大商人爲鬥爭對象。

(2) 起義者及領導人都是開拓農民（即「本地人」）。

(3) 武裝鬥爭的主力軍都是開拓農民。

(4) 小租戶或其子弟的讀書人，不但和大眾起義毫無關係，有的還效忠滿清政府而跟著清軍跑回大陸去。

清朝統治的二百多年裡頭，一共發生過三、四十起的「大反」，其中具有歷史意義的如下述：

一六九六（康熙三十五）年　吳球起義　諸羅府新港
一七〇一（康熙四十）年　劉卻起義　諸羅縣下茄苳
一七二一（康熙六十）年　朱一貴起義　鳳山縣羅漢門
一七三二（雍正十）年　吳福生起義　鳳山縣埤頭
一七七〇（乾隆三十五）年　黃教起義　台灣縣大目降
一七八六（乾隆五十一）年　林爽文起義　彰化縣大里杙
一七九五（乾隆六十）年　陳周全、陳光愛起義　鳳山縣石井汛
一八一一（嘉慶十六）年　高夔起義　淡水廳內港

一八二二（道光二）年　林永春起義　噶瑪蘭廳四圍
一八二四（道光四）年　許尙、楊良斌起義　鳳山縣廣安莊
一八二六（道光六）年　黃斗奶起義　淡水廳南莊
一八三二（道光十二）年　張丙起義　嘉義縣店仔口莊
一八四三（道光二十三）年　郭光侯起義　台灣縣保大里
一八五三（咸豐三）年　林供起義　鳳山縣埤頭
一八五三（咸豐三）年　李石起義　台灣縣善化里
一八五四（咸豐四）年　吳瑳起義　噶瑪蘭廳五圍
一八六二（同治元）年　戴潮春起義　彰化縣四張犁
一八八八（光緒十四）年　施九緞起義　彰化縣秀水莊

在清朝統治下的歷史過程，不但是一部移民史及開拓史，同時也是一部可歌可泣的「殖民地人民抗外鬥爭史」。當時的開拓農民（本地人）所做的這種對外來統治的反抗鬥爭，在其形式或理念上，和近代社會的殖民地解放鬥爭是不可能有任何關連。不

僅是台灣，就是在中世紀封建體制下的任何人、任何社會，都不可能懂得那些屬於近代概念的殖民地解放理念。可是，雖然是不懂，但在當時的台灣，開拓農民爲了解除纏在自己身上的壓迫、剝削、酷吏、虐待、屠殺等外來統治的禍害，而付諸於武裝鬥爭的這種實踐行動，在實質上，已經是非常合乎所謂「近代」殖民地解放的革命理念。

台灣抗外鬥爭，固然是以殖民地人民反對外來統治爲其一貫的主流，但是，若從其各個鬥爭的經過看來，都是有具體的政治壓迫與經濟剝削成爲其必然的導火線，才爆發起來的。並且，雖然因武裝力量懸殊而最後皆遭壓制，但是每逢這些硬骨的先烈們留了可貴的鮮血，其後必招來開拓農民更加團結，也更提高做爲「本地人」的共感與意識，因此，這些先人們的英雄事蹟乃在台灣史上永垂不朽。

（一）吳球、劉卻之起義

清軍攻佔台灣之後，就下令台灣的男人一律薙髮。但在當初，開拓農民被鄭氏所種下的「滅清復明」的想法並未泯滅，所以，對於新到的統治者乃以此反清的觀點而起來反抗鬥爭。所以清朝領台後，只經過十四年的一六九六（康熙三十五）年，就發生吳球起義的事件。再經過五年，於一七〇一（康熙四十）年又見到劉卻的起義。

（二）朱一貴大革命

到了十八世紀初葉（康熙末葉），清朝在台灣的統治基礎稍微穩定，開拓農民方面的反清復明思想也隨著時間而漸趨消逝。但在另一方面，由於外來統治者官員和軍隊都時常輪流調換，這從開拓農民看來，不外是一種「外位人」的存在，並且這些「外位人」的統治者，隨著在台統治機構漸趨鞏固，他們對台灣的差別政策也越加厲害，官員及爪牙也變本加厲的橫行霸道。這樣，「外位人」統治者所施展的虐政與苛求，逐漸超過為人所能容忍的限度，因此，開拓農民乃自然而然的再開始散發性的抗暴鬥爭。這種抗暴鬥爭越來越增加「抗外」的色彩，終在一七二一（康熙六十）年，發展到全島性的朱一貴大革命。

（三）林爽文大革命

到了十八世紀後半（乾隆、嘉慶年間），開拓農民社會的人口增加，開拓事業也見發展，同時在「外位人」暴政越趨凶狠的情況下，開拓農民的抗暴鬥爭也更加熾烈化，就是不論在何時何地，只要有人舉起反抗的火炬，立即波及台灣全島，成爲全面性的大暴動。其中，最大規模的開拓農民武裝鬥爭，乃是一七八六（乾隆五十一）年大部分開拓者都參加在內的「林爽文大革命」。這樣，遭到開拓農民痛擊一番的清朝政府，驚慌失措，其後從本土調來大兵，而加以大肆屠殺。如此，在大起義和大屠殺反覆重演的過程中，被統治的台灣開拓農民乃以莫大的流血爲代價，更加痛感到「本地人」和「唐山人」的命運不同，並也逐漸加強「本地人」的共感與意識。

（四）張丙、郭光侯、戴潮春、施九緞之起義

開拓農民（本地人）對於外來統治者的抗暴鬥爭，除了政治壓迫之外，隨著時代的遷移，經濟剝削也逐漸成爲直接的導火線。譬如說，林爽文大革命被鎮壓之後，領導飢民起來反抗貪官勾結奸商把米穀偷運出境的，就是張丙起義的直接原因（一八三二年，道光十二年）。或者政府把地賦從本色（穀納制）改爲改折（折銀納穀制）時，因貪官以譎詐來剝削本地人所以起來反抗的，就是郭光侯起義事件（一八四三年，道光二十三年）。

或者一八八八（光緒十四）年彰化知縣李嘉棠假劉銘傳的丈量土地，加以苛捐並迫領丈單，所以民不堪苦，共推鹿港人施九緞爲首，率眾數千圍城，要求燒毀丈單，與統領林朝棟率領的清軍戰於城外，被殺戮不少。

再者，林爽文大起義之後，所繼起的「反唐山」大鬥爭，幾乎都成爲全島性的大規模武裝起義。譬如，「戴潮春，作亂三年，台灣道、鎮皆殉難，知府洪毓琛亦積勞病故。爾時，北至大甲、南至嘉義一縣，地方盜賊（本地人）蜂起，官軍南、北、中三路進勦，始克蕩平。其害較烈於林爽文。」（吳德功，《戴案紀略》）

三、台灣人的初期武裝抗日鬥爭

日軍登陸台灣後，前清守軍不戰而潰，唐景崧、劉永福等統治勢力急遽潛回中國，台灣士紳也逃之夭夭。例如，第一級買辦士紳的前清進士·丘逢甲，將暗渡廣東時云：「……此地（台灣）非我葬身之地也，須變計早去，父母在世，應求自己平安……」（參閱丘逢甲，《嶺雲海日樓詩抄》，一九三七）曾經代替滿清政府屠殺施九緞起義民軍的前清副將．林朝棟亦云：「我戰朝廷不我賞，我避而日本不我仇，我何爲乎。」（參閱洪棄生，《瀛海偕亡記》，一九〇六，頁四）如此，這兩大主腦在臨走時所吐露的言辭，正是象徵著當時的台灣士紳階級普遍懷有的意識，並也暴露了他們所標榜過來的「誓死抗日」、「與台灣共存亡」等言都屬虛僞。

然而，台灣人大眾即開拓農民的子孫，也是台灣社會的主成員，他們做爲台灣人的立場極爲堅定，抗外意識（台灣人意識的歷史屬性）也很堅強，正因此故，雖眼看著曾經高唱「抗日」的前清勢力及台灣人買辦士紳的「民主國」曇花一現，士紳們不戰自逃，但遍布全島的抗日義民軍（台灣人大眾的子弟兵）並不因此而潰散，依然與敵戰鬥於自己家鄉的山前山後及原野河畔，且以不惜犧牲生命的流血鬥爭，來表示和台灣共存亡。因此，在這孤立無援且退無可退的情況之下，抗日鬥爭不但未見泯滅，反而更爲壯烈的繼續下去，無論北部或中南部，當義民軍一擁而至，竟使日軍、憲兵、警察不能高枕無憂，其奮戰之勇、流血之多，雖敗猶榮。

初期武裝抗日時期，敢與敵人死拚而把台灣人原有的抗外熱血傳給後代的，無非是來自台灣人大眾的這些抗日戰士。因此，後來台灣人所念念不忘的抗日英雄，並非那些見敵自逃的清軍殘兵敗將或台灣上層士紳，而是此等不屈不撓與敵死戰的地方人士和無名戰士。這些台灣的子弟兵，眼看自己的家鄉受敵人侵佔，毅然興起從先人傳下的抗外血氣，不惜任何犧牲而拿起竹竿、菜刀或鳥槍，與裝備精良的日軍火拚到底。當然，這種抗日行動幾乎是出於激情衝動，但這種眞情的直接行動才能得到同胞的共感，使之傳誦於後代。

也有一些出身爲士紳（進士或舉人）、生員（文武秀才，介於士紳階級與台灣人大眾的讀書人）、大租戶、大商人者，因爲愛鄉心強而依然留居台灣，且與台灣人大眾的抗日義民軍打成一片，並以實際行動來「抗日」，正如曾在抵禦日軍南侵時戰死於雲林的徐驤（前清秀才）所說：「不守此地，台灣必亡，我不願生還於中原。」（參閱丘逢甲，《嶺雲海日樓詩抄》）其中，仇敵心強並富有戰鬥能力的人，皆成爲抗日首領，轉戰台灣各地而受到台灣人大眾廣泛的支持。但當形勢臨危時，這些讀書人出身的抗日首領，還是亡命大陸或投降日軍者居多，例如，宜蘭深坑的陳秋菊（前清四品武官）、新竹平鎭的胡嘉猷（又名阿錦，前清五品武官）、宜蘭三貂堡遠望坑的林李成（前清秀才，經營金礦）、宜蘭二圍的林維新（前清武秀才）、金包里的許紹文（前清武秀才）、三角湧的蘇力（樟腦

圖一　初期武裝抗日圖

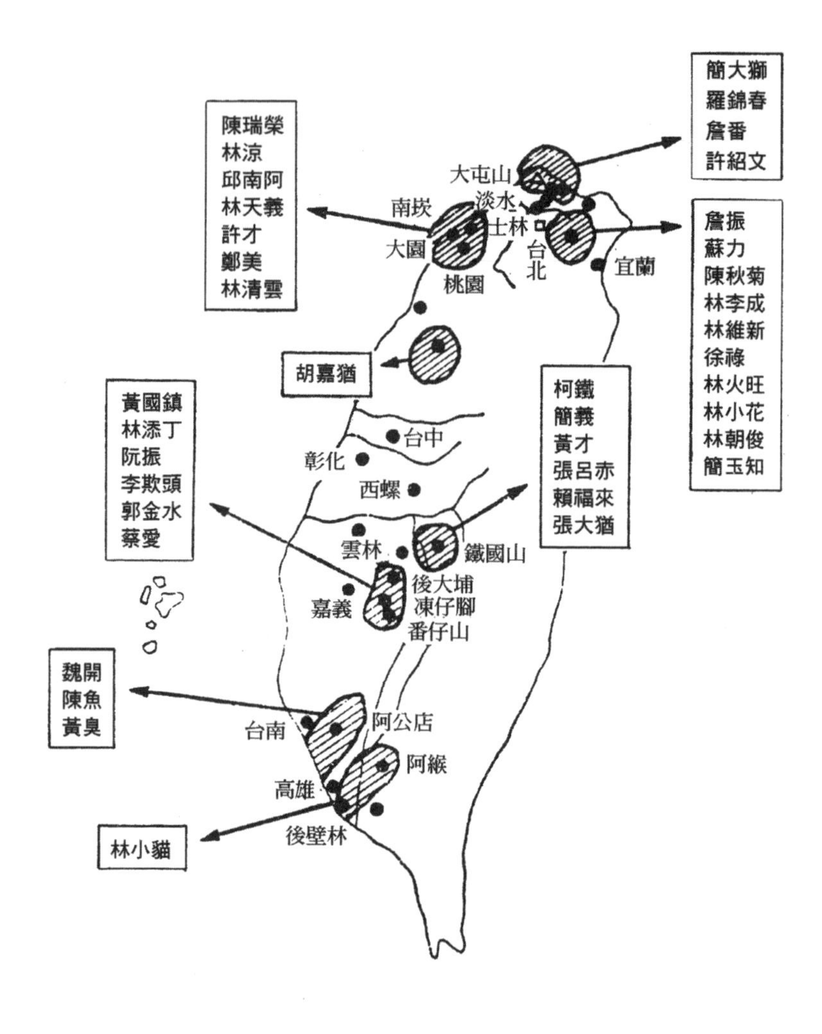
簡大獅
羅錦春
詹番
許紹文
陳瑞榮
林涼
邱南阿
林天義
許才
鄭美
林清雲
大屯山
淡水
南崁
士林
大園
台
北
宜蘭
桃園
詹振
蘇力
陳秋菊
林李成
林維新
徐祿
林火旺
林小花
林朝俊
簡玉知
胡嘉猶
柯鐵
簡義
黃才
張呂赤
賴福來
張大猶
台中
彰化
西螺
黃國鎮
林添丁
阮振
李欺頭
郭金水
蔡愛
雲林
鐵國山
後大埔
嘉義
凍仔腳
番仔山
魏開
陳魚
黃臭
台南
阿公店
阿緱
高雄
後壁林
林小貓

製造商人、隘勇統領）等北部的抗日首領乃是其代表人物。

總督府雖然在日軍佔領台南後即宣布「全島平定」，但對於仍在隨時隨地都以武裝繼續抗日的台灣義民軍，乃抄襲清國政府的故技，稱之爲「土匪」，以大屠殺大焚燒的殘暴獸行擬殲滅之。

台灣各地的抗日義勇軍，不惜任何犧牲與敵死拚，傷亡了無可計數的同胞生命，被燬盡了自己的家鄉，就在這種前無進道後無退路的慘境之下，這些台灣人大眾的子弟兵乃逐漸被消滅或被迫投降。於是，台灣人大眾的初期武裝抗爭，就在孤立無援之下，終被鎭壓下去。

歸結起來，初期武裝抗日有如下的問題：①缺乏全島性的組織與領導者，②受時代環境所制約，還未能持有明確的民族革命及階級革命的政治綱領，③戰略上不得不以復仇心或迷信等封建手法來動員群眾，所以缺乏有效的聯繫及堅固團結，戰術上迄未有充分的游擊訓練等。

總督府竟以南部抗日首領林小貓戰死於高雄溪州庄後壁林的那一天（一九〇二年五月三十日），爲「全島治安完全回復」。在初期武裝抗日的八年間，抗日義士被判為「匪徒」而被處死刑者，計有四千六百一十二人，被處徒刑者，二千二百零二人。另一方面，根據劊子手的民政長官後藤新平親自吐露，自一八九七年至一九〇二年的六年間，被逮捕的「土匪」計有八千零三十人，其中，依「法」被處死刑者三千四百七十三人，另外，以「臨時處分」（不經法律手續）而被殺戮者，達四千零四十三人（參閱鶴見祐輔，《後藤新平傳》第二卷，一九三七，頁一四九）。再有一說，自一八九八年至一九〇二年的五年間，以「匪徒刑罰令」被處死刑者，計有二千九百九十八人，不經法律手續而被殺戮者，達一萬零九百五十人（東鄉實、佐藤四郎，《台灣殖民發達史》，一九一六，頁一五八）。然而，在初期武裝抗日時期，實際上被殺害的抗日義士及無辜百姓，非但是遠超過上述的數目，而且到後來竟達到無法計算的程度，這點是不必贅言的。可見日本帝國主義摧殘殖民地人民的殘忍狠辣。

四、台灣農民大衆對日本帝國主義鬥爭

二十世紀的帝國主義國家，統治其殖民地期間為達成經濟剝削的目的，已有一套

共通而且周詳的政策，就是先從掠奪土地開始，以達成殖民地的「資本的原始積累」，然後再壟斷金融及企業，最後控制整個經濟命脈。

日本帝國主義統治台灣之初，關於這點，當然也不例外。就是在一九〇二年林小貓受騙殉難且初期武裝抗日漸趨平息後，總督府乃依此宣布「治安回復」，並在確立強權（一八九六年「六三法」成立）、地籍調查（一八九八年）、財政獨立（一九〇五年）、戶口調查（一九〇五年）等各種政治統治的基礎上，頭一個下手的經濟措施，不外是以警察強權來呑併「土地」。

然而，台灣人大都是以農業爲生活的基礎，佔總人口絕大多數的農民大眾，或佔少數的地主階級與農產品加工業者，都是依靠「土地」爲生存手段（生產手段）。因此，這不可缺欠的生存手段如被他人所佔，或農業生產受到蹂躪，其生活立即遭到重大的打擊，甚至陷於破產的深淵。再者，台灣本來就是依靠開拓土地起家的一個殖民地社會，「土地」不但是在生活上佔主要地位，同時也是歷代祖先的墳墓之地，所以台灣人熱愛鄉土的觀念不但不落人後，還綽綽有餘。

在這種歷史、社會的環境之下，日本帝國主義以警察強權及資本主義支配來呑併

圖二　中期抗日革命圖

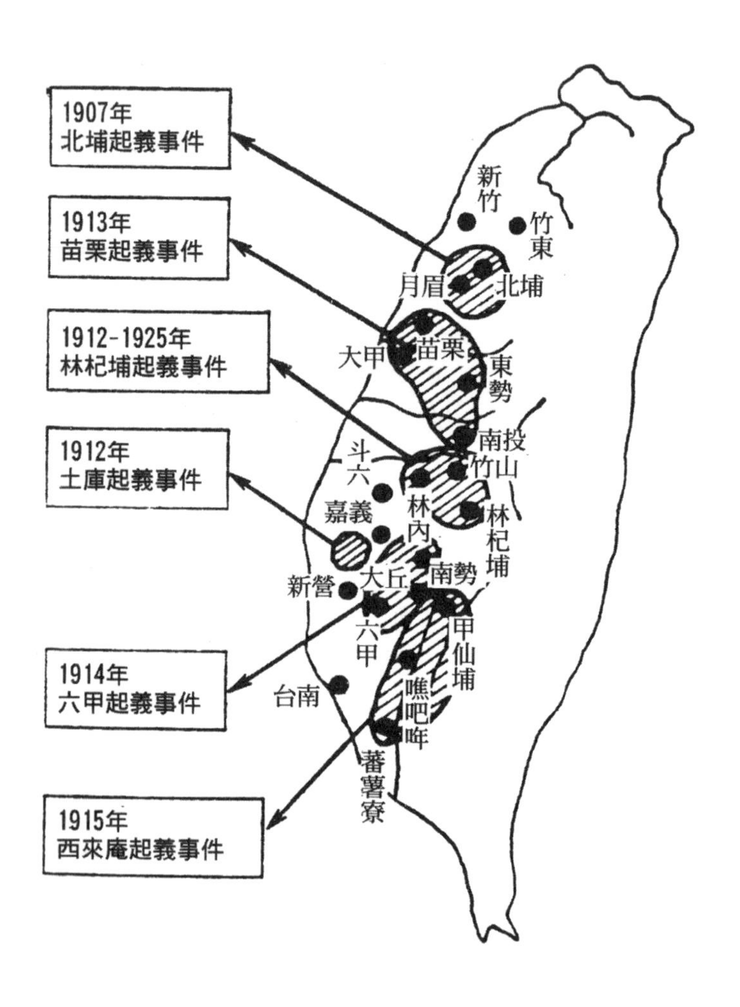
1907年
北埔起義事件
1913年
苗栗起義事件
1912-1925年
林杞埔起義事件
1912年
土庫起義事件
1914年
六甲起義事件
1915年
西來庵起義事件
新竹
竹東
月眉
北埔
大甲
苗栗
東勢
南投
斗六
竹山
嘉義
林內
林杞埔
新營
大丘
南勢
六甲
甲仙埔
台南
噍吧哖
蕃薯寮

土地及山林，並強奪農產果實，竟迫使台灣農民大眾失去了土地，以致生活困苦，終於不得不起來繼續起義抗日。當在此時，總督府在另一方面，對於台灣的地主階級仍是保障其土地及山林的所有，所以地主階級及其附庸的知識分子，對於農民的中期武裝抗日，也是始終採取旁觀的態度。

以下爲發生的重要抗日事件：

一九〇七年北埔起義事件（蔡清琳等）。

一九一二年林杞埔起義事件（劉乾、林啓禎等）。

一九一二年土庫事件（黃朝等）。

一九一二～一三年苗栗事件（羅福星等）。

一九一四年六甲事件（羅臭頭等）。

一九一五～一六年西來庵革命事件（余清芳、江定、羅俊等）。

五、台灣人的反日鬥爭及近代台灣民族意識

（一）近代民族運動與階級鬥爭的抬頭

上述前後兩期的「武裝抗日」，乃完成了一定的時代使命，均成爲台灣解放鬥爭史上不可磨滅的一大標記。然而，因這些英勇壯烈的武裝鬥爭不外是出於前近代的社會環境之下，所以難免帶有一些自然發生的偶發性及地方性等缺陷，結果，犧牲了無可計數的同胞生命後，以一九一五年的西來庵革命起義爲最後的一役而終歸消熄。

繼之，台灣乃在第一次世界大戰時受到西歐的「自由民主主義」、美國總統威爾遜「民族自決主義」及列寧「社會主義」等世界思潮的重大影響，開始進入近代的且有計畫性的「民族鬥爭」。

如上述，日本帝國主義殖民統治台灣，其終極目標無非是爲本國資本主義利益來剝削台灣，所以爲了達成這目標，首先著手的即是掠奪土地山林及農業勞動果實，次之，再進一步的獨佔金融及企業。這樣，把台灣的經濟命脈控制於掌中後，再以殖民統治的政治強權爲後盾，而加強對台灣、台灣人的資本主義式的剝削。結果，日本帝

國主義統治下的台灣，必然地成爲具有：①統治民族即日本人，剝削階級也是日本人，②被統治民族即台灣人，被剝削階級也是台灣人，這二重結構的近代殖民地社會。從社會矛盾關係來說，這就是意味著台灣社會具備著「民族矛盾」與「階級矛盾」必然相互結合的殖民地性。

因此，台灣的反殖民地解放鬥爭，即須建立在民族解放及階級解放之上。換言之，爲了推翻日本帝國主義的殖民統治（民族鬥爭），就要與反對其經濟剝削（階級鬥爭）一起進行，同樣，爲了要反對其經濟剝削（階級鬥爭），就必須通過推翻其殖民統治（民族鬥爭），只有這樣做才能達成終極的台灣解放。

再者，一個社會的「經濟關係」（生產關係），不外乎是其上層構造（政治、法律、思想意識、宗教、藝術等）所賴以站立的基層構造。因此，民族鬥爭定要插根於這基層構造的矛盾關係之上，換言之，民族鬥爭必須建立在經濟鬥爭（階級鬥爭）的基礎上，才能發揮其所有的革命力量。同時反過來說，也就是要看其民族鬥爭是基於怎樣的經濟關係（階級關係），才能確定其所應採取的是怎樣的方向與方法。

譬如，當日本要求割讓台灣時，由於台灣對於絕大多數的中國人大眾來說，在其經濟上、社會上是幾乎沒有關係的，所以他們對於失掉了台灣，並不感到絲毫的痛癢，因此，除了一部分所謂憂國之士在政治上略表不滿之外，一般中國人就從未有過任何反對割台之舉。日軍登陸台灣後，台灣士紳階級（舊統治階級）爲了要保衛自己既得的特權地位，才起來號召抗戰及建立台灣民主國，但他們一旦知道其政治上、經濟上的特權地位保不住，就爭先恐後的放棄台灣而逃回大陸。日本佔領台灣後，農民階級無產大眾堅強抗日並堅持鬥爭，這除了其傳統的抗外意識特別堅強之外，不外乎是他們從初就受到的壓迫、剝削極其慘重，生活深受威脅，才使之更加堅強的抗戰到底。

在下一階段的近代民族鬥爭與階級鬥爭也是同樣，因各階級各階層所具有的經濟關係（生產關係，階級關係）不同，所以他們在解放鬥爭上所採取的目標、方向、方法等，也就有所不同。

譬如，在初期武裝抗日時，台灣的地主及資產家，因其土地所有權一開始就優先的受到保護，所以對於武裝抗日一向是採取罔顧一切的旁觀態度。然而，再往下去，從一九二〇年代起，日本帝國主義開始獨佔金融及企業，特別是爲了發展製糖業及蓬萊米的生產，而把權力伸張到台灣人地主階級所有的土地上，並禁止台灣人設立近代企業。就在自己的經濟利益開始被侵害時，這些地主階級與資產家及其子弟的台灣新興知識分子，才放棄其原來的旁觀態度，開始直接或間接地加入台灣解放運動。這就是在大正年間（一九一二～二六年），民族自決的世界思潮湧到台灣時，以林獻堂等大地主爲代表的「文化協會」、「台灣議會設置請願運動」才見到抬頭，並包括各階級各階層而起來抗日的經濟因素。就日據時代整個的解放鬥爭來說，這也是屬於民族鬥爭與階級鬥爭相互結合所築成的「抗日統一戰線」（台灣民族統一戰線）的一個時期。此時，做爲帝國主義走狗幫凶的辜顯榮等四大家族爲代表的台灣買辦分子，卻設立了所謂「公益會」，爲其老闆的利益而企圖分裂台灣解放運動。

然而到了大正末期，日本帝國主義在大體上已完成了資本主義剝削體制，繼之，爲了進一步加深統治、剝削台灣人大眾，並兼施分裂政策來懷柔資產階級的民族鬥爭（彈壓台灣人大眾的階級鬥爭），總督府於是解除對於台灣人設立企業的禁令，進而開始動員台灣資產家的財力（資金）投資於日本企業，使之能分到一份殖民地剝削的超額利潤。於是，地主階級與資產家及其子弟的小資產階級知識分子，就開始與帝國主義發生了經濟利益上一定的相互關係。

這種台灣資產階級在經濟關係上的變化，乃影響到台灣的解放運動，以致各階級各階層在其鬥爭的觀點、目標、方法上都發生分歧，因此招來「抗日統一戰線」的分裂：①地主階級與資產家及小資產階級知識分子漸往後退（由文化協會分裂出來，這些知識分子的「近代革命方式」本來就不太正規），變爲單以和平的民族鬥爭想來達成合法的民族自決，而成立了「台灣民眾黨」。②又，其中的大地主與大資產家乃再往後退（由台灣民眾黨再分裂出來），而成立（樂於在日本帝國主義統治下以哀求叩頭方式來祈求自治的）「台灣地方自治聯盟」，並與日本帝國主義當局保持關係。③生活最窮困的農民階級與無產大眾所擁護的一部分社會主義革命分子，即獲得「文化協會」的主導權，而成爲「後期文化協會」（林獻堂等大地主、知識分子當初領導的文化協會，自然而然地被稱爲「前期文化協會」），堅持以階級鬥爭的革命手段來推翻日本帝國主義，以期實現台灣獨立及階級解放。其他成立的革命團體有「台灣黑色青年聯盟」、「台灣共產黨」、「反帝同盟」、「台灣農民組合」、「左派工會」。

圖三　台灣近代民族運動與階級鬥爭的團體系統

（二）留日學生舉起解放運動的第一把火炬

亞非地區的諸民族、部族、種族在過去的一世紀間，其社會的封建、後進性根深蒂固，近代化、資本主義化遲遲不前，而近代性階級分化也未進展的情況之下，一方面受到西歐帝國主義的侵略和殖民統治，另一方面也受其西歐文明及西歐民族主義的刺激和影響。結果，各社會（民族、部族、種族）自然發生了：反白人、反帝國主義、反貧窮等抗外情緒及大小暴動。到了二十世紀初葉，這些初期的抗外情緒與行動逐漸被思想化、組織化起來，終於發展為亞非地區的民族主義及殖民地解放鬥爭。

然而，在這個亞非型民族主義及殖民地解放鬥爭形成的過程中，能夠擔負起這思想化、組織化啓蒙工作的，不外是地主土豪等舊有上、中階級出身的新興知識分子，例如：教師、律師、醫師、青年學生、下級職員或土著出身的地方官吏等，尤其是留學海外的青年學生，特別能起帶頭作用。

其主要原因至少有兩點：①殖民地的地主、統治階級已老朽不堪，同時這些封建殘餘分子本是應被淘汰的革命對象。再者，新興的資產階級除了一小部分的民族資本家之外，大體上都帶著買辦性格而跟帝國主義同分一份利潤。所以這新舊的資產階級在殖民地解放鬥爭中，根本就不可能起帶頭作用。②新進的知識分子卻跟上述的新舊資產階級相反，他們大體上是屬於中間性格的小資產階級，已接受了近代的西歐文明，也受到西歐民族主義深刻的刺激，逐漸有了基本人權的覺醒，並且也有一定的能力來把握、網羅各階級各階層的共同利益，即「民族獨立」，並且能指出爭取民族獨立的方向，即「殖民地解放」，能發揮其宣傳技倆而成爲近代思想的傳播者，把民主主義、民族自決主義、社會主義及世界形勢等介紹給一般大眾，同時也能揭示一般大眾容易接受的民族象徵來組織他們。當然，這小資產階級知識分子難免具有其特有的中間性、投機性、動搖性、觀念抽象性等缺陷，但他們只要從其突出的正義感及熱忱出發，且站穩在無產階級勞苦大眾的立場與觀點來思想及行動，那麼，在反殖民地、反封建的初期解放運動上，是能起一定的領導作用。

關於上述這點，當然在第一次世界大戰前後的台灣也不例外，當時在台灣社會的抗日土壤上播下革命種子的，不外乎是新興的小資產階級知識分子，特別是留學東京及中國各地的青年學生。

早在一九〇〇年，前往東京的第一個留學生是「芝山巖學堂」第一期的畢業生柯秋潔（士林人）。其後，留學東京的台灣青年逐漸增加，一九一二年總督府在東京小石川區設立台灣留學生宿舍「高砂寮」（現已改稱爲「學寮」，由中共派所佔），這也是促使留學生年年增加的一個原因，在一九一五年其總數已有三百餘人，一九二三年增至二千四百餘人。他們一方面受了苗栗起義事件（一九一三年）及西來庵起義事件（一九一五年）的大屠殺所刺激，在另一方面，也受到日本國內民主主義思想的高潮（一九一八年）、朝鮮萬歲事件（朝鮮獨立起義，一九一九年）、日本共產黨成立（一九二二年），及國外的中國辛亥革命成功（一九一一年）、俄國社會主義革命成功（一九一七年）、第一次世界大戰結束（一九一八年）、中國五四運動發展（一九一九年）、中國共產黨成立（一九二一年）等接踵而來的內外形勢所影響。

結果，持有「台灣是台灣人的台灣」的觀念者急遽增加，大家頻頻舉行各種研究會，想爲台灣獨立而奮鬥。這個時期的台灣知識分子，也因爲有「台灣獨立」這樣的夢，在運動上扮演了重要的角色。台灣讀書人（知識分子）能對於台灣的前途開始自覺，並將要起帶頭作用，這從台灣的歷史上看來，乃是一件破天荒的事。

初期的指導人物如下：林呈祿（桃園人，明治大學政經系）、蔡培火（台南人，東京高等師範）、蔡式穀（新竹人，明治大學法科）、鄭松筠（豐原人，明治大學法科）、彭華英（埔里人，明治大學）、吳三連（台南人，東京商科大學專門部）、石煥長（宜蘭人，東京醫專學校）、林濟川（明治大學專門部商科）等。台灣的前輩林獻堂、蔡惠如等也都僑居東京。

（三）在中國的台灣留學生積極推進解放運動

一九二〇年七月第三共產國際第二屆大會，通過了列寧所提議的「關於民族及殖民地問題的綱領」，於是，中國革命乃被認爲是亞洲頭一個重要的問題。

繼之，一九二一年七月「中國共產黨」成立，並在一九二二年五月的「二全大會」中決定立即實現「第一次國共合作」，以資進行反帝、反封建的資產階級民主主義革命。又在一九二二年一月第三國際「東方民族大會」中，再次強調中國革命的重要性，一九二三年一月，中國國民黨總理孫中山及蘇聯政府外務人民委員會代表兪飛（A. A. Joffe）發表共同聲明，第三國際駐國民黨顧問鮑羅廷（M. M. Borodin）等來華，同年六月蔣介石赴莫斯科研究建立國民軍，在一九二四年回中國設立黃埔軍官學校等，第一次國共合作終於實現。

就在這種中國革命熱潮沸騰的環境之下，留學中國各地的台灣人青年學生，對於台灣的解放運動便自然而然地活躍起來。特別是當時的上海，已成爲通到第三國際總部莫斯科的東方根據地，廣東則是孫中山所進行的中國國民革命的策源地，而北京是中國文化中心，住在這三個場所的台灣學生，也就能夠深刻地認識到民族解放及社會主義革命的歷史意義。

（四）創刊《台灣青年》

如上述，台灣人留學生自一九一〇年代起，在東京及中國各地相繼舉起解放台灣的火炬後，給了島內的台灣同胞很大的啓蒙與鼓舞。其中，因在東京的大部分留學生是傾向於民族自決主義的政治路線，所以當時由他們所創辦的《台灣青年》、「台灣議會設置運動」、「台灣文化協會」（在民族自決派取得指導權爲止的前期）的三大系統，可以說是異曲同工而成爲台灣民族自決派（屬於整個台灣解放革命的右派）的主流，這即在今後十年間的台灣資產階級民主主義革命上起了相當的作用。

一九二〇（大正九）年七月十六日，《台灣青年》創刊於東京。這個純粹屬於台灣人所創辦的月刊雜誌，並用漢文及日文，當初在東京的編輯人員可說是人才眾集。《台灣青年》出版了十八期後，於一九二二年四月一日改稱為《台灣》，《台灣》出版了十九期後，於一九二四年六月停刊。該刊創刊的目的，本在宣傳並主張台灣的民族自決主義，所以其後乃迅速的加增了政治色彩，批評日本的殖民政策並要求廢除六三法及主張設置台灣議會等。其後，《台灣青年》乃隨著台灣議會設置運動及台灣文化協會的發展，宣傳有關這兩方面的記事及文章逐漸增多，竟成為這兩大運動唯一的喉舌，對於今後的台灣民族自決運動啓蒙頗大。

東京的台灣留學生創刊《台灣青年》及《台灣》後，一來是為了要供給島內不懂日文的台灣民眾閱讀，二來是受到陳獨秀「文學革命論」（一九一七）、胡適「文學改良芻議」（一九一七）等具有革命性的中國白話運動所影響，所以早就想要創刊一個白話文的台灣刊物，這個計畫由林呈祿、蔡惠如、黃呈聰、黃朝琴等人醞釀了一個時期後，終在一九二三（大正十二）年四月十五日，漢文版的半月刊《台灣民報》即由「台灣雜誌社」發行。

《台灣民報》半月刊共刊出七期，於一九二三年九月一日遭受「關東大地震」的襲擊以致印刷廠被焚毀，所以一時停刊。到了同年的十月十五日才見復刊，同時，從其復刊的第一號（第八期）起，乃由半月刊改爲旬刊。再到一九二四年六月把原來的月刊雜誌《台灣》停刊，但其中的日文版繼續在旬刊《台灣民報》刊出。後來因讀者增多，所以在一九二五年七月十二日再行擴張，由第六十期起改爲週刊。《台灣民報》屢經申請的結果，於一九二七年八月一日才獲得總督府的批准，搬回台灣發刊。週刊《台灣民報》，從一九三〇年三月二十九日的第三〇六期起，改稱爲《台灣新民報》，並在一九三二年四月十五日，開始發行日刊《台灣新民報》。

然而，隨著日本軍國主義勢力日漸擴張，對外軍事侵略日益逞凶的演變下，台灣總督府爲了加強殖民統治及強化「皇民化政策」，對於這台灣人唯一喉舌的管制也越來越緊，言論自由的口號一落千丈，終在一九三七年六月（中日事變發生前），《台灣新民報》竟被迫廢止漢文版。再到一九四四年三月，當台灣總督府以「新聞併合令」把台灣所有的報紙合併爲《台灣新報》時，這擁有二十五年輝煌鬥爭史的台灣人唯一的報紙，終於被迫停刊（參閱楊肇嘉，《楊肇嘉回憶錄》，頁四三六）。

（五）台灣議會設置請願運動

台灣總督府有權施行極端的獨裁政治，本是基於「六三法」所賦與的委任立法權，所以在一九二〇年（《台灣青年》創刊的那一年），東京新民會（東京台灣青年會）的諸幹部，即把要求撤廢六三法做為民族自治運動的中心任務，林獻堂也從台灣趕來東京，頻繁地訪問日本要人，為撤廢六三法而奔走。

一九二一年末，即是這六三法的第一次施行期限將屆滿之時，因此，東京的台灣留學生都特別注意於所謂「開明總督」的田健治郎，看他對此項法案將會如何處理。不料，這位開明總督卻於一九二〇年十一月預先說出「本島的現況尚未到達能廢棄本法的程度」。這消息傳來，使大家大失所望，終於一九二〇年十一月二十八日，林獻堂等新民會會員二百餘人，乃在東京麴町區富士見町教會召開了反對六三法的示威集會，蔡培火、鄭松筠等十多人一起高呼「還我自治權」、「撤廢六三法」口號，參加者無不唱和，一時情緒高昂（參閱《林獻堂先生年譜》，頁二十七；《警察沿革誌》第二編中卷，頁二一一）。

然而在另一方面，林呈祿等卻認爲要求撤廢六三法運動畢竟是等於否認台灣的特殊性及台灣民族主義，而會招來肯定「內地（日本本國）延長主義」的後果，所以應中止六三法撤廢運動，而來推行具有強調台灣特殊性意義的「台灣議會設置請願運動」。

「總督府的委任立法權遲早必被撤廢，施行於台灣的法律必得歸結於將來在帝國議會所制定，時期一到，眾議院選舉法當然也要施行於台灣。……六三法的終極目標，若從純理論上來說，在將來台灣的特別統治必被撤廢而其法律應在帝國議會制定，但若從台灣人的立場來看，台灣必須再進一步的創立特別的代議機關而使之制定特別的立法才可。」（林呈祿，〈六三法問題的歸結點〉，《台灣青年》第五期；《警察沿革誌》第二編中卷，頁三一二）

林呈祿、蔡惠如等所標榜的這種「設置台灣議會」的主張，乃受到認爲六三法撤廢運動不夠徹底的一般留學生所熱烈支持，後來，林獻堂等諸幹部也同意這個意見，於是，「台灣議會設置請願運動」乃成爲大家共同推動的工作。但是，在理論上來說，比起同是日本帝國主義下的殖民地朝鮮人所舉起的「朝鮮獨立」的政治訴求，這個請願甚至可說是跪拜的方式，徒令人覺得革命立場頗爲柔弱。

（六）文化協會（前期、民族主義派領導時期）

海外的各種鬥爭很快就影響到台灣島內。第一次世界大戰後，世界及日本的經濟恐慌導致日本資本主義對台灣及朝鮮加強壓迫與剝削，結果釀成台灣人反帝國主義情緒的日益昂揚，就在這種政治及經濟思想成熟的情況下，「台灣文化協會」（通稱「文協」）終於在台北創立（一九二一年十月）。文協乃以「台灣是台灣人的台灣」為精神基礎。

這個組織由於蔣渭水（台北醫學校畢業）的奔走，加上王敏川（早稻田大學政治經濟科畢業）的協助而形成。蔣渭水是島內知識分子的代表，而王敏川則是社會主義青年知識分子的代表人物。此運動可分為兩個時期：前期為台灣人的反殖民地運動，由台灣民族運動者（尚有「空想大漢族主義」的殘滓）所領導，主張「民族鬥爭」。後期則是由台灣社會主義者所領導的「階級、民族鬥爭」運動。

文化協會會員，從當初就網羅各階級各階層的台灣人，即包括農民、勞動者、學生、職員、醫師、律師、地主、資產家，甚至有不少的御用紳士也參加在內，均為同一目標而築成統一戰線。創立大會時，全員總數有一千零二十二人，會員最多時增至一千三百一十四人。

台灣文化協會成立的眞正目的，不外乎是要喚醒台灣同胞的政治覺悟，造成民族自決的氣運，最後企圖爭取台灣獨立。但因總督府的鎭壓政策極其凶暴，所以在表面上只以助長台灣文化發展的啓蒙運動爲掩飾。

文化協會自一九二一年成立至一九二七年左右派分裂爲止，乃成爲台灣議會運動、台灣民報發行、傳播社會主義思想等凡有民族運動在島內的策源地，並且擔負起其一切工作的實際活動任務。同時，也發行會報、開設讀報處、舉行各種講演會、舉行電影放映會、推行戲劇運動、開辦夏季學校、普及羅馬字等，在所謂的文化啓蒙運動之中，自然而然的釀成民族自決、社會主義思想、反帝反殖民地的自覺與氣概，以致逐漸獲得農民、勞動者等勤勞大眾的共鳴。特別在世界大戰後大正末期的土地政策及糖業政策的壓迫剝削之下，當台灣的農民、勞動者生活更加受到威脅，與日本資本及其走狗的台灣人買辦資本階級（辜顯榮、林本源等）開始爭議時，以王敏川等初期社會主義者爲先鋒，並以文化協會爲後盾所做的反帝、反外來剝削的鬥爭，終於導致農民、勞動者認識到團結與組織的必要性，並招來農民組合及工會的抬頭與發展。

（七）島內社會主義革命運動的抬頭與發展

當時在海外的一些留學生，受到共產主義及無政府主義的思想洗禮，逐漸拋棄自己舊有的資產階級或小資產階級的意識形態，改爲站在無產階級勞苦大眾的立場，想以革命手段來推翻日本帝國主義（民族解放），以達成台灣的社會主義革命（階級解放）爲目標。

因此，台灣留學生的各種革命團體紛紛在海外成立。尤其他們在中國，目睹學生及工人的反帝、反封建鬥爭所展現的革命力量，對於社會革命的未來更有信心。他們開始發動同志秘密地返回台灣，並加緊把革命刊物送進島內，以傳播共產主義及無政府主義。當時被送入島內的許多革命刊物中，以北京新台灣安社（「安」是 anarchy ＝無政府主義之意）的《新台灣》、上海平社的《平平》（共產主義機關雜誌）、廣東台灣革命青年團的《台灣先鋒》（中國國民黨左派思想），以及東京台灣青年社會科學研究部（日本共產黨機關站）的《無產者新聞》（馬克思主義理論機關誌）最爲出色。

因爲有了這些初期海外革命同志及其團體，在人員補充上及革命理論傳播上均做了百折不撓的艱苦奮鬥，才能使台灣的工人、農民等勞苦大眾進一步地提高其民族的和階級的覺悟，同時也促使資產階級及小資產階級出身的一些學生知識分子，開始改變其階級立場，而逐漸站在無產大眾的立場來思想和工作。這樣，經過了一段艱難的鋪路工作之後，島內的社會革命運動才見抬頭，並在後來掀起一陣革命的高潮。

然而，當時在島內的初期社會革命陣營裡，呈現出系統分歧、成員混雜的現象，無政府主義、共產主義、社會改良派等湊在一起，並且在個人的思想意識裡面，也同樣地有不同系統的社會思想參雜在一起，而尚未有明確的區分。這種現象，本來是起因於日本社會運動的同樣現象（日本在社會革命運動初期的大正時代，Anarchism＝安那其無政府主義與 Bolshevism＝布爾塞維克共產主義之間，尚未有所區別），但也是因爲有了這些各派系的反體制分子在默默地合作，積極努力於耕耘革命的土壤，所以才能使台灣的社會革命運動，在短期中往前推進一步。

（八）文化協會轉變方向，社會主義勢力取得領導權

隨著解放運動的發展，文化協會內部在思想、行動、組織上開始發生分歧。當時

的文化協會，有三種思想傾向所構成的三個系統在暗中對立著，就是：①林獻堂、蔡培火、陳逢源等民族主義派：站在資產階級立場，只想依靠文化啓蒙來合法的達成民族自決，②蔣渭水、石煥長等全民主義派：站在小資產階級知識分子立場，以右翼工會爲組織基礎，想包括工農大眾來達成民族自決，③連溫卿、王敏川等社會主義派：站在無產階級立場，以無產青年派與農民組合爲組織基礎，想來推行階級鬥爭，以期爭取台灣民族解放，最後達成階級解放。

因爲無產革命思潮滔滔流進島內，以致激起台灣勞動人民的階級自覺，又因文化協會本身仍缺乏可以滿足工農階級的具體辦法，所以雙方的矛盾對立頻頻發生。終在一九二七年一月的臨時代表大會上，導致受台灣無產青年派（共產主義派及無政府主義派）所支持的連溫卿、王敏川等奪取領導權。從此，文化協會在思想、組織及行動上均告左傾化，文化協會在實質上即由資產階級的文化啓蒙團體，開始轉變爲無產階級的思想啓蒙團體。

文化協會轉變其方向的基本原因，追根究柢無非是：

⑴ 日本帝國主義在台灣打定其經濟上、政治上的絕對支配權後，爲了要更加深

入於台灣社會來剝削台灣人大眾，乃事先著手於更加籠絡台灣人的地主、資產家等舊資產階級，從此，總督府就解除了不許台灣人單獨設立「會社」的禁令，進而再允許他們投資金融業（銀行、信託業、組合等），同時也吸收其游資於日本資本之下，使之能投資於日本企業，從封建的土地資本轉化為資本主義的企業資本（但是沒有經營權的單純投資），因此台灣的地主、資本家普遍的與日本企業及日本資本主義開始發生經濟利益上的相互關係。這種日本帝國主義對台灣資產階級所施展的懷柔政策，在台灣解放運動上，乃促使台灣的地主、資產家等資產階級及一部分小資產階級從民族解放戰線開始後退甚至於逃脫，這乃是台灣民族統一戰線分裂，以致台灣文化協會開始轉變方向（左傾化）的社會經濟背景，也就是資產階級及一部分小資產階級在推行反帝反殖民地鬥爭上終不能超過的階級界線。

(2)　無政府主義與共產主義及其人員與組織等從海外逐漸滲透島內，並在島內生根，以致提高台灣工農大眾的民族意識與階級意識，促使農民組合及工會的產生及其勢力壯大，無產青年派遍布全島。

(3) 文化協會成立以來，都是地主、資產家等台灣資產階級及其出身的小資產階級知識分子佔據領導地位，然而，他們在工作中不但不能克服其階級界線，而且更是助長了其形式主義、正統觀念、領導慾望等缺陷，老是計較眼前的勢力消長而缺乏長期的革命計畫，也缺乏能夠適合於台灣特殊情形的具體方策，而且組織鬆散、工作散漫，其所謂的「民族」理念也極爲模糊。

（九）文化協會（後期、社會主義派領導時期）

由於連溫卿（台北人，一九二四年前往東京，受到日本勞農派共產主義者山川均的薰陶）、王敏川等社會主義派想爭取文化協會的領導權，誠如謝南光（東京高等師範畢業，先右後左）所指出：「其目的是要在右派團體中獲得廣泛的群眾支持及發展社會主義組織」，所以他們在奪權成功後，仍挽留右派的林獻堂等人留任中央委員（林獻堂接受他們的挽留，但其他右派退出後，另組台灣民眾黨）。並且，他們也在同年（一九二七）一月三日召開的臨時中委會上，以林獻堂所擔任的總理任期未滿爲由，決議不另選中央委員長，表示對保守派的溫和態度。

轉變後的後期台灣文化協會（簡稱「新文協」），爲了想在手續上及組織上都名符其實的成爲無產階級的思想啓蒙組織，於是在同年（一九二七）十月十七日召開第一屆全島代表大會於台中，選出新的中央委員。除了中央人事外，新文協很快就確立支部及特別支部、分部等地方機關，進行全島性的組織布置（以前的「舊文協」時代只有中央機關而已，在地方缺乏具有系統的支部組織）。

以這第一屆全島大會爲契機，地主、資產家階級、一部分小資產階級知識分子從新文協開始總退卻，林獻堂、蔡培火、陳逢源、楊肇嘉、蔣渭水、蔡式穀、林呈祿、謝春木、王開運、陳旺成、洪元煌、韓石泉等舊幹部均一齊脫離新文協，後來另組台灣民眾黨。

（十）台灣共產黨

台灣共產黨（日本共產黨台灣民族支部，通稱爲「台共」）於一九二八（昭和三）年四月十五日在上海成立。成立大會一共有九個人參加，包括林木順、謝雪紅、翁澤生、林日高、潘欽信、陳來旺、張茂良及中共代表彭榮、朝鮮共產主義者代表呂運亨。

首先由林木順致開會詞：「今天在上海白色恐怖籠罩之下，將在台灣革命史上擔負起重大使命的台灣共產黨即告成立。我們對於台灣革命具有最高意義且最令人歡欣的共產黨的成立，應以滿腔熱誠來祝福它，並以渾身的力量來使它能如鐵一般的堅強起來，勇敢的、猛烈的向一切的敵人宣戰。本大會將以我們的政治大綱、組織大綱（就是從東京帶回來的組織綱領與政治綱領）及一切的重要議案付於決議。為了把其移諸台灣的實踐運動，各位同志必須竭力加以研討，以期能把這大會所決議的正確方針做為我台灣革命運動明亮的燈塔……」（《警察沿革誌》第二編中卷，頁五九〇）

繼之，在大會上推舉林木順為議長、翁澤生為書記。議長致詞之後，中共代表彭榮也起來致詞，提醒台灣同志對於民族資本家的背叛必須提高警惕。

接下來是林木順報告成立大會的準備經過及陳來旺報告會計，然後，把「政治大綱」與「組織大綱」以及各種運動的提綱付於審議，並幾乎都以原案決議通過。最後，大會選出五名中央委員（林木順、林日高、蔡孝乾、莊春火、洪朝宗）及兩名候補委員（翁澤生、謝雪紅）。此時台共在政治綱領強調「台灣民族的獨立」。這是在台灣歷史上，「台灣民族」的存在完全被認識到的頭一次。

圖四　台灣共產黨創立時的聯絡系統及組織圖

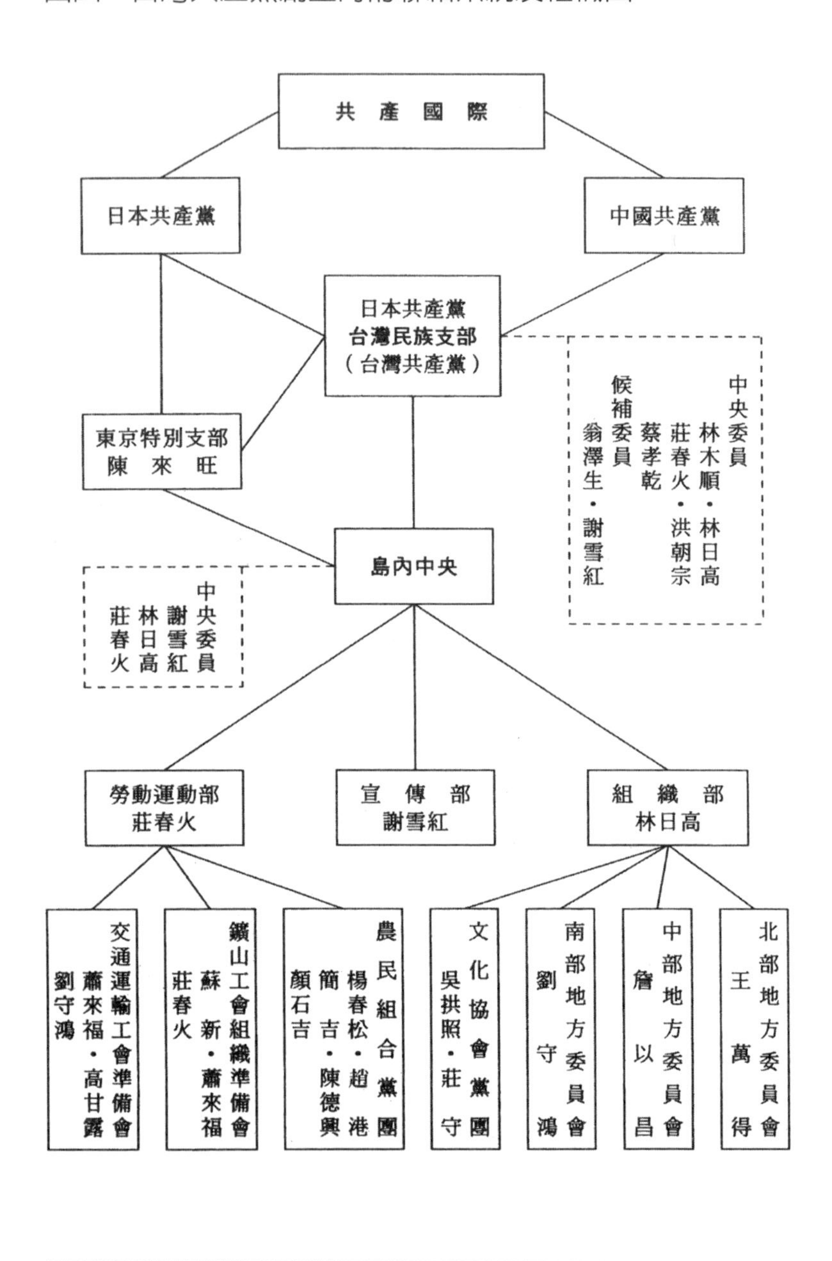

「政治大綱」乃從台灣民族形成的歷史過程及台灣社會的政治情勢、經濟情勢、階級關係等論起，並分析台灣民族獨立運動的形勢與台灣革命的前景，之後，再提出黨的當前任務：①組織工會，吸收工人加入組織，②吸收農民的革命勢力而結成富有戰鬥性的工農同盟軍，③組織以工農為核心的反帝大同盟（反帝統一戰線），克服文化協會的幼稚病，並將其利用為擴大黨的組織活動，暴露台灣民眾黨的欺瞞政策，④把台灣革命運動跟日本無產階級革命運動緊密的結合起來，⑤擁護中國革命，⑥跟世界上被抑壓民族及各國的無產階級團結在一起，反對新的帝國主義，⑦擁護蘇維埃聯邦，⑧台灣共產黨當面的口號（打倒總督府專制政治，台灣民族獨立萬歲，建設台灣共和國，撤廢壓制工人與農民的惡法，爭取七小時勞動，爭取罷工、集會、結社、言論、出版等自由，爭取土地歸貧農等等）。

「組織大綱」最為注重下面幾點：①台灣共產黨必須遵守日本共產黨執行委員會的指令，②黨與工會或大眾黨不同，不能參雜在一起，必須保持黨的獨立性與獨自的活動，③並行合法與非法的組織活動，④遵守民主集中制。

值得注意的是，台灣共產黨的「政治大綱」，在開端就概觀了台灣社會與台灣人發展的歷史過程，而肯定的結論著單一獨自的台灣民族的誕生與存在。觀諸所論述的內容，雖然難免有了一些過於教條的看法或對於歷史事實誤認並記述潦草等缺陷，但從結論看來，基於共產國際的指示而由日本共產黨起草並也經由中國共產黨所承認（在建黨大會上，中共代表彭榮對於這點，並沒有提出異議）的「台灣民族論」，乃一針見血的，正確的概說著台灣社會與台灣人的現實。同時，從這「台灣民族論」也可以知道，共產國際與共產主義者並不把「台灣社會與台灣人」當作中國民族的一部分，而是以單一、整體的「台灣民族」來看待。因此，台灣殖民地解放運動的戰略路線，也直截了當的以「台灣民族獨立」與「建設台灣共和國」爲當前的緊要任務及奮鬥目標，並在組織系統上乃透過做爲日本共產黨的「民族支部」而成爲共產國際的世界革命系統的一部分。這點，與台灣資產階級及一部分小資產階級的民族解放運動截然不同，因爲後者雖然以「民族解放」爲旗幟，但在實際上卻以台灣議會、自治、同化或復歸中國等不合乎台灣現實的模糊思想及反動意識爲其終極目標。

台共活動的舞台在台灣島內，因此，全體中央委員準備回到台灣從事地下活動。台共乃是根據共產國際的政治決議而建立，所以它是屬於已中央集權化了的國際共產主義運動組織的一部分。因此，有必要迅速吸收既有的共產主義者（他們都在島內從事實際運動，所以擁有深厚的社會關係），來充實其下層組織。因爲這種工作上的需要，所以從準備階段以來就一直擔任重要工作的謝雪紅及翁澤生，才暫置於候補中央委員的崗位。

通過日共而接受共產國際莫斯科總部的支援及領導的台共，很快就在島內發展起來，特別是取得最富台灣人抗外傳統的「台灣農民組合」（一九二六年六月成立）的領導權，而積極地走上台灣革命的大道。然而終因派系對立，一九三一年慘遭總督府警察的檢舉而告瓦解。

（十一）台灣民衆黨

一九二七年一月文化協會召開的臨時代表大會上，連溫卿等社會主義勢力取得領導權後，林獻堂、蔡培火、陳逢源、蔣渭水、謝春木等舊有幹部隨即起來抨擊新幹部的社會主義路線，相率脫離文化協會，擬以另起爐灶。但前期文化協會的「民族派」，其內部卻再分爲「蔡培火派」（代表地主、資產階級）及「蔣渭水派」（代表小資產階級知識分子），因兩派所佔的經濟基礎不同，所以其對於日本帝國主義鬥爭的目標與方法也不盡相同，前者只是想在日本統治下以合法手段來請願「台灣自治」，後者則企圖接近工農階級來組織全民的台灣人以期實現「民族自決」。

同年（一九二七）七月十日，文化協會的右派舊幹部終於突破了總督府的百般阻撓，在台中成立了「台灣民眾黨」。台灣民眾黨成立後，總督府認為其在綱領、政策、宣言上的民族主義色彩大有緩和，並且為了要使其與後期文化協會（社會主義派）相對峙而便於獲得漁翁之利，乃決定默許其結黨，擬在長期監視下予以「指導與誘掖」。

台灣民眾黨成立後，其黨勢日益伸張，到了兩個月後的九月中旬，已有黨員共四百三十九人，並設支部於台北、桃園、新竹、大甲、南投、嘉義、台南等地。

蔣渭水、盧丙丁、謝春木、黃周等小資產階級出身的民族主義派，在取得台灣民眾黨內的優勢後，因在成立大會時與地主、資產階級派妥協而成的綱領、政策、宣言等過於傾向投降主義，所以這些信奉孫文主義的社會改良主義者，乃在同年九月召開的第一屆中央委員會上提出草案，想在綱領政策的解釋上，表明民族鬥爭與階級鬥爭的相互關係，擬以緩和台灣人一般大眾對於民眾黨的惡評。但這種蔣案再遭地主、資產階級派的反擊，結果蔣派爲了避免分裂，再次與其妥協。

蔣渭水派一方面是發展包括全體台灣人的民族運動（所謂「全民運動」），另一方面則努力於聚集勞動者與農民大眾，擬與民族運動一同進行勞工運動與農民運動。就是說，蔣渭水等乃趁後期文化協會迄未伸張之前，在一九二八年二月把既成的各種勞工組織共二十九個團體包容於其統治下，而創立「台灣工友總聯盟」，以致在勞動運動上獲得顯著的發展。然而，在農民運動上，因早就有了立場堅定觀點正確並已與後期文化協會相提攜的「台灣農民組合」，其勢力已遍布中南部的農村社會，所以擁有大小地主爲黨員的民眾黨，一直都無法打進這個純粹的農民組織，幾乎無法伸張其黨勢。

此時的蔣渭水派雖然開始重視階級鬥爭，但他們因所站的階級立場及所採取的政治觀點總歸也是小資產階級，而不是無產階級的，所朝向的政治目標仍然脫離不了合法的殖民地自治的圈子，所以，難與工農階級完全打成一片，得不到台灣人大眾的全面支持。

另一方面，地主、資產階級派的林獻堂、蔡培火、蔡式穀、陳逢源、彭華英等，乃一直朝向在日本帝國主義統治下的殖民地自治的政治目標，而注重於自治改革運動，以致後來分裂爲「台灣地方自治聯盟」。

無論是小資產階級派或地主、資產階級派，他們所倡導的「台灣民族主義」都內含著不合乎台灣社會現實與台灣人感情的所謂種族上的「漢族主義」與「中華思想」，所以在現實的台灣解放運動上，幾乎不可能起有效的作用。

（十二）原住民系台灣人的抗日與霧社起義事件

日本帝國主義對於原住民系台灣人，歷來就採取恩威並濟的所謂「理蕃政策」（最陰險的愚民政策），一方面傳授生產教育與原住民兒童教育，使其原始社會稍微呼吸到現代文明的空氣，人口轉爲增加曲線，並以日語當作各部族共通的語言，且轉化爲貨幣經濟的社會生活。但在另一方面，乃施加政治壓迫（一九〇三年在總督府官制上設立「蕃務掛」，強化「隘勇線」，一九一〇年擬定「蕃人討伐五年計畫」進行武力進攻，並設置「山地警察分駐所」共五百處，配備警察及警手達五千六百人）與經濟剝削（一九一〇年施行「林野調查五年計畫」，導入日本資本進行樟樹採伐，徵調原住民的勞力，掠奪山林土地，強迫下山移住等），使原住民系台灣人仍然停滯於未經開發且極端窮困的奴隸生活狀態。

因此，原住民系台灣人在民族仇恨與憤懣之下頻繁起來反抗，即以特有的襲擊與獵頭來對抗日本帝國主義的進攻，自一八九六年至一九二〇年，只算上較大的抗日起義就有一百五十四起。原住民的抗日既強且烈，尤其是所謂「理蕃總督」佐久間佐馬太強行所謂「蕃人討伐五年計畫」（一九一〇～一九一四，花費兩百萬圓財政開支，動員警總數達兩萬五千人，殺害原住民兩萬人，繳獲火槍三萬一千五百枝）之時，抗戰最爲慘烈。

日本帝國主義從台灣島的四周向中央山岳地縮緊其軍事包圍，把原住民的原始故鄉一社又一社的壓服下去，終在一九二〇年代，把整個的台灣與台灣人征服在其殖民統治之下，這是台灣史上未曾有過的。

就是在日本帝國主義這殘酷大屠殺的歷史背景之下，到了一九三〇（昭和五）年十月二十七日，終於爆發了震撼世界的「霧社原住民抗日事件」。這即是起因於積年累月的壓迫剝削之故，並以強制勞役、遲發工錢，及日本警察誘騙原住民婦女而後再把其遺棄等爲導火線。霧社地方共有十二社的原住民中，以瑪黑步（Mahebo）、勃阿倫（Balun）、合可（Hogo）、羅得福（Loutoff）、太羅萬（Taloman）、東庫（Suku）等六社爲中心，並由瑪黑步社酋長摩那羅．達奧（Monar-Dao）率領原住民三百餘人，在當天早晨一齊蜂起，分隊襲擊附近的警察分駐所十三處，同時進襲霧社警察分室、學校、郵政局、日本人官舍等。原住民起義軍佔領霧社三天，獲得武器彈藥後，才退入內山。

台北的第十三代總督石塚英藏聞報後，驚慌不已，立即從台北、新竹、台中、台南等地派遣大批軍警進行圍剿，但在深山森林裡面卻無用武之地。於是，日軍就不顧人道，殘酷地使用飛機散布毒瓦斯，同時再以大軍猛攻原住民居住地區，苦戰月餘而施展報復性的大屠殺，被屠殺的原住民達一千多人。首領摩那羅．達奧見大勢已去，一家二十四人自盡，慷慨就義。

圖五　霧社起義事件圖

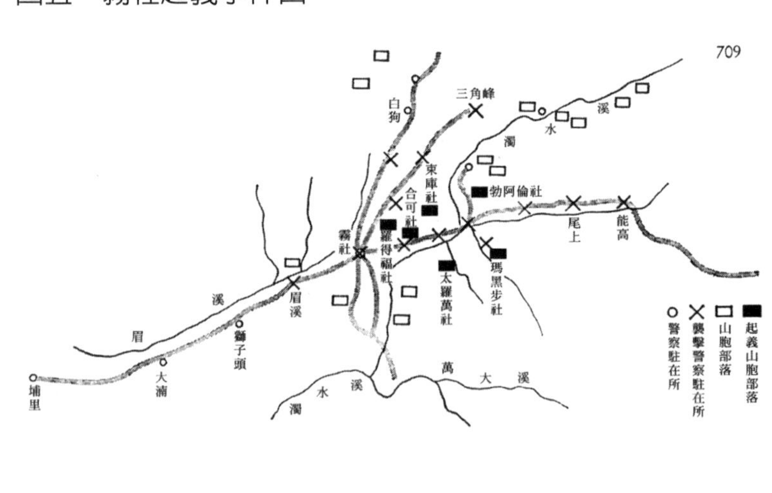

（十二）台灣民族解放運動的經驗教訓

台灣社會與台灣人，在日本帝國主義的殖民統治下，受到民主主義、民族自決主義、無政府主義、共產主義等近代社會思想的影響，以致廣泛的展開啓蒙運動並普遍提高民族與階級的自覺，且在這反帝、反封建的殖民地鬥爭過程中，促使在過去自然發生的抗外鬥爭脫胎換骨，轉向於有計畫、有組織的「近代民族解放運動」，同時也促使封建階段的本地人意識發展爲近代性的「台灣人意識」，終於導致「台灣民族主義」的抬頭，成爲台灣史上的一大轉捩點。

然而，因在這解放運動中起了領導作用的，不外乎是青年學生、教員、醫師、律師等當時的新知識分子，這些知識分子大體上都是出身於地主、資產家、小資產階級等中、上層階級，所以在他們所領導的解放運動上，難免有了一些顯著的缺陷。

第一個缺陷，即大部分的知識分子都忽略了現實的「台灣社會與台灣人」跟「中國社會與中國人」，已經成爲兩個不同的社會集團，卻在其腦筋裡，把現實存在的台灣社會與台灣人，與他們對中國社會與中國人所想像的觀念（幻想）混同在一起，結果，導致在台灣民族解放運動上所要解放的「民族」變得模糊不清。就是說，現實存在的台灣社會、台灣人，與現實的中國社會、中國人，雖然是屬於同一種族，但兩者在社會上、意識上，已成爲不同範疇的兩個民族集團。因此，台灣民族解放運動所要解放的對象，不外乎是現實的台灣社會與台灣人。

然而，當時的台灣知識分子，尤其是所謂「民族派」的前期文化協會與民眾黨等主要幹部，不但不把這點認識清楚，反把現實的台灣社會及台灣人大眾（多數者）的心理動向（台灣人意識），跟他們自己在腦筋裡幻想的「祖國中國」、「中國的台灣」等抽象觀念混淆在一起，結果，不知不覺之間，卻以「祖國中國」的幻想爲基本觀念來從事台灣民族解放運動。因爲有了這種缺陷，所以一遭到日本帝國主義的殘酷鎮壓，就逃脫於「祖國中國」的觀念裡去，或遁入於「血統中國」而無法堅持到底。他們所領導的解放運動，乃不可能直截了當的提出「台灣民族獨立」，只是心理上在「祖國中國」的觀念世界打圈子，行動上也停滯於在日本帝國主義殖民統治下要求「台灣自治」而已。這種觀念到後來，又再進一步的成爲「空想漢族主義」的思想根源，而使台灣、台灣人在蔣派中國人的殖民統治下，再次被壓迫剝削得不能自拔。

與知識分子相反，台灣人一般大眾（農民、勞動者、都市貧民、農村貧民）是台灣開拓者的嫡流，也是台灣民族的主要成分，因此，縱使日本帝國主義如何殘酷的壓迫剝削，他們除了與其鬥爭外，絕不追隨知識分子而耽迷於所謂「血緣關係」，也不仰賴「祖國中國」的抽象觀念，就是說，對現實的中國完全無法感到親近，也不抱任何幻想。「大家攏是台灣人」這句話，並非出自知識分子，而是台灣人大眾在孤軍奮鬥的艱苦的抗外鬥爭中，自然而然從心底湧上來的民眾語，很清楚的道出台灣人意識的堅固不拔。當時，只有擁有社會主義思想的共產主義者，因他們能堅定的站在台灣人一般大眾的這種立場與觀點，才能擺脫對於血統關係的迷妄，導致以「台灣獨立」爲台灣革命當前的急務。

第二個缺陷，就是民族鬥爭與階級鬥爭不但不相配合，反而相互衝突。台灣是在日本帝國主義統治下的殖民地社會，其政治、經濟、社會等一切大權都操在外來的日本總督與日本資本家掌中，所以台灣革命現階段乃是屬於反殖民地的「民族革命」，也就是「資產階級民主主義革命」（不是無產階級社會主義革命），以日本帝國主義及台灣人買辦資產階級爲革命的主要對象，同時要以無產大眾爲主力，並行民族鬥爭與階級鬥爭，才有可能達成革命的終極目標。因此，台灣革命現階段的基本戰略，必然是「台灣民族統一戰線」，除了極少數的買辦資本家與御用紳士之外，農民、勞動者、都市貧民、農村貧民、低薪職員、學生知識分子、中小地主及中小資產階級等壓倒多數的台灣人，都得採取統一戰線戰略來共同抗日。同時，在各階級（無產、有產）均得協力抗外鬥爭的情況下，小資產階級出身的知識分子，只要能堅定的站在無產大眾的階級利益並克服其本來的缺陷（善文不武、缺乏群眾觀點、機會主義傾向、利益觀點重、老想往上爬等），是具有一定的領導能力的。

然而，這些知識分子自從踏出民族解放運動後，乃停滯於少數者的文化啓蒙運動（不過是街頭宣傳而已），不去實際的團結無產、有產的台灣人大眾來展開民族鬥爭與階級鬥爭，因此，社會主義勢力一旦抬頭，他們便分裂爲左、右兩派，終於導致整個的解放運動遭受不可彌補的重大打擊。另一方面，社會主義勢力乃隨著世界革命的高潮而出現，促使台灣人大眾展開有組織有系統的革命運動，但他們卻在戰略上輕視統一戰線與民族鬥爭，以致台灣革命運動遭到潰滅性的重大打擊。

因爲有了上述的兩大缺陷，所以台灣民族解放運動一遭到敵人的進攻，瞬息間就被殘滅殆盡。再者，漢人系台灣人所進行的台灣民族解放運動，從未爭取到原住民系台灣人的積極參加，這點可以說是漢人系台灣人在思想上及革命方法上的另一大缺陷。

六、二·二八大革命

(一) 爆發前的導火線

「官逼民反」是中國的諺語。當人們無法忍受暴政及重稅的時刻，就會奮起抗暴。

蔣政權佔領台灣以來的經濟、社會狀況如下：

(1) 中國人一方面高談「殖民地解放」、「回歸祖國」，所以台灣人滿懷欣喜地迎接他們；但另一方面卻又繼承了日本殖民地統治的衣缽，更搬來中國特有的軍閥政治與暴力特務組織，横加在台灣人的頭上。這樣，當然引起台灣人在政治上的憤懣。

(2) 一切原屬日本人的企業、土地、房屋等，全部貼上「敵產」的標籤，由中國人接收，不許台灣人染指。大自企業、工廠、土地、房屋，小至住宅、家具，莫不掠爲私有，終引起台灣人在社會上的憤懣。

(3) 蔣家國府一到台灣就濫發紙幣，同時大肆掠奪米、糖、煤炭等台灣民生所需的巨量物資，運回本國，致使台灣遭到史上空前的經濟恐慌、物資缺乏、物價猛漲、生活貧困、失業破產等慘景，使台灣人生活陷入痛苦深淵，引起台灣人在經濟上的憤懣。

(4) 蔣家國府及其同一派的中國人，心懷征服者的優越感，君臨於他們視爲殖民地的台灣、台灣人頭上，燃起台灣人在民族上的仇恨心。

(5) 蔣家國府帶來了與二十世紀世界潮流背道而馳的封建性、落伍性、反動性的思考模式，導致台灣人對他們產生在文化思想上的蔑視心理。

這些政治上、社會上、經濟上所引起的憤怒，以及民族上、文化思想上的仇恨心與蔑視心理，逐漸累積，塡滿了每一個台灣人的心胸，並瀰漫於整個台灣社會。所以不出兩年，終於燃起了任其搬出什麼「同胞」、「血緣」之類也無法塡平的莫大反感，迫使台灣人大眾起義抗暴。

尤其是受到歧視且陷於失業飢餓的青年，每當中國兵舉起手槍任意恐嚇他們，或以「亡國奴」、「奴化教育」等詞辱罵他們時，他們立即感到赤紅色的血液在血管裡逆流似地，滿腔的積憤都沸騰起來。據聞，在東海岸斷崖絕壁的蘇花公路上，曾有一個因拒絕中國兵硬要搭乘汽車而遭到機槍掃射的台灣人駕駛員，他先讓這些「豬仔兵」搭乘上車，然後連自己帶豬仔兵們一起從斷崖上馳向千仞下的海中，淹死了這些凶暴的豬仔兵，發洩受欺凌的仇恨，同時自己也壯烈犧牲。

歷經清國時代、日據時代、戰後這三個階段的老人，常感慨萬分地向青年們嘆息說：「豬去狗來，狗去豬又來。」這些老人家，每看到台灣青年與中國人發生爭端而受到槍擊或毆打的時候，莫不咬牙切齒，氣憤不已。

一九四六（民國三十五）年年底，仇恨心與反抗心理瀰漫著整個台灣，物價飛漲，經濟現出破綻，過了年，米糧供應陷於青黃不接之境，緊迫的空氣更趨凝重，呈現出一場暴風雨即將來襲的情景。

對這一觸即發的導火線冒然點上火的，並非別人，而是蔣家國府自己的鷹犬嘍囉們。

貪污、腐敗的蔣體制官員，竭盡所能掠奪日本人留下來的工廠與財產。其中，「公賣事業」一開始就由陳儀等一手包辦，先由直系的任維鈞任公賣局長，他把樟腦、鴉片等重要物資搶光，再由陳鶴聲繼任。

由於這些中國的貪官污吏本來就是落伍的封建殘餘，所以對這種規模龐大的近代企業，不但缺乏應有的經營能力，而且也沒有努力改進的熱忱，他們除了把樟腦等外銷專賣品運至香港拍賣以自果其腹外，並無其他任何作爲。因此，自從蔣家中國人接管專賣事業之後，成品的品質大爲低落，且爲了塡補長官公署的財政虧空，任意抬高售價，因此，台灣民眾只好勉強買這些價高貨劣的煙酒以供日常之用。但是，儘管政府一手包辦煙、酒的生產與銷售，這種違反經濟法則的不合理現象，必不能長久的繼續下去。

（二）引爆點——警察毆打台灣婦女

首先出來與專賣局爭利的，不是別人，就是來自大陸的中國商人。中國商人對於營利極爲敏銳，他們一看到把香煙運入台灣有利可圖，就與掌管航運的軍官、船員及海關職員等勾結，從大陸沿海的香港、廈門、福州、上海等港口，走私外國製香煙（主要是英、美製）運入島內，大發其非分之財。然而，因這些外國香煙價廉物美，既便宜又好抽，所以一運到台灣來，轉瞬間就壓倒了價既不廉物又不美的專賣局香煙。

香煙不僅是一般百姓的嗜好品，也可以說是日常生活的必需品，所以，銷售香煙利潤雖然不大，但銷路卻很廣，並且只要小小的本錢就可以做。生活困苦的都市貧民就叫家裡的婦女或小孩，到街頭巷尾去擺小攤子零售外國香煙，以為一家餬口之助。

外國香煙如此廣泛地銷售下去，很快就威脅到專賣局的香煙，長官公署因此將外國香煙視為眼中釘，叫做「違禁品」，準備依法取締。但使陳儀最感痲煩的，就是走私違禁品的奸「商」，全有軍官或海關要員等在背後撐腰，甚至於政府大官也有人參加，所以不敢輕易下手取締。結果，只好不去揭發這些逞勢走私的元凶，卻以「專賣局查緝員」的名義，派出一群武裝警員到街上，專事欺負那些零售香煙的婦女與小孩，表面上應付一下就敷衍了事。

大官們既然採取這種不負責任的態度，那麼，當屬下的查緝員就以「假公濟私」的故技，利用職權拿走零售商的貨款，專以掠奪貧民的膏脂為能事。這些所謂的「查緝員」，天天把手槍插在腰帶上，老在街上竄來竄去，一發現有賣香煙的露天販子或小攤，就故做兇惡，顯露其威脅恐嚇的手段，然後，把香煙與售款以「押收」的名義掠奪而去。因此，這些查緝員遂成爲都市貧民恨如蛇蠍的仇敵。

一九四七年二月二十七日，專賣局台北分局的查緝員傅學通等人，會同台北市警察大隊警官，乘坐吉普車前往街上緝拿走私煙。此時傅學通等從大稻埕延平北路，開車轉向「圓環」，路過南京西路的「天馬茶房」（咖啡館），偶爾發現了來不及跑開的一個小攤販。此時，查緝員與警官馬上從吉普車上跳下來，走近小攤子，一如往常，粗暴地打翻了攤子，經過一番拳打腳踢、恐嚇威脅之後，旋即把散亂在地上的香煙與鈔票，當著觀眾面前予以「押收」。

這個不幸的賣香煙老阿婆名叫林江邁，當場跪地叩頭，說明她是貧民寡婦，全賴零售香煙維持一家子女的生計，哀求饒她一次。然而，貪得無饜的虎老爺們，哪能白白放過即將入手的獵物？他們不但不聽林江邁的哀求，反把「押收」的貨款一一裝入籠子放在吉普車上面。林江邁看到連貨帶款要被拿走，一時慌張抓著一個查緝員的袖子，放聲哀號：「救命啊！救命。」不料，該查緝員不問青紅皂白，舉起搶托猛擊數下，以致老太婆的額角頓時鮮血淋漓，當場倒了下去。此時，在場看著查緝員及警官逞勢肆虐的台灣民眾，眼見林江邁昏厥在血泊中，頓時捲入憤怒的漩渦裡，異口同聲地喊道：「阿山不講理」、「豬仔太可惡」、「強盜」、「還給香煙」等，一下子蜂擁而上把吉普車團團圍住。一向就是仗勢逞強旁若無人的查緝員及警官，沒想到會受民眾的反擊，他們一面丟掉吉普車分頭竄走，一面拔槍亂射，一個名叫陳文溪的台灣人觀眾，就在這個時候被他們射出的槍彈擊中，當場倒斃。

警官開槍打死台灣人，更加激怒當場的民眾，終於點燃了台灣民眾起來抗暴的導火線。他們把查緝員留下的吉普車連同香煙、鈔票一起放火燒掉，又把警官肆虐殺人的事傳遍台北的每個角落，於是，抱著滿腔怒火的台北市民即陸續趕到事件的現場。

當晚，整個台北像一窩飛蜂似地，掀起一陣大騷動，一批批台灣民眾衝到警察局去要求逮捕凶犯。後來聽到凶犯在憲兵隊，台灣民眾就轉到憲兵隊去，要求即時槍斃凶犯。台北市內幾家報館也被民眾包圍，尤其是長官公署機關報紙的「新生報社」，早就被怒火衝天的民眾所圍住，要社長李萬居（半山）立刻刊載「血案」發生的經過，不然就要把報社招牌拆毀。

然而，陳儀的憲兵、警察等政府機構，並沒有察覺到情勢的嚴重，還以為：「武器在我們這邊，那些手無寸鐵的台灣人，怎麼騷亂也不會妨害，讓他們去嚷嚷吧！」

（三）台灣民衆蜂起

第二天就是命運的二月二十八日。台灣人由於前夜的血案沒得到滿意的官方答覆，血氣方剛、精力充沛的年輕群眾，一大早就趕到大稻埕的圓環及萬華龍山寺。尤其是聚集在萬華的精力充沛的都市貧民階級青年們，更是敲鑼打鼓，一面高喊：「台灣人趕緊出來報冤仇」、「不出來的，不是蕃薯仔」，他們慷慨激昂地號召台灣同胞起來抗暴。為了響應這呼籲，市內的商店立即關門罷市，工廠罷工，學校罷課（這是在台灣史上未曾有過的），家家戶戶關門閉戶，通往近郊的交通路線也在這個時候開始斷絕，台北市頓時成為一座孤立的城。

上午九時許，以鑼鼓當頭的一支民眾起義部隊，從「圓環」開始示威遊行，他們沿途燒毀警察派出所，接著闖入城內本町（今之博愛路）的專賣局台北分局，毆打中國人職員，並將器具、存貨等抛到路上焚毀。其後，市內各處的起義民眾陸續趕到，一起湧向位於台北市南門（麗正門）旁邊的專賣局總局。這支怒火衝天的起義部隊高舉旗幟標語，大打鑼鼓，要求「槍斃兇犯，賠償人命」、「停止查禁外國香煙」、「廢止專賣局」等，同時要求專賣局局長陳鶴聲出面謝罪。然而總局門前武裝警察早已布置著嚴密的警戒線，這些蔣家國府的嘍囉們一看到台灣人起義隊伍就破口大罵，同時開槍威嚇，因此導致群眾怒火更加炙烈。大家高喊一聲，隨即衝入圍牆內，闖進局長及大小職員均已逃脫的專賣局辦公室與工廠宿舍，並把器具、門窗等付之一炬。這支民眾隊伍並不因此而罷休，他們旋即更加激烈地轉向長官公署進軍。

陳儀早已下令全副武裝的警察、憲兵，沿著那座殖民統治象徵的建築，即紅磚赤瓦的「台灣省長官公署」（日據時代之台北市役所）四周嚴密部署。從清早就蜂擁而來的大批民眾因此不能接近長官公署，只好在廣場與守衛的憲警相對峙。將近中午時，從專賣局、台北分局、市政府、警察局等處一群群陸續趕到的起義群眾，在公署廣場上形成一片人海，把寬闊的廣場擠得水泄不通。聲勢浩大的台灣民眾，一面大喊「陳儀滾出來」、「槍斃兇犯，賠償人命」、「追放豬仔官，廢止專賣局」，一面開始迫近警戒線。當民眾迫近長官公署而四周空氣異常緊張的時候，突然，從長官公署屋頂上響起了答答答……的機關槍聲，子彈一時如雨下般地飛向赤手空拳的民眾，頓時地上倒下一堆人，一時鮮血淋漓，當場被擊斃六人，重傷多人，民眾終於在驚慌之餘，倉惶四散。

「廣場慘案」立即傳遍了整個台北市，熱血的台灣年輕人一接到消息就迅速集結到大街小巷上，有的組成隊伍把受傷同胞抬在前頭，開始遊行抗議，有的到街上或十字路口，打起鑼鼓，號召台灣同胞趕快起來反對凶暴的殺人政府，也有的高呼「打死豬仔」、「不讓阿山逃走」、「把阿山從台灣趕出去」，曾在日據時代入伍當兵的台灣青年也大批出來高唱著：「替天誅討不義之徒」的日本軍歌，表示欲為我同胞報仇而戰。

就這樣，史上空前的「二・二八大革命」爆發!!

從那個時候起，憤怒的台灣民眾開始向阿山展開報復行動，全市騷動，一看到中國人就打，藉以發洩被壓迫被宰割被屠殺的怨恨，一群一群的台灣民眾，有的在十字路口，有的在街頭巷尾，以日語詰問行人，遇到不會日語的，大家就口口聲聲連喊「打阿山」、「打豬仔」。另有一部分憤怒的台灣青年，專門襲擊專賣局、交通局、台北車站等場所，揪出中國人就餵以拳腳，有的與武裝憲警正面衝突，因此在機槍亂射下壯烈犧牲的人不可計數，有的把棄置在街上或車站廣場的官用汽車推翻燒毀。

較有組織性的青年學生則紛紛襲擊警察分局，但警察都已隨身攜帶武器，逃匿得無影無蹤。中國人的公司商號自然也被台灣民眾闖進搗毀，例如虎標萬金油永安堂台北分處、官辦新台百貨公司、貿易局的興台公司等，全遭擊毀，存貨、器具都由民眾搬到路上燒毀。

「打倒陳儀商店專賣局」、「打倒陳儀商店貿易局」、「打倒阿山」、「阿山滾出去」等政治性傳單，也在這個時候出現，有的貼在牆壁上，有的貼在電線桿上，也有散亂在地上的。

當天下午，另有一隊台灣民眾在中山公園集結，舉行「民眾大會」，他們熱烈地討論對付當局的方策。此時有一群民眾湧進公園裡的「台灣廣播電台」，向台灣全島報告台北的慘案：「政治黑暗，遍地貪官污吏……官官相護，並且武裝軍警與地方官吏勾結走私，以致米糧外溢，人民無穀爲炊，與其餓死，不如起來鬥爭，以求生存。」（莊嘉農，《憤怒的台灣》，頁一〇一）同時，藉廣播號召全島同胞趕快起來抗暴。

黃昏的時刻，陳儀慌忙宣布戒嚴令：「自二十八日起，於台北市區宣布臨時戒嚴，禁止聚眾集會，如有不法之徒，企圖暴動擾亂治安者，定予嚴懲。」（王思翔，《台灣二月革命記》，頁四十二）於是，全副武裝的軍隊、憲兵及警察等大批出現，四面架槍的巡邏軍用汽車也在街上疾走，崗哨密布，殺氣騰騰，使已經夠緊張的台北市，瀰漫強烈的火藥氣味，猶如即將展開一場大巷戰。這些蠻橫的蔣家中國兵，一看到行人就開機關槍，以致手無寸鐵的台灣同胞到處被擊斃或打成重傷。忍無可忍的熱血青年即以赤手空拳，勇敢地與武裝警察拚命，因此遭機關槍掃射而壯烈犧牲者不計其數，被捕者更多，僅在幾小時內台北市頓成修羅地獄。但是猙獰的統治者就是用機關槍掃射，也消滅不了理直氣壯的台灣民眾，台灣民眾要起來反抗阿山暴政的烽火，不但已非機關槍所能打滅，反而因此更加熾烈起來。

正當台灣同胞遭大屠殺的時候，由半山、靠山以及台灣人資產階級所包辦的「台灣參議會」，即假中山堂召開緊急會議。他們在會議上討論的結果，除了公推黃朝琴陪同四個代表前往長官公署請願處理善後之外，也不可能替台灣同胞講幾句公道話，或覓取任何有利於台灣同胞的有效辦法。然而只這麼一點，陳儀還拒絕出來見代表團，改由警備總司令部參謀長柯遠芬代表接見。結果，這些參議會代表只能在形式上提出：①槍決凶犯，②付給死傷者撫恤金與喪葬費，③專賣局長當眾謝罪，④懲辦專賣局長，⑤取消專賣局等五項要求。

陳儀雖然厚著臉皮宣布戒嚴令以武力鎮壓台灣人，但是那時中國大陸正進行全面性的內戰，本來駐紮在台灣的國民黨第六十二軍與第七十軍，早已於去年年底（一九四六年）被調赴華北打仗，在台僅有七十軍的留守部隊，另外加上基隆、高雄兩要塞的守軍而已，島內的武裝力量極為薄弱。所以表面上陳儀雖然逞強，但他內心卻頗感窘急，他能用武力壓制台灣人到什麼地步，自己也沒有把握。因此，這個狡猾的老軍閥，乃搬出「一面鎮壓，一面欺騙」的老招式，想利用台灣人資產階級來施展討價還價的詭計，並透過廣播電台向台灣人欺罔一番，藉以拖延時間。

當晚的七時許，收音機響起參謀長柯遠芬的官樣文章廣播，接著由老是在台灣人與中國人之間取巧討好的半山黃朝琴（台灣省參議會議長）及周延壽（台北市參議會議長）出來替他們的老闆說好話，他們向台灣民眾說：「我們代表民眾正在向政府交涉，請大家信賴政府，靜待合理解決。」最後，又有一個名叫謝娥的出來講話，她是個專靠

圖六　二二八台灣人起義略圖（二月二十八日）

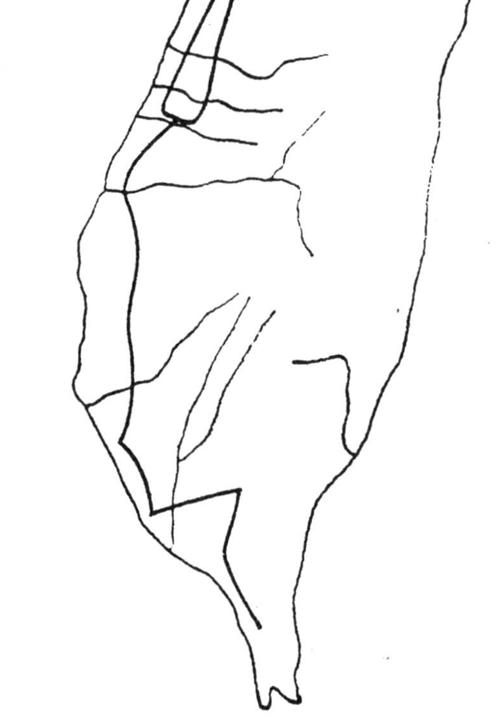

拍國民黨馬屁才被派任爲「國大代表」、「台灣婦女會會長」的無名女醫生。她一開口就說：「我以醫生的身分，曾看過林江邁，林只是受了一點擦傷，現已在家安靜休養，關於長官公署廣場開槍斃人的事，只不過是一種謠言而已。」她又說些其他與事實相反的話，且恐嚇台北市民不得妄動，否則後果將不堪設想。這個蔣家政權的走狗如此無恥地胡說八道，很明顯地，爲的是要欺騙未在現場的台灣人，尤其是想藉廣播向全島的武裝起義大潑冷水，陰謀憑此數語來阻止台灣人抗暴。

這種無恥的說法，惱怒了台北的民眾，他們未聽完廣播就破口大罵：「這個不知恥辱的賤骨頭!!」有的甚至咬牙切齒，邊走邊罵地跑去找她，謝娥聞風早從廣播電台逃跑，民眾則在她門戶緊閉著的家門口前面，氣憤的喊話：「不敢出來是豬仔生的」、「台灣人不放妳甘休」。如此，革命的二・二八起義就在台灣民眾劃破天空的抗暴聲音下，隨著黑夜的來臨，結束了熱烈的第一幕。

第一天其他各地的抗暴行動大略如下：

(1) 板橋——板橋的民眾響應最快，當天從南部北上的火車，已在車站被民眾阻擋，凡是發現阿山，就把他們從車上拖下來「修理」。

(2) 基隆——以碼頭的勞動工人為中心，台灣民眾於二十八日晚結集起來，有的襲擊警察派出所，有的到街上找中國人抓著打，也有一隊民眾包圍高砂戲院及中央戲院，等散場後，打中國人。

(3) 中南部方面——台灣中南部因與北部的交通斷絕，電信也不通，所以不能得知台北所發生事態的眞相。到了當天下午，才聽到收音機傳出台北民眾起義的消息，同時接到號召：「中南部的同胞們，大家一起起來打倒阿山的貪官污吏，奪回台灣人自己的生活。」於是，以台中與彰化的民眾為中心，各地台灣人都開始準備。

三月一日 台北市的一群台灣人青年一大早就包圍謝娥的家及其「康樂醫院」，並且闖進醫院及住宅，把醫療器具、家具、衣服、廚櫃等通通拋出門外，放火焚毀。

戒嚴令下的台北市，整天為軍、憲、警的巡邏卡車所喧擾，到處聽到機關槍的開火聲，使一般市民感到莫大的恐怖與不安，台灣同胞被殺害的、受傷的、被捕的不可計數，中國人也照樣被圍打。市內的一般情況與昨天一樣，商店、工廠、住宅等都關門停業，學校繼續罷課，報紙停刊，交通斷絕。

台灣人方面，由於經過兩天來的行動與傳播，起義人員愈來愈多，青年與學生也漸趨組織化，市內所看到的傳單，已經充滿著高度的革命色彩，例如，「打倒阿山獨裁，爭取台灣人的麵包與自由」、「打倒陳儀王國」、「廢除長官公署，建立台灣人民政府」、「不要相信阿山的話」等。

下午三時許，包圍北門旁邊「鐵路管理委員會」的一群民眾，突然遭到屋頂上機關槍的連續掃射，一共被擊斃十八人，負傷者四十餘人，情勢於是更趨緊張。

至此，民眾起義的烽火已從台北、基隆、板橋、桃園、新竹等北部都市，迅速地發展到台中、彰化、嘉義、台南、高雄、屏東等中南部都市。

當天，台灣人的國大代表、國民參政員、省市參議員等御用紳士，也都到台北市參議會開會，整整討論了一天，才決議組織「緝煙血案調查委員會」，選出黃朝琴、周延壽、林忠、王添灯等為代表，擬向陳儀提出「建議」：①即時解除戒嚴令，②立刻釋放被捕者，③禁止軍警開槍，④官民共同組織一個處理委員會，⑤陳儀對民眾廣播解釋。

這時，陳儀已暗中電請南京派遣援兵，為了拖延時間，他對台灣御用紳士代表所提出的五項建議一一表示接受，但不准遊行示威及停工罷課。

下午五時，陳儀首次在電台廣播，他向全島台灣人提出四項約定：①今晚十二時解除戒嚴令，但以社會秩序回復爲條件，不准集會、示威遊行、停工罷課，不許毆打或有擾亂治安的行爲。②釋放被捕市民，由鄰里長保釋並加以監視。③禁止軍警開槍。④指定長官公署的周一鶚（民政處長）、胡福相（警務處長）、包可永（工礦處長）、趙連芳（農林處長）、任顯群（交通處長）五人爲政府代表，參加組織「官民處理委員會」，共同處理善後。

警備總司令部隨即宣布解除戒嚴令，但禁止集會、示威遊行等。台北市民因爲不知道這種中國軍閥所謂「諾言」的底細，所以，以爲從此就可以結束恐怖與流血的戒嚴狀態。事實上，當晚雖然十二時已過，但是槍聲依然不絕，陳儀反而加強武力鎮壓，把更多的武裝憲警部隊布置於交通要道及政府機關附近，同時又命令駐紮於鳳山的中國軍隊繼續北上。因此，市內被捕的台灣人仍然增加，槍聲依舊鳴響於四周，恐怖氣氛益見嚴重。

三月二日　台北的青年學生鑑於情勢更趨嚴重，遂於當天上午假中山堂召開「學生大會」。台灣大學、法商學院、師範學院、延平學院，以及其他各中學派學生代表到會參加。大家在會上無不表示願意起來打倒陳儀的虐政，並以「政治民主化」、「台灣自治」、「教育自由」等爲口號，同時，決議擁護台北市民的抗暴起義，舉起「台北市民起義萬歲」的標語。這些青年學生，旋即分別組織「學生服務隊」，著手於維持秩序與整理交通等工作。也有一群積極分子，認爲台灣民眾若想獲得最後的勝利，必須以武力鬥爭去爭取才有可能，但因蒐集武器的工作遲遲不進，所以焦急萬分。

三月二日的下午，「官民處理委員會」也在中山堂開會，官方與民間的代表都一起列席，旁聽的市民擠滿了會場，幾乎沒有立錐之地。然而這些代表們，僅該會的組織問題就討論了好半天，才決定要擴大組織改名爲「二·二八事件處理委員會」，並決議重新向陳儀請願，要求他釋放被捕者與撫恤死傷者，以及陳儀根本就不想付諸實行的其他幾個事項。就是說，在台灣同胞正在流血犧牲，中國軍隊的挑釁正使情勢漸趨惡化的時候，該委員會卻如此拘泥官樣形式，只知慢吞吞地進行討論，而且又只決議要再向陳儀「請願」，使當場聽眾大失所望，所以在會議當中就有不少聽眾紛紛離去。

陳儀卻比這些儒弱的台灣人委員們狠毒得多，他雖然早就收到南京決定派兵救援的覆電，除了暗自竊喜之外，對於處理委員會所提出的五項請願卻一一承諾，並在當天下午三時再做了第二次廣播，向市民保證五項請願的確實實行，同時又重新宣布：「（一）凡參加此次事件之人民，政府念其由於衝動缺乏理智，准予從寬，一律不加追究。（二）因參加此次事件已被憲警拘捕之人民，均送集憲兵團部，准予釋放，由其父兄或家族領回，不必由鄰里長保釋，以免手續麻煩。（三）此次傷亡的人，不論公教人員與人民，不分本省人與外省人，傷者給以治療，死者優予撫恤。（四）此次事件如何善後，特設一『處理委員會』，這個委員會，除政府人員及參政員、參議員等外，並增加各界人民代表，俾可容納多數人民的意見。」（王思翔，《台灣二月革命記》，頁四十四）

相對於陳儀這個軍閥的奸詐，台灣人處理委員們卻是一群儒弱膽小的士紳，他們幻想早點結束暴動，終於中了陳儀的緩兵之計，讓其在拖延中布置了大屠殺的陰謀毒計。他們大多數是地主、資產階級出身的御用紳士或政客，所站的立場是買辦階級的立場，所以根本不想去瞭解這次台灣民眾起義的重大意義，全然忽視台灣同胞所付出的流血犧牲，時時刻刻代表著資產階級，並幻想著殖民統治下的所謂「民主」、「自由」（這點與日據時代「台灣地方自治聯盟」的哀願叩頭式自治運動一模一樣），譬如，局部開放政權，或取消專賣制度之類，所以有關二二八慘案的處理辦法，光幻想中國軍閥陳儀能客氣的放下武器，把政權讓渡到他們手裡，因此處心積慮只想以「請願」、「談判」來代替台灣同胞的武裝起義。這種立場不正及騎牆態度，嚴重的打擊了一般民眾與青年學生的反抗情緒，加強了陳儀想向台灣人施加武力鎮壓的決心，所以事態不但是沒有漸趨緩和，武裝憲警與軍隊在市內的槍擊與抓人反而越加頻繁。

與台北這種死沉狀態相反，中南部的台灣民眾卻更加積極起來，經過兩天的號召與準備之後，各地已紛紛起來展開「反阿山」的武裝鬥爭。南北交通雖然斷絕，電信也不通，但是整個台灣的都市與鄉鎮，幾乎都已在台灣人的控制之下。

(1) 基隆——三月一日，基隆要塞司令部宣布戒嚴令，全市被置於武力控制之下，家家戶戶都關門閉戶，街上行人很少，只有中國兵坐在卡車上來回巡邏，不時聽到槍砲聲音，可以想像待在家裡的市民的憤怒與恐怖。當天下午，在楊元丁（市參議會副議長）的主持下，「基隆市參議會」召開臨時會議，除了參議員之外，也有民眾代表參加討論，大家都抨擊陳儀的暴政。

(2)板橋——二十八日下午，數百民眾包圍車站，攔阻火車，痛打「阿山」。翌日，民眾襲擊中國軍供應局倉庫，將該倉庫及物件悉數搗毀。

(3)桃園——自二十八日起，台灣民眾屢次聚集於廟前廣場，舉行民眾大會，人人上台大喊打倒阿山、趕走惡政、爭取民主等。三月二日下午，大批民眾開始行動，襲擊桃園縣長官舍，佔據縣政府，警察出來應戰，使雙方傷亡頗大。

(4)新竹——三月二日，台灣民眾從清早就分隊攻擊警察局，繳收憲警武裝，搗毀國民黨市黨部及中國人商店多起。「新竹市參議會」召開臨時會議，民眾向新竹市長郭紹宗要求開倉放糧及救濟失業，並主張解散新竹市總商會。當晚成立了「新竹二·二八事件處理委員會」。從南部北上的軍用火車，被擋在新竹車站，佔據車站的台灣起義隊，與車內的蔣家中國軍開始戰鬥，雙方相持不下。另外一隊中國兵則下車進入市內，開始捕殺民眾。

(5)台中——三月一日上午，台中與彰化等處的縣市議員在台中市舉行聯席會議，通過支持台北起義的決議，並推選林連宗（國大代表，律師）趕赴台北做聯絡工作。當天下午，台灣民眾在台中車站召開「民眾起義大會」，旋即襲擊警察局官舍。

三月二日上午九時，民眾假台中戲院召開「市民大會」，由楊克煌報告台北起義的經過之後，謝雪紅被推舉爲大會主席。她在演講中說：「台灣人想要解脫本身的痛苦，必須團結起來鬥爭到底，打倒國民黨專政，實行台灣人自治，才有可能。」大會後，在謝雪紅、吳振武的指揮之下，大家開始示威遊行，同時，以青年學生爲中心的起義部隊，包圍台中市警察局，收繳警察武器。

另一群民眾則包圍警備總司令部高級參謀兼台中縣長也是軍統特務台中站長的劉存忠的官舍（當時，台中市長黃克正已事先化裝潛逃），劉存忠下令部下向民眾開槍，當場擊斃一人，負傷者數人，因此更加激怒民眾，他們想以汽油將劉宅燒毀，適時謝雪紅趕到，勸阻民眾不可放火，只把劉存忠及其大小官員扣禁於警察局，全市終於被起義部隊控制在掌中。

謝雪紅旋即以警察局的武器武裝學生，編成一支富有戰鬥力的「學生起義軍」，同時，呼籲台中市民必須儘量拿起武器，組織「自衛隊」來跟凶暴的蔣派中國兵決戰。

另一方面，她透過報社（當時在台中市有《和平報》與《自由報》），號召台灣民眾應遵守：①不得殺傷不抵抗的中國人，②不得毀壞房屋及分散物資，③一切武器由人民掌握等，而來實行神聖的解放鬥爭。

謝雪紅接著宣布「人民政府」的成立，一面保障言論、集會的自由，一面號召大家起來剷除貪官污吏，建設「新台灣」。

(6) 虎尾——二日晚上，虎尾的一隊青年學生佔領虎尾警察局與虎尾區署，把警察武裝全部繳下。

(7) 員林——員林警局已在起義部隊手中，獄中的台灣人全被釋放。

(8) 斗六——斗六區署與警察署均被起義學生隊佔領。

(9) 嘉義——二日下午，台中的起義學生抵達嘉義，向民眾報告台北與台中的起義狀況，嘉義的民眾隨即結成部隊開始行動，分頭襲擊政府機關，包圍市長官舍，並把警察武裝全數繳下，佔領市政府。

⑽台南——二日起，台灣民眾紛紛起來號召抗暴，到夜晚，一隊青年學生佔領警察派出所，奪取武器來武裝自己。

⑾屏東——二日，台北起義的詳情傳到屏東，市參議會副議長葉秋木乃召集參議員、青年、學生、民眾代表等舉行民眾大會，決議爲響應台北起義而戰。

⑿宜蘭——從海外歸來的舊日本退伍軍人與青年學生集會遊行，襲擊軍隊倉庫，奪取很多武器來武裝自己。

（四）起義中心轉移中南部

三月三日 台北的「二・二八事件處理委員會」，照常在中山堂進行冗長的討論，其中，只有王添灯等幾個正義派擔憂情形會漸趨不利於台灣。

另一方面，陳儀因已接到中央援軍即將到達的密電，所以官方五個委員自當天起就沒有出席處理委員會。處理委員會只能以「台灣省民眾代表大會」的名義，向蔣「主席」致電，稱：「政府毫無威信，舉動極爲野蠻，且無紀律，是以事變愈加擴大……全體民眾要求本省政治必須根本改革，蓋本省自光復以來，政治惡劣，軍警公務人員之不法行爲，致使省民大抱不滿。雖經迭次要求改善，仍無效果，此乃造成二・二八慘案之遠因，爲此並祈剋速實行地方自治，實現眞正民主政治。」（王思翔，《台灣二月革命記》，頁四十五）

當天下午，處理委員會派遣劉明朝（國大代表）、林忠（參政員）、王添灯（省參議員）、林梧村、蔣渭川等人，與市民代表五人、工人代表二人、學生代表三人、青年代表四人、婦女代表一人等各界代表共二十餘人，一同前往行政長官公署，再次向陳儀提出如下七項要求：①限於本日下午六時把軍隊撤出台北市。②台北的治安應由警察、憲兵、青年學生所編成的「治安服務隊」維持。③限於本日下午六時恢復交通。④開放軍糧。⑤軍隊撤退後，倘有意外發生，可抓柯參謀長法辦，柯遠芬應負完全責任。⑥軍隊撤退後，民眾倘有發生意外事件，由二十餘個代表負完全責任。⑦停止從南部調兵北上。柯遠芬遂在廣播中向台灣人再次誓言：「憲兵團之下設憲兵警察民眾聯合辦事處，組織治安服務隊維持治安……倘不遵行撤軍命令，則自殺以謝人民。」（王思翔，《台灣二月革命記》，頁四十五）

陳儀一面照樣假裝答應台灣人代表的七項要求，一面則暗中下令軍統頭子柯遠芬派遣特務人員潛入處理委員會及民眾內部，裡應外合，施展挑撥、離間、造謠、威脅等搗亂工作。尤其是身為台灣人的「半山」林頂立（特務隊長）、劉啓光（新竹縣長）、蘇紹文（警備總司令部處長）、王民寧（警備總司令部處長）及「靠山」蔣渭川（CC系台灣政治建設協會代表人）等，當台灣同胞不辭流血犧牲正在捨命與敵搏鬥之時，他們不知恥辱地甘做敵人的間諜，陰謀瓦解台灣人的武裝鬥爭。

在這種情況之下，「二·二八處理委員會」實已中了特務的詭計，它接受偽裝旁聽民眾的特務人員提議，決定組成一個「忠義服務隊」，並將隊長一職，交給由蔣渭川提議的所謂「民眾選出」的許德輝（警備總司令部調查室所屬「行動隊」台北大隊長）擔任。這麼一來，軍人、憲兵、特務、警察等乃換上便衣，冒充市民，紛紛混入忠義服務隊，假藉維持治安，公然檢查市民、搜索民宅、放火、搶劫等，使得一般市民又增加更深一層的痛苦。

另一方面，與這個忠義服務隊的公開肆虐相配合，在暗中活躍的所謂「別動隊」，由另外一個軍統系特務頭子林頂立指揮，專事於監視、跟蹤、威脅、放火、綁架、挑撥、恐怖、暗殺等。

一部分青年學生眼看著事態愈趨惡化，爲了對付特務的擾亂行動，就秘密加強市內「學生服務隊」的站崗。此時，有「愛鄉青年團」與日據時代的特攻隊員都想奪取武器，因爲沒有達到目的，且缺乏經驗豐富的領導者，所以不得不放棄在台北的武裝鬥爭，三三兩兩離北往南，去參加台中「學生軍」的武裝鬥爭。

這個時候，「二・二八事件處理委員會」因不能識破陳儀的詭計，整天仍然拖拖拉拉地討論內部機構問題，最後才決定設立總務、治安、調查、宣傳、交通、糧食、財務等小組，並另設秘書室，以如此龐大的機構想來處理燃眉的緊急問題。到當天夜晚，王添灯才得以宣傳組組長的身分在電台廣播，向一般市民說明委員會成立的經過，以及跟政府交涉的情況。

蔣渭川跟CC系特務保有密切的關係，他以「台灣政治建設協會」（白承基、李國雄等台灣人CC系特務的外圍團體）代表的資格在電台廣播，一面向青年學生發出極盡煽動的言詞，一面卻暗地裡給台灣人的團結潑冷水。

三月三日全島各地的抗暴情形如下：

(1) 基隆——一群碼頭工人襲擊第十四號碼頭的軍用倉庫，事敗，死傷多人，被武裝警察殘殺的台灣人屍體到處累疊，遠遠的就可看到警察將屍體一具一具用腳踢下海中的慘景。民眾與軍警的衝突到處可以見到，死傷甚大。

(2) 台中——台中的武裝鬥爭在謝雪紅、吳振武的指揮下節節獲勝，同時，成立了「台中地區治安委員會作戰本部」，學生軍與來攻的蔣派中國軍展開巷戰，給予一番痛擊，再把其擊退。後來，學生軍攻打中國兵據守的第三機場倉庫，並與來援的彰化隊、大甲隊、豐原隊、埔里隊、東勢隊、田中隊、太平隊等武裝部隊會同作戰，終於擊垮蔣派中國軍，俘擄將官五人，及士兵、官吏一共五百餘人。這支台灣人的生力軍，乘勝又解除了憲兵隊武裝，台中市及近郊都已在台中起義部隊的控制之下。彰化也在學生隊的控制之下。

(3) 嘉義——陳復志本是「三民主義青年團嘉義分團」主任，他在三青團嘉義分團與嘉義參議會聯席會議上，被推為「二·二八事件處理委員會嘉義分會」主任，並兼「嘉義防衛司令部」司令，率領「高山部隊」（原住民系台灣人）、「海軍部隊」（舊日本海軍軍人）、「陸軍部隊」（舊日本陸軍軍人）、「學生總隊」、「海外歸來者總隊」、「社會總隊」等，一同攻佔第十九機廠，並佔領了嘉義市政府。其後，有很多台灣人警察攜械起義，參加抗暴行列，使台灣人陣營愈形強大，整個嘉義市全被控制在台灣人手裡。

(4)斗六——陳篡地是個從安南歸來並富有游擊作戰經驗的眼科醫師，他指導「民眾大會」，並糾集舊軍人、學生、青年等組織「治安維持會」，其後，參加攻擊虎尾機場，與守在機場地洞的二百餘位中國兵造成對峙的局面。

(5)台南——台南市民在三日下午召開「市民大會」，工學院學生也開了「學生大會」，都決定響應台北市的抗暴起義，隨即襲擊警察所，繳收武器，縱火焚毀停泊於運河的中國人船隻。

(6)高雄——台灣起義部隊在三日下午佔領兩個警察分局，到處發生打「阿山」的事件。

(五)台北特務橫行、台中學生隊連打勝仗

三月四日~五日　特務故意散布援軍即將到來的風聲，懦弱的上層階級人士因此很快就從處理委員會逃脫而去。由於處理委員會已被特務分子與政府奸細所控制，以

致高談終日而一籌莫展，結果，只能做了「團結全島人民，要求政治改革」等空洞決議。王添灯等擔心處理委員會會落入敵人的圈套，主張採取堅決態度，不過其他委員的色彩異常複雜，有陳儀代理人的黃朝琴、李萬居，也有軍統、CC的特務爪牙，尚有流氓頭目等，各持不同的目標，甚至於也有公然主張向陳儀低頭屈服的。

王添灯遂在他所創辦的《民報》上呼籲：「舊事莫重提，願大家正視眼前，講究緊急措施，實行有效辦法。從前的事猶似昨日死，未來的事，有如今日生，努力向前，求光明的路吧。」（王思翔，《台灣二月革命記》，頁四十六）他擬以開始專事政治談判。

五日，台北的處理委員會終於通過正義派的提案，決定該會的組織綱領與「本省政治改革方案」。該方案具有下列的政治主張，由代表向陳儀提出（王思翔，《台灣二月革命記》，頁五十九）：

①專賣局凶手，立即在民眾面前槍決。

②厚恤死者遺族，無條件釋放被捕民眾，且不得追究發動之人。

③軍隊武裝全部解除，交處理委員會保管，治安亦由處理委員負責，中央不得派兵來台，以刺激民眾。

④取消專賣局、貿易局，並令專賣局長向民眾道歉。

⑤一切公營事業由本省人經營。

⑥公署秘書長及民政、財政、工礦、農林、教育、警務各處長及法制委員會委員，須過半數以上以本省人充任。

⑦法院院長及首席檢查官，均須登用本省人。

⑧立即實施縣市長的民選。

王添灯旋即於是日透過電台，向全島廣播，說明上述八項要求，並呼籲台灣人團結起來，爲實現該要求而奮鬥。

接著，處理委員會著手於設立「二・二八事件全省處理委員會」的準備工作，並號召在全島各縣市設立「二・二八事件處理委員會縣市分會」，同時，要求他們趕快派代表到台北聯絡接洽。

然而，從整個台北的情勢看來，這一、兩天雖然街上秩序稍見恢復，四周交通也漸漸通行，但是糧食供應已成一個嚴重的問題。另一方面，一般青年學生，對於無力的「二・二八事件處理委員會」所提出的政治主張都缺乏信心，且因目睹委員會被陳儀玩弄，所以大失所望。一部分學生積極的想武裝自己，但得不到所需的武器。

林頂立、許德輝等特務頭子，絕不會錯過這個機會，故意公開揚言援軍一到，將施行報復，尤其是林頂立的「行動隊」，動員一千餘人的特務爪牙，在各地跟蹤所謂「台灣人活動分子」，加緊施行威嚇、毆打、綁架、搶劫等故技，蓄意造成恐怖狀態。

此時在台北思想左傾的台灣學生，也在五日上午假台北中山堂召開「台灣自治青年同盟」成立大會。血氣方剛的青年學生擠滿了會場，由蔣時欽（蔣渭水三男，思想進步）任司儀，發表行動綱領四條：①建設新中國的模範省台灣。②發揮台灣人的守法精神，推進民主政治。③吸收新文化，貢獻給國家民族以及全人類。④擴大生產，安定民生，刷新民心，宣揚正義，策畫社會發展。在場的青年學生意氣高昂，盛讚中南部台灣起義軍的軍事勝利，並主張台北地區也要儘早開始武裝鬥爭，同時提出了「創造台灣民主聯合軍」、「成立台灣民主聯合政府」、「打倒國民黨專政」、「打倒官僚資本」等口號。這個集會可能是「中共」在台工作人員參加領導的唯一行動。然而，因當時青年學生組織不夠堅強，加上所持武器薄弱，所以想展開武力鬥爭的計畫均告失敗。

「台灣學生同盟」、「海南島歸台同盟」、「若櫻決死隊」、「興台同志會」等青年學生團體也在這個時候出現，但是這些組織也與台灣自治青年同盟同樣，組織不堅、缺乏武力，只能從事極秘密的個別行動，無法達成與各地的接應工作，所以未能發展爲一支有力的統一戰鬥部隊，壯志無法伸展。

三月四日、五日各地情況如下：

(1)基隆——五日，原定派駐日本做象徵性佔領的「太康」等三艘蔣家政權軍艦，改調至基隆港口停泊，待命登陸施展軍事鎭壓，台灣起義部隊更加緊張，決意迎戰。

(2)新竹——四日，警備總司令部派遣新竹出身的蘇紹文（半山）前來指導憲警部隊，宣布戒嚴，揚言「格殺勿論」，開始血腥的武力鎭壓，起義部隊在血泊中逐漸被鎭壓下去。

(3)台中——四日，學生軍繼續獲得輝煌的軍事勝利，台中地區的蔣派中國軍政人員全部由學生軍管制。學生軍的紀律嚴正、志氣高昂，市民與學生共享勝利，「婦女會」出來爲青年學生燒飯招待，鼓舞士氣。

五日，謝雪紅爲了達到全島抗暴的步調一致，自行取消台中的「人民政府」，聯合各界人士成立了「台中地區時局處理委員會」，同時提出七項主張：①實施憲政，即時選舉省縣市鄉鎭長，實行完全自治。②即刻改組各級幹部，起用本省人才，協力建設新台灣。③即刻開放軍民糧倉配給省民，安定民食。④廢止專賣制度，各工廠交人民管理。⑤確保司法獨立，肅清軍警暴行，保障人民七大自由（人身、言論、出版、思想、結社、集會、居住）。⑥因「二·二八事件」奮起之群眾行動，一律不得追究。⑦平抑物價，救濟失業，安定民生。（王思翔，《台灣二月革命記》，頁五十四）

然而，在這輝煌的勝利聲中，忽然響起了一種頗不協調的雜音出來。台中的資產階級分子，因軍事勝利的領導者謝雪紅原係台灣共產黨員，所以，害怕抗暴的軍事勝利會發展爲共產革命，另以林獻堂（國民參政員）、黃朝清（台中市參議會議長）等爲中心，策動在「台中地區時局處理委員會」內設立「保安委員會」，並任命吳振武擔任主任，想奪取謝雪紅的軍事領導權。

謝雪紅不同意撤消原來的「台中地區治安委員會作戰本部」。於是，本來是統一組織的台灣人武裝部隊，從此分爲謝雪紅的「作戰本部」與吳振武的「保安委員會」兩個指揮系統。

「作戰本部」在謝雪紅、楊克煌的領導下，爲了反對資產階級分子的投降主義，乃在六日，將一批優秀青年學生另編爲「二七部隊」，並整備所獲的各種槍砲，以備作戰。這新編的「二七部隊」，不僅奮鬥於台中地區，同時也派遣「別動隊」，到虎尾參加攻擊飛機場，其行動範圍比先前更爲廣泛。

另一方面，吳振武雖然是舊日本海軍上尉出身的軍事指揮者，但是他缺乏正確的政治認識，並且新成立的「保安委員會」機構複雜，所以議論百出，始終拿不出積極的實際方策出來。

(4) 嘉義——四日晨，擁有三千戰鬥員的嘉義起義部隊，開始攻擊政府官員、憲兵、軍隊所聚集的山仔頂的嘉義中學。嘉義中學的中國兵聞訊，逃竄至紅毛埤軍械庫（蔣派中國軍在台灣最大的軍械庫）。嘉義起義部隊尾隨追擊，英勇猛攻，雙方死傷慘重。經過一番激戰後，戰敗的中國兵，遂將紅毛埤軍械庫炸毀，改竄飛機場，想死守待援，嘉義起義軍馬上將飛機場重重圍住。

五日，嘉義起義軍與來援的台中隊、斗六隊、竹山隊、新營隊、鹽水港隊等友軍再開始發動向飛機場的總攻擊，佔領水源地與發電廠。飛機場的敵軍看到情勢不妙，爲了爭取時間，派人前來僞裝求和。起義部隊不知是計，同時也因多日苦戰傷亡不少，而且彈藥補給短絀，所以決定應允停戰。但是到了當天下午，由台北飛來一架飛機，向中國兵投下大量武器彈藥與糧食，中國兵立即翻臉，撕破停戰和約而突然反擊，起義部隊因來不及應戰，以致傷亡三百餘人，頓時陷於苦戰。嘉義市的男女學生聞報都出來救援，男的參加戰鬥，女的救護負傷者，中國兵眼看起義部隊英勇的堅持戰鬥，才不敢輕易出擊。

(5) 斗六——五日，陳篡地編成「斗六警備隊」，並得到斗六、斗南、台中、竹山等地起義部隊的參加，當晚即以迅雷不及掩耳之勢，攻擊虎尾飛機場，三百餘中國兵敗逃到林內的平頂，被收繳武裝，他把投降的這些中國兵集中於林內國民學校，委任林內民眾監管。

(6) 高雄——四日，「三民主義青年團高雄分團」的台灣人團員全數參加起義，分頭搜索中國人貪官污吏。五日，高雄市參議會號召市民參加抗暴起義，並成立了「二・二八事件處理委員會」。民眾與學生乃集結於高雄中學，編成部隊，台灣人警察二百餘人也攜械參加，這支部隊在涂光明（高雄市敵產清查主任，高雄起義軍總指揮）的指揮下，開始攻擊憲兵隊、陸軍醫院、軍械庫等，收穫武器甚多。高雄起義軍遂佔領市內的所有軍政機關，並把七百餘人蔣派官兵集中監管，同時，釋放監獄犯人二百餘人。可是當時高雄要塞司令部仍然擁有重兵武器，要塞司令彭孟緝正準備進入市內襲擊起義部隊。

(7)屏東——四日，舊日本退伍軍人的台灣青年編成「海外隊」、「陸軍隊」等屏東起義部隊，開始示威遊行，隨即攻佔警察局，奪取武器武裝自己，並佔領市政府。另一隊則襲擊糖廠，並在市內「打阿山」、「捉阿山」，逃不了的中國人官員等都被集中，由民眾看管。

葉秋木被推爲「二・二八事件處理委員會屏東分會」主任委員，並選爲屏東臨時市長（由台灣人選出的史上第一個市長）。他成立「治安本部」，負責市內治安。五日上午，葉秋木再成立「屏東司令部」，領導起義部隊攻擊憲兵隊。此時，原住民系台灣人下山來援，起義部隊士氣因此更加振作。起義部隊在當天下午再次攻憲兵隊，入夜，憲兵隊突圍逃竄至飛機場，起義部隊隨後擁至，在機場攻防戰鬥持續至八日。

(8) 宜蘭——四日，宜蘭的青年學生與海外歸來的舊退伍軍人舉行示威遊行，隨即攻擊空軍倉庫，奪取大量武器，並把中國兵與中國官員集中拘禁，宜蘭市政府變成宜蘭起義部隊的作戰司令部。省立醫院院長郭章垣即設立「救護所」，收容負傷同胞。其他，東北部的瑞芳、金瓜石等地的礦山工人也起來參加抗暴，襲擊軍政機關。

(9) 花蓮港——四日，「三民主義青年團花蓮分團」總幹事許錫謙召集「市民大會」，並成立了「二・二八處理委員會花蓮分會」，由馬有岳（省參議員）擔任主任。該地的中國駐軍自行撤防歸營，全市在起義民眾及學生的控制之下。

(10) 台東——台東民眾起義後，因此地福州人多，所以大家都喊著：「不讓福州人逃跑」、「打死福州人」等口號，青年學生與原住民系台灣人協同起來武裝，接收治安及行政機關。

圖七　二二八台灣人起義略圖（三月一日～四日）

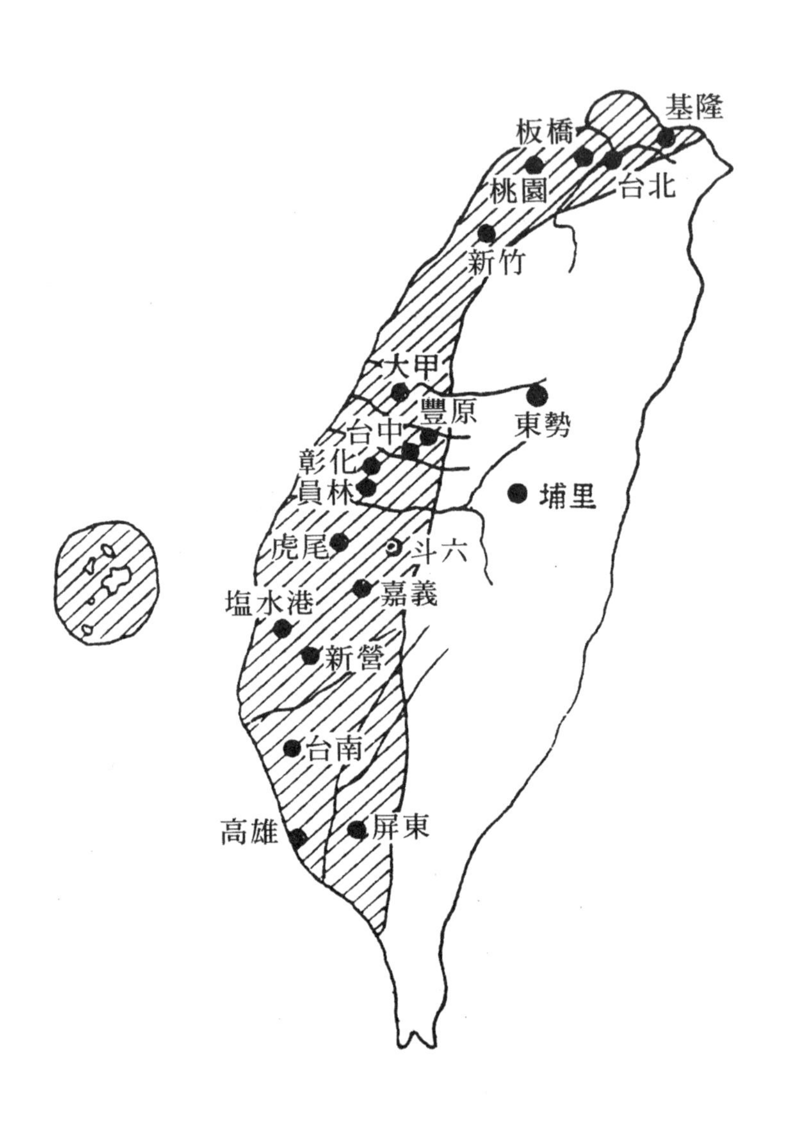

（六）陳儀豹變，處理委員會瓦解

三月六日　台北市情勢更趨惡化，當天下午處理委員會發表「告全國同胞書」，聲明：「這次事件純屬要求政治改革，並非排斥外省人爲目的……」，結果，一方面讓中國人識破台灣人一部分知識分子正在退縮，另一方面也給正在爲反對殖民地虐政而英勇奮鬥的台灣同胞澆上冷水。自此，一向被視爲抗暴運動最高司令部的「二·二八事件處理委員會」，漸漸被民眾看破其買辦立場，台灣人內部也因而更加混亂。

只有正義派的領導者王添灯，看到台灣同胞流了這麼多的鮮血，乃拚命努力奮鬥，他爲了擴大戰線，重新成立「二·二八事件處理委員會台北分會」，自己負起議長的責任，爲挽回大勢做最後的努力。

此時，蔣家政權從國共內戰的徐州前線調下來的中央軍二十一師，已從上海出發，憲兵第四團也從福州即將抵台，陳儀接到消息才安了心，爲了重施最後一次拖延時間的詭計，當天晚上八點半，第三次向全島廣播，表示欣然接受「政治改革方案」，並宣布：①行政長官公署改爲省政府之議已向中央請示，一俟核准即可實行。②省政府委員會及各廳處長決儘量登用本省人。③六月三十一日以前實施縣市長民選。「其他各種政治問題，等省政府成立，縣市長民選之後，自當可以解決。」又稱：「言必有信，我所講的話，我完全負責，請台灣同胞信賴政府這次寬大措施……」（王思翔，《台灣二月革命》，頁六〇）

處理委員會及台灣民眾，聽到廣播都信以為眞，卻沒有人料想到這是拖延時間的緩兵之計。陳儀至此，更加運用利誘、威脅、離間、破壞等卑劣手段，欺罔台灣民眾。

三月六日其他地方的情形如下：

(1) 基隆——街上盛傳蔣派援軍即將登陸，基隆的青年學生爲了保衛台灣的門戶，在街頭向行人散發傳單，號召：「半個豬仔兵也不讓上岸」。

(2) 台中——資產階級分子與「保安委員會」依舊沉溺於紙上談兵。陳儀的特務積極施展分裂政策，暗中從事破壞，上層階級的台灣人因而開始動搖。謝雪紅領導下的「二七部隊」譏笑他們：「有錢人怕死」。他們佔領了舊日軍第八部隊兵房，從事整理隊伍修理槍砲的工作，準備迎戰。

(3) 高雄——六日上午十時許，「二·二八事件處理委員會」在即將圍攻要塞司令部以前，爲了防止流血的擴大，事先派遣高雄市長黃仲圖、市參議會議長彭清靠，及涂光明、曾鳳鳴、林界等代表五人，前往「高雄要塞司令部」會見要塞司令彭孟緝，要他們自動解除武裝。彭孟緝聞此凶性大發，當場拔槍打死涂光明、曾鳳鳴、林界三人，並扣留彭清靠，只放黃仲圖一人下山。黃仲圖還未回到處理委員會以前，山頂的要塞司令部已派遣所屬蔣家中國兵三百餘人殺下山來，攻進市內，在市政府先擊斃王平水等台灣民眾代表之後，不分青紅皀白的見人就開槍濫射，凡是他們經過的馬路到處都屍橫遍地。起義軍也英勇起來反擊，與敵軍展開巷戰，戰鬥持續到深夜，雙方傷亡慘重。但是，學生隊因孤軍奮鬥，補給短絀，以致節節敗退，終在前金分駐所遭圍攻，全體壯烈犧牲，只這一天傷亡的台灣人竟達數千人。

彭孟緝又派鳳山駐軍殺進高雄市，一直大屠殺至八日，不分晝夜，槍聲不絕，馬路上或街頭巷尾到處是死屍累積，慘如修羅地獄。

三月七日　台北市盛傳大隊援軍將到，特務與流氓到處掠奪騷擾，民心惶恐，街上看不到行人。這時陳儀恢復了原來的凶惡面貌，乃以書面通告「二·二八事件處理委員會」：「向來各方意見分歧，項目多得無法處理，今後各方意見應先經處理委員會檢討與整理，然後簽名蓋章，方得向長官公署提出。」

台北的「二·二八處理委員會」，連日在全台起義民眾的壓力之下，勉強修正「請願」的辦法，逐漸改為要求政治改革。於是，在當天下午繼續召開討論會，綜合各方面的政治改革意見，並由王添灯說明「三十二條政治改革方案」（根據處理委員會台北分會所提的「八條政治改革方案」加以充實，委任王添灯草擬的）。然而，此時處理委員會已在特務分子的控制下，所以在特務成群呼嘯漫罵聲中，王添灯的說明時常被打斷，會場混亂。會議開到黃昏時才結束，旋即派代表面晤陳儀，提出這「三十二條政治改革方案」，不料當場卻遭陳儀與柯遠芬拒絕。至此，台灣人委員們才知道上當，終於在悵惘不堪的混亂中各自逃散。

王添灯見大勢已去，乃於下午六時半，透過電台向全島台灣同胞做最後一次廣播，將台灣人民起義的動機與經過做了全盤的報告，並說明現在的「二·二八事件處理委員會」遭特務所把持，同時，逐一讀完「三十二條政治改革方案」，最後以「處理委員會的使命已告終結，今後欲謀事件之解決，必須靠大家團結，並結集民眾力量，

圖八　二二八台灣人起義略圖（三月五日～七日）

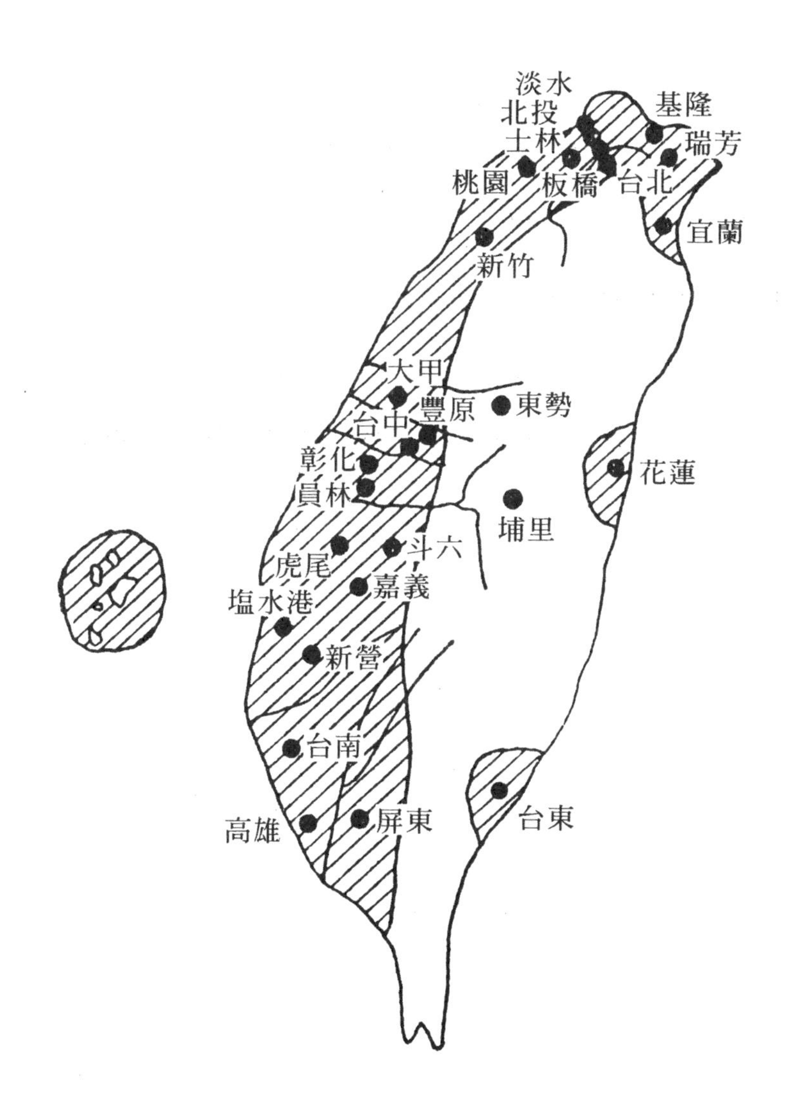

繼續奮鬥，希望全島同胞自察自悟」爲結語，結束廣播。

王添灯這一位硬骨且富熱血的領導者，雖知已陷入困獅之鬥的情勢中，仍以熱忱的語調講完最後一句話，終於永遠從台灣同胞面前消失。

此時（七日），中南部的起義部隊正忙於備戰，嘉義、斗六附近仍繼續在戰鬥中，當天學生隊佔領虎尾機場，而台北市已變爲死城，近郊仍有些小戰爭，民眾突襲汐止的軍用火車。士林、新店等地的派出所及軍隊的倉庫都被人放火燒毀。

（七）蔣家中國軍一到，就開始大屠殺台灣人

三月八日　中國援軍上岸後，肇始於二．二八事件的革命情勢，完全逆轉了。當天下午，閩台監察使楊亮功率領憲兵第四團（團長張慕陶）抵達基隆港。未登陸前，憲兵團從船上向基隆碼頭開槍掃射，山上的基隆要塞司令部也派兵夾攻基隆市。憲兵團登陸後，山上與地上的大砲、機槍、步槍齊響，震動了整個基隆市，殺死男女老幼不可計數，起義部隊的青年學生與碼頭工人捨命抗敵，但在火力懸殊寡不敵眾的情況之下，終於遭到大屠殺，其後，中國憲兵把這些勇敢的台灣人犧牲者一一裝上卡車，像

倒垃圾似地把滿車的屍體拋入海裡。

接著，師長劉雨卿率領二十一師從上海趕到基隆，他們在基隆碼頭一上岸，就口口聲聲喊叫著：「台灣人不是中國人，殺！殺！」又瘋狂地屠殺了一陣。此時基隆市長石延漢則指揮警察隊到處捕殺，要塞司令史宏熹也率領部下四處追殺。這些劊子手屠殺台灣人的方式眞是殘酷絕倫，不幸被抓到的青年、學生、工人、市民等，有的被剝掉衣服，並被強迫赤身跪在十字街口，活活的被打死，有的被砍掉手腳，有的被割去耳鼻及生殖器，有的從高樓屋頂上被踢打推下摔死，更有的，用鐵線貫穿手掌與腳踝，再以三人或五人綑縛在一起，被推下港裡，還有些碼頭工人一個個被裝入麻袋裡拋入海中。如此以慘絕人道的方法被投入海中的，據聞有二千餘人，連基隆市參議會副議長楊元丁也不能倖免，所以基隆海面天天都浮滿死屍，好久都無人敢接近，到三月底，才看到有些親人圍坐在從海中漂上岸來的屍體旁邊痛哭，有的屍體無人認斂，則任其腐爛。

援軍一到，殺氣騰騰的武裝特務及憲警，在陳儀的命令下開始搜索、綁架及屠殺無辜的台灣人，連中國人文職官員也以「自衛」名義發給槍枝，任意殺人。他們大肆逮捕不會說中國話的青年。

陳儀又任命熟悉台北民情的王民寧（半山）擔任警務處長，從事搜索、逮捕工作，被認爲「奸匪暴徒」的台灣人都被綁去，無一倖免。林頂立的「別動隊」及許德輝的「特務大隊」更以秘密的恐怖手段繼續綁架，所以二十一師進入台北市之前，在暗地裡被殺戮者已不可計數。

八日一早，「二·二八事件處理委員會」，就像弄翻蜂巢似地在會議場中騷動起來，昨天還跟其他台灣人代表一起聯名請願的黃朝琴、連震東、黃國書、李萬居等「半山」，此時都扔掉假面具，開始爲後台老闆公開蠢動。他們竭力拉攏垂頭喪氣的委員們，並以全體委員名義發表聲明：「查三月七日本會議決提請陳長官的八項方策及三十二條建議，因當時參加民眾複雜，未及一一推敲……跡近反叛中央，絕非台民公意……願我全台同胞，速回原位，努力工作，倘有不法之徒，不顧大局，藉詞妄動，即係另有用意，應由同胞共棄之……」走狗反動派厚顏獻媚的眞面目，暴露無遺。

當天下午，在大稻埕日新國民學校召開「舊日本陸海空軍人大會」的與會者，一致主張組織「決死隊」，爲保衛台灣而戰，但時已過遲，數小時後，這些台灣青年都被押上卡車，一批一批被載走，其後再也看不到他們的蹤跡。

台北市民知道更大的災難即將到來，街上的商店及家庭都緊閉門戶，行人絕跡。在死沉的街道上，只有一群勇敢熱情的青年學生還不動聲色地在站崗、巡邏，但是深夜一到，這數百名純眞青年，終逃不了厄運而陳屍於圓山陸軍倉庫的廣場上。

八日，「二七部隊」在謝雪紅、楊克煌的指揮下，鬥志堅強，一面鎭壓特務搗亂，拘禁台灣人軍統特務蔡志昌等四十餘人，一面派遣隊伍參加攻擊嘉義飛機場。同時，在台中戲院舉行「台灣自治青年同盟台中支部」成立大會。

九日，蔣家中國軍在北部登陸開始大屠殺，陳儀並下令解散「二・二八處理委員會」，這些消息傳到，台中處理委員會的大部分委員都躲避不出，人心開始動搖。

十日，盛傳中國援軍即將開到台中，因處理委員會畏懼後患，即把被關在台中監獄的蔣派軍官先行釋放出來，所以市內流傳著這些軍官將施展報復性大屠殺的消息，市民惶恐，秩序更加混亂。

「二七部隊」決定保持戰鬥力量，繼續鬥爭，並爲了避免市民的犧牲起見，決定把武裝部隊撤出台中市，改爲據守埔里。十二日，「二七部隊」徹夜將武器、彈藥等搬到草屯、埔里等地，一夜間，草屯公路車輛輻輳，沿途的台灣民眾都出來歡迎鼓勵。由於埔里是「霧社事件」的原住民系台灣人的居住地區，原住民同胞一聽到「二七部隊」到達，遂陸續跑來參加打倒蔣派中國人的武裝鬥爭行列，更加鼓舞了大家的戰鬥士氣。當時「二七部隊」有了謝雪紅親信古瑞雲及鍾逸人爲首的「埔里隊」、何集淮「中商隊」、呂煥章「中師隊」、黃金島「警備隊」、李炳崑「建國工藝學校學生隊」等爲基本隊員四百名。

(八)二十一師進駐台北，開始肅清「奸匪暴徒」

三月九日　八日登陸台灣的二十一師，在基隆大殺一陣之後，連夜經過八堵、五堵、汐止等地，沿途以密集的火力不斷的掃射，殺進台北市。之後，架著槍枝的巡邏車，如入無人之境地在台北街上呼嘯而過，在大街小巷，以及機關、學校、工廠等處都布滿了殺氣騰騰的中國兵。他們叫喊著：「台灣人造反」、「爲中國人報仇」，晝夜不斷的槍聲此起彼落，凡是台灣裝束或不懂中國話者，都在「格殺勿論」之列，以致馬路上、小巷內、廣場等地，到處死屍遍地。有的被活埋，有的被裝入麻袋拋入淡水河，有的當場遭擊斃後被裝上卡車，一車又一車的運往淡水河拋入河裡，「以致黃色的河水都變了紅色，腐爛的屍體，一個一個的浮上了水面，其慘狀令人不敢正視。」（莊嘉農，《憤怒的台灣》，頁一三二）鐵路管理委員會裡面的台灣人職員被捕後，一律自三層樓上被踢下，跌得頭破骨折、血肉狼藉，掉落在地上未死者，全被機關槍掃射死亡。往草山（陽明山）中途的斜坡道上，被綁來的青年學生一批一批排在懸崖邊緣，山頂上機關槍一響，均被打落於山谷！

經過悲慘恐怖的一夜，九日天亮，台北市已成爲大屠殺後的血海之地。清晨六時，警備總司令部藉口：「共黨暴徒攻擊東門警備總部、圓山海軍辦事處、樺山町警務處，企圖強迫政府之武裝部隊繳械」，再度宣布戒嚴，揚言要搜緝「奸匪暴徒」，弭平「叛亂」，同時，下令市民遵守下列六項：①學校、工廠、商店照常上課、開工及營業，②交通、通信一律歸軍隊管制，③禁止集會、遊行，④禁止攜帶刀槍，⑤掠奪的武器應歸還原有機關，⑥協助政府檢舉「奸匪暴徒」。劊子手的特務頭子柯遠芬主張：「以台灣人的力量來消滅台灣人的力量」，指使台灣人特務爪牙到處抓人殺人，在「二·二八事件處理委員會」辦公的五十多個辦事人員全被槍殺。

這樣，以慘無人道的軍事殺戮，配合陰險恐怖的特務綁殺，在台北市整整殺了五個晝夜。台北地區被列入警備總司令部黑名單，而被秘密處死的台灣人士，例如有王添灯（省參議員、台灣茶商公會會長）、林茂生（國民參政員、台大文學院院長）、陳炘（台灣信託及大公企業公司董事長）、林連宗（國大代表、省參議員、律師）、宋斐如（《人民導報》社長、前公署教育處副處長）、吳鴻麒（台北高等法院推事）、施江南（四方醫院院長）、林宗賢（參政員、板橋鎮長）、黃朝生（台北市參議員、醫師）、李仁貴（台北市參議員）、陳屋（台北市參議員）、徐春卿（台北市參議員）、林桂端（律師）、李瑞漢（律師）、李瑞峰（律師）、黃媽典（省商會聯合會常務理事）、陳能通（淡水中學校校長）、阮朝日（《新生報》總經理）、王育霖（建國中學教員、前新竹地方法院檢察官）、廖進平（政治建設協會理事）、吳金鍊（《新生報》日文版總編輯）、黃阿純（淡水中學教員）、林旭屛（前專賣局課長）等。這些被特務秘密綁架、枉死於劊子手魔掌的台灣進步人士的屍體不知所終，永遠不能回到遺族的懷抱裡（參閱莊嘉農，《憤怒的台灣》，頁一三二）。除了這些知名人士之外，同樣在暗中被屠殺的一般台灣人無法計數，據聞，在公開及秘密大屠殺時被殺死的台灣人，僅台北一處即達萬人以上，當時，台北的人口只有三十餘萬，換句話說，三十人中就有一人，或六戶就有一人被殺害。

三月十三日　蔣介石在南京廣播所謂「台灣民變的處理方針」，他說：「此次民變，只不過是前被日軍遣送到南洋的台灣軍人，爲共黨所煽惑，圖投機取巧……」他對自己及其嘍囉所施展的虐政不但隻字未提，而且自欺欺人地歸咎於光明正大的台灣人，台灣人因此意識到這種無法無天的大屠殺日子勢必再延續下去。

三月八日至十三日，各地的情形如下：

(1) 台中——三月十三日下午三時，蔣軍二十一師開進「二七部隊」撤退後的台中市。林獻堂、黃朝清、吳振武等資產階級分子搖身一變，打開歡迎大門迎接「國軍」入城。蔣軍入城後，因獲悉「二七部隊」在埔里準備抗戰的消息，所以不敢輕易屠殺台中市民，但特務分子卻乘勢開始綁架與暗殺，學生部隊有力指揮者顧尙太郎（醫師）等被殺，手段殘酷。

(2) 嘉義——九日，被包圍的蔣家中國兵，又派人至嘉義起義部隊講和，同時派人飛台北請援。十一日下午，起義部隊再次中計，與敵方重行「協議」，並在凶狠的敵人面前解除了自己的武裝。起義部隊即派防衛司令陳復志等十二人爲代表，親送滿載著食米、青菜的兩部卡車赴機場。但於半途中慘遭敵人的埋伏襲擊，除了三人逃脫之外，其他代表盡被捕殺。敵人乘勢開始反擊，於是，擁有輝煌戰績的嘉義起義部隊，終告潰滅。

十二日下午，大批蔣家中國軍空運到嘉義機場，立即開進市內開始大捕殺。十三日，陳復志被裝上卡車遊街示眾，旋在嘉義車站前被槍決就義犧牲。柯麟（嘉義市參議員）、蘇憲章（《新生報》嘉義分社主任）、潘木枝（市參議員）、盧炳欽（嘉義市參議員）、陳顯福（嘉義中學教員）、陳澄波（嘉義市參議員）、張昭田等人也遭殘殺，其他市民與青年學生被殺者不可計數。

(3)斗六——三月十四日，蔣派中國軍從嘉義攻至斗六，陳篡地指揮起義部隊與敵展開巷戰。陳篡地是個能幹的眼科醫生，曾經參加過越盟（胡志明軍）的殖民地解放戰爭，懂得游擊戰術，他眼看寡不敵眾，乃將部隊帶上小梅方面的山中，展開游擊戰。後來蔣派中國軍雖然屢次圍剿，但都遭到猛烈的反擊。陳篡地及其起義部隊，在嘉義小梅山中打了一個時期的「游擊戰」，寫下「台灣游擊戰史」光榮的一頁。

(4)台南——九日下午，台南市全體參議員、區里長、人民團體代表、學生代表等四千餘人，在市參議會的會議廳再次舉行「市民大會」，選舉臨時市長，結果，黃百祿以一百七十九票當選市長（侯全成一〇九票，湯德章一〇五票）。

十一日，蔣派中國軍開進台南市，立即宣布戒嚴，大肆逮捕起義人士，屠殺市民。此時，韓石泉、侯全成、蔡培火、陳天順等資產階級分子，爲了表示效忠「黨國」，均協助逮捕起義民眾。十二日下午，湯德章（台南市人權保障委員會主任、律師）被捕，被縛在車上遊街示眾，終在大正公園就義犧牲。

(5)高雄——高雄的殺人魔王彭孟緝，自六日接連殺到八日，他下令中國兵不分男女老幼，見人便殺。另外，軍統特務也到處搜捕，任意殺戮，王石定（高雄市參議員）、王平水（高雄市參議員）、黃賜（高雄市參議員）、許秋粽（高雄市參議員）、邱金山（《新生報》高雄分室主任）等三十四人都在市政府當場被擊斃。

(6)屏東——八日正午，屏東起義部隊正在攻打飛機場的時候，因鳳山的蔣家中國軍開到，以致情勢反轉，起義部隊從此潰滅。蔣派中國軍立即宣布戒嚴，進行大捕殺，臨時市長葉秋木被割掉耳鼻，受到野蠻絕倫的凌辱，才被拖出遊街示眾，終於壯烈犧牲。

(7) 東部海岸方面——於東部各市鎮起義的青年學生與台灣民眾，也同樣在蔣家中國軍開到後，遭受到大屠殺。宜蘭的郭章垣（省立宜蘭醫院院長）、蘇耀邦（宜蘭農業學校校長）、鄭進福，花蓮港的張七郎（國大代表）、張宗仁（張七郎的長男，花蓮中學校校長）、張果仁（張七郎的三男，花蓮中學教員）、許錫謙（三青團花蓮分團總幹事）等，均慘遭蔣家中國兵的毒手，壯烈犧牲。

（九）「二七部隊」壯烈鬥爭

蔣家二十一師，於三月十三日進入台中後，如圖九所示，於翌日的十四日，派遣該師一四六旅四三六團進駐草屯，然後，分兩路襲擊埔里，但從草屯直衝的一隊，卻被熟悉山岳地形的「二七部隊」所擊退。另一隊則繞過二水、集集、水裏坑，佔據日月潭、門牌潭二處發電所，想從左翼攻擊埔里街。十五日，蔣派中國軍見「二七部隊」布防甚嚴，又得地利，所以不敢貿然進犯，乃用電話誘降，遭「二七部隊」嚴厲的拒絕。是夜，「二七部隊」先發制人，夜襲魚池警察所，俘擄敵方間諜三人，夜裡二時許，再包圍日月潭敵人陣地，投擲手榴彈，擊傷三十餘人，俘獲軍官三人，使敵軍敗退至水裏坑。

十六日，草屯方面的蔣派中國軍得到援軍，又大舉圍攻埔里。「二七部隊」舉全部力量迎擊，自上午十一時許，與敵展開了一場肉搏戰，「二七部隊」因敵眾我寡，火力懸殊，所以一時陷於苦戰，但是戰鬥員都士氣旺盛，戰鬥意志堅強，堅持到黃昏時分，擊傷敵人二百餘人，終於使敵軍慘敗而退。

然而，此時就全島形勢而言，台灣人起義已被鎮壓下去，「二七部隊」

圖九　「二七部隊」壯烈鬥爭略圖

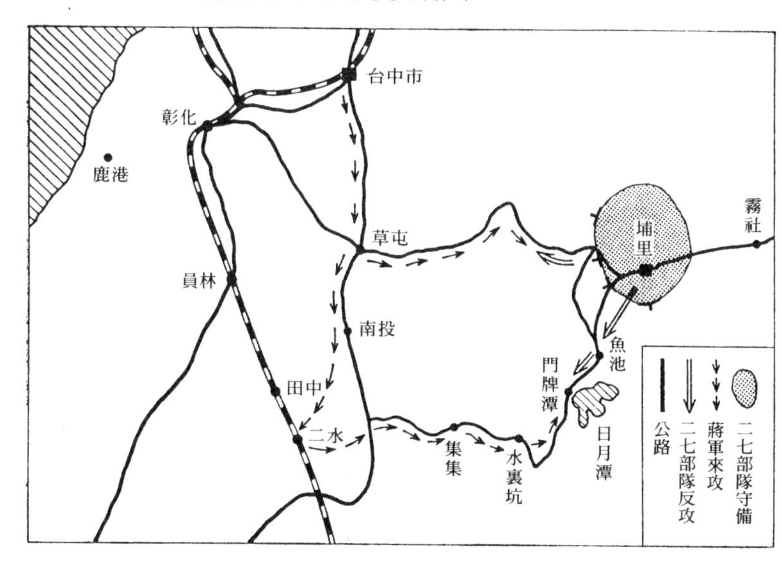

雖以大無畏的堅強鬥志孤軍奮鬥，卻與平地的同胞無法取得聯繫，背後又受到嚴峻高山所包圍，導致部隊的機動力成爲癱瘓狀態，苦於彈藥糧食都無法補給，且埔里兩路受敵，所以難以固守。因此，到了十六日深夜，「二七部隊」的青年學生戰鬥員，乃聚集於埔里國民學校內庭，大家討論今後的方針，結果，這些歷經戰鬥的青年學生們終於認爲宜暫時解散部隊，化整爲零，讓各人採取自由行動，見機打擊敵人。

於是，自起義以來始終高舉著勝利旗幟的這些青年學生，人人都在寂靜的黑夜裡悲恨揮淚惜別，互相擁抱，經過十數天來的英勇作戰之後，互道珍重，並互相約定今後繼續努力的目標。同時，把槍枝、大砲等武器都埋藏在山中，然後，大家分成小組各自離散，有的走下平地，有的向嘉義小梅的山地進發，參加陳篡地所領導的游擊隊。十七日，蔣派中國軍獲悉「二七部隊」已退出後，才進駐埔里。

台灣人的武裝起義，至此經過了半個多月的英勇鬥爭，犧牲了無數同胞的生命，在蔣派中國人的武力鎮壓之下，終告失敗。

台灣解放鬥爭的指導者謝雪紅，於惜別了這半個月以來同心協力艱苦作戰的青年學生後，糾合親密的戰友數人進入山中，最後，逃出台灣，經廈門抵達香港。她在香港曾經與廖文毅合作，創立了「台灣再解放聯盟」，一九四七年十一月轉到上海，與楊克煌、江文也等組織「台灣民主自治同盟」（簡稱「台盟」，謝雪紅擔任主席）。

在此，我們略爲描述這位終身站在台灣人的立場，爲解放運動奮鬥不懈的謝雪紅。她生於彰化的貧苦家庭，從小輟學，先後當過糖廠及紡織工廠的女工。後來她到日本的神戶（聯絡日共分子）。一九二一年回台灣時，以台灣婦女解放運動領袖的身分參加文化協會。這個運動當時被總督府壓制，她就逃到上海。曾經參加過五卅運動（中國的反帝運動），正式接受共產主義的洗禮，一九二五年她赴莫斯科勞動大學學習，一九二七年經由上海至東京。翌年，她在上海參加創建日本共產黨台灣民族支部。

不久回到台灣，兩度被捕。她一方面在台北開設國際書局，後來又在台中經營大華酒家，暗中活動。二次大戰結束後，謝雪紅立刻組織「人民協會」及「農民協會」，爲建設民主台灣而鬥爭。然而，對於陳儀禁止台灣人的政治活動，她毫不屈服，繼續發行報紙，在台中從事宣傳工作。此外，又兼任建國工藝職業學校的校長，傾力青年教育工作。

進入中國以後，她見過毛澤東、劉少奇，歷任「中蘇友好協會」理事、「中國婦女聯合會」執行委員、「民主青年聯合會」副主席、「台灣民主自治同盟」代表、華東軍政委會委員等要職。這位熱血洋溢的女性，有著光輝且波瀾萬丈的人生。在政治上首先屬於日本共產黨，接著又和中共有關係，但她尤其更加熱愛故鄉台灣。

儘管謝雪紅有過如此輝煌的生涯及榮譽，但她唯一的希望就是台灣的解放。她向中共說明台灣與中國的不同，主張台灣獨立。如此激怒了中共，後來她被扣上「右派分子」、「宗派主義者」，和江文也（台灣人音樂家）一起在一九五七年以「地方民族主義者」罪名被逮捕、批鬥而悲劇性地失勢。

謝雪紅在中國的悲劇下場，不但在台灣解放鬥爭史上值得惋惜，更可做爲台灣革命要確定戰略路線時的殷鑑。

（十）白崇禧抵台，屠殺轉為依「法」制裁

台灣人遭受不分晝夜的大屠殺之後，三月十四日，警備總司令宣布：「至三月十三日止，全省已告平定，即日開始肅奸工作……進入綏靖階段。」接著在三月十七日，國防部長白崇禧，攜同蔣經國從南京飛來台北，發表了所謂「二·二八事件處理

原則」：①行政長官公署改組爲省政府、②立即實施縣市長公選、③平等對待台灣人、④縮小官營事業、⑤解散在叛亂中組織的台灣人團體、⑥對參加叛亂者，除煽動暴亂之共產黨外，一律實行寬大措施。上述六項之中，第一項至第四項純然屬於官樣文章，統治者根本不想去實行，頂多是在形式上加以敷衍就算了事，只有第五項與第六項才確實移諸實行。

因此，到了三月底，首先就在嘉義依「法」槍斃了三百餘個所謂「奸匪暴徒」的台灣人，其他各地被捕殺的無法計數。這種依「法」逮捕、處罰、處刑等恐怖政策，繼續到一九四九年，才稍見緩和。

上述的「綏靖工作」，乃以「清鄉」與「檢查」爲其基本內容，因日人留下了對統治者來說頗爲完善的「戶籍制度」及「保甲制度」，所以自十四日起，這種管制工作即在各地普遍展開，除經常在馬路上、火車上或汽車站上實施「突擊抽檢」（不分晝夜，也不預先通知的檢查身分證）之外，也隨時隨地舉行「特別戒嚴」，把全市的交通斷絕，而實施全面性的戶口檢查，凡被檢查出戶籍錯誤或無身分證者，或有私怨而受人誣告者，毫不例外地被列爲「奸匪暴徒」，幾乎沒有一戶一人能逃脫魔掌，因此冤枉被捕或喪命的台灣人不計其數。

封閉報社也是屬於「綏靖」工作的重要部分，台北的《大明報》、《民報》、《人民導報》、《中外日報》，連《重建日報》（CC系「台灣重建協會」的機關報紙）都被封閉。台中的《和平日報》、《自由日報》也在被封閉之列，同時各報社長、編輯、記者與京平津各報駐台記者都成爲被捕的對象。長官公署的機關報紙《新生報》，在四月一日發表一篇官架十足的社論：「我們（征服者）來到邊疆（台灣殖民地），和在其他一般省份工作不同，除了應盡職守外，還得負有特殊的任務！這任務就是要使本省同胞擺脫日本思想的桎梏，消滅日本思想的毒素，充分認識祖國，了解祖國！這次事變，既不是什麼政治改革要求，更不是什麼民變，完全是日本教育的迴光返照，日本思想的餘毒從中作祟……」

白崇禧來台的另外一個任務，就是嘉獎對政府有功的小嘍囉，也就是說，對於屠殺台灣人特別賣力的鷹犬爪牙走狗論功行賞。其中，獲得最高嘉獎者，就是高雄要塞司令兼南部防衛司令彭孟緝。他因首先大量屠殺台灣人，深受「太子」蔣經國的賞識，所以，不僅獲「記大功一次」，其後扶搖直上，官升台灣警備總司令、陸軍總司令、陸軍參謀總長、駐泰國大使、駐日大使等。

白崇禧又在三月二十日發表了「受害公教人員撫恤傷亡賠償損失辦法」，以勝利的「征服者」立場，擬向被鎮壓的「被征服者」台灣人要求賠償。據長官公署發表，在二·二八革命中，中國人死傷者約有二千餘人。其實，「全島外省人死傷不及千人，且死者多係持械抵抗者，可見（此一數目）實係向壁虛構。」（參閱王思翔，《台灣二月革命記》，頁七十六）蔣家政府乃以這種誇張的數字，給予死者每人撫恤金台幣二十萬元，受傷者最高金額為四萬元，財物損失的最高金額也為四萬元，至三月三十一日止，例如在損失最小的台中市，中國人賠償金竟達一百三十三萬元。這就是說，拔刀開槍殺死台灣人的中國人劊子手，如有反被台灣人殺傷者，一律以台灣人所繳納的稅金給予撫恤與賠償。至於台灣人所犧牲的父親、兄弟、丈夫、兒子等，一律以「罪人」論斷，並且犧牲者大部分如入深淵連屍身都找不到。據官方所發表，在一九七三年的台灣人口之中，被認為「行蹤不明」而從戶籍上被削除者達十餘萬人，無疑的，其中的絕大多數就是在二二八起義時被殺害的犧牲者。

「半山」、「靠山」也受到其老闆優渥的嘉獎。這些台灣的叛逆者，當台灣民眾起來做孤注一擲的武力鬥爭之時，他們表面僞裝參加，背後卻密通陳儀，提供情報，或者建議屠殺辦法，或者替老闆下手從事血腥的大屠殺等，積極協助殺人政府施展「以台灣人殺台灣人」的毒計。黃朝琴、林頂立、劉啓光、蘇紹文、黃國書等本來就是特務的走狗爪牙，其他，台北的蔣渭川，台中的資產階級分子，台南的蔡培火等人，都是這一類的代表人物。

四月一日，白崇禧任務完畢飛回南京後，依據行政院的決定，行政長官公署改組爲「台灣省政府」，並任命魏道明爲省主席，不用說，這不過是換湯不換藥的欺騙手段，蔣家政權對於台灣的「殖民統治」一直未有絲毫的改變，而且有過之而無不及。陳儀，這個積惡如山，殺人不眨眼的軍閥劊子手，因屠殺台灣人有功，所以再高升爲浙江省主席，於四月十一日飛離台灣。

七、二二八大革命以後的台灣人

(一)二二八大革命以前「台灣人意識」所具有的缺陷

第一,漢人系台灣人,因與中國人同一血統之故,即「種族」相同,過去在歷史上,每當起來「反唐山」的武裝鬥爭之際,往往會有好些人暴露了「台灣人意識」(心理)上的模糊不清,敵我界線不分明的弊病。這種意識上的「模糊現象」,就是台灣人意識所具有的第一個缺陷。

第二,台灣人意識具有一種懦弱心理,這種懦弱心理是四百年來的殖民統治的歷史產物。台灣社會與台灣人,因爲過去未曾有過自己的「國家」,一向都是遭受外來統治者的殘酷的殖民統治,所以在這殖民統治裡長期掙扎之下,免不了也養成了「人之將溺,藁不擇草」的這種「懦弱性」、「依賴心理」。

第三,「孤島台灣」、「弱小的台灣人」等,像這樣過分自以爲台灣是孤立的、人口弱小的閉鎖式思想方法,使台灣人本身養成了一種「自卑心理」。尤其是面臨著「地大物博的中國大陸」或「幾萬萬的中國人口」這種觀念從外壓上來時,往往會使大家忘卻了自己本身的歷史、社會上的獨立性與做人的自主性，被這「自卑心理」盤結得不能解脫自拔，以致以爲自己眞是「弱小的台灣人」、「孤島台灣」。

第四，在日據時代，當資本主義漸趨發展的時期，在短暫的民族與階級的解放鬥爭過程中，人性解放的啓蒙運動與階級鬥爭教育不夠徹底，導致台灣人一般大眾缺乏充分的政治覺悟與堅定的階級立場。

以上，潛在台灣人意識裡面的模糊性、懦弱性、自卑心理、缺乏階級性等缺陷，與其說是在一般大眾（農民、勞動者、都市貧民）成分居多，毋寧說在所謂「讀書人」、「知識分子」等中、上階級裡頭特別濃厚。譬如，在過去歷史上，台灣人抗外鬥爭的十之八九，都是由一般文盲無學的無產大眾起義發難，而不是中、上階級有產者、讀書人或知識分子起來發動的，這點乃是極爲明顯的歷史佐證。

像這種通常較多存在於知識分子裡頭的台灣人心理缺陷，不僅阻礙了台灣人在意識上更加一層的「向心結合」（提高台灣人意識），而且又削弱了在社會上的「向外振作」（反對外來統治）。大戰結束當初，台灣人不分青紅皂白，迷迷糊糊熱烈歡迎中國人佔領台灣，可以說就是這些心理缺陷的集中表現。

本來，一個是「台灣從日本帝國主義統治下被解放」，再一個又是「中國封建軍閥取代殖民統治台灣」，這兩個雖具有同樣本質但表面相異的政治變革一起來到，而且，這兩個不同變革都是屬於從外界所給予的「突然變革」，並不是台灣社會本身所發起的，因此，當台灣人一般大眾突然遭到外界帶來的這兩個不同的激烈變革之際，上述的四個意識上的缺陷就一時跟著湧上，導致心理空虛不安，加上在這種心理狀態下：①阿山拚命的播送「台灣人歸復祖國的懷抱」等欺瞞宣傳，②半山、靠山大肆宣傳「空想漢族主義」，如此，雙管齊下的滲透於空虛不安的台灣人心理的結果，終於造成無條件歡迎中國佔領台灣的局面。

當戰後的台灣社會動盪不安、台灣人不知所為之際，冒然成為中國佔領台灣的嚮導，終使台灣人大眾向蔣派中國人低頭的所謂「空想漢族主義」與「空想漢族主義者」，究竟是甚麼?台灣、台灣人經過四百年的歷史發展，在「歷史」、「社會」、「意識」上，都已成為與中國、中國人不同範疇的另外一個世界（社會），即已形成了與中國不同的「台灣民族」。這是一個儼然的事實，只是一部分中、上階級出身的知識分子（主要是從中國大陸回來的半山，及日據時代台灣民眾黨出身的有產階級分子），他們漢視了這個嚴肅的「現實」，而在觀念世界（腦筋裡）死硬的拘泥著已成歷史木乃伊的「血統關係」，曲意畫成「中國祖國」的幻想，並認爲「台灣人是中國人」，這就是「空想（觀念上的）漢族主義」。以這個虛構的觀念來做爲一切行動的規準（出發點）的台灣知識分子，就叫做「空想漢族主義者」。這種空想漢族主義者完全蔑視經過四百年歷史發展所產生的台灣社會的單一存在，也不珍惜台灣人特有的民族意識。他們起源於清朝統治時代的「讀書人」（鄉紳——清朝統治台灣的幫手），並經過日據時代地主資產階級的模糊的所謂「民族主義者」所傳流下來，其屬性是觀念的、幻想的、不切實際的、虛僞的，甚至罪惡的。

這些「空想漢族主義者」，在日據時代以日本帝國主義爲敵的時候，確實是曾發揮過一定的戰鬥力量，並起了一定的歷史作用。但是，當日本帝國主義一旦敗退，跟著來的「中國祖國」反而比昔日的日本人更加凶暴的施行殖民統治之際，這些被捏造的空中樓閣的「空想漢族主義者」，在心理上成爲無所依靠，結果，只有爲追求他們的個人利益而成爲蔣派中國人屠殺台灣人的幫凶，被稱爲「半山」、「靠山」，即以犧牲台灣同胞，效勞新來的殖民統治者爲能事。

(二) 二二八大革命的經驗教訓

無論上述的「半山」、「靠山」怎樣自欺欺人的高唱「空想漢族主義」，台灣的現實就是截然分爲「台灣社會、台灣人」與「中國社會、中國人」的二重層次，而且，兩者又因以「被統治」與「統治」的殖民地性矛盾對立，成爲極端的敵對關係。由於這個統治與被統治的敵對關係的客觀存在，才發生了「二二八大革命」。因此，二二八大革命即是台灣人起來反對外來中國人統治者的殖民地解放鬥爭，並且，也是由窮困無名的台灣人大眾起義發難而自然發生的抗外鬥爭，所以與清朝統治時代「反唐山」的本地人起義，及日據時代的「反日」武裝鬥爭如出一轍。

從二二八大革命的半個多月的鬥爭來看，台灣人在行動上及心理上完全捲入「反阿山」的漩渦裡，士氣高昂，並且，除了基隆要塞司令部、高雄要塞司令部、屏東機場、嘉義機場、台北地區等極小部分的敵人武裝之外，一時全島幾乎都在台灣人起義武裝勢力的控制之下。然而，後來蔣家國府一共派遣兩個師團兵力來台鎮壓，結果，台灣革命於慘遭大屠殺之後，終歸失敗。

這次大革命的失敗，除了革命與反革命的力量懸殊外，還得指出如下的幾個缺陷：

(1)都市貧民首先發難起義時，缺乏統一的指揮者與高度的政治認識（這點也許可說是難免的），特別在台北，曠時日久，以致爲投降派所出賣，並遭大屠殺。

(2)青年學生知識分子參加起義之後，缺乏階級立場，沒有認識到台灣革命的階級性，沒有抓緊時機，廣泛動員大眾（農民、勞動者、原住民系台灣人）來盡早消滅敵人的武裝力量。

(3)對於「台灣革命鬥爭史」缺乏認識，沒有特別發動廣大的農民階級起來參加武裝鬥爭，缺乏農村革命戰略，均是革命失敗的重大原因。

(4)在各地的武裝戰鬥，沒有努力及早建立起全台規模的統一指揮部，也沒有擬定正確的政治路線，以及戰略方針與戰術布署。

(5)台灣地形雖然連亙大山而難以容納游擊隊的長期存在，但武裝鬥爭既已開始，而且當時敵人在台灣的武器彈藥及軍用物資起碼足夠裝備五個師團的巨大數量（僅在台中市的學生，與敵作戰時就繳獲了等於兩個師團的武器彈藥等），所以應該盡量奪取武器彈藥與糧食物資，把其集中在山岳地帶，建立根據地，從事游擊戰，然後逐漸擴大戰線，努力驅逐敵人（困在國共內戰漸趨激烈化的情況下，敵人從大陸調兵來台實屬有限）。

(6)反對妥協、反對出賣的努力不夠，沒有告訴缺乏政治經驗的台灣同胞：「與蔣家軍閥國府妥協即等於投降，必遭屠殺。」

(7)特別是在台北地方，沒有充分努力鎮壓反革命分子與捕殺特務分子。

(8)台灣的地主資產階級、半山、靠山，根本就沒有推翻蔣家國府殖民統治的決心，始終想以同胞的流血犧牲爲其政治資本，而向陳儀索價出賣，並且，他們所懷的空想漢族主義、妥協主義、投降主義等缺陷作祟，削弱了台灣人大眾堅持鬥爭的意志，反而助長了小資產階級知識分子的逃跑主義。

因有這些重大缺陷，所以曠時日久，反勝爲敗，終遭敵人各個擊破。這就是先烈們留給後代的慘痛的經驗教訓。

（三）二二八大革命後的台灣人

二二八大革命發生，蔣家國府施展的大屠殺、大虐殺，是從日據時代「西來庵事件」以來最悲慘的事件，就被殺害者的人數、範圍、規模，以及殘酷的屠殺方法來說，遠超過西來庵事件，並且，被殺害的台灣人總數，也遠遠超過在日本統治五十一年間被殺害的總數。

花了這麼慘重的流血代價而全台灣的解放鬥爭一敗塗地之後，每一個台灣人，實在不能不深刻的重新認識自己本身做為台灣人的立場，也不得不進一步來克服台灣人意識裡的模糊、懦弱、自卑心理、依賴心理等許多缺陷。特別是中南部大小都市的台灣知識分子，在台灣史上，第一次拿起槍桿，並以犧牲自己生命的決心，與敵死拚，這點應該是給他們提供了寶貴的經驗與教訓。

總言之，二二八大革命雖然悲慘失敗，但是大部分台灣人在烈士們留下的可貴的鮮血之中，誠然換來了對於做人必須要有的「自主性」與「獨立性」的深刻認識，並在自己腦筋的意識上、觀念上，開始把過去的許多弱點與缺陷努力清除，同時也肅清

「空想漢族主義」的毒素，即剷除對於同一種族的中國與中國人所抱的幻想與模糊觀念，深刻的認識台灣與台灣人爲了生存所要指向的發展方向——建立台灣人自己的國家。這點，就是二二八大革命在台灣民族發展史上以流血換來的一大指標。

八、前仆後繼的反殖民地鬥爭

蔣家法西斯政權，對於台灣民族解放的反殖民地鬥爭，一貫是採取以暴力撲殺的鎮壓政策，在其「寧可錯殺一萬，不願錯放一人」的法西斯式狂捕濫殺之下，動輒捕人殺人成千成萬。這三十年來，台灣獨立志士以「匪諜」罪名遭殺戮者，多得數以萬計，而且其株連甚廣，親戚、朋友、同事、師生、學生等強被牽入而殉難者無法計數。不僅是台灣人，與台灣人反殖民地鬥爭組成統一戰線的反蔣的中國開明人士（其中可能有的是中共地下人員），也都一起在被捕殺之列。

一九五〇年代前後，蔣家等特務劊子手展開二二八大屠殺後的全面性大搜捕，在四面環海孤立無援的天然屏障封鎖之下，其白色恐怖掩蓋全島，把島內的台灣人志士捕殺而光，倖免被殺者，均成爲火燒島牢獄裡的終生禁犯。此時期遭捕的大事件有台灣獨立諸事件、麻豆事件、桃園事件、台中事件等，個別小事件則無法計數。中共派來的「中共台灣省工作委員會」（領導人蔡孝乾），及後來的「中共台灣省委員會」（書記陳福生）等，也在此時期被一網打盡。

一九六〇年代，台灣年輕的一代如雨後春筍般的出來展開反抗運動，也均遭逮捕與殺戮，其中著稱者有蘇東啓等獨立運動事件、泰源監獄武裝起義事件、高雄學生獨立運動事件、彭明敏等自救運動事件、林水泉等獨立運動事件、台灣大眾幸福黨獨立運動事件、筆劍會事件、民主台灣聯盟事件、原住民青年團事件、飛虹會事件等，其餘的大小規模事件不可計數。

一九七〇年代，台灣人的反殖民地鬥爭，在島內逐漸以民主化運動的形式發展起來，台灣民眾因自二二八大革命以來的積忿已滙成龐大的力量，這在初期選舉中以支持台灣人黨外人士爲反殖民統治的主力，一碰到抗爭，潛在的反抗心就自然的衝出來，所以，每次選舉也就成爲台灣民眾與蔣家國民黨對立衝突的導火線。蔣經國對於這種「民主運動」的繼續發展，當然是更加瘋狂的加強特務活動與鎭壓措施，因此，每次選舉的前後，定有大肆捕人，並喊叫檢舉「匪諜」，以製造恐怖氣氛。選舉中也常有以百計的黨外競選人及其助選員遭非法逮捕。尤其自一九七五年起，台灣增補立法委員選舉的前後，發生一連串轟動國內外的逮捕事件，其中爲外界所熟悉的，有《台灣政論》被勒令停刊，候選人白雅燦因向蔣經國質詢並要求公開其私人財產而被判無期徒刑。接著，《台灣政論》副總編輯張金策被冠以「貪污」罪名被判徒刑十年，另一副總編輯黃華以「顛覆叛亂」罪名再被捕下獄。繼之，參與立委競選的高雄楊金海、顏明聖等又被冠以「計畫從事叛亂」，分別判重刑，陳明忠被捕事件，及炸傷謝東閔的王幸男事件等。

這時，選舉已成爲台灣民眾及黨外人士與蔣家國民黨對峙最集中、最激烈的時刻，「中壢事件」爆發，《選舉萬歲》、《富堡之聲》被查封，陳菊被捉放，高雄事件等相繼發生。縱使蔣家國民黨特務越來越逞凶，但台灣人反殖民地鬥爭並不因此稍有退縮。

台灣人反殖民地鬥爭，因地理隔閡及蔣家政權的封鎖所致，自然分爲島內與海外的兩個部分。由於海外公開鬥爭是從一九五〇年開始的「台灣獨立運動」爲開端，但海外工作者生活、工作都不夠緊張（一昧從事島內地下工作的「獨立台灣會」除外），因此海外鬥爭不及島內鬥爭的迫切與激烈。

海外的台灣獨立運動，首先是在一九五〇至六〇年代開始於日本東京，即由居留日本的台灣大眾社會人士主導創立「台灣共和國臨時政府」。其後，以台灣留學生爲主成員創立的「台灣青年獨立聯盟」（「台灣青年社」後身），及以島內爲主戰場的「獨立台灣會」相繼崛起，所以在日本的台灣獨立宣傳運動一時茁壯發展，成百台灣人士與留學生熱衷參加。

然而，到了一九六〇年代末葉至一九七〇年代初期，因中了蔣家國民黨所謂「國台合作」（國民黨與台灣人合作）或「革新保台」（蔣經國倡導）的詭計，臨時政府派與台灣青年派的高級幹部，返台投敵者迭起而生，這猛然打擊了一般住日台灣人的愛台灣心志，尤其是大多數的台灣留學生唯恐危及個人安全問題，閉門自守而不敢出來活動，終使在日本的台灣獨立公開活動，退潮似的銷聲匿跡，而成爲孤立的少數者運動。因此，台灣獨立的海外運動，自一九七〇年初，即把其中心轉移於美洲方面去。

在美國，早在一九五〇年代，就有台灣共和國臨時政府派的陳以德、林榮勳、盧主義等人，開始進行台灣獨立啓蒙運動。他們在「彭明敏事件」（一九六四）發生之後，隨即宣布成立「全美台獨聯盟」，到美洲各地做了較有組織的救援運動。

但是，在美國，還是得到了一九七○年，全美台獨聯盟即「台灣獨立聯盟」的留學生成員賴文雄、王秋森、蔡同榮、張燦鍙等，與「日本台灣青年獨立聯盟」（辜寬敏、許世楷、黃昭堂），合併組成「台灣獨立聯盟世界總本部」於美國紐約（一月），及彭明敏密航潛往海外到達美國（六月），尤其黃文雄、鄭自才槍擊蔣經國（四月），這樣，在幾個月內有關海外的台灣獨立運動相繼發生爆炸性大事跡，才引起美洲台灣人社會空前絕後的支持獨立運動，並延伸於歐洲、南美洲台灣人社會。

一九五○至一九七○年底，台灣獨立運動主要的中心和主戰場都在海外，所以「台灣問題」在國際宣揚上有一定的成果，即以「台灣地位未定論」，使「台灣」成爲國際問題。但是獨立運動本身在海外台灣人社會，有時轟轟烈烈，有時亦稍嫌鬆懈呈現分裂。特別對於在海外從事獨立運動的一些高級知識分子而言，於獨立運動中，他們最基本的問題，應該是把「感性」運動提升到「知性」層面，而來創造台灣獨立的「理念體系」（亦即「中心思想」、「思想與行動」），並堅定「立場」與鞏固「觀點」。

然而，台灣知識分子應做的事全然沒有關心也不加以努力去做，結果這方面絲毫沒有成就，僅僅停止於感性領域批判國民黨或對獨裁統治表示憤慨與不滿而不了了之。

另外，在美洲的所謂「共產主義派」（或「社會主義派」），對馬克思基本理論的理解頗爲粗率，理論基礎淺薄，光想侷限執著於主張列寧、史達林「個人獨裁」的手法，結果，左派與右派分裂，左派再分裂等，曠日廢時，至一九八〇年底，台灣獨立運動中心終於轉移島內。

這樣，海外的台灣獨立分子，在缺乏明確的理念與堅定的立場的情況下，各人相繼回歸台灣，結果，他們的「台灣獨立」卻變成僅僅是空喊的口號，各個幾乎都走入國民黨體制內從事國民黨式的「假」選舉，逐漸爲所謂「國民黨化」所呑沒，終於嚴重影響台灣獨立運動。

九、台灣戰後史年表

過去四十多年台灣人持續的反殖民地鬥爭，由於「主戰場在島內」，所以在蔣家國民黨特務的重重包圍下，不得不進入地下鬥爭的形態。結果，台灣人的反殖民地運動，除了已公開的部分之外，都得保密。而且，部分革命事跡歷經蔣家國民黨故意撕毀、揑造是非或隱滅事實，以致資料不全。以下是有限的紀錄及被迫公開的部分而已。當然，秘密地下運動鬥爭除外。

一九四五年　十月　●謝雪紅組織「人民協會」。

　　　　　　十二月　●各地「搶米事件」相繼發生。

一九四六年　六月　●高雄兩大工廠（台灣造船公司、水泥工廠）工人罷工。

一九四七年　二月　●廿八日，二·二八大革命。

　　　　　　九月　●謝雪紅、廖文毅等創立「台灣再解放聯盟」於香港。

　　　　　　十一月　●十二日，謝雪紅創立「台灣民主自治同盟」於香港。

一九四八年　十二月　●十日，蔣家政府宣告戒嚴。

一九四九年　四月　●六日，楊逵（日據時代以來的社會主義者兼左翼作家）因撰寫〈和平宣言〉轉載於上海大公報而被捕，被判徒刑十二年。

七月　●六日，「四六事件」發生，學潮繼起，台大學生被捕。

一九五〇年

一月　●郵政管理局員工罷工，工潮繼起。

一月　●廿九日，蔡孝乾在台北市泉州街地下據點被捕。

二月　●簡吉、洪幼樵、郭秀琮、許強等台灣人中共幹部相繼被捕，均被處死刑。

●廖文毅等在京都成立「台灣民主獨立黨」。

六月　●桃園事件——台北電信局桃園收報台員工的桃園鎮人素有台灣獨立思想，以「意圖顛覆政府」罪名被捕七人。林清良、賴鳳朝、李詩澤等被處死刑，徐文贊無期徒刑，其餘十五年、十年徒刑不等。

七月　●八日，企圖武裝起義的劉秋波、張金爐等人被捕殺。

九月　●卅日，企圖武裝起義的謝瑞仁等被槍斃。

十月　●十一日，許梅貞、錢靜芝等被槍斃。

一九五一年

一月　●七日，蔡孝乾等被捕中共台省工委會領導幹部，被迫發表「脫黨聲明」。

五月　●台中事件——二・二八大革命以來，熱衷台灣獨立運動的中學教員、小學教員、農學院學生、護士、工人、水泥匠等一群台中縣人，以意圖顛覆政府罪名被捕六十三人。張伯哲、陳福添、鄧錫章、李炳崑、陳孟德、李繼仁、簡慶雲等七人被處死刑，謝桂芳、劉貞松、王爲清、王德勝、張彩雲、謝秋臨、江漢津、李振山、王永富、吳約明、陳列珍、王如山等十二人無期徒刑，其餘刑期不等。

七月　●李友邦（抗戰時在浙江金華一帶組織「台灣義勇隊」）以「通匪」被槍斃。

十一月　●史明、周浩、黃元等秘密組織「台灣獨立武裝隊」（一九五〇年二月開始），因在台北縣士林雙溪、菁礐，苗栗縣大湖、南庄等地從事搜集武器工作被發覺，立即化整爲零。

一九五二年

五月　●八日，史明（被通緝中）由基隆密航，潛往日本。

一九五三年　六月　●桃園大溪發生「蔣介石暗殺未遂事件」，被捕多人，都被秘密屠殺。

一九五五年　二月　●廖文毅等樹立「台灣共和國臨時政府」（大統領廖文毅）於東京。

九月　●廖文毅等創刊臨時政府機關報《台灣民報》。

●留美學生成立「台灣人自由委員會」。

一九五六年　五月　●廿三日，李萬居、郭國基、高玉樹、余登發、郭雨新、許世賢、蘇東啓、吳三連（以上台灣人）、夏聲濤、雷震、齊世英、朱文伯（以上中國人）等申請創立「中國地方自治研究會」被駁回。

一九五七年　六月　●十二日，李萬居向立法院請求委員半數應由台灣人選出。

一九五九年　四月　●台灣青年社（代表王育德）創刊《台灣青年》於東京。

九月　●雷震、李萬居等秘密擬稿「中國民主黨創立宣言草案」，籌備建黨被禁止。

●四日，雷震（前國民黨國大代表、《自由中國》負責人）因在《自由中國》發表反攻大陸無望論，以「包庇匪諜」被捕，並以「煽動叛亂」罪名被處徒刑十年，劉子英（《自由中國》編輯）以「匪諜」罪名被處徒刑十二年，馬之驌（《自由中國》總務）徒刑五年，傅正（《自由中國》編輯）徒刑三年，半月刊《自由中國》被查封。

十一月 ●高雄縣人葉呈祥、葉江水、孫榮燦（以上工人）、俞姬塡（區公所職員），因二・二八大革命後繼續從事台灣獨立反蔣活動被捕，均被處重刑。

一九六〇年 十二月 ●五日，林再受、吳鍾靈（軍官）、黃深柱（軍官）因秘密從事台灣獨立運動，遭捕，被處徒刑。

一九六一年 三月 ●三日，李萬居主辦的《公論報》被查封，經營權由蔣家國民黨幫凶張祥傳佔奪。

九月 ●月刊《人間世》被查封，被處停刊一年。

●廿四日，蘇東啓事件——雲林縣議員蘇東啓（北港人）與虎尾鎮民詹益仁、張茂鐘素有台灣獨立思想，企圖武裝起義，以「企圖顛覆政府」罪名被捕。蘇東啓以下三百餘人，重要幹部均被處重刑。

一九六二年

七月

● 史明著《台灣人四百年史》（日文版）在東京出版。

● 高雄等地軍官學生台灣獨立運動事件——高雄學生等從事獨立運動被捕三十餘人。施明德（砲兵學校候補軍官班第十三期）、陳三興二人被處無期徒刑（一九七七年減刑出獄）。郭哲雄（學生）、蔡財源（陸軍官校三十七期）、董自得（台大法律系學生）等徒刑十二年。吳炳坤（陸軍官校學生）被慘刑到瘋癲狀態。張秋源（雜誌編輯）徒刑十年、顏明聖判感化，張茂雄、陳春榮、施明正、施明雄、廖南雄等刑期不等。

八月

● 「台灣民主獨立黨」（代表者廖文毅）在東京，分裂爲：台灣民主獨立革命評議會（吳振南、何文燦）、台灣自由獨立黨（廖明耀、簡文介）、台灣獨立同志社（邱永漢、林炎星）。

一九六三年　四月　●十一日，月刊《時與潮》因刊登雷震（入獄中）的詩，被處停刊一年。

●廿八日，「台灣獨立革命評議會」（代表者吳振南、何文燦）成立於東京，參加團體：台灣民主獨立黨（吳振南）、台灣自由獨立黨（廖明耀）、台灣同志社（林炎星）、台灣建國會（林台元）、台灣蓬萊會（台灣青年的化名，王育德）。

六月　●王育德著《苦悶的台灣》（日本版）出版於東京。

一九六四年　四月　●台灣人要求民主政治的聲音日益高漲，黨外人士勢力日漸增強，第五屆縣市長選舉結果：基隆市長林番王、台北市長高玉樹、台南市長葉廷珪、高雄縣長余登發、台東縣長黃順興，省議員有郭雨新（宜蘭縣）、李秋遠（台北縣）、郭國基（台北市）、李源棧（高雄市）、黃占岸（高雄縣）等。

六月　●金門發生吳明丸（台北人）、楊國太（基隆人）等的「台灣民主共和國革命運動」，劫取槍彈，準備起義，因密告被捕六十餘人，吳明丸、楊國太等台灣人戰士被解送台灣新店安坑槍斃。

九月　●廿日，彭明敏事件——台大教授彭明敏結集門生撰寫並印製〈台灣人民自救宣言〉，將要頒布時被發覺。彭明敏（鳳山人）徒刑八年、謝聰敏（彰化人，《今日台灣》編輯）徒刑十年、魏廷朝（桃園縣平鎮人，中央研究院助理研究生）徒刑八年。

一九六五年

五月　●十四日，廖文毅（雲林縣西螺人，「台灣共和國臨時政府」總統），由日本返台投降蔣家政權。

七月　●十五日，郭泰成（高雄縣人）接任「台灣共和國臨時政府」總統，林台元（鳳山縣人）任副總統。

九月　●宜蘭縣羅東一群熱衷台灣獨立革命的青年創立「台灣大眾幸福黨」。

十一月　●三日，彭明敏「特赦」出獄。

一九六六年

三月　●島內獨立運動地下活動發展，呂國民、顏尹謨、吳文就等撰印並散發「六六三一六獨立鬥爭決戰書」、「六六三一六——三不三唯宣言」、「六六二二八獨立鬥爭決戰書」。

十月　●廿八日，吳振南（屏東縣人，曾任「台灣民主獨立黨」代表，「臨時政府」副總統）返台投降蔣政權。

十一月　●十二日，林水泉、呂國民、張明彰、顏尹謨、吳文就、黃華等創立台灣獨立革命組織「全國青年團結促進會」於台北。

一九六七年

四月　●十二日，「台灣人協會」（會長陳伯山）成立於紐約。

●十二日，「台灣獨立聯合會」（史明、何文燦）成立於東京，參加團體：台灣民主獨立黨（郭泰成）、台灣自由獨立黨（廖明耀）、台灣共和黨（林台元）、台灣獨立戰線（李伯仁、何文燦）、台灣公會（史明、黃介一）。

六月　●一日，「台灣獨立聯合會」創刊機關誌《獨立台灣》月刊。

●十三日，「台灣獨立聯合會」因無法獲得「台灣青年獨立聯盟」（辜寬敏、黃昭堂）及「台灣獨立總同盟」（張春興、林水）

的協調加入，不能達成在日台灣獨立運動大團結的初志，故決意解散。

●卅日，史明等創立「獨立台灣會」，繼辦月刊《獨立台灣》，爲台灣人解放革命陣營刊物，並提出「主戰場在島內」的口號，派遣顏尹謨等返台工作。

八月 ●二十日，林水泉事件——台北市議員林水泉，及青年學生呂國民、顏尹謨、吳文就、張明彰、顏尹琮、劉佳欽、林中禮、黃華、許曹德、陳清山、林欽添、賴水河等熱衷於台灣獨立運動人士，企圖武裝起義被捕二百四十七人，重要幹部被處重刑。

十月 ●加拿大西岸留學生成立「溫哥華建台會」（代表吳志明）。

十二月 ●台灣大眾幸福黨事件——宜蘭地方一群熱衷於台灣獨立運動的知識青年，認爲議會主義無法解放台灣，有訴諸武力的必要，一九六五年秘密成立「台灣大眾幸福黨」，因與林水泉等素有聯繫，故被牽連破獲，幹部被處重刑。

一九六八年

一月 ●在日「台灣青年獨立聯盟」秘密盟員許錫麟，因密航來往台日間被發覺，被日本政府強制送還台灣。

●《大學雜誌》創刊於台北。

二月 ●留美學生陳玉璽由日本強制送還台灣後，以參加台獨罪名被處徒刑七年。

三月 ●廿七日，「台灣青年獨立聯盟」盟員柳文卿被日本政府強制送還台灣，盟員到機場阻擋，被日警逮捕數人。

四月 ●戴榮德（屏東人，水電技工）以台獨罪名被判七年。

六月 ●筆劍會事件——熱衷於台灣獨立的一群青年學生秘密成立「筆劍會」被捕。廖登矚（高雄人，電氣工人）徒刑十年，林永生（台北市人，淡江文理學院學生）、羅子玄（基隆人，世界新聞專校學生）、李義億（台南縣人，業商）等三人徒刑五年。吳義勇（雲林縣人，海軍下士）徒刑七年，邱新德（台北市人，學生）徒刑六年。

七月　●民主台灣聯盟事件——反蔣民主主義者陳永善（筆名陳映真）等籌組「民主聯盟」（一九六七年成立），被《聯合報》記者林蔚出賣，被捕三十六人。陳永善（台北市人，作家）、李作成（綏遠歸綏人，高中教員）、吳耀忠（桃園縣三峽人，藝專助教）、丘延亮（廣東人，台大學生，蔣緯國太太胞弟）、陳述禮等人徒刑十年，其餘刑期不等。

一九六九年

二月　●留日學生陳中統（日本岡山醫大學生）返台後，以「參加台灣獨立運動」罪名被捕，被處十五年徒刑（一九七九年三月獲釋）。

三月　●統中會事件——一群以台大、政大為主的學生，因不滿蔣家國民黨黑暗政治，籌組「統一中國促進委員會」，企圖與中共進行和平統一被捕三十七人。許席圖（台北市人，書局編輯）、呂建興（台南市人，政大學生）、周順吉（台北市人，政大學生）、莊信男（新竹人，台大學生）等人徒刑十五年，劉秀明（台北市人，台大學生）徒刑十年，其餘刑期不等。

四月 ●山地青年團事件——桃園縣的原住民從事反蔣鬥爭被捕。李義平徒刑十二年、高陣明（國校教員）徒刑七年、高博導（醫師）、曾金樟（鄉長）、邱致智（國校教員）、葉榮光（國校教員）、黃春成（國校教員）等人徒刑五年。

九月 ●「獨立台灣會」提出台灣社會主義的「反殖民地、民族獨立革命路線」。

●柏楊（郭衣洞）因在《自立晚報》上面改寫大力水手漫畫，諷刺蔣家父子的家天下醜劇，以「匪諜」罪名被捕，徒刑十二年。

●全美台灣同鄉會創刊《望春風》會刊。

十月 ●留日台灣學生聯誼會創刊《台生報》會刊。

一九七〇年

一月 ●三日，彭明敏密航逃出台灣，潛往瑞典、美國。

●廿五日，美洲的台灣獨立派與日本台灣青年獨立聯盟合併組織「台灣獨立聯盟」（主席蔡同榮）。

二月　●八日，「泰源監獄」（台東縣東河鄉）內的政治犯獨立志士武裝起義，企圖佔領監獄，竟未成功，烈士鄭金河（雲林北港人，三十九歲）、陳良（雲林虎尾人，三十九歲）、詹天增（台北瑞芳人，三十九歲）、江炳興（台中大里人，二十九歲）、謝東榮（嘉義六腳人，二十九歲）當場壯烈犧牲。

三月　●陳辰雄（台北人，貿易行職員）由香港寫信給中共外長要求不要以武力解放台灣，返台後被捕，被判死刑。

●飛虹會事件——熱衷台灣獨立的一群青年學生被捕，楊碧川（新竹縣人，學生）、鄧聯凰（高雄市人，學生）均被處徒刑十年。

●五日，黃明譚（基隆人，黃華之兄），以明知彭明敏逃出國外不報，被判五年。

四月　●廿四日，蔣經國槍擊事件——留美學生黃文雄在美國紐約槍擊訪美中的蔣經國未果。

五月　●廿三日，蔣介石誣陷：「台灣獨立是中共所指使的虛僞宣傳。」

九月　●四日，雷震十年坐牢期滿出獄，李敖、魏廷朝迎接於牢門（二人不久再被捕入獄）。

●四日，賴溪河（師大夜間部學生）、劉素菊，以「同謀顛覆政府」罪名被捕，賴溪河徒刑十年，劉素菊徒刑十二年。

一九七一年

二月　●五日，台北美國花旗銀行與台南美國新聞處爆炸事件發生後，蔣家特務搜捕台灣獨立運動分子二十三人。謝聰敏（曾在一九六四年首次被捕，一九六九年出獄）徒刑十五年，魏廷朝（曾在一九六四年首次被捕，一九六八年出獄）徒刑十二年，李敖（中國人開明人士，著作二十冊之中十六冊被禁）徒刑十年。李政一徒刑十五年、吳忠信徒刑十二年、劉辰旦徒刑十五年、郭榮文徒刑十五年、詹重雄徒刑十五年、洪武雄徒刑十二年。蔡金鏗、陳賢進、楊鴻鎧、張茂雄、吳松枝、陳炳煌、林順益、曾勝輝等被捕八個月後出獄。

三月　●郭清淵（旗山教員）等六人以台獨名義被捕，郭清淵被判十年。

　　　●美洲台灣人社會主義者創立「台灣社會研究社」於洛杉磯。

四月　●蔡金鏗、孟祥軻（作家）以「盜取國民黨政治犯黑名單」遭捕。

　　　●蔡財源獄中秘送政治犯名單被發覺後，遭慘刑，除本刑十二年外，另判感化三年。

　　　●廿五日，「獨立台灣會」於會刊《獨立台灣》發表〈致釣魚台行動委員會（在美洲的中共組織）的一封公開信〉，聲明釣魚台屬於台灣的神聖領土、其海域為台灣人漁民既得的生活圈。

七月　●十四日，「獨立台灣會」發出「第二次釣魚台列島聲明」，反對美日政府在「沖繩島返還協定」中將釣魚台列島編入日本領土。

十月　●八日，「獨立台灣會」島內兄弟組織「台灣獨立革命軍」設置海外聯絡處（負責人史明、史清台）。

●九日，廖明耀（台中人，現任「台灣自由獨立黨」代表、「臨時政府國民議會」議長）、簡文介（本名簡世強，嘉義縣大林人，曾在香港加入「台灣再解放聯盟」，赴日後曾任「台灣民主獨立黨」中央委員、「臨時政府」情報部長等職，當時爲「台灣獨立聯盟日本總部」委員）、施清香（台南市人，「台灣青年獨立聯盟」秘密盟員）等由日本返台投降蔣家政府。

●《大學雜誌》刊載十五位青年學生的「建國六十週年紀念國是諍言」，主張將中央終身民意代表徹底肅清。

●大同主義革命同盟軍事件——洪惟仁、金行天、樊邦弘等東南工專及辭修中學學生，認識到蔣經國「革新政治」的虛僞性，遂籌組「大同主義革命軍」，被捕三十四人，洪惟仁被處徒刑十年，其他下落不明。

十一月

●楊鴻鎧出獄，其兄楊鴻儒（國防部中校情報官）與湯鳳霖，以台獨名義被捕，各判徒刑十二年。

十二月

●十日，李荊蓀事件——李荊蓀（《大華晚報》理事長，蔣家政府國家安全委員會經濟建設計畫委員會機要秘書）、俞棘（《中華日報》副總主筆）等人，以「匪諜」罪名被捕，李荊蓀無期徒刑、俞棘徒刑五年。

●廿九日，台灣基督長老教會發表「國是聲明」，反對台灣成為國際政治交易的犧牲品，反對中共侵入台灣，要求遵守台灣人有決定自己命運的權利。

●成大事件——成功大學學生蔡俊軍、吳榮文等，在校內圖書館閱讀禁書《資本論》等社會主義書籍，信奉社會主義，成立「成大革命黨」（主席蔡俊軍、副主席吳榮文、書記鐘俊隆），年底被捕。蔡俊軍（成大）、吳榮文（成大）、林守一、林擎天（淡江）等人無期徒刑。刁德善（成大）、張戩（成大）、吳俊宏（成大）、黃文彥（高雄國際工專）等人徒刑十五年。鄧伯宸（成大）、李慧宗（逢甲學院）、李代雄（文化學院）、李國龍（輔大）、林台雄（空幼）等判感化。

●「國台合作」、「革新保台」等謬論猖獗於島內外。

●歐洲比利時台灣同鄉會創刊《鄉訊》月刊。

●「台灣人民社會主義同盟」成立於美洲。

一九七二年　一月

●十日，雷震發表〈救亡圖存獻議〉建議：①宣布成立「中華台灣民主國」、②蔣介石辭去總統職位、③實行民主政治、④削減軍費、⑤實行法治保障人權、⑥改造治安機關、⑦廢止創辦新聞禁令、⑧簡化行政機構、⑨廢除省級制度、⑩大赦政治犯。

二月

●廿一日，「台灣獨立革命軍」溫連章（台南下營人）小組，以「企圖叛亂」被捕，同年十二月廿九日，溫連章被判徒刑十五年，姜啓我徒刑十年，柯文士、林國祥徒刑五年，其他刑期不等。

●廿二日，辜寬敏（台北市人，辜顯榮子，辜振甫胞弟，曾任日本「台灣青年獨立聯盟」委員長，當時為日本「台灣獨立聯盟」日本本部執行委員）由日本潛回台灣投降蔣家政府，其後，他的得力助手廖春榮（台北市人，任「聯盟」執行委員、宣傳部長、組織部長）跟隨辜寬敏脫離「聯盟」。

三月　●廿八日，台灣獨立聯盟總部（美國紐約）創刊機關誌《台獨》月刊。

四月　●二日，邱永漢（本名邱炳南，台南人，在香港曾任「台灣再解放聯盟」秘書長，赴日後出任「台灣民主獨立黨」秘書長、「台灣獨立同志社」顧問，當時為「台灣獨立聯盟」日本本部委員）由日本返台投降蔣家政府，其後他的得力助手蔡炎坤（本名蔡季霖，台南縣人，曾任《台灣青年》編輯、「台灣獨立同志社」幹部）相繼返台投降。

六月　●廿八日，鍾謙順（年六十三）、黃紀男（年五十一）等，自一九四七年來一貫從事台灣獨立運動的老鬥士（兩人皆第四次被捕），再以「參加叛國活動」罪名被捕，各處徒刑十五年，另外，黃紀男的小舅張勝濱被判徒刑十年。

●廿八日，成功大學「大陸問題研究社」社員胡添培、黃麗華等六人被捕，判感化。

七月

●「台灣獨立革命軍」島內組織在台北縣樹林、高雄縣岡山等處，炸毀鐵路、破壞軍用貨車，並焚毀鐵路局台北工廠等。

●林水（京都台僑，霧峰人，前「台灣獨立總同盟」最高顧問，「台灣青年獨立聯盟」支援者）投降中共，成爲京都統一派積極分子。

十月

●十日，留日學生林登達（京都產業大學學生，「獨立台灣會」地下會員）、連根藤（京都大學學生，「台灣獨立聯盟」盟員），於蔣家國民黨大阪雙十節慶祝會中撕毀蔣家「國旗」，被吊銷護照。

●美洲台灣人社會主義者創刊《台灣人民》（編輯人左雄）。

一九七三年

三月

●廿九日，留法學生黃照夫（在歐台灣獨立運動地下人員），在巴黎痛懲蔣家國民黨駐歐特務滕永康（蔣派中國人），被法國政府逮捕入獄。

五月　●十五日，立法委員黃順興、康寧祥，國大代表張春男、黃天福，省議員余陳月瑛等人抗議非法的政治裁判。

●十八日，美國舊金山地區熱衷於研究及發揚台灣文化的台灣人，創立「台灣協志會」（石清正、黃介山、陳都），發刊《蕃薯》，黃仲義教授為首任會長。

●十八日，共產主義刊物《台灣文化》（代表朱世紀）發刊於東京。

六月　●「台灣獨立聯盟」美國總部新任主席由張燦鍙擔任。

十一月　●立法委員黃信介、康寧祥，與陳怡榮（台北市長機要秘書）、康義雄（康寧祥胞弟）、張俊宏（《大學雜誌》編輯）、王昆和（中央研究院）等台北市議員競選人，共同要求「台灣地方自治」的全面實施。

●海外台灣人基督教徒創立「台灣住民自決運動」（代表黃彰輝、林宗義、廖瑞明、趙有源）。

一九七四年　二月　●林文章（台大醫學院學生）以「台獨」被判十年。

●進步分子張俊宏被迫辭去《大學雜誌》編輯工作。

●台語《聖經》、台語字典被禁止在島內印發及從海外輸入。

六月

●郭幸裕（本名郭椿然，高雄人，台灣建國會代表）潛回台灣投降蔣家政府，陷害獨立革命同志徐美（女）。

●花蓮「台灣山地同胞獨立運動」被破獲，呂文華、杜文義等六人被捕，呂文華被判徒刑十五年，杜文義十年。

●「台灣獨立革命軍」鄭評（鄭智仁）小組，受到蔣家國民黨特務賴錦桐滲透，以「企圖槍擊蔣經國未遂」被捕，鄭評被判死刑，黃坤能、洪維和林見中無期徒刑，游進龍、柯金鐘徒刑十年。

●劉吶明（本名劉江懷，台南縣人，曾任「台灣共和國臨時政府」秘書長，「台灣自由獨立黨」幹部）返台投降蔣家政權。

八月

●十二日，鄭評烈士於新店慷慨就義，被蔣家特務處決。

九月

●七日，「世界台灣同鄉聯合會」（籌備委員長鄭欣，第一屆會長郭榮桔）成立於奧地利維也納。

一九七五年　春

● 陳深景（屏東人）從事台獨運動被捕，被判無期徒刑。

● 留美台灣人在北美洲各地舉行一連串「台灣民眾大會」，主張台灣人有權不受外力壓迫而單獨決定本身的前途。

八月

● 「獨立台灣會」革命同志徐美（女）因受叛變者郭幸裕的陷害而以「叛亂罪」被捕，徒刑八年。

● 美洲的「台灣人民」派台灣人社會主義者分裂為：台灣社會主義派（透過爭取殖民地解放與台灣獨立而實現社會主義台灣）、統一派（靠攏中共，主張以中共的武力併吞台灣而達成台灣社會主義化）。

● 美洲的台灣社會主義派創刊《台灣革命》。

九月

● 廿九日，由於國際政治犯特赦協會等的救援，一九七一年被捕的「美國花旗銀行爆炸事件」，改判為謝聰敏六年六個月，李政一判六年，李敖、魏廷朝、吳忠信、郭榮文、詹重雄等五年八個月。

十月

●廿三日，白雅燦事件——立法委員候選人白雅燦熱衷於台灣民主化運動，散發二萬張傳單，向蔣經國質詢並要求公開其私人財產，遂與胞弟等四人被捕，被處無期徒刑。

十二月

●廿三日，宜蘭萬人示威事件——郭雨新競選立法委員，在宜蘭背水一戰，受到蔣家國民黨僞造七萬張廢票而落選，萬餘宜蘭民眾大鳴不平，起來示威，不少人攜帶武士刀等，準備與蔣家特務軍警大幹一場。

●廿七日，台灣政論事件——台灣人進步雜誌《台灣政論》（創刊於一九七五年八月，發行人黃信介，社長康寧祥，總編輯張俊宏，副總編輯黃華、張金策），因刊登邱垂亮的〈兩種心向——和傅聰、柳教授一夕談〉，文中結論爲「台灣人民要想『當家做主』只有兩條路可走，第一是本土人民武裝起義推翻國民黨的獨裁政權，第二是台灣人民團結起來奮鬥爭取早日和『祖國』和平統一」，故以「煽動叛亂」罪名被勒令停刊一年，一年後再被撤消登記。

一九七六年　一月　●六日，台灣獨立運動地下同志破壞高雄變電所，使台灣南部一帶停電三小時。

●廿一日，張金策（宜蘭縣礁溪人，《台灣政論》副總編輯）被冠以「貪污」罪名，被判徒刑十年。

二月　●鍾廖權（佳里國中教務主任）以台獨名義被判十年徒刑。

五月　●卅一日，楊金海、顏明聖事件——一九七五年立法委員候選人顏明聖（高雄市人，軍法學校畢業，前市府職員，五金商）、選務總幹事楊金海（高雄縣人，公司董事長，高雄縣商業會理事長）及吳溪泉、劉春林等八人，以「計畫叛亂」罪名被捕。楊金海無期徒刑、顏明聖徒刑十二年。

七月　●一日，陳明忠事件——以「與中共駐日人員聯繫進行策反活動」罪名，自七月一日黃妮娜（立法委員黃順興次女）由日返台後被捕開始，陳明忠等十九人被捕（十一月二十七日警總發表）。

陳明忠（台北市人，開製藥廠，曾在一九五〇年代入過獄）、陳金火（高雄市人，藥商，曾在一九五〇年代入過獄）徒刑十五年。蔡意誠（台中市人，開印刷廠，曾在一九五〇年代入過獄）、王乃信（高雄市人，藥商，曾在一九五〇年代入獄）徒刑十年。李沛霖（台北市人，三省堂書店店主）徒刑八年，林淵輝（屏東人，鋼鐵商，一九五〇年代曾入過獄）、劉建修徒刑七年。黃妮娜、黃相彬、林賜安、程日華、辜金良、袁乃匡等刑期不等。蘇芳宗、梁良齊、王金柱、王子癸、蔡國智、蔡堃輝等人下落不明。

●十六日，陳明財（與楊金海、顏明聖被捕有關）及其子陳榮慶、詹慶隆等三人坐小船逃出台灣，經釣魚台列島，潛往日本、美國。

八月

●黃華（基隆人，《台灣政論》副總編輯，曾在一九六七年被捕，一九七五年出獄）又以「叛亂罪」被捕，被處徒刑十年。

十月

●十日，謝東閔被炸事件——省主席謝東閔接獲炸彈郵包被炸傷手。

十二月　●廿五日，蔣經國發表自一九四九年以來以叛亂罪被處刑者，計有二百五十四人，一九七四年二十一人，一九七五年四十一人，一九七六年三十三人，無期徒刑二十七人，死刑一人（鄭評），戶籍上行方不明者十二萬三千四百五十七人。

一九七七年

一月　●七日，留美學生王幸男由香港返台時，以「郵寄炸彈炸傷謝東閔」被捕，被處無期徒刑。

一月　●廿日，美洲台灣社會主義者創刊《台灣時代》於加拿大多倫多。

二月　●嘉義縣議員吳銘輝（黨外人士）爲「阿里山事件」（一九七六年阿里山怪火燒盡民房百家，省政府林務局拆除災民臨時建造的禦寒陋屋引起官民相鬥）的山胞發言被捕。

●廿八日，林台元（鳳山縣人）繼任「台灣共和國臨時政府」總統。

四月　●張金策、吳銘輝逃亡美國。

五月　●李伯仁（本名廖招明，「臨時政府派」幹部，「台灣獨立戰線」代表者）由日本潛回台灣投降蔣家政府。

六月　●十四日，美國國會在華盛頓舉行「台灣人權聽證會」（主席弗雷澤國會議員），張金策、吳銘輝在聽證會上作證，抨擊蔣家政權剝奪台灣人的人權，欺壓台灣民眾。

●十六日，台灣基督長老教會總會（總幹事高俊明牧師）發起「一人一信運動」，發動會眾寄出一份給美國總統卡特的「人權宣言」，要求支持台灣成立一個「新而獨立的國家」。

八月　●蔣家特務迫害「鄉土文學」（主要是描寫台灣人工農大眾的人物與生活，主張社會主義），給陳映眞（陳永善）、王拓、黃春明、楊青矗、尉天驄、王禎和、高準等民眾作家戴上紅帽子，認爲是分裂主義，走私共產思想。

九月　●黨外積極分子創刊進步雜誌《這一代》（社長黃信介，總編輯張俊宏、總經理吳嘉邦、發行人陳黎陽）。

十月　●十日，雷震發出「致蔣經國書」，要求發還在獄中時被沒收的著作並撤消特務監視（雷震於一九七九年三月七日去世）。

十一月　●五日，人民解放陣線事件——戴華光（河北省人，台北縣省議員黨外候選人蔡洪嬌娥的助選員）、賴明烈（嘉義縣人，中國文化學院建築系助教）、劉國基（台中縣人，輔仁大學語言研究所研究員）等青年知識分子，激憤大量外資充斥台灣，剝削勞工，造成嚴重的環境污染，遂以「台灣人民解放陣線」名義，發信給七十餘位在台灣的外國商人，稱：「外國帝國主義者和資本主義者是造成我們追尋中國統一、解放台灣人民政策的主要障礙……」，並限令外商於六月底以前離開台灣，否則將採取武力行動，遂被捕十餘人。戴華光被處無期徒刑、賴明烈徒刑十五年、劉國基徒刑十二年，鄭道君（安徽人）、吳恆海（江蘇人）各徒刑三年。

●十四日，牽涉人民解放陣線事件，又逮捕蔡裕榮（台北縣人，淡江文理學院學生，台北縣省議員黨外候選人蔡洪嬌娥助選員）、宋東文（陝西人，淡江文理學院學生，蔡洪嬌娥助選員）等學生五人，蔡裕榮徒刑三年。

●十九日，五項地方公職人員選舉（省議員、縣市長、縣市議員、鄉鎮市長、台北市議員），台灣人要求民主政治熱切，向蔣家國民黨候選人挑戰的知名黨外人士獲得台灣民眾壓倒性的支持，遂取得極大勝利。許信良當選桃園縣長，曾文坡台中市長、蘇南成台南市長、黃友仁高雄縣長。另當選省議員蘇洪月嬌（雲林縣，蘇東啓妻）、張俊宏（南投縣）、林義雄（宜蘭縣）、余陳月瑛（高雄縣）等二十二人。當選台北市議員康水木、陳怡榮等八人。黨外人士當選者佔省議員的百分之二十八、縣市長百分之二十、縣市議員百分之十七、鄉鎮長與縣轄市長百分之六、台北市議員百分之十五。

●十九日，中壢萬人起義事件——桃園縣中壢市二一三投票所，因發現蔣家國民黨的選舉舞弊，激起民眾的憤怒，爆發了當地台灣人萬人大起義，人群推翻警車、縱火焚燒警局及警員宿舍等，警察使用催淚彈阻止民眾，台灣人江文國被亂彈打中頭部受傷，送醫院不治而亡，另又有一人死亡。

一九七八年

一月

●七日，郭雨新在美國洛杉磯接受台灣同鄉敦促，提出「台灣人民不必永久做奴才，也可以立志做總統！」的口號，主張：「中美邦交正常化時，台灣應另成立一個政治單位」，表示要與蔣經國競選中華民國第六任總統。

三月

●一日，蔣經國誣陷「台灣獨立」運動。

●十八日，《選舉萬歲》（林正杰、張富忠合著，闡述桃園選舉與中壢事件的眞相）以「違反反共國策，混淆視聽，爲共黨宣傳」被沒收查封。

五月

●十二日，《富堡之聲》（一九七八年五月創刊於彰化縣員林鎭，名譽發行人黃順興、董事長洪誌良、發行人洪明成、實際發行人兼編輯人陳菊）以「違反台灣地區戒嚴時期出版物管制辦法」被查封。

六月

●十五日，施明德（被監禁十五年後出獄，蘇洪月嬌助選員）因五月間以許一文筆名發表〈增設中央第四國會芻議〉，住宅被搜查。

●十九日，政論刊物《批評的勇氣》被查封。

●廿三日，陳菊事件——陳菊（宜蘭縣人，世界新聞專科學校畢業，政大國關中心圖書館職員，自一九六九年十九歲即擔任郭雨新秘書），受警備總司令部保安處及台北市警察局，假借戶口臨檢，搜查房子（六月十五日）。其後，在外籍神父的教堂被捕（六月二十三日夜），在獄中被迫簽署悔過書（七月三日），蔣家特務招待記者，將「陳菊幡然悔悟」一戲推上舞台公演（七月七日），而後釋放。

●廿六日，蔣家司法行政部調查局局長阮成章誣陷：「台灣獨立分子是中共的幫手。」

十一月　●十二日，「台灣黨外人士助選團」成立——黃信介（終身立法委員）於台中正式宣布成立。總聯絡人黃信介，執行秘書施明德，助選委員黃信介、林義雄（省議員）、何春木（省議員）、張俊宏（省議員）、邱連輝（省議員）、蔡介雄（省議員）、蘇洪月嬌（省議員）、黃玉嬌（省議員）、周滄淵（省議員）、陳金德（省議員）、康水木（台北市議員）。助選團主要目的：①促進人權、②團結黨外人士、③產生制衡力量、④改革政治。

●廿六日，藉口美國政府宣布自一九七九年一月一日起承認中共並斷絕與蔣家政權外交關係（十二月十六日），增額中央民意代表選舉委員會主任委員邱創煥宣布：「奉總統緊急處分令，本年增額中央民意代表選舉延期舉行，即日起停止一切競選活動，原定本月二十三日舉行投票將予停止。」

●廿九日，蔣經國在國民黨中常會上叫囂：「絕對不容許台灣獨立。」

十二月 ●廿一日，余登發事件——余登發、余瑞言父子，以「涉嫌參與吳春發叛亂組織」被捕，余登發以「知匪不報爲匪宣傳」被判徒刑八年，余瑞言徒刑二年（一九七九年四月十六日）。

●廿二日，許信良、康寧祥、黃信介、黃順興、邱連輝、何春木、林義雄、張俊宏、王拓、張春男、張茂男、施明德、施艾琳達、姚嘉文、陳鼓應、楊青矗、陳菊、陳婉眞、蘇洪月嬌、郭一成、周平德、林景元、曾心儀、陳允中等黨外人士在高雄橋頭余宅前及高雄站前，爲余登發被捕一事抗議遊行。

●廿四日，吳春發（又名吳泰安）、余素貞（吳春發女友）、林榮曉（歸化日本籍）、張森源、黃哲聰等「台灣自由民國革命委員會」受審判——吳春發等一群旅日台灣人，在與中共駐日工作人員的統一戰線政策聯繫之下，並在蔣家國民黨在日特務胡明安串通之下，一九七八年二月在日本成立「台灣自由民國革命委員會」，吳春發、余素貞、林榮曉六月返台活動，九月以「叛亂罪」被捕，吳春發被判死刑，其他無期徒刑等（一九七九年四月十六日）。

一九七九年

一月
●廿二日，「台灣民主運動海外同盟」（代表者郭雨新）發表成立宣言。
●卅一日，進步雜誌《這一代》、《夏潮》相繼被勒令停刊。

四月
●廿七日，《潮流》（代表者陳婉眞）創刊於台北，後被勒令停刊。

七月
●廿八日，「台中事件」發生，台灣人民眾萬人結集於台中公園。

八月
●七日，蔣家政權逮捕陳允中、楊裕榮。
●九日，紐約「蔣家協調會」發生爆炸事件。
●九日，陳婉眞在紐約「蔣家協調會」門前開始絕食，抗議蔣家政權逮捕陳允中、楊裕榮，紐約同鄉舉行「陳婉眞絕食抗議支援會」（八月十日）。陳婉眞絕食第五天，「支援會」決定週五起二十四小時靜坐示威，絕食第七天，《北美日報》發動週六示威，國民黨派遣無賴漢來擾亂，陳婉眞被逼到路旁，躺在行人道上繼續示威，絕食第十天，百位同鄉參加示威，絕食第十二天，陳婉眞不支昏迷，被送醫院急救。

●廿日，蔣家國民黨紐約「新聞處」被炸。

●廿四日，《美麗島》發刊於台北（發行人黃信介，社長許信良，總編輯張俊宏，總經理施明德，發行管理人林義雄、姚嘉文）。

●卅日，蔣家政權，以過境日本赴中國大陸爲由，逮捕《富堡之聲》發行人洪誌良。

九月

●卅日，許信良卸任桃園縣長，出國訪問日、美。

十月

●六日，《鼓聲》被查禁一年。

●十八日，吳哲朗被警方逮捕。

十二月

●九日，高雄黨外政治運動者姚國建、邱阿舍遭高雄市鼓山分局逮捕，被拷刑後當晚交保釋放。

●十日，「高雄事件」發生，蔣家單方面發表憲兵傷一百八十三人。

●十一日，蔣家國民黨開始大搜捕黨外人士及台灣人民眾，被捕者據稱共有四、五百人，蔣家國民黨只發表《美麗島》雜誌社幹部，以叛亂罪嫌逮捕：張俊宏、姚嘉文、王拓、陳菊、周平德、蘇秋鎮、呂秀蓮、紀萬生、林義雄、陳忠信、楊青矗、邱奕彬、魏廷朝、張富忠等十四人，只有施明德脫險未遭捕，至二月二日，主要被捕者被公布為叛亂罪嫌者五十三人，藏匿人犯罪嫌者八人。

●十三日，蔣家警總相繼查封「美麗島雜誌社」台北本社及各地服務處。

●十五日，美麗島發行人黃信介（立法委員）遭捕。

●十五日，「台灣建國聯合陣線」成立於紐約，參加團體：「獨立台灣會」（史明）、「台灣臨時政府」（林台元）、「協志會」

（洪順五）、「台灣民主運動海外同盟」（郭雨新）、「美麗島雜誌社」（許信良）、「台灣民主運動歐洲同盟」（陳重任）、「潮流」（陳婉眞）、「台灣獨立聯盟」（張燦鍙）、「台灣人民自決運動」（黃彰輝）、「台美協會」（彭明敏）。

●十五日，施明德美籍太太艾琳達（美國國際赦免組織工作者）被驅逐出境。

一九八〇年

一月

●八日，高雄紀念國際人權日集會總指揮施明德，在台北市漢口街二段隱匿處被發現遭逮捕。

●十四日，高雄鼓山事件（一九七九年十二月九日）的姚國建、邱阿舍均遭逮捕，以妨害公務傷害毀損罪嫌，被判二至三年徒刑。

●廿日，黃信介、施明德、姚嘉文、張俊宏、林義雄、林弘宣、呂秀蓮、陳菊等八人，以叛亂罪被軍事檢察官蔡籐雄提起公訴。

二月

●廿八日，「林義雄全家遭殺人滅口事件」，林義雄老母及兩個女兒遭慘殺，一女負重傷。

三月　●十八日，黃信介等八人在軍事法庭開始被公審。

一九八一年　七月　●三日，陳文成事件——賓州匹茲堡的卡耐基梅隆大學教授陳文成和家人回台北時，被特務約談後遭刑求致死。其遺體被發現遺棄在台大研究生圖書館後面。

一九八二年　二月　●十四日，爲支援台灣人自決，「台灣人公共事務協會」成立於洛杉磯。

七月　●「美國台灣協會」聲明「台灣的前途由全體一千八百萬台灣人決定」。

九月　●「高雄事件」被判重刑八人當中的黃信介、林弘宣、姚嘉文、張俊宏等四人共同聲明：「從長期的觀點來看，建立台灣的民主比創造統一中國是更爲緊要的目標。」黨外領袖共同聲明「民主、統一、救台灣」，指出：「台灣的前途，得由住在這塊島上的一千八百萬人所決定。」

一九八三年　十月　●許榮淑在立法院提出台灣人民的自決權。

一九八三年　一月　●盧修一事件——「獨立台灣會」成員盧修一（文化大學政治系主任）、柯泗濱（留德學生）、前田光枝（日本女性）被捕。盧修一感化三年，柯判感化三年，前田亦判刑三年後驅逐出境。此案以主犯罪嫌通緝在日本的史明。

十月　●二百名反對人士在十二日的立委選舉前，達成台灣人自決的共識。

一九八四年四～五月　●高雄事件受刑人黃信介、林弘宣、姚嘉文、張俊宏等以絕食抗議國民黨的獄所待遇。

八月　●在舉世輿論的壓力下，蔣政權釋放高俊明牧師及林義雄，高牧師恢復在長老教會的職務（長老教會拒絕政府的壓力）。

十月　●江南（劉宜良，前國民黨特務）被暗殺。

●國民黨的檢查單位秘密會議，決定加強破壞黨外刊物。

十一月　●林弘宣移送綠島軍監。

十二月　●蔣政權逮捕黨外人士吳振銘，移送綠島。

一九八五年

一月　●反對派六名新聞人（《進步週刊》、《新美麗島雜誌》）被控誹謗政府。

三～九月　●施明德要求組黨及釋放政治犯而絕食，蔣政權對他強迫灌食，黃華、白雅燦、林弘宣亦同時絕食響應。

五～十二月　●蔣政權平均每個月查扣百分之九十的黨外刊物，並由一千名以上的警察擔任此任務。

五月　●十四名省議員抗議沒有眞正實行地方自治而辭職。

七月　●黃信介被控爲「中共代理人」的自白書（被政府強迫塡寫的）出現。

●黃天福、邱義仁等三人涉嫌洩露軍機（一九八四年十月新聞局會議）而被捕，判刑四個月。

●黨外活動家及新聞工作人員五十人抗議。

八月　●徐肇宏（被日本政府驅逐）以違反戒嚴令，企圖組織新黨而被軍事法庭判刑六年。

九月 ●黨外助選團成立，一致主張自決、解除戒嚴、釋放政治犯及地方自治。

十二月 ●林弘宣因病而獲假釋。

●蔣政權禁止中國話以外的語言政策，引起大眾的抗議及嘲笑。

一九八六年

二月 ●高雄事件受刑人陳菊獲釋。

三月 ●軍方突擊許榮淑、康寧祥的雜誌社，許榮淑在立法院控訴。

五月 ●十九日，政府默認黨外公共政策研究會成立地方分會。

●十九日，許信良在美國聲明將回國為組黨奮鬥。

●廿日，許榮淑、周清玉在美國召開記者會，提醒世人注意台灣的戒嚴，參議院議員愛德華・甘迺迪、貝爾及眾議員索拉茲等皆出席。

六月 ●為抗議新聞自由，台北市發動美麗島事件以來最大規模的萬人示威活動。十九日鄭南榕被捕，「新美麗島」的黃天福、李逸洋、陳水扁被控誹謗而判刑八個月。

九月　●廿八日，民主進步黨成立。

十二月　●七日，民進黨第一次選舉，當選立委十二人（得票百分之二十四・七八），國代十一人（得票百分之二十二・二一）。

一九八七年

六月　●廿三日，立法院強行通過「國安法」。

七月　●台灣中國間貿易量增加一點六倍。

●十五日，歷經卌八年二個月的戒嚴令終告結束。

九月　●中共國務院設立「國台辦」（台灣事務辦公室）。

一九八八年

一月　●十三日，蔣政權的獨裁者蔣經國去世（七十七歲），台灣人買辦政客李登輝升為總統（一月廿六日）。

三月　●一九八〇年代初，台大學生李文忠、劉一德、賴勁麟及其他學校的蔡文旭、曾昭明等少數進步分子開始活動。一九八七年，台大展開學生會普選鬥爭，第一次由進步學生當選台大學生代聯會主席（台大的學生運動開始由大新社、大論社等掌握，對中共抱統一幻想的少數學生所組織的「大陸社」也從大新、大論手上奪權，但大陸社也開始傾向台灣獨立意識）。同年，台大以外各大學亦開始展開學運，紛紛成立「大學改革會」，隔（一九八八）年三月發展成爲「民主學生聯盟」。

五月 ●廿日，台灣農權會至台北街頭抗議，與警方發生衝突（五二〇事件）。

十一月 ●黃信介當選民進黨第三任主席。

十二月 ●廿五日，黃華倡議新國家運動，十一月十六日開始環島四十天行軍，此日完成。

一九八九年

四月 ●七日，台灣獨立運動烈士鄭南榕自焚而死。

●廿九日，台灣勞工運動支援會五週年紀念餐會，提出工會自主的目標。

五月 ●十九日，詹益樺在鄭南榕的出殯行列中，於總統府前自焚身亡。

十二月　●二日，公職選舉，國民黨得票率爲百分之五十八點三，民進黨爲百分之二十九點七，民進黨囊括七個縣市長、二十一席立委及十六席省議員、十四席台北市議員、八席高雄市議員。

一九九〇年

一月　●十日，黃華因主張「新國家運動」（台獨運動）而被捕。

三月　●十九日，大專學生抗議國民黨非法選舉總統，約五千人參加，並有多位學生絕食。三月學運發展成立「全國學生運動聯盟」（全學聯），但台大學生在十二月退出，另搞學運。

●廿一日，國民大會選出李登輝爲總統。

四月　●廿日，美國國防部向布希總統提出「台灣地位未定」之明確報告。

五月　●十日，民進黨學生強烈批判黃信介主席答應參加國是會議籌備會。

●王幸男出獄。

●施明德出獄，擔任民進黨顧問。

●學生抗議軍頭郝柏村爲行政院長，大示威。

七月 ●國民黨設立「國是會議」。

一九九一年

二月 ●國民黨發表「國家統一綱領」。

四月 ●民進黨立委集體退出立法院。

●國民黨政府無視對學生的民主改革的承諾，學生再度集結抗議示威。

●十七日，民眾、學生示威，抗議國民黨獨佔政權。

●卅日，李登輝宣布五月一日零時解除動員戡亂時期。

●卅日，與中共結束內戰狀態，中共不再視爲叛亂團體。

五月 ●九日，調查局逮捕「獨台會」秘密成員陳正然、廖偉程、王秀惠、林銀福。

●十一日，江蓋世、陳明仁、李喬等二十五人聲明加入「獨立台灣會」，各地加盟者陸續出現。

●十二日，大專學生教授抗議非法逮捕，成立「全民反政治迫害聯盟」。
●十三日，「全學聯」五百多名師生開始在中正紀念堂靜坐（至廿一日），抗議警察暴行。
●十五日，大專學生、群眾佔領台北車站。
●十七日，立法院廢除「懲治叛亂條例」（爲了抓中共人員，一九四六年制定）。
●十七日，國民黨釋放獨台會案四人。
●廿日，知識界反政治迫害聯盟抗議五〇九獨台會事件（東海大學教授林俊義總指揮），數萬人參加示威。

一九九二年　四月
●十五日，民進黨主張總統直選，在台北車站舉行靜坐四天。

台灣人出頭天做主人的政治目標「台灣獨立」，是台灣人代代祖先的歷史宿願，更是現代台灣人奮鬥的終極目標，但僅以「感性」的終極目標，若無理念，無原則，無戰略的與敵鬥爭，就難以推翻現實殖民統治。爲了達成台灣獨立這個崇高的目的，人人都應該擁有明確的政治理念（「台灣民族主義」），堅定的「政治立場」（與敵劃清界線，堅守台灣獨立的台灣人立場），及公私分明的「政治觀點」（爲台灣民族獨立、殖民地解放努力奮鬥），才能推翻現實中國國民黨外來殖民統治的體制與特權，進而完成祖先交給現代台灣人的革命事業。

附錄
謝雪紅的慘境

一九〇一年，一歲

生於彰化，本名阿女，後改名雪紅，兄弟七人，家中赤貧。

一九〇七年，七歲

在台中市街頭擺攤子賣香，因而失學。

一九一三年，十三歲

父母雙亡，爲償還辦喪事的債務，賣身洪春榮做童養媳。

一九一五年，十五歲

嫁台中洪春榮爲妾，不堪婆家虐待，逃回家，但再被領回。

一九一八年，十八歲

潛逃在日人家當女傭，糖廠當女工，學會日語後，嫁甘蔗委員張樹敏（東勢人）爲愛人，與張東渡日本神戶做草帽生意，研讀日文，改名山根淑子。

一九二一年，二十一歲

回台，在台中勝家裁縫店任外務員，自己也開了一家裁縫店，有正妻的張樹敏常來糾纏。

一九二五年，二十五歲

與張樹敏逃亡中國，在船上碰到林木順，自上海棄張樹敏，與林木順逃到杭州，林介紹一些革命青年，又介紹加入「共產主義青年團」，入上海大學社會科（教員鄧仲夏、瞿秋白，後來都被蔣介石殺），數個月後被選為「學聯會常委」。

參加「五卅運動」，擔任學生宣傳隊長，在上海、杭州、南京一帶活動。

以國民黨身份出入軍閥孫傳芳司令部取情報，後與九名同學被送往蘇聯莫斯科，先在孫逸仙大學（中山大學，認識蔣經國、劉少奇），三個月後轉往「東方勞動大學」日語班（認識片山潛、德田球一、佐野學等日共幹部），在此時，換名為「謝雪紅」。（片山潛等日共中央，負責領導創建台灣無產階級政黨，有責任幫助朝鮮、台灣的殖民地解放，德田球一回國時，把自己的皮箱送給謝雪紅為紀念）

一九二七年，二十七歲

年底　從莫斯科返上海，第三國際指令建立「台灣共產黨」。

林木順、謝雪紅由莫斯科指令，要自日共佐野學、渡邊政之輔領「日本共產黨台灣民族支部」建黨的「政治綱領」、「組織綱領」。但因當時日警正在大搜捕日共黨員的「四・一六」事件當中，所以才決定「台共」創黨大會回上海召開。

一九二八年，二十八歲

四月十五日　在上海法國租界內，金神父路（現為「瑞金二路」）的「金神父」照相館樓上舉行成立大會，謝任主席，出席者：林木順、翁澤生、林日高、潘欽信、陳來旺（日本）、張茂良、中共代表彭榮、朝鮮代表呂運亨。

中央委員：林木順、林日高、蔡孝乾、莊春火、洪朝宗（後三名未出席），後補中央委員：翁澤生、謝雪紅。

大會後，發生意外，林木順、謝雪紅扮為夫婦同住「金神父」樓上（林、謝實際上發生男女關係）。謝被租界巡警逮捕，引渡於日本領事館警察，被解送回台，後因證據不足而被釋放，林木順後來參加瑞金工作，不是死在戰場，而是潛回上海從事地下工作時，死於刑場（其叔叔林有泉為外科醫師，霧峰人）。

十一月　日共渡邊政之輔由莫斯科，經過上海，要拿工作資金供給謝雪紅，不幸在基隆港被日本警察發現追殺，謝雪紅遂與日共斷絕聯絡線。

年底　開「國際書局」，楊克煌出資，蔣渭水資助。此時，謝雪紅、楊克煌已結成夫妻。

一九二九年，二十九歲

蔡孝乾、洪朝宗畏於白色恐怖，脫離台灣逃往大陸，以「關門主義」、「右傾機會主義」帽子扣謝雪紅。

一九三〇年，三十歲

五月三十一日　上海翁澤生（瞿秋白學生，瞿是史達林高足）透過中共報告「第三國際東方局」，謝雪紅「右傾機會主義」。

謝雪紅派林日高、王萬德至上海請求資金救援。

林日高帶回翁澤生傳達的「中共批判謝雪紅關門主義」，要求改正。

謝雪紅拒之，不接收批判。

王萬德組織「台灣共產黨改革同盟」。

五月三十一日—六月二日　潘欽信以「第三國際東方局」代表名義，回台召開「台共臨時大會」（在八里坌），會上開除謝雪紅，成立新的中央委員會，改革同盟主要成員：王萬德、蘇新、蕭來福、謝玉葉。

此時，劉讚周出國參加「國際工會會議」（イルクーシク）回來（從莫斯科）。謝雪紅隨即派他往日本，向日共中央報告上述情況。

劉讚周回台，即被捕，任敵人嚴刑拷打，他始終沒吐一個字，活活被打死。

謝雪紅被捕後，受了各種酷刑，用針深刺指甲縫，「五指連心」，還剝光衣服、以香煙燃頭燙乳頭。

一九三一年，三十一歲

春　台共遭毀滅（楊克煌著《台灣人民民族解放鬥爭小史》有詳細敘述）。林日高、蘇新、王萬德、潘欽信等五十餘人一網打盡。

謝雪紅，徒刑十二年，在獄中做裁縫工作，患婦病重，由其姐、兄抬出來，保釋出獄，出獄時塡寫「轉向書」，而保釋後也受日警嚴密監視。謝：「這是我一生唯一大污點」，二十年後，也成了一大罪狀（在中共時期）。

一九六〇年代，蘇新曾以「北京廣播電台日語部代表」到日本，得一份資料，除了德田球一、宮本顯治等數名外，被捕日共黨員都「轉向」。

出獄後，與楊克煌在台中開「三美堂」百貨店，從事地下工作。

【史明按：革命光靠一股熱情是不行的，一定要以先進的思想，追求革命的本質與原則，以及規律，才能達成目的。】

一九四五年，四十五歲

日本投降，謝雪紅立即自組「人民協會」、「農民協會」，發行《人民公報》，協助中共工作領導者蔡孝乾，組成「台灣省工作委員會」。

一九四七年，四十七歲

◎二二八大革命發生

在台北之武裝起義計劃失敗。

「計劃三月五日凌晨二時，從郊區新店鎮發動武裝起義，鎮人民武裝會同山地高山族佔領新店後，開到台北市區與我們會同作戰。市區起義定於五日凌晨三時，發信號彈爲行動命令。先攻取軍械庫武裝後，各隊分頭負責攻取所有軍、警、憲武裝據點，至拂曉，各隊會合攻佔『長官公署』，我指揮的第一大隊……沒有拿到武器……手持鐵棒、木刀、木棍等武器。……由於某些組織聯絡工作沒有落實，搜集武器又落空，新店起義未能發動，總指揮部終於停發進軍令。」（陳炳基文）

「台北武裝起義在三月五日午夜發動前被國民黨所發覺，工人、農民、學生的隊伍又極度缺乏武器彈藥，同烏來的山地同胞的聯繫也出問題，因此武裝鬥爭沒有成功……」（吳克泰文）（《歷史的見證》，一九八七年，台灣民主自治同盟編）

【史明按：沒思想準備、沒行動準備、沒發動大眾、紙上談兵、空談。】

◎二二八大革命在台中

三月一日　台北電台廣播，號召全民起來鬥爭，是日，楊逵、鍾逸人印發傳單、並倡議召開市民大會（傳單沒署名）。

楊克煌、謝雪紅，同日召集「人民協會」幹部林兌（原台共黨員）、謝富（原台共黨員）、李喬松（原台共），這三人先後都加入了中共，研究對策。會上意見紛紛，多數人認爲黨的力量薄弱，不應介入，更不應公開露面，有的主張等待「省工委」（蔡孝乾）下達命令再行動。

謝雪紅、楊克煌則斷定事態必然發展成爲全島性武裝鬥爭，並主張積極投入運動，與群眾打成一片，最後，大家爲謝、楊所說服。（以上是謝雪紅匿居大肚鄉時，親自對古瑞雲〔即周明〕說的）

謝雪紅引用巴黎公社爲例：巴黎工人起義時，馬克思也曾以爲時機過早，條件不成熟，但既已起義，共產黨人就應站在前頭領導工人。

謝認爲，台灣人民鬥爭也許會失敗，但可利用機會，磨練人民、教育人民，爲此即便在鬥爭中犧牲也值得。

謝引用希臘神話：革命者一刻也不能離開人民，一旦離開人民，就猶如魚離開水，立刻失去生命。

謝：要時時刻刻關心人民的所思所想，永遠和人民大眾站在一起。

三月二日　謝雪紅參加第二天的市民大會，上台演講，隨後帶領大眾遊行。事態發展果然如她所料，即刻變成武裝衝突。

市長黃克立，派人四處造謠：國軍即將趕到台中市進行鎮壓，企圖以此唬退大眾，結果，起了反效果，覺醒的大眾，爲了保衛家鄉，紛紛前來「教化會館」，向市民大會主席謝雪紅請戰，於是成立了「台中地區治安委員會作戰本部」。與此相反，剛成立的「台中地區時局處理委員會」的委員們，聽了謠言，嚇得各自逃散。

三月三日　組織起來的各武裝隊，在作戰本部統一指揮下，攻克了台中市黨、政、軍、憲所有機關。

三月四日　一度散走的「處理委員會」的委員們，重新集合，再次掛起牌子，他們企圖控制大眾武裝，邀請謝雪紅加入處理委員會當委員，當時創設「作戰部」，任命吳振武（日軍時海軍大尉）爲部長，謝雪紅爲參謀。

謝雪紅沒有指揮大部隊作戰的能力，此時，她所盼望的是張志忠（新四軍團長，敵工部副部長，實戰經驗豐富，與蔡孝乾在一九四五年底回台，現在嘉義落地指揮戰鬥，積極準備建立游擊隊基地，成立「嘉義自治聯軍」）。

當時，蔡孝乾不承認謝雪紅爲中共黨員，但她卻自以爲加入了黨。

對於台中資產階級所擬的「處理委員會」，謝雪紅本來想不理它，但張志忠勸她與之合作，理由是處委會中有些人有威望，可以借他們的社會地位籌款籌糧。

謝雪紅竟然同意張志忠意見，參加了處委會，在這種情況下，謝雪紅、楊克煌竭力團結吳振武。

三月五日　謝雪紅、楊克煌、吳振武同車去第三機場，一路上謝對吳說了許多有關台灣革命軍的話，吳振武感動，途中吳先下車時，對謝表示：「以前不理解您，聽了您的話，我很敬佩，但我有苦衷，以後不管發生甚麼事，請原諒。」第二天，有人向謝雪紅傳話：「昨晚吳振武擦槍時，不愼走火打傷了自己的腿。」謝、楊猜想，吳可能被CC派挾持，騎虎難下，乃採取苦肉計，而自傷的吧。從此不見吳振武的人影。

謝、楊，以精良的隊伍，成立「二七部隊」（後來在香港時，楊克煌說二七部隊是他命名的）。

三月二十日　延安《解放日報》刊出〈台灣自治運動〉：「……組織基幹的正規自治軍，掌握在最忠心最堅決最有能力的革命者手裡。……要迅速在蔣軍鞭長莫及的地方，派出重要領導人和大批幹部，去建立自治運動的根據地。」

◎二七部隊

黃金島在《台灣新文化》（一九八七年六月，第九期）敘述：「當時戰士都是自動自發站出來保衛鄉土的……任何一個人，都是自由加入的，當然也可以自由脫出，誠然，古今中外自覺的人民起義軍都是如此。正因如此，原先吳振武任隊長的中師『民主保衛隊』中有不少隊員離開該隊前來加入二七部隊。誰有勇氣和魄力敢挑重擔，大家就擁戴他，這是起義戰士的共同心態。」

鍾逸人與謝雪紅之間，除了意識形態上的對立外，在政治訴求上也有原則性的分歧。

鍾說：「我們要以武裝爲後盾，迫使陳儀接受處理委員會提出的條件。」但謝、楊則根本不相信陳儀會接受處理委員會的條件，因爲陳儀只不過是蔣家的看家狗。

謝、楊主張，建立全島性人民軍，進而建立自治聯合政府，以既成事實逼迫蔣家王朝承認。

古瑞雲：「三月六日，謝雪紅指示我進入『二七部隊』，駐地是台中干城營區（前日軍第八部隊營房），吩咐我，要好好掌握這支部隊。其中有個『嘉義隊』（隊長黃文輝，中共黨員，張志忠的親信），及何集淮、蔡伯勳都是中共黨員，都信得過去。」

二七部隊的基本隊伍：

①鍾逸人親信黃信卿的「埔里隊」。

②何集淮、蔡伯勳的「中商隊」（隊中有幾名共產黨員、黨員謝富之子亦在其中）。

③中共黨員呂煥章（黃文輝好友）的「中師隊」。

④黃金島的「警備隊」（獨立隊）。

⑤李炳崑的「建國工藝學校學生隊」（古瑞明是其中一員）。

⑥林大宜的「農民隊」（農村舊日軍士兵）。

⑦有延平學院同學，前日軍炮兵少尉、前日軍工兵，其他，三五成群參加的，都是自動到「謝雪紅部隊」報到的。

古瑞雲：「從上述構成可知，二七部隊是謝雪紅的『御林軍』。」

三月六日　傍晚，謝、楊佳進干城營區，爲了鞏固「御林軍」。

當晚，鍾逸人隊長召集各隊長及幹部，有林大宜（省農藝實驗所所長）、吳崇雄（台大醫學院學生）、石朝耀、蔡鐵城（即蔡金城，和平日報記者）、周秀青。

鍾隊長在會上宣布古瑞雲爲副官，蔡鐵城爲宣傳部長，黃信卿爲參謀長，石朝耀爲連絡官。會後任吳崇雄爲醫官，又設「秘書處」（楊克煌的意思），由何集淮負責。

其後，很少看見鍾逸人隊長，鍾命令石朝耀每天連絡一次，可是石常找不到鍾，不知去向，參謀長黃信卿常跟隨鍾，也不見人影。因此，隊伍指揮重任落在古瑞雲（當年二十一歲）肩上。

進軍埔里的前一週，整頓軍容，訓練隊伍，一切按照日軍方式，口令也用日語，隊員總數四百名以上。

鍾逸人企圖架空謝雪紅，對「處委會」（資產階級）存有幻想，謝則防「處委會」妥協、投降。戰略思想上，鍾要用飛機、破大砲、破坦克來嚇唬國民黨軍，去打正規戰。謝等卻認爲寡不敵眾，只能打游擊戰。謝交代對俘虜千萬不可虐待，要給予優待，但鍾卻不同，把俘虜關進監獄，撤退時準備加以槍殺（俘虜文武官四百多人）。

三月九日　傳來蔣軍登陸基隆，殺人魔王彭孟緝將要北上。

三月十日　起義軍可能面臨南北夾攻威脅，鍾逸人召集「第一次幹部會議」。

三月十一日　蔣軍已抵達豐原，下午謝、楊叫古瑞雲到台中監獄看劉存忠。

三月十二日　早上，集合隊伍，傳達謝雪紅的撤退命令。走掉一小半，剩下兩百多名。

中午，謝、楊說兩人先走一步，大家立即撤退。攜帶武器（日製三八式步槍、手榴彈），分兩輛大巴士出發，釋放俘虜。

下午五時，兩部大卡車轉回來，大家上車，完全撤退。

當夜，大家睡在國小大禮堂、教室。古瑞雲對謝、楊建議：①立即成立政治部，②立即佔領各機關。

三月十三日　上午，召開全體隊員點名，謝雪紅講話。

中午，區長、地方士紳前來勸降，古瑞雲：「放下武器等於自殺。」

三月十四日　上午，廖區長等人，乘小轎車逃亡台中。

清早，謝、楊，無事先通知，帶何集淮、蔡伯勳、呂煥章（都是中共黨員），乘一大輛巴士進入霧社，霧社鄉長曾留學日本大學，比較通情達理，他向謝說，他個人很贊成正義行動，但有過日據時代的慘痛教訓，大家都怕慘劇重演；如果二七部隊進山，必定會引來蔣軍圍剿，其結果不堪設想；但如果鄉民自動參加二七部隊，他絕不阻擋。當晚有十多名霧社青年下山參戰，因爲隊員不知謝、楊去向，有人動搖離隊，吳崇雄、周秀青也離隊而去。

下午四時，謝、楊回來，不說霧社鄉長拒絕上山的事，只說有山胞將下來助戰，隊員士氣頓時高揚，「打倒陳儀」、「誓死戰鬥」。

古瑞雲：「黃金島接受王世勛的採訪說：『他們已經準備放棄我們了。』（《台灣新文化》第九期，一九八七年六月）現在我以見證人的資格，告訴黃先生，我們都被拋棄了。先是鍾隊長拋棄了我們，接著，歐巴桑（謝雪紅）奉中共領導部的命令，拋棄我們。這個歷史事實，以往我不願意說，可是它給我的精神創傷太大，至今無法治癒，把它公諸於眾或許可以輕鬆些。」【史明按：我肯定會。】

古瑞雲：「謝雪紅剛鼓勵成員之後不久，一位衛兵進來說：『從台中有來一位大伯，硬要帶他兒子回家。』我出去應付，他不肯表明，經過好久爭執，他才說：『我叫謝富，要見謝雪紅。』出乎我意料，謝、楊瞬間露出驚喜，一下子就見了謝富。更使我訝異的是，三人在屋裡秘語半個鐘頭後，謝、楊二人各挾著衣服小包裹，跟著謝富後面走出來，往營門走出去，從我身邊走過去時，一句招呼也不打。我急忙湊過去問：『到那裡去？』謝雪紅低聲對我說：『我們有急事要出去……以後你會知道的，我們離隊的事，千萬別張揚出去。』我預感不祥，就拉謝雪紅的袖子問：『您至少得告訴我今晚住在那裡，要不然我怎麼與您連絡？』她答：『以後何集淮會告訴你，但要絕對保密。』楊克煌盡催：『快走吧！』」

謝富，「中共台灣省工委」台中市委的負責人之一，他就是專程來傳達「省工委」（蔡孝乾）的指令。「省工委」對全島屬下各地黨員都做同一指令，其後，謝富父子都被捕遭殺害，「人民協會」成員也不能倖免。一九五七年中共肅清謝雪紅、楊克煌時，他們爲此被扣上「二二八逃兵」的大帽子。

【史明按：中共黨上級命令前線黨員拋棄非黨員戰士，秘密逃跑，地下工作場合也同樣，中共公稱爲「保存幹部」。謝等中共黨員，臨危時，爲了命令黨員脫離前線，盡量拋棄非黨員，背叛同生共死的非黨員，秘密逃跑是家常事，這是個好例子。革命的無情殘酷！】

古瑞雲：「謝雪紅拋棄我們，使我失去精神支柱，頓然感到不知所措，然而在這緊急關頭，爲了保持士氣，我就對二百戰士負責，堅定不移的挑起千斤重擔，大膽指揮隊伍。鍾逸人也逃走了。」

三月十五日　謝離隊後，古瑞雲按照未經謝同意的原定計劃，兵分三路，一舉佔領區公所、警察署、郵便局，繳獲若干日製三八槍、村田式步槍。

古瑞雲：「我按謝指示的地址，找到了她，謝對我說：『我們的行動，以後你會理解。』我說明天夜襲日月潭，她不置可否，他們的事，眞叫人百思莫解，可又不便追問。」

上午，黃金島：「有一隊員擅離崗位，去逛妓院。」警備隊開臨時軍事法庭。

古瑞雲：「石朝耀（CC派進來的奸細，嘗言：「我在上海經楊肇嘉介紹加入國民黨，不久加入CC」）到處造謠，說我們是『紅』的。」

夜襲日月潭，以中師、中商爲主力，另有霧社青年及從農村招募的復員等，共一百名，分乘兩輛巴士出發。以黃金島指揮的小部隊，扼守烏牛欄，以防背後受敵。

古瑞雲：「夜幕時節，往日月潭進軍，將到烏牛欄吊橋時，忽然遇見謝、楊乘坐一部大巴士車，停在路旁，我非常訝異，急忙叫停車，走過去問她二人那裡去，她先是以手勢叫我壓低聲音，說『別讓大家知道，我們要到小梅聯絡陳篡地的隊伍，你們萬一失利就那裡找我。』『我怎麼找妳？』『先到竹山鎭上打聽張昭田家，張在攻打嘉義機場犧牲了，家裡只有老母，你合掌向她要三支香，然後朝張昭田靈位三鞠躬，她便知道你是自己人，會帶你來找我。』」

張朝田的叔公，在日寇侵略台灣時參加義勇軍，戰鬥中犧牲。父親是台共黨員，在獄中不屈，被活活拷打至死。張昭田在攻打嘉義機場時，衝鋒在前，中彈陣亡。

古瑞雲：「日月潭打了一戰，凱旋歸來，回到武德殿，少數留守指揮部，大部隊伍再開往烏牛欄支援，天已快亮。何集淮、蔡伯勳不見人影，後來才知道所有共產黨員都同時奉命離隊。武德殿僅剩我和二十來個隊員（參謀長黃信卿也跑掉）。」

三月十六日　天亮後，傳來密集的槍聲，烏牛欄吊橋通不過，飯水送不上前線。

古瑞雲：「中午，親自到吊橋一看，原先在那裡的『嘉義隊』不見了，對面丘頂已爲敵軍所佔。估計我軍被困在丘山樹林中。由於爲了挽留謝、楊，耽誤數小時，以至不能在這最緊要的數小時內協調各隊活動，最後竟中斷聯絡，如今要撤退也難了。」

古瑞雲：「下午二時，我身上沒有分文，炊事報告已斷糧，也沒辦法。鍾逸人在

《辛酸六十年》寫，謝雪紅曾給他十萬元，他從中給我五萬元，是胡說八道，絕無這回事，我派一位戰鬥經驗豐富的隊員，加上我弟古瑞明，帶領埔里青年十多名前往前線接應。出發前我在河邊關照他們：『如若接應不成功，要埋好武器後各自隱蔽，等待東山再起。』得不到前線消息，一時回來籌出五萬元的參謀長黃信卿也未見再回來。」

古瑞雲：「黃昏時，我覺得大勢已去。含淚把得來的五萬元分一小部分給僅存的數名隊員，叫他們自各逃命。這時，鍾逸人由魚池打電話來問情況，我告訴他『沒必要回來，已解散隊伍了』。當晚，借宿在先前謝、楊借宿的那一人家。」

三月十七日　古瑞雲：「他們幫助我換了衣服後，帶我繞道走上通往吊橋的大道。我混在疏散歸來的人群中一起走。我想去竹山去找歐巴桑。①鍾逸人處處排擠謝，欲凌駕歐巴桑是敗筆。②歐巴桑奉命拋棄我們，是大敗筆，這個責任應該追求。」

「在魚池工寮和戰友分手，就找近路往竹山走，在竹山鎮巴士終點附近找到張昭田家，由張昭田母親引導，在兩個老夫婦家，竟然見到謝、楊，我對他倆一五一十說明『最後糧盡彈竭，不得不化整為零的經過』。然而，這些似乎都在她意料之中，說

『鬥爭是長期的，不要灰心』。但我有不懂，她本來是要來小梅準備『民主聯軍會師』，來了兩天，還沒見到陳篡地。『那好，我去山上連絡。』『你千萬別讓他知道我在這裡。』我越發糊塗了。楊克煌接著說：『問簡吉是否在那裡？』」

下午二時多，古瑞雲奔上小梅，見到陳篡地（四十來歲）。

古：「我們連絡得太晚了，我指揮失當，沒有及時撤退，最後不得支持下去，只得讓隊員各自埋藏武器，四散隱蔽。」

陳：「勝敗乃兵家之常，不必灰心。」「簡吉不在此，是和張志忠一起。」

古和陳約連絡暗號：「我要即刻下山去糾集我的隊員，一個星期後一定回來。」

古隨即下山，傍晚回到謝雪紅處。

謝：「陳篡地可靠嗎？」

古：「我以前根本不認識他，但初見印象不錯。歐巴桑，你們到底去不去？」

謝：「我對陳篡地不太瞭解，聽說曾參加過馬來亞游擊隊。」謝的口氣無意進山。

古：「不管如何，我要和他們一起戰鬥，我已和陳篡地約好，一個星期後再回小梅。」

三月十八日　一清早，古瑞雲離開竹山，臨走時，楊克煌交給古一封信，囑他投函，封面是「蔣經國先生親展」。

古從竹山至嘉義，見到陳復志被虐殺血跡。路人勸告：「國民黨天天抓人、殺人，快離開吧。」碰到蔡鐵城，兩人偷取《和平日報》袖章，安全進出車站。從嘉義至彰化，兩人分手。古找顏輕音、女友陳素吟、王清池（中商同窗），住一宿。找周秀青（不在），至員林找吳崇雄（不在）。

三月十九日　古至台中市，找何集淮（不在），碰到四、五個青年。後來得知何集淮、蔡伯勳，到嘉義，接受張志忠直接領導。

當夜至台北，《中外日報》被查封，找不到陳本江、吳克泰，「延平學院」被查封。

三月二十日　古訪了張省三（法商學院上學），「台北到處抓人，不能久住」。後來受古瑞明牽連，張省三徒刑兩年，林西陸徒刑五年。到處籠罩著白色恐怖，死氣沉沉。

三月二十四日　傍晚，古按期回到竹山，報告謝、楊。

古：「我們不能束手就擒，即使剩下最後一個也要戰鬥。」

謝、楊不同意，也不反對。

三月二十五日　一清早，古要和一個農民一起出發，突然小梅方面槍砲聲隆隆，持續到中午，陳篡地軍被包圍，死守陣地，蔣家在竹山挨家挨戶搜查。

謝、楊、古決定連夜逃離，天黑出發。

三月二十七日　至彰化，訪楊妹夫（柯先生），受柯家招待。決定謝、古到陳素吟家借宿，楊克煌則到鳳山弟弟楊克村家躲藏。

三月二十八日　何太太（楊克煌妹妹）：「街上傳說謝已在彰化，警察開始在搜捕。」。

謝決定去大肚鄉，謝巧扮農婦，搭火車。王田下車，離開車站，沿著大肚溪南岸，走田間小徑往大肚鄉走。

謝要到大肚找一名叫黃溪的農民，當地人都稱他「溪仔兄」。黃溪帶謝、古到一戶貧農家借宿，主人是三十年代農運時積極份子，為人樸素正直，只有老夫婦在家。古假扮謝的兒子。

古：「『媽媽』當初為何離開埔里，若妳不走，我們一定能打得更漂亮，說要和陳篡地會師，可是到了竹山，又爲何不上山！我後悔沒有早進去和他們並肩戰鬥，拚死了也就不受這個窩囊氣了。」

楊逵，在鍾逸人《辛酸六十年》中，批評鍾逸人：「身爲隊長（鍾逸人），怎麼可以隨便離開基地……現在全島都看好二七部隊，南南北北受陳儀軍追殺，被通緝的人正苦於無處藏身，都準備到埔里投靠二七部隊……各地人馬、各種人才齊眾在埔里基地。我們在那裡，將有一番轟轟烈烈的事業可以做……」

謝雪紅終於講出全部眞相。

謝：「三月十四日晚上，謝富來傳達省工委指令，指令說，局勢突變，非常險惡，所有共產黨員必須停止一切公開活動，隱蔽起來以保組織力量。」

古：「這種指令是錯誤的，妳不是說過，革命者應該走大眾路線？」

謝：「我也知道是錯誤，但共產黨有一條鐵的紀律，要絕對服從上級命令，錯誤也要服從，如果沒有鐵的紀律，組織會鬆散，甚至造成黨的分裂……這是列寧在俄國布爾塞維克和孟塞維克之爭時，所規定的原則。」

三月底　古瑞雲，從大肚去獅頭山，覺得新竹一帶是打游擊戰的理想地，也看謝雪紅的姊姊。謝雪紅限古瑞雲三天之內返回。古歸途回潭子家，險些被捕。

謝收到省工委發出的指令：盡快設法離開台灣，到上海找李偉光（即李應章）。

謝、古在大肚住半個多月，兩人深入交談。

謝：「革命沒有一帆風順的，這次武裝起義雖然失敗，但人民在鬥爭中得到磨練，提高了政治覺悟，還是很大的收穫……」「革命者要鬥爭到最後一刻，即便在法庭上，在刑場上也要利用一切機會揭露反動派的罪行。」「處理委員會，那些委員們是台灣地主、資產階級的代表人物，他們過去受日本壟斷資本，現在受國民黨官僚資本的壓制，爲了本身的經濟發展，需要爭取政治地位，因而是有進步性和反抗性，但由於本身力量薄弱，一方面懾於統治集團，另一方面也害怕勞動大眾力量過於膨大，經常在兩者之中動搖……當人民的力量日益壯大，他們卻又害怕起來，或用『紅的』來嚇唬人……結果，土崩瓦解，屈服敵人了。」「待人民武裝力量壯大，要成立『人民政府』，這個政府成員由民選產生，以勞動人民爲主體，還應該有包括處委會委員們在內的各階層各民眾團體的代表，市長由林西陸那樣的中間偏左的人士擔任。」

【史明按：謝雪紅當時最大的缺陷，就是看不清台灣的殖民地地位，缺乏四百年

史觀點，沒有台灣民族主義理念。】

關於吳振武，之前在三月三日，謝雪紅曾根據密告逮捕了三十多名CC份子，她懷疑吳振武與這些CC份子有關係，但來不及審問證實。

謝：「吳振武是有良心的人，相信他有一天會醒悟。」

鍾逸人（東京外語學校，與林冬桂學中國語，一九四一年十月二日—一九四二年九月八日在東京巢鴨坐牢，和日軍某參謀長有關，戰後三青團嘉義分團書記，吳鳳小學校校長），戰後因貼大字報揭露警察劣行被捕，謝雪紅叫古瑞雲找李友邦營救。

謝：「正因爲鍾是『三青團』骨幹，而且和上層人物多有交往，所以讓他當二七部隊隊長，可是他的那種立場、觀點，我很不放心，而且他有大頭病，整天到處跑，所以我要你（古瑞雲）去好好掌握二七部隊。」

謝雪紅曾問古瑞雲想不想加入共產黨。

古：「共產黨的主張我贊成，可是對共產主義的理論我懂得太少，對共產黨也剛剛有了點理解，我沒有資格加入。」

古瑞雲（一九二五—二〇〇二），台中東勢人，兄弟十人，父獸醫，家貧，台中商業學校畢業，曾住潭子，以林西陸（謝雪紅親友）爲師，學武功（醉拳、九節鞭、氣功），一九四五年從日軍復員。同年十月初，古與何集淮、蔡懋棠、吳崇雄，到彰化站，迎接以劉存忠爲首的一批接收人員。當時謝雪紅成立「台灣人民協會」、「台灣總工會籌備會」、「台灣農民協會」，人民協會會長林兌，理事謝雪紅（婦女部長）、楊克煌（教育部長）、謝富（組織部長）、李喬松（宣傳部長）、趙港、簡吉、廖瑞發。

古與謝在「大華酒家」二樓（二十平方公尺房間）初見面，在場有謝雪紅、楊克煌（中商畢業）、黃玉英（《和平日報》職員）、賴鑾嬌（小報記者，改名許淑英，後移居東京）。謝問古經歷、住處，得知古住潭子，謝急問：「你認識林西陸先生嗎？」古便向謝說明自己因組織「反日研究會」被停學，經友人介紹林西陸，拜爲師學武術，又從潭子圖書館借來日文版《孫文全集》、《建國大綱》，聽林西陸講五四運動、孫中山、黃興、岳飛、文天祥。謝對古說：「共產黨也擁護三民主義，孫中山晚年主張聯俄容共，扶助工農。」（林西陸，國民黨員）

林西陸，台中潭子人，頭家厝林家出身【史明按：與我父林濟川是叔伯，我一九五一年時，自中共回台後，訪「西陸叔」，請教二二八台中部分，後來成爲寫《台灣人四百年史》的第一手資料】，「建國工藝學校」（林西陸投資，謝任董事長，林西陸校董之一，楊克煌、古瑞雲教員）。

古瑞雲，從謝雪紅獲得山川均《共產主義ＡＢＣ》（學習階級與階級鬥爭），林西陸給予河上肇《經濟學大綱》、河上肇《自傳》。

一九四六年二月以後，古瑞雲和蔡懋棠夫婦同住水源地附近一所空軍宿舍。當時，古天天到「大華酒家」（謝雪紅弟弟謝眞南開的）。大華酒家的常客有王思翔（筆名張禹，《和平日報》主筆，「身在曹營，心在漢」，黃埔軍校出身，在贛南當記者時，要求民主被蔣經國逮捕）、周夢江（《和平日報》編輯）。吳崇雄（東京醫大學生）、林大宜，兩人不住台中市，也專程來過幾次。此外，楊逵夫婦、葉榮鐘、陳錦雲（陳秋生，台南「參仔陳」）、楊克煌（經《大公報》李純青介紹，任職《和平日報》，寫「街頭巷尾」欄）也來訪過。

四月十五日　楊克煌妹妹（柯太太），連絡船已準備好，要在台南一帶先住下，由布袋出發，但只有兩人能坐船，謝命古先訪陳錦雲，再找侯北海（一九五〇年到中國，曾任台灣民主自治同盟福州支部主任）參詳。古主張找蔡懋棠（左營）、蘇炳釧（中商同學）、何光耀（小同鄉）。

四月十六日　古訪蔡懋棠（海軍上尉），蔡勸古先到廈門，可在蔡的親戚「堯陽茶行」住。

蔡講出巡邏艦內情：官兵薪俸微薄，上級又剋扣軍餉，所以就讓客搭乘收小費。蔡：「謝、楊、古可以一起走。艦上的軍官、下士都是台灣人，都從日本海軍復員歸來的。」

四月十八日　謝、楊、古、蔡四人到左營蔡家。

四月二十一日　下午三時，登上巡邏艦「光明號」（五十噸），四時拔錨起航。

四月二十二日　上午十時，到廈門。

古：「祖國！給我的第一個印象是如此悽慘。」

謝、楊、古到「台灣同鄉會」借宿。一個星期後，接上「中共上海局」。

五月一日　謝、楊、古到上海，按照張志忠指示，找李偉光（四明里「偉光醫院」，李是醫生、地主，台北醫學校畢業，參與二林事件，曾被捕，自廈門轉上海行醫）。

到李偉光私宅（中共秘密旅館），晚上由林崑（福州人，曾參加新四軍，文革中被逼跳樓自殺）帶領到武進路「旅滬台灣同鄉會」（李是會長）。當時住同鄉會館的有吳克泰、蔡子民、周傳枝、陳炳基（與謝娥甚密），見到丁保安（古的中商同學，現在日本，日本籍）、郭炤烈（曾任上海市政協副秘書長）。

第二天，李偉光把謝、楊、古接到「偉光醫院」。

幾天後，林崑傳達中共上海局指示，命謝、楊、古去山東解放區，那裡有「台灣縱隊」。

六月二日　滯留一個月後，「上海局」決定派謝、楊、古去香港工作，在「香港工作組」下，單獨成立一個「小組」（謝爲組長），連絡員萬景光（後來任中央統戰部幹部處副處長），住筲箕灣。任務是利用香港的自由環境，配合「台灣省工委」宣傳。出發時，潘漢年（共和國成立後任上海副市長，兼統戰部長，一九五六年以國際特務嫌疑被整肅，後平反）親自召見謝雪紅，指示到香港後力爭廖文毅合作。

六月初　抵達香港。第二天，萬景光領謝、楊、古住進「華僑總會會館」（會長是老同盟會會員陳汝棠）。

謝叫古閱讀〈論聯合政府〉、〈論持久戰〉、〈矛盾論〉。

謝：「得用先進的思想、理論武裝頭腦，光靠一股熱情是不行的。」

一個月後，改住筲箕灣一家二樓（一樓房東開茶館）。

謝、楊、古三人的組織系統屬「中共中央上海局香港工作組」（章漢夫、夏衍），日常工作、生活則由「中共中央南方局」（方方）指導、負責。

當務之急是尋找同志，先後找到陳金石（舊台共黨員）、林殿列（林田烈，舊台共黨員，陳、林兩人當時開「大壽行」，經營貿易）、林客（舊台共黨員，鐘錶修理工）、莊希泉（萬景光介紹，從台灣到福建，參加大革命，抗戰時「閩台協會」，建國後，國務院僑務委員會副主任）、石霜湖（即石煥長，與謝三十年來知友）、施萬青（父施至善，入瑞金加入中共，後逃至香港）、劉雪漁（東江縱隊逃來）、李自修（蘇新好友）。

謝雪紅多次拜訪石煥長，謝建議成立「台灣問題研究會」，石支持。出席第一次集會的，有謝雪紅、楊克煌、石煥長、古瑞雲、李自修、施萬青、劉雪漁、林田烈、莊希泉。謝雪紅會後發表「告台灣同胞書」。

會議上，莊希泉告知廖文毅已到香港，在上海時，李偉光認爲可以和廖文毅、廖文奎兄弟合作，上海局負責人潘漢年也曾指示謝要爭取廖氏兄弟合作。

會後，謝、莊、古，訪問廖文毅（九龍尖沙嘴金巴利）。

第二次集會，廖文毅參加，決定創辦「新台灣叢刊」，廖捐五千元港幣，香港西營盤第三街租社址。

爲求更廣泛支持，曾考慮要組「台灣同鄉會」、「台灣青年聯誼會」，但都流產。

七月中旬 蘇新也來到香港，住石煥長家。

謝、楊，和蘇新商量「新台灣叢刊」。陳嘉庚透過莊希泉捐兩千元港幣。叢刊由楊、蘇兩位任編輯。

第一期出版後，廖文毅提出「托管」主張，謝便與他一刀兩斷。

謝、莊爲了摸透廖的底細，登門拜訪廖（古陪同前往）。

謝：「你們在台灣就主張『獨立』。」

廖：「沒有，有一些青年這樣想，我沒有。台灣前途應在聯合國監督下，以公民投票決定。」

莊：「台灣應該歸中國，是波茨坦宣言規定。」

廖：「那只不過是許諾而已，並不具法律效力。中日和平條約未簽訂之前，台灣地位不能認爲已確定。因此，和約之前，應將台灣交回聯合國托管。」「中共無法渡越長江天險，將來必定以長江爲界，分成南北朝。」

謝與莊一致認爲，廖的重心在於台灣獨立，托管只是手段而已。

謝將上述情況報告上海局的章漢夫、夏衍，上海局指示不要再與廖合作，要暴露「托管」謬論。大公報主筆李純青駁斥托管論。李偉光也在上海電台發表反對托管論。

十月　蕭來福（蘇新的妻舅）來港。蕭來福是接受蔡孝乾的指示，來港要和廖文毅合作。蘇新向蕭來福說明在香港與廖文毅交往的經過。

蕭：「廖是堅決反蔣，可以和他搞統一戰線，你們極左，不懂統一戰線戰略。」

蘇：「和廖分裂是上海局指示。」

蘇、楊寫抨擊「托管」文章，惱火了石煥長。

十一月　蔣時欽夫妻來港（蔣時欽是蔣渭水三子，石煥長是蔣時欽的娘舅），住石家。

蔣：「接受蔡孝乾指示，來和廖文毅合作。」

但蔣很快就由蘇新爭取過來，不過按謝雪紅的授意，叫蔣「表面上與廖合作，而暗中當我們的坐探」。因此，廖、蕭的一舉一動，謝都瞭如指掌。

蘇新主張要有一個組織爲宣傳主體，中共上海局也希望這樣做。謝雪紅爲此拜訪何香凝、廖夢醒、蔡廷鍇、李濟深、彭澤民、章乃器、鄧初民,都一致贊同。

經幾次討論之後,由楊克煌以中、英兩種文字,起草「台灣民主自治同盟綱領」等文件。由夏衍、薩空了過目。

十一月十二日　孫中山誕辰日,發表「台盟」成立宣言(發表於《新台灣》第三期及《華商報》),聲明成立於台灣北部某地。

台盟成立後,爲發揚二二八鬥爭精神,楊克煌、蘇新日夜埋頭著書。楊克煌以「林木順」爲筆名,著《台灣二月革命》。蘇新以「莊嘉農」爲筆名,著《憤怒的台灣》。

謝雪紅,把有爲青年林東海(陳昭德,鹿港人,辜振甫表侄,台中一中生,一九四七年來港)、紀朝欽(後隨教授往北京,現在東京「中日友好會館」館長)送到「達德學院」(蔡廷鍇出資創辦,校長陳其瑗,陳在共和國成立時任內務部長)。

一九四八年,四十八歲

一月　蘇新、古瑞雲,以謝、楊爲介紹人,申請加入中共,次月上海局批准爲「預備黨員」,同年八月提前半年轉爲正式黨員。

春　廖文毅開「訓練班」，在九龍秘密進行，由廖、蕭來福、蔣時欽當教員，講授「馬克思主義」、「台灣史」、「美國民主運動」課程。

夏　古瑞雲堂兄古文奇、胞弟古瑞明來港，他們和紀朝欽、蔡仲伯（廣東警官分校）四人，組成學習班。

學習班結束後，古瑞明被派回台灣，在台灣省工委林英傑領導下，從事秘密工作，一九五〇年被捕，一九五三年被殺害。

古文奇留香港，蔡仲伯回廣東警官學校，畢業後，在台灣沙鹿任股長，後來被捕。

五月　中共號召各黨派召開新的政治協商會議，廖文毅以「台灣再解放聯盟」發表支持，中共未予置評。

六月　成立「台盟」香港支部，主任委員丁光輝、總務部主任楊克煌、組織部主任顏光、宣傳部主任蘇新、青年學生部主任劉雪漁。

中共上海局，召集「台灣省工委」高中級幹部於香港，出席的有劉曉、章漢夫、張執一（以上爲上海局領導人）、蔡孝乾、張志忠、洪某、陳某（以上來自台灣）、謝雪紅、楊克煌。

議程有六項：

①有關省工委發展問題。

②外省籍幹部與本省籍幹部的協調。

③統一對托管派的認識，決定對其進行有力的鬥爭，責令省工委斷絕與蕭來福、潘欽信等人接觸。

④決定謝雪紅做爲「台盟代表」出席新政協會議，提高謝的威信。

⑤討論舊台共問題。討論此項議題時，李偉光從上海趕來參加。

會上蔡孝乾與謝雪紅發生爭論。蔡對謝開除他的黨籍極爲不滿。謝堅持說，蔡身爲中央委員，擅離職守逃往大陸，應該開除；蔡指責謝不積極發展黨員，不支持霧社武裝鬥爭，是右傾機會主義。謝拒不承認有錯誤，並指責「改革同盟」派，另立中央違反組織原則。對路線問題，上海局幹部說：誰是誰非，要等到台灣解放，掌握充分資料才能判斷；但「改革同盟」分裂組織是錯誤的，此舉招致了舊台共組織被破壞（李立三路線的影響）。

關於謝的中共黨籍問題，謝主張一九四六年申請入黨時，拒絕交登記表和自傳，主要是在秘密環境下硬性規定要塡表，是危險而幼稚的做法，張執一認爲謝不塡表有道理，後來謝在一九四七年五月在上海塡補手續時，塡寫爲一九四六年一月入黨，可以承認。

⑥關於「二・二八」問題，蔡孝乾對形勢估計錯誤，最後放棄武裝鬥爭是錯誤的。蔡承認自己失策，也承認下令謝把武裝軍權交給處理委員會吳振武。張志忠批評謝，不該不殺罪大惡極的劉存忠。

這次會議決定，根據中共中央指示，將陸續向解放區輸送台灣籍幹部，古瑞雲、林東海及另三人，奉命經南朝鮮進入山東解放區。

張志忠帶來訊息，蔡懋棠已加入中共，何集淮即將脫離左營海軍基地，進入大別山；黃文輝、何秀英即將來港。

會議後，謝、楊向古瑞雲傳達會議經過，古據此寫一篇有關謝的日文報告，寄給神戶的楊春松，發表於日共機關報《赤旗》。

一九四九年，四十九歲

蔣時欽提供消息，指出廖文毅秘密組織「台灣民主國」影子內閣，總統廖文毅，蕭來福（組織）、潘欽信（宣傳）、謝玉葉（婦女）。

一九五〇年，五十歲

廖文毅前往日本。

蕭來福乘輪船到天津，因無任何介紹信，被天津公安以「特務」嫌疑逮捕，一年後才被釋放。

潘欽信由駐港聯絡員取得聯繫，帶介紹信，還得政府生活津貼，不久病死於張錫鈞處。

蔣時欽夫婦被安置於「福州廣播電台」任編譯，不幸，十年浩劫中，以莫須有罪名，慘遭批鬥，以致精神失常，聽說幾年前死亡。

一九五一年，五十一歲

謝雪紅要到印度去不得，理由是會從大陸逃跑，李友邦在台灣被槍決，謠言是被謝出賣。

謝：「從此共產黨不必過問台灣的事，我們台灣要實現高度自治。」在場有楊克煌、江文也。

從此，大家都沒有再見過謝雪紅，早就被監禁失去自由。

一九五七年，五十七歲

楊克煌被調回北京。

九月　「反右派鬥爭」，「台盟」整風時，周恩來、劉少奇見過謝雪紅，表示「中共不願看到『台盟分裂』」。

謝雪紅：「只要把李純青等幾個人開除，就沒有事了。」

中共中央不同意謝的意見，發表：以李純青、陳炳基等人爲中心，成立「整風小組」。

鬥爭江文也，逮捕楊克煌，是中共完成清算謝雪紅的準備。

十一月　「台盟總部」召開各地方組織代表會議，及在北京召開盟員擴大會議。

十一月十日　謝雪紅憔悴形態久違出現，使人知道這期間受到很大折磨。

十一月十日—十二月八日　謝雪紅被鬥爭大約有十次之多。

①先轟擊沈毅（謝的秘書），強迫她自白出和江文也的私人關係，並使沈毅揭露謝對「左派」同志壓制的情況，來製造一些謝的「反黨」罪狀。

②十一月二十一日鬥爭謝的第四次會，在中共周密安排下，「台盟」敗類楊春松出場，楊喪心病狂的說謝「變節」，和國民黨互通聲氣，又攻擊她在「二二八棄眾潛逃」。

③在謝地下工作期間，爲了執行黨的任務和指示，謝有過一些不可告人的勾當，這些應受到黨給她表揚，這時，卻也成爲中共清算她的藉口。

④謝對各種誣衊，起初採取沉默，當楊春松提出「三美堂」時期和日本特務勾結，她氣得渾身打顫。但，她的發言都被制止了。

⑤李純青（鬥爭主持人）：「那種污泥式的生活，簡直失去做共產黨人的品格，那裡配得上領導台盟。」

⑥謝雪紅不顧李純青、陳炳基等人的喝叫，和李春山與李河民的在旁阻止，說

出：「同志們，是的，我下流、我卑污，我做過許多不可告人的事，但是，那種污泥式的生活，難道是我要過的麼？如果不是爲了黨的指示和黨的紀律，我會如此麼？」「……污泥中的生活，在共產黨人的人生觀來說，應該是光榮的，如果這也成了對我攻擊的罪狀，你們去打探打探，今天黨的領導同志，不問男和女，都比我的污泥生活不知爛污到多少倍，爲什麼他（她）們卻是光榮，而目前對我就成爲罪狀呢？」

⑦此時李純青大聲喝道：「胡說，妳竟侮辱黨的領導。」

十二月初　鬥爭加緊，「台盟整風第七次」。

李純青：「我們已經認識謝的反動名目和她的本質，今天我們必須堅持要謝承認她的一切罪狀。」

謝：「我謝雪紅有什麼罪，同志們聽吧，看黨與毛主席要把所有留在大陸上的台灣人一律下放，並要一放到底，歸農落戶，對台灣人來說這是極慘酷的，試問台灣人生長在亞熱帶地方的，住在大陸北方寒冷地帶，已經有些受不了，今天要他們到東北，要他們到西藏，要他們到……倒不如把他們弄死，反而乾淨。我是台灣人，向黨要求一點台灣人在大陸的根，他們雖都是絕望，卻希望不要逼死他們，今天把台灣人一律下放，還不是把天上飛的鳥送到水裡，水裡的魚送到岸上一樣嗎？因此，我覺得下放太過可怕，代替在天上的台灣人，向黨要求，饒他們一條垂死的命。這樣你們就指我反黨、反社會主義，我倒要請問一聲，是不是把台灣人都搞死，才是共產黨，才是社會主義，我眞不知道你們是怎麼想法的。」

然後這個鬥爭就在幾個中共份子的喝聲中草草的結束了。

當日下午，會議繼續舉行。

李純青：「……今天我們必須要謝承認她一切罪狀。」

謝雪紅：「我的反動歷史就是這樣，還不是昨天要利用我時，黨就把我捧成天上的神仙，今天不利用我了，就把我說得比魔鬼還壞，這簡直成了什麼世界，一點人性都沒有，一點同情都沒有。說句實在話，只有共產黨才如此待人，資本階級是不會如此沒有人情味，至少人性的尊嚴和體面是會保留的。」

陳炳基：「謝，我們要妳交待的是反動歷史，不是要妳說這些廢話，這裡不容許做反動派的講堂。」

謝激動的說：「要我再交代我的一個反動歷史麼？好，我說，我謝雪紅參加革命時，你們這些小子還沒有出娘胎呢？」

李純青：「謝，我現在要妳交代一件事，妳說過，台灣人不了解共產黨，不喜歡共產黨，是嗎？妳是反對黨解放台灣的政策嗎？」

謝：「讓我重複一遍，我對同志這樣說的：過去他們（中共）聲言要解放台灣時，用我做對台灣宣傳的工具，現在解放台灣有困難了，就對我不滿，既然共產黨和毛主席對台灣沒有辦法，甚至蘇聯也對台灣沒有辦法，叫我謝雪紅有什麼辦法呢？即使我能再到台灣去開三美堂、大華酒家也沒有用呀，我老了，我的時代過去了，我是不願把我這條老命再到台灣去丟人的。」

李純青威脅的說：「妳既不肯承認妳的一切反革命罪行，那妳一定就準備和黨抗拒到底了，我現在給妳最後一次警告，妳考慮考慮吧！」

謝雪紅：「我沒有什麼考慮的，我不怕你們敢於把我怎樣處理，並不是我謝雪紅自負，在中國，在世界來說，都曉得我謝雪紅這個人，你們說我狂妄野心，說句實在話，我的價值是不可毀滅的，毀滅了謝雪紅，就是毀滅了共產黨。我不怕，我不是丁玲，也不是陳學昭。他們在鬥爭時退卻，我是要在鬥爭中反擊。毛主席還說要我們擺事實，講道理的，實際上你們是這樣不顧事實，不講道理，好吧，反正大家不顧體面，反正我已經五十七歲的人了，大不了命一條，好吧，反正我是要死的。」她這末了一句話是緩慢地一個字一個字說的。

以上引自香港《展望》第一期刊出的〈爲謝雪紅同志復仇〉，作者蔡文金：

①台中縣員林人，日治時代曾經參加反日秘密活動。

②二・二八熱烈參加。

③後來到日本。

④一九五一年三月，往香港，至大陸。

⑤到福建龍岩找謝雪紅，謝已去上海。

⑥謝雪紅當時任「華東軍政委員會」委員，同時領導「台灣民主自治同盟」。

⑦在上海見到謝，謝問「謝南光在東京的狀況」。謝說，「台盟是我們台灣人爲了爭取台灣民主自治的組織」，但中共對「台盟」不十分重視，上海「台盟」同志很清閒，謝很苦悶。

⑧一九五三年中共宣傳「和平解放台灣」之後，開始重視「台盟」，地址由虹口武進，移到蘇州河邊「新亞大樓」，身份突然提高。

⑨謝雪紅，高昇：「政協會議合同委員會」委員、「中央政治法律委員會」委員、「華東軍政委員會」委員、「中國保護和平委員會」委員、「中蘇友好協會」（劉少奇會長）總會理事。

⑩「台盟」，各處（廣州、北京等）都有組織。

⑪「總部」由上海，轉移北京。

⑫但，到了「北京」不久，「台盟」就開始內紛。

蔡文金在該文最後寫道：「這是我最後一次聽到謝雪紅同志聲音，後來還有兩次鬥爭謝雪紅的會議，我沒有能夠參加，因為我這時已經逃出大陸了，我和我們的『台盟』同志，今天祇有一個願望，要為謝雪紅同志報仇！一九五八年二月蔡文金揮淚寫於澳門。」

主持鬥爭大會的李純青，父死在台灣，小時往福建念書，再去日本留學，後來回大陸，終戰時，《大公報》記者，台盟盟員。

李純青曾說：「爲了中共全體利益，應放棄台灣局部利益」、「台盟必須無條件服從中共」。

李純青在台盟內搞「小組織」，常和陳炳基等人，在暗中活動，謠言「李當副主席」。

台盟內糾紛鬥爭愈搞愈激烈。除了陳丁茂、李河民、陳木森、陳風龍、陳春山、田中山等出面鬥爭謝雪紅外，其餘同志都反對李純青（反對李純青的主張，李純青根本不是台灣人）。想揍李一次，中共當局出來抑制。

十二月二十九日　謝雪紅被打爲右派份子。

一九五八年，五十八歲

一月　謝雪紅被解除職務，職位八級降爲十二級。

一九五九年，五十九歲

九月　謝雪紅、江文也被鬥倒，楊克煌被捕，大家同情，但無法可爲。

一九六一年，六十一歲

三月　楊克煌中風。

一九六二—六五年，六十二—六十五歲

參加「台盟」學習會。

一九六六年，六十六歲

五月二十九日　中國文化大革命發生。

九月三日—十四日　永安里住家共四次被抄家和批鬥。

九月二十一日　被掃地出門，搬去建國門外「頭道街」（徐萌山、陳炳基主使）。

一九六七年，六十七歲

二月七日　被迫遷去「台盟」遭軟禁。

春　周明等在上海組織「二二八戰鬥隊」。
四月十四日　在頭道街再被抄鬥。
四月二十四日　在「台盟」遭王萬德毆打。
四月二十九日　在「台盟」遭徐萌山、陳炳基批鬥。

一九六八年，六十八歲

一月　被開除黨籍。
七月　遭王萬德毆打。

一九六九年，六十九歲

二月七日　遭陳炳基揪頭髮，打罵。
三月一日　遭陳炳基開會批鬥。
四月　軍代表進駐台盟等民主黨派機關。
八月二十八日　陳炳基挑起打架。

一九七〇年，七十歲

隨台盟搬去民主黨派機關聯合辦公處（東安門北街九十三號）。

八月三十一日　醫生宣布謝患「肺腫瘤」。

十一月五日　病逝於北京首創路「隆福醫院」，享年六十九歲零十九天。

一九八六年

九月十五日　平反罪名，骨灰移至八寶山公墓（無公表）。

參考資料

①一九八九—九〇年時，周明（古瑞雲）在東京西池袋我（史明）家，住宿四至五個月（他已患肺癌症），此時，他以他的筆記爲準，邊談邊讀給我知道，把此整理起來，就是以上有關謝雪紅、古瑞雲的故事。
②謝雪紅，《我的半生記》。
③古瑞雲，《台中的風雷》。
④陳芳明，《謝雪紅評傳》。
⑤《歐洲通信》第三期，〈謝雪紅、古瑞雲〉（林天雄），二〇〇一年九月，東京。
⑥《展望》第一期，〈爲謝雪紅同志復仇〉（蔡文金），一九五八年四月，香港。

台灣文史叢書

簡明台灣人四百年史【圖文精華版】

史明 著/繪

國家圖書館出版品預行編目(CIP)資料

簡明台灣人四百年史 / 史明 著 . 繪 .
-- 初版 . -- 臺北市 : 前衛 , 2017.11
568 面 ; 15×21 公分
圖文精華版
ISBN 978-957-801-827-3（平裝）

1. 臺灣史

733.21　　106015112

特約編輯	周俊男
出版企劃	林君亭
排版	宸遠彩藝
出版者	前衛出版社 10468 台北市中山區農安街 153 號 4 樓之 3 Tel：02-2586-5708　Fax：02-2586-3758 郵政帳號：05625551 E-mail：a4791@ms15.hinet.net
出版總監	林文欽
法律顧問	陽光百合律師事務所
出版日期	2017 年 11 月初版一刷 2024 年 9 月初版九刷
總經銷	紅螞蟻圖書有限公司 11494 台北市內湖區舊宗路二段 121 巷 19 號 Tel：02-2795-3656　Fax：02-2795-4100
定價	新台幣 500 元

Printed in Taiwan ISBN 978-957-801-827-3